Geldkreditsicherheiten an Mobilien im italienischen Recht

Europäische Hochschulschriften
Publications Universitaires Européennes
European University Studies

Reihe II
Rechtswissenschaft

Série II Series II
Droit
Law

Bd./Vol. 3692

PETER LANG
Frankfurt am Main · Berlin · Bern · Bruxelles · New York · Oxford · Wien

Stefan Dangel

Geldkreditsicherheiten an Mobilien im italienischen Recht

Eine rechtsvergleichende Untersuchung vor dem Hintergrund der Neuregelung der italienischen gewerblichen Vorzugsrechte und der deutschen Insolvenzrechtsreform

PETER LANG
Europäischer Verlag der Wissenschaften

Bibliografische Information Der Deutschen Bibliothek
Die Deutsche Bibliothek verzeichnet diese Publikation in der Deutschen Nationalbibliografie; detaillierte bibliografische Daten sind im Internet über <http://dnb.ddb.de> abrufbar.

Zugl.: Heidelberg, Univ., Diss., 2001

D 16
ISSN 0531-7312
ISBN 3-631-50565-5

www.peterlang.de

Meinen Eltern,
Virginie und Eleonora Stella

Vorwort

Die vorliegende Arbeit entstand durch Anregung von Herrn Prof. Giuseppe B. Portale von der Università Cattolica di Milano, bei dem ich mich an dieser Stelle nicht nur für das interessante Thema, sondern auch für seine ständige Hilfs- und Gesprächsbereitsschaft und dem durch ihn ermöglichten Aufenhalt an der Università Cattolica di Milano ganz herzlich bedanken möchte.

Mei weiterer Dank gilt meinem Doktorvater, Herrn Prof. Dr. Herbert Kronke für die Betreuung der Arbeit, die überwiegend am Institut für Internationales und Ausländisches Privat- und Wirtschaftsrecht der Universität Heidelberg entstanden ist. Mein ganz besonderer Dank gilt an dieser Stelle Herrn Prof. Dr. Dr. Erik Jayme, der mir in den Heidelberger und Ferrareser Jahren die italienische Rechtskultur näher gebracht und mir durch sein Engagement diese Arbeit überhaupt erst ermöglicht hat.

Schließlich möchte ich mich noch bei meinen Freunden Dr. Tobias Bosch und Dr. Oliver Waldburg für die kritischen Diskussionen und das Korrekturlesen und bei Herrn Prof. Paolo Piscitello für die aufschlussreichen und interessanten Gespräche in Neapel bedanken.

Frankfurt am Main, den 12.02.2003.

Inhaltsverzeichnis

Abkürzungsverzeichnis

a.A.	andere Auffassung
a.a.O.	am angegebenen Ort
A.B.I.	Associazione Bancaria Italiana
A.C.I.	Automobile Club d'Italia
a.F.	alte Fassung
Abl.	Amtsblatt
Abs.	Absatz
AcP	Archiv für die civilistische Praxis
AGB	Allgemeine Geschäftsbedingungen
AGBG	Gesetz zur Regelung des Rechts der Allgemeinen Geschäftsbedingungen
App.	Corte d'Appello
Arch. civ.	Archivio Civile
Art.	Artikel
B.W.	Burgerlijk Wetboek
Banca, borsa, tit. cred.	Banca, Borsa, titoli di credito
BB	Betriebsberater
Bd.	Band
BGB	Bürgerliches Gesetzbuch

BGH	Bundesgerichtshof
BGHZ	Entscheidungen des Bundesgerichtshofes in Zivilsachen
Bundesrat Drucks.	Bundesrat Drucksache
bzw.	beziehungsweise
c.c.	codice civile
c. nav.	codice della navigazione
c.p.c.	codice di procedura civile
ca.	circa
Cass.	Corte Suprema di Cassazione
Cass. Sez. Un.	Cassazione, Sezioni Unite
Corr. Giur.	Corriere Giuridico
d.l.	decreto legge
d.l.c.p.s.	decreto legislativo del capo provvisorio dello stato
d.p.r.	decreto del presidente della repubblica
DepotG	Gesetz über die Verwahrung und Anschaffung von Wertpapieren
Ders.	derselbige
dir. fall.	diritto fallimentare
disp. prel.	disposizioni preliminari del codice civile
DJT	Deutscher Juristentag
DJZ	Deutsche Juristen-Zeitung

EBRD.	Model Law on Secured Transactions
EG.	Europäische Gemeinschaft
EGBGB	Einführungsgesetz zum Bürgerlichen Gesetzbuch
EGV	Vertrag zur Gründung der Europäischen Gemeinschaft
EU	Europäische Union
EWG	Europäische Wirtschaftsgemeinschaft
f.	und die folgende Seite
F.A.L.	Foglio degli annunzi legali
ff.	und die folgenden Seiten
Fn.	Fußnote
Foro it.	Il Foro italiano (rivista)
Gazz. Uff.	Gazzetta Ufficiale (della Repubblica)
gem.	gemäß
GG	Grundgesetz
Giur. compl. cass. civ.	Giurisprudenza completa della corte Suprema di cassazione civile
Giur. it.	Giurisprudenza italiana (rivista)
Giust. Civ.	Giustizia civile (rivista)
Giust. civ. Mass	Giustizia civile massimario annotato della cassazione
h.M.	herrschende Meinung
HGB	Handelsgesetzbuch

i.S.	im Sinne
i.V.m.	in Verbindung mit
InsO	Insolvenzordnung
IPRax	Praxis des internationalen Privat- und Verfahrensrechts
ITA	Internationale Titelabkürzungen (O. Leistner)
J.W.	Juristische Wochenschrift
JherJb	Jherings Jahrbücher der Dogmatik des bürgerlichen Rechts
JuS	Juristische Schulung
KO	Konkursordnung
KTS	Zeitschrift für Konkurs-, Treuhand- und Schiedsgerichtswesen
l. fall.	legge fallimentare
l.	legge
lit.	Buchstabe
m.w.N.	mit weiteren Nachweisen
MGSG	Modellgesetz
Mon. trib.	Monitore tributario
n.F.	neue Fassung
N.J.	Neue Justiz
NBW	Nieuw Burgerlijk Wetboek
NJW	Neue Juristische Wochenschrift
Nr.	Nummer

NUB	Norme uniformi bancarie
Nuova giur. civ. comm.	La nuova giurisprudenza civile commentata
o.g.	oben genannte(n)
P.R.A.	Pubblico Registro Automobilistico
r.d.l.	regio decreto legge
RabelsZ	Zeitschrift für ausländisches und internationales Privatrecht, begründet von Ernst Rabel (bis 1961: ZAIP)
Rass. dir. civ.	Rassegna di diritto civile
RefE	Referentenentwurf
RegE	Regierungsentwurf
Rep. foro it.	Repertorio del foro italiano
RG	Reichsgericht
RGZ	Amtliche Sammlung der Reichsgerichtsrechtsprechung in Zivilsachen
Riv. d. società	Rivista delle società
Riv. dir. civ.	Rivista di diritto civile
Riv. dir. comm.	Rivista di diritto commerciale
Riv. it. leasing	Rivista italiana leasing
Riv. notar.	Rivista notarile
Riv. trim. Proc.	Rivista trimestrale di procedura
Riv. trim. dir. proc. civ.	Rivista trimestrale di diritto e procedura civile

Rn.	Randnummer
S.	Seite
s.o.	siehe oben
S.p.A., s.p.a.	società per azioni
SECIT	Comitato di coordinamento del Servizio centrale degli Ispettori Tributari
sog.	sogenannte(r/s)
t.u.	Testo unico
Trib.	Tribunale
u.a.	unter anderem
UCC	Uniform Commercial Code
UNCITRAL	United Nations Commision on International Trade Law
UNIDROIT.	Institut International pour l' Unification du Droit Privé
Unif. L. Rev.	Revue de Droit Uniforme
vgl.	vergleiche
Vorbem.	Vorbemerkung
WM	Zeitschrift für Wirtschafts- und Bankrecht, Wertpapiermitteilungen
z.B.	zum Beispiel
ZEuP	Zeitschrift für Europäisches Privatrecht
ZfRV	Zeitschrift für Rechtsvergleichung
ZGR	Zeitschrift für Unternehmens- und Gesellschaftsrecht

Ziff.	Ziffer
ZIP	Zeitschrift für Wirtschaftsrecht; bis 1982: Zeitschrift für Wirtschaftsrecht und Insolvenzpraxis
ZKW	Zeitschrift für Kreditwesen
ZPO	Zivilprozessordnung
ZRP	Zeitschrift für Rechtspolitik

Einführung

Die vorliegende Arbeit beschäftigt sich mit dem Recht der dinglichen Mobiliarsicherheiten zur Kreditsicherung im italienischen Recht. Den Anstoß zu der Untersuchung hat die Neuregelung der gewerblichen Vorzugsrechte in Italien im Rahmen der Bankrechtsreform in Form des am 1.4.1994 in Kraft getretenen einheitlichen Bank- und Kreditgesetzes (Testo unico delle leggi in materia bancaria e creditizia, kurz: t.u.) gegeben. Mit dieser Reform wurde in Italien die von Wirtschaft und Rechtslehre bereits lange geforderte Einführung eines besitzlosen Sicherungsrechtes realisiert.

Als Anregung für eine rechtsvergleichende Untersuchung auf diesem Gebiet diente die Durchführung der Insolvenzrechtsreform in Deutschland. Diese hatte sich u.a. auch zum Ziel gesetzt, im Bereich der besitz- und publizitätslosen Mobiliarsicherheiten Veränderungen zu bewirken. Ob sich dieses Ziel verwirklicht hat, soll hier untersucht werden.

Die Gegenüberstellung dieser beiden europäischen Mobiliarsicherheitssysteme, mit den jüngsten gesetzgeberischen Veränderungen soll hier die Frage aufwerfen, ob sich durch die jeweiligen Reformen eine Annäherung ergeben hat. Dies erscheint auf den ersten Blick zweifelhaft, spielen sich die Veränderungen doch auf ganz verschiedenen Ebenen ab. In Deutschland wurde keine materielle Reform der Mobiliarsicherheiten vorgenommen, vielmehr hat man alle Reformpläne auf die konkursrechtliche Ebene verlagert und letztlich auch ausschließlich dort verwirklicht.
In Italien hingegen hat man im Rahmen einer Bankrechtsreform ein materiellrechtlich neues Mobiliarsicherungsinstrument eingeführt.

Im Rahmen einer deutsch-italienischen rechtsvergleichenden Untersuchung im Bereich der Geldkreditsicherheiten stellt sich hier angesichts der überragenden Bedeutung der Sicherungsübereignung in Deutschland unausweichlich die Frage nach der dogmatischen Entwicklung eines entsprechenden Sicherungsmittels in der italienischen Rechtsordnung. Diese Frage soll im folgenden geklärt werden.

A. Gegenstand, Methodik, Gang der Untersuchung

I. Gegenstand der Untersuchung - Eingrenzung des Untersuchungsgegenstandes

Der Begriff der Mobiliarsicherheiten soll im Rahmen dieser Arbeit nicht in einem weiten Sinn verstanden werden, so daß die Sicherheiten an Forderungen und sonstigen Rechten, worauf sich der Begriff der Mobiliarkreditsicherheiten terminologisch auch erstreckt[1], grundsätzlich nicht mituntersucht werden. Dies würde den Rahmen der Arbeit sprengen und die ohnehin schon reichhaltige Rechtsmaterie mit zusätzlichen Problemen überfrachten. Allerdings kann diese Einschränkung hier nicht konsequent eingehalten werden, weil es für die Reichweite und die Bedeutung einer Mobiliarsicherheit oftmals unerläßlich ist, wenigstens kurz die Möglichkeit der Forderungssicherung aufzuzeigen. Die vorliegende Untersuchung beschränkt sich somit grundsätzlich auf die Darstellung der Mobiliarsicherheiten an beweglichen Sachen i. S. von körperlichen Gegenständen[2]. Die Arbeit stellt auch nur die Mobiliarsicherheiten zur Sicherung von Geldkrediten dar und sieht von einer Untersuchung der Warenkreditsicherheiten ab[3].

Eine Darstellung der Mobiliarsicherheiten in verschiedenen nationalen Rechten kann sich nicht auf eine isolierte Schilderung einzelner Rechtsfiguren beschränken. Vielmehr erscheint es hierbei ebenso notwendig, auch deren Einbettung in das übrige Zivilrechtssystem zu berücksichtigen, nicht zuletzt, um deren juristische und wirtschaftliche Bedeutung erfassen zu können. So wird insbesondere bei den Veräußerungsverträgen zu Sicherungszwecken deren Bedeutung und Reichweite erst richtig deutlich, wenn man sich auch die Voraussetzungen des Eigentumsübergangs vor Augen hält.

Weiterhin werden die verschiedenen Sicherungsinstitute in der Zwangsvollstreckung und im Konkurs auf ihre Wirkung untersucht. Dabei ist es unerläßlich, kurz die Grundzüge des italienischen Insolvenzrechts im Hinblick auf die Mobiliarsicherheiten darzustellen.

---

[1] Serick, Eigentumsvorbehalt und Sicherungsübertragung, Bd. V, S. 46.

[2] Vgl. § 90 BGB.

[3] Insoweit soll hier auf die jüngere rechtsvergleichende Untersuchung von *Bonomi* verwiesen werden, der ausführlich den italienischen Eigentumsvorbehalt und seine möglichen Verlängerungsformen darstellt. Vgl. *Bonomi*, Der Eigentumsvorbehalt in Österreich und Italien.

Besondere Aufmerksamkeit soll in der vorliegenden Arbeit dem Besitzerfordernis als Publizitätsfaktor bei den verschiedenen Sicherheiten eingeräumt werden. Die besitzlosen Mobiliarsicherheiten, deren Belastungsgegenstände im Besitz des Sicherungsgebers verbleiben, dokumentieren deutlicher als die besitzgebundenen den Konflikt der unterschiedlichen Publizitätsanforderungen der verschiedenen Sachenrechtsordnungen, die der Anerkennung besitzloser Sicherheiten entgegenstehen können. Hierbei soll in der vorliegenden Untersuchung angesichts der überragenden Bedeutung der vertraglichen Sicherheiten für den Kreditsicherungsverkehr eine Darstellung der gesetzlichen Sicherheiten nur am Rande erfolgen. Die deutschen Registerpfandrechte - Schiffshypothek, Flugzeughypothek, Pfandrecht an Hochseekabeln und das Pächterpfandrecht nach dem Pachtkreditgesetz - werden nicht berücksichtigt, da erstere wie Immobiliarbelastungen[4] zu behandeln sind und letzteres nur wenigen speziellen Sicherungsnehmern offensteht[5] und in der Praxis so gut wie keine Bedeutung hat.

Auf die Problematik der Mobiliarkreditsicherheiten in europarechtlicher Hinsicht wird hier nicht eingegangen, da eine ausführliche Behandlung dieser Problematik den Rahmen dieser Arbeit sprengen würde[6]. Ebenso wird von einer Prüfung der internationalprivatrechtlichen Aspekte abgesehen[7].

Wegen der beinahe unüberschaubaren Fülle bereits vorhandener Literatur zu den deutschen Mobiliarsicherheiten[8] wird auf eine detaillierte Darstellung der einzelnen Sicherungsinstrumente verzichtet. Vielmehr soll hier versucht werden, einzelne Besonderheiten herauszuarbeiten und dabei die für diese rechtsvergleichende Untersuchung interessantesten Aspekte hervorzuheben, um sie der Arbeit als Vergleichsgrundlage voranzustellen.

---

[4] Die genannten Registerpfandrechte unterliegen der Liegenschaftsvollstreckung der § 864 ff. ZPO.

[5] Gem. § 1 Pachtkreditgesetz kommen als Sicherungsnehmer nur bestimmte, staatlich konzessionierte Kreditinstitute in Betracht.

[6] Bezüglich der europarechtlichen Problematik soll hier insbesondere auf zwei neuere Arbeiten hingewiesen werden. Zum einen auf *von Wilmowsky*, Europäisches Kreditsicherungsrecht, und zum anderen auf *Kieninger*, Mobiliarsicherheiten im Europäischen Binnenmarkt.

[7] Vgl. hierzu die jüngst erschienene Arbeit von *Kaufhold*, Internationales und europäisches Mobiliarsicherungsrecht.

[8] Man denke hierbei nur an die auf diesem Gebiet grundlegende sechsbändige Monographie Eigentumsvorbehalt und Sicherungsübertragung von *Serick*.

II. Methodik der Darstellung

Mobiliarsicherheiten lassen sich nach verschiedenen Kriterien einteilen: nach ihrem Inhalt (z.B. nach den gesetzlich zugelassenen Sicherungsgegenstände, nach ihrer Entstehung (kraft Gesetzes oder kraft Vereinbarung), nach ihrer Wirkung (inter partes oder erga omnes, gegenüber Rechtsnachfolgern des Sicherungsgebers, im Konkurs), nach ihrer wesentlichen wirtschaftlichen Zweckbestimmung (zur Sicherung von Waren- oder Darlehenskrediten) oder nach ihrer Rechtsnatur (Pfandrecht, Sicherungseigentum, Vorzugsrecht)[9]. Die letztgenannte Einteilung scheint für den Zweck dieser Untersuchung die geeignetste zu sein. Diese Einteilung erleichtert zum einen die funktionelle Gegenüberstellung von sich vermeintlich ähnelnden Sicherungsinstrumenten in verschiedenen Rechtssystemen und zum anderen läßt die Verschiedenartigkeit der zu vergleichenden Rechtssysteme eine andere Einteilung nur schwerlich zu. So sind z.B. die italienischen vertraglichen Vorzugsrechte dem deutschen Rechtssystem fremd und entsprechen dort funktionell weitgehend den gesetzlichen Pfandrechten bzw. den Konkursvorrechten. Somit soll hier jedes Instrument im italienischen Recht nach seiner Rechtsnatur untersucht werden, um dann daraus Schlüsse für eine rechtsvergleichende Analyse ziehen zu können.

III. Gang der Untersuchung

Nach einer Einführung in die Problematik der Mobiliarsicherheiten sollen zunächst die deutschen Geldkreditsicherheiten an Mobilien den Ausgangspunkt der Arbeit darstellen. Diese werden jedoch nur dort dargestellt, wo es für die vergleichende Untersuchung von Interesse ist. Aus diesem Grund wird die Entwicklung der Sicherungsübereignung und deren Ausformungen den materiell-rechtlichen Schwerpunkt im deutschen Recht bilden. Die Darstellung der materiellen und insolvenzrechtlichen Reformbestrebungen im Bereich der Mobiliarkreditsicherheiten schließt den deutschen Teil ab.

Den zweiten Teil und gleichzeitig den Schwerpunkt der Untersuchung bilden die italienischen Geldkreditsicherheiten. Als erstes Sicherungsinstrument soll als Grundlage das dem deutschen und dem italienischen Recht gleichermaßen vertraute Pfandrecht (*pegno*) dargestellt werden. Hierbei werden insbesondere die vertraglichen Verlängerungsformen, das durch die Allgemeinen Geschäftsbedingungen der Banken charakterisierte sog. *pegno omnibus* und die verschiedenen

---

[9] *Gravenhorst*, Mobiliarsicherheiten, S. 11.

spezialgesetzlichen besitzlosen Pfandrechte eingehend untersucht. Anschließend werden die verschiedenen Formen einer Eigentumsübertragung zu Sicherungszwecken (*trasferimento di proprietà a scopo di garanzia*), insbesondere der Kauf zu Sicherungszwecken (*vendita a scopo di garanzia*) und das *sale and lease-back* als mögliche Formen einer Sicherungsübereignung, einer rechtlichen Analyse unterzogen. Als dritte Gruppe von Sicherungsinstrumenten an Mobilien sollen die Vorzugsrechte (*privilegi*) untersucht werden. Hierbei wird auf die Neuregelung der Vorzugsrechte durch das neue einheitliche Bankgesetz der Schwerpunkt gelegt.

Im Rahmen des italienischen Teils soll rechtsvergleichend das deutsche Recht - soweit von Interesse - erörtert werden, um so eine sachnahe, funktionelle Anschauung der Unterschiede und Gemeinsamkeiten des deutschen und italienischen Rechts aufzuzeigen. Am Ende der Arbeit werden schließlich die aus der Rechtsvergleichung gezogenen Erkenntnisse zusammengefasst und analysiert.

B. Einführung in die Problematik

I. Vereinheitlichungsbestrebungen

Daß eine Vereinheitlichung und Harmonisierung der Kreditsicherungsrechte große juristische Schwierigkeiten bereitet, macht die Initiative der UNCITRAL aus den 60er Jahren deutlich. Hier wurde versucht, zur Förderung der Länder der "Dritten Welt" und zur Erleichterung des Welthandels ein einheitliches und im internationalen Handel leicht einsetzbares System von Mobiliarsicherheiten zu entwickeln. Die langen und intensiven Arbeiten der UNCITRAL sind jedoch bis auf weiteres zurückgestellt worden, weil die Probleme, insbesondere im funktionalen Verbund zwischen materiellem und prozessualem Recht, sich als zu schwierig und komplex erwiesen haben[10].

Die jüngste Initiative auf dem Gebiet der Vereinheitlichung der Mobiliarsicherheiten geht zur Zeit von dem *Institut International pour l'Unification du Droit Privé* (UNIDROIT) aus[11]. Seit 1989 wird an dem Insitut an einem ersten Entwurf

---

[10] Auftrag vom 28.4.1970 an UNCITRAL (UNCITRAL Yearbook I, 1968-70, S. 145 ff; vgl. *Drobnig*, International Payments, S. 171-221.

[11] Vgl. dazu UNIDROIT News, Unif. L. Rev. 1997, 712 ff.; *Cuming*, International regulation of aspects of security interests in mobile equipment, UNIDROIT-Study LXXII-Doc. 1; *Stanford*, Completion of a first draft of Unidroit's planned Future Convention on International Interests in Mobile Equipment, Unif. L. Rev. 1996-2, 274 ff.; Bollweg/Kreuzer, ZIP 2000, S. 1361 ff.

für ein Modellgesetz zur grenzüberschreitenden Sicherung durch bestimmte Mobilien gearbeitet[12].

Am 16. November 2001 wurde schließlich die UNIDROIT-Konvention "on international interests in mobile equipment" in Kapstadt verabschiedet[13].

Die Konvention sieht ein in ein zentrales Register einzutragendes Sicherungsinstrument vor, das jedoch nur für bestimmte Sachbereiche Anwendung finden soll. Die Sicherungsgegenstände beschränken sich gem. Art. 2 Abs.3 auf mobile Ausrüstungen im Flugzeug-, Raumfahrt- und Eisenbahnbereich[14]. Die Eintragung der Mobiliarsicherheit erfolgt gem. Artt. 16 ff. der Konvention in ein zentrales Register. Ein on-line Datensystem soll eine einfache und globale Einsicht ermöglichen[15]. Die Konvention findet grundsätzlich nicht nur auf grenzüberschreitende Sicherungsgeschäfte sondern auch auf rein nationale Vorgänge innerhalb der Vertragsstaaten Anwendung. Allerdings haben die Vertragstaaten gem. Art. 50 die Möglichkeit, die Konvention auf grenzüberschreitende Sicherungsvorgänge zu beschränken.

Einen mittelbaren Beitrag zur Rechtsvereinheitlichung hat auch die Bank für Wiederaufbau und Entwicklung im Bereich der Sicherungsgeschäfte[16] geleistet.

Sie hat 1994 in einem Modellgesetz für Sicherungsrechte - MGSG - (EBRD Model Law on Secured Transactions) ein besitzloses Mobiliarpfandrecht (Art. 8 MGSG) entwickelt. Dieses Modellgesetz diente bereits mehreren ehemaligen Ostblockstaaten als Vorbild zur Einführung eines besitzlosen Registerpfandrechts an beweglichen Sachen[17]. Hierbei orientiert sich das Modellgesetz unverkennbar

[12] Die ersten Vorarbeiten bezüglich der Schaffung eines Internationalen Einheitssicherungsrecht wurden bereits 1989 begonnen. 1992 wurde dann eine Studiengruppe "zum Zwecke der Erarbeitung einheitlicher Regeln über bestimmte internationale Aspekte von Sicherheiten an mobilen Ausrüstungen" eingesetzt. Vgl. hierzu ausführlich *Kaufhold*, Internationales und europäisches Mobiliarsicherungsrecht, S. 223 ff.

[13] Vgl. hierzu *Panahy*, International Business Lawyer 2001, 505 ff.

[14] *airframes, aircraft engines, helicopters, railway rolling stock, space assets.*

[15] UNIDROIT News, Unif. L. Rev. 1997, 716.

[16] Bei der "European Bank for Reconstruction and Development" mit Sitz in London handelt es sich um eine 1990 gegründete Organisation, die sich zum Ziel gesetzt hat, ihre Empfängermitgliedstaaten in Osteuropa und Zentralasien bei der Durchführung struktureller und sektoraler Wirtschaftsreformen zu unterstützen, um deren Volkswirtschaften zur Integration in die internationale Wirtschaft zu verhelfen. Langfristig sollen so die ehemaligen Ostblockstaaten in der Umstellung von der Plan- zur Marktwirtschaft gefördert und unterstützt werden. Vgl. dazu *Shihita*, The European Bank for Reconstruction and Development.

[17] Als erster Staat hat Ungarn mit Gesetz Nr. XXVI vom 9.4.1996 in § 260 Abs. 2 im Rahmen einer Reformierung des Bürgerlichen Gesetzbuches ein besitzloses Pfandrecht nach dem Vorbild des MGSG eingeführt. Moldavien hat durch ein Pfandgesetz (Art. 11) vom 23.5.1996 ein von den staatlichen Notaren zu führendes Pfandrechtsregister für bewegliche Sachen vorgesehen; ebenso hat der polnische Gesetzgeber mit Gesetz vom 6.12.1996 ein

an Art. 9 des US-amerikanischen Uniform Commercial Code (UCC)[18]. So greift das MGSG in Art. 1 den funktionalen Ansatz eines einheitlichen Sicherungsrechtes auf, das grundsätzlich nicht danach unterscheidet, ob der Pfandgeber im Besitz der Sache verbleibt oder nicht. Im Unterschied zu Art. 9 UCC umfaßt aber die Einheitssicherheit (*charge*) des MGSG nicht automatisch jedes Recht, das bei wirtschaftlicher Betrachtungsweise zur Sicherung einer Forderung dienen kann, insbesondere wird der Eigentumsvorbehalt oder das Eigentum des Leasinggebers nicht von der Sicherheit erfaßt.

Das Pfandrecht läßt den Parteien in der Ausgestaltung der Sicherungsbeziehung weitgehende Freiheit und ermöglicht so eine flexible Einsetzbarkeit. Das Pfandrecht kann danach für erst künftig entstehende Sachen bestellt werden und lässt auch die Sicherung durch einen wechselnden Warenbestand zu. Die Sicherungsgegenstände müssen also nicht genau bezeichnet werden, sondern müssen lediglich anhand des Sicherungsvertrages bestimmt werden können[19]. Die obligatorische Eintragung in ein Register, die grundsätzlich jedem freisteht, verhindert einen gutgläubigen Erwerb eines Dritten an der verpfändeten Sache (Art. 51 Abs. 5 MGSG). Mit Registrierung des Pfandrechtes kann dieses mithin jedem Dritten entgegengehalten werden. Die Verwertung des Pfandgutes kann vom Gläubiger ohne Einschaltung von Gerichten vorgenommen werden (Art. 22 MGSG). Somit kann dem Sicherungsnehmer der Verwertungserlös ungeschmälert zukommen.

Das Pfandrechtsregister soll nicht auf die Sachen, sondern auf die Person des Sicherungsgebers ausgerichtet werden. Dadurch sollen kosten- und zeitaufwendige Untersuchungen der Registerbehörde über das Bestehen der Pfandsachen vermieden werden. Das Modellgesetz empfiehlt die Errichtung eines von den bestehenden Liegenschaftsregistern selbständigen, zentralen computergestützten Pfandrechtsregister. Hierbei soll ein landesweiter Zugriff auf das Register durch ein einheitliches Datensystem gewährleistet werden.

Das Modellgesetz bietet im Ergebnis ein flexibles, modernes Registerpfandrecht, welches den Bedürfnissen einer modernen Wirtschaft entspricht und bereits in mehreren osteuropäischen Staaten umgesetzt worden ist.

Die EU bietet zur Zeit noch ein Bild erheblicher Rechtsvielfalt, so dass bislang kaum an eine umfassende Vereinheitlichung dieser Materie zu denken ist. So ist

---

besitzloses Registerpfandrecht vorgesehen. Vgl. dazu *Dageförde*, ZEuP 1998, 698 ff.

[18] Vgl. hierzu *Hadding/Schneider/Dielmann*, Teil 1 (USA), S. 234 ff.; *Reimann/Ackmann*, Einführung in das US-amerikanische Recht, S. 224 ff; Grundlegend zu Art 9 UCC: *Gilmore*, Security Interests in Personal Property.

[19] Dies entspricht insoweit der Rechtsprechung des BGH zur Sicherungsübereignung, vgl. BGH, 20.3.1986, NJW 1986, 1985 f.

der europäische Gesetzgeber über punktuelle Harmonisierungsansätze, wie z.B. das inzwischen verabschiedete EU-Insolvenzrechtsübereinkommen, die "zweite Richtlinie zur Koordinierung des Bankaufsichtsrechts" und den zurückgezogenen Vorschlag für eine Richtlinie über den Hypothekarkredit nicht hinausgekommen. Im Bereich der Mobiliarsicherheiten sind bisher auch noch keine Gesetzesinitiativen ergriffen worden. So scheint die Realisierung eines europäischen Binnenmarktes für die Sicherungsrechte an Sachen noch in weiter Ferne zu liegen. Das Faustpfandrecht scheint die einzige Gemeinsamkeit der europäischen Geldkreditsicherheiten an Mobilien zu sein[20].

Das Erfordernis der Besitzübertragung des Sicherungsgegenstandes auf den Pfandgläubiger hat dieses Instrument jedoch spätestens seit der Zeit der Industrialisierung und auch der zunehmenden Internationalisierung des europäischen Kredit- und Handelsverkehrs zu einem weitgehend nutzlosen Instrument degradiert. Die Notwendigkeit der Einführung einer einheitlichen EU-Mobiliarsicherheit wird jedoch immer dringender durch den zunehmenden grenzüberschreitenden innereuropäischen Kreditverkehr. So kommt es bei einer Verbringung von Mobiliarsicherungsgut von einem Mitgliedstaat in einen anderen mit Überschreiten der Grenze oftmals zum Erlöschen des Sicherungsrechtes. Die Binnengrenzen der Europäischen Union, die eigentlich ihre abschottende Wirkung verlieren sollten, wirken hier meist wie Fallbeile[21]. An den über die Binnengrenzen verbrachten Sicherungsgegenständen gehen die Sicherheiten bei Grenzübertritt teilweise vollständig unter oder werden von der neuen Rechtsordnung in eigene Typen im Wege der Transposition umgewandelt, womit oftmals Rechtsverluste einhergehen[22]. Zu diesem Unsicherheitsfaktor beim Grenzübertritt treten weitere Belastungen derjenigen Transaktionen, die durch das Sicherungsgeschäft gesichert werden sollen. So werden die Parteien eines Kaufvertrages, die für die Kaufsache einen Eigentumsvorbehalt vereinbaren würden, durch den eventuellen Verlust der Sicherheit bei Grenzüberbringung oftmals dazu gezwungen sein, auf teurere Instrumente der Kreditsicherung auszuweichen[23].

---

[20] *Kieninger,* Mobiliarsicherheiten im Europäischen Binnenmarkt, S. 23.

[21] *Von Wilmowsky*, Europäisches Kreditsicherungsrecht, S. 2.

[22] *Vgl. hierzu Art. 43 Abs.2 EGBGB.* Von diesem Grundsatz abweichend jedoch der BGH in dem sog. Ferrari-Fall (BGH, 11.3.1991, IPRax 1993, 176). Hier wurde einer italienischen Kraftfahrzeughypothek die "Durchschlagskraft" des Sicherungseigentums zugestanden. Vgl. dazu unten, S. 141, Fn. 3.

[23] *Von Wilmowsky*, Europäisches Kreditsicherungsrecht, S.2, bemerkt hierzu, daß dieser, jedem Sachenrechtler vertraute Vorgang bei den Europarechtlern nur noch Kopfschütteln auslöse. "Wie kann eine Erscheinungsform von Kapital an den innereuropäischen Grenzen vernichtet werden, wenn doch der Vertrag über die Europäische Gemeinschaft die Freizügigkeit auch des Kapitalverkehrs garantiert?"

Auf dem Wege zu einer europäischen Vereinheitlichung der Kreditsicherungsrechte hinsichtlich der Mobiliarsicherheiten ist eine Transparenz der nationalen Sicherungsinstrumente erforderlich, um einem anderen europäischen Sicherungsnehmer die Sicherungsnehmerstellung in der jeweils anderen Gläubigerordnung für seine Kalkulation der Kreditbedingungen des transnationalen Darlehensgeschäfts erkennbar zu machen[24]. Diese Transparenz auf dem Wege zu einer europäischen Rechtsangleichung der Kreditsicherungsrechte wird nur durch eine rechtsvergleichende Analyse der EU-Rechtsordnungen zu erreichen sein[25].

II. Ausländische Erfahrungen

Wegen der zunehmend deutlich gewordenen Unbrauchbarkeit des Faustpfandrechtes haben sich die besitzlosen Mobiliarsicherheiten in den europäischen Rechtsordnungen auf unterschiedliche Weise Platz verschafft. Während z.B. in Frankreich[26], Belgien und Luxemburg[27] die Gesetzgeber eine Reihe von besitzlosen Pfandrechten geschaffen hatten, deren Publizität durch eine Registrierungspflicht gewährleistet werden soll, setzte sich in Deutschland, den Niederlanden und - mit einigen Abweichungen - in England[28] eine gegenläufige Tendenz durch.

---

[24] *Seif*, Der Bestandschutz besitzloser Mobiliarsicherheiten, S.1.

[25] *Drobnig*, RabelsZ 38 (1974), 468, 479, 481.

[26] Im französischen Recht sind hierbei insbesondere die Mobiliarhypotheken (*hypothèque maritime, hypothèque fluviale und hypothèque aérienne*), die warrants (*warrant agricole, - pétrolier,- industriel*) und die nantissements (besonders beachtenswert ist hierbei das *nantissement du fonds de commerce*, welches ein universelles Unternehmenspfandrecht ermöglicht. Gegenstand dieses *nantissements* kann die gesamte Geschäftseinrichtung, das Geschäftsmobiliar, der Kundenstamm, die Firma, sowie Warenzeichen, Patente, Lizenzen, gewerbliche Muster und das Recht auf den Mietvertrag sein). Vgl hierzu BGHZ 39, 173, 177 f.; *Kieninger*, Mobiliarsicherheiten im Europäischen Binnenmarkt, S. 24 f.; Rechtsvergleichend zu den besitzlosen Mobiliarsicherheiten in Europa und den USA *Veneziano*, Le garanzie mobiliari non possessorie.

[27] Belgien und Luxemburg folgten dem französischen Beispiel teilweise, jedoch beließen es die Gesetzgeber dort bei weitaus weniger gesetzlichen Regelungen, so wurde in Belgien lediglich das *warrant charbonnier* und das Unternehmenspfandrecht (dort nicht als *nantissement*, sondern unter dem Namen *gage sur fonds de commerce*) eingeführt. Das luxemburgische Recht kennt lediglich den *warrant agricole* und das Unternehmerpfandrecht, vgl. *Kieninger*, Mobiliarsicherheiten im Europäischen Binnenmarkt, S. 25.

[28] Die heimliche Übertragung dinglicher Rechte ohne Besitzübertragung wurde in England bereits im 18. Jahrhundert durch die *chattel mortage,* ein besitzloses Pfandrecht, anerkannt, die jedoch mit der *Bills of Sale* - Gesetzgebung seit Mitte des 19. Jahrhunderts kaum noch eine praktische Relevanz hat. *Die Bills of Sale* Gesetzgebung sah für die *chattel mortage* eine Registereintragung sowie zusätzliche Formerfordernisse für die schriftliche Übertragungsurkunde vor, denen eine konstitutive Wirkung zukommt. Der bis dahin heimlichen *chattel mortage* wurde so die Attrakitivität entzogen. Vgl. dazu *Rottnauer*, Die Mobiliarkreditsicherheiten, S. 168. Als Ersatz entwickelte sich die *hypothecation* als besitzlose, pu-

Hier folgte der jahrelangen kautelarjuristischen Praxis die höchstrichterliche Anerkennung von aus dem Eigentum entwickelten besitzlosen Mobiliarsicherungsrechten. In Deutschland und den Niederlanden fand die Sicherungsübereignung als publizitätsfreie Mobiliarsicherheit bereits im 19. bzw. Anfang des 20. Jahrhunderts höchstrichterliche Bestätigung[29]. Jedoch hat die besitzlose Mobiliarsicherheit der Sicherungsübereignung letztlich nur noch in Deutschland ihre Wirksamkeit behalten. Das niederländische Recht hat hingegen angesichts der Publizitätslosigkeit die Sicherungsübereignung mit der Reform des Zivilgesetzbuches 1992 abgeschafft. An deren Stelle ist nun ein "stilles Pfandrecht" (*stille verpanding*) getreten. Bei dem neuen stillen Pfandrecht handelt es sich auch um ein besitzloses Pfandrecht. Dieses Pfandrecht setzt neben der Einigung lediglich die Dokumentation des Pfandrechts in einer öffentlichen oder auch privatschriftlichen Urkunde voraus. Bei der Bestellung durch eine privatrechtliche Urkunde muß das Pfandrecht zusätzlich bei einem der zehn niederländischen Steuerregister eingetragen werden. Diese Eintragung dient jedoch nicht Publizitätszwecken, sondern lediglich der Feststellung des Datums. Ein öffentliches Register, aus dem auch ein Dritter die Verpfändung ersehen kann, gibt es hingegen nicht. Somit hat sich durch die Abschaffung der Sicherungsübereignung in den Niederlanden keine Veränderung ergeben, was die Publizitätslosigkeit des besitzlosen Pfandrechts angeht. Jedoch bleibt der Pfandschuldner, im Gegensatz zur Sicherungsübereignung, Eigentümer des Sicherungsgutes. Die anderweitigen potentiellen Drittgläubiger des Pfandschuldners können sich demnach, je nach Rang ihrer

---

blizitätslose Mobiliarsicherheit, zu deren dinglichen Wirksamkeit jedoch die Errichtung eines *letter of hypothecation* erforderlich ist. Vgl. *Rottnauer,* a.a.O., S. 307. Als in der gewerblichen Sicherungspraxis enorm effizientes besitzloses Sicherungsmittel hat sich im englischen Recht die *floating charge* etabliert. Sie erlaubt eine Verpfändung einer Vermögensmasse, ähnlich dem französischen *nantissement du fonds de commerce*, wodurch das gesamte Unternehmen mit seinem gegenwärtigen und zukünftigen Vermögen belastet werden kann, ohne daß dabei die Verfügungsbefugnis an den einzelnen Vermögensbestandteilen entfällt. *Rottnauer*, a.a.O., S. 307.

[29] Die Sicherungsübereignung wurde vom Reichsgericht das erste Mal bereits im Jahre 1880 grundsätzlich anerkannt. Vgl. RG, 24.9.1880, RGZ 2, 168. Auch nach Inkrafttreten des BGB und dem darin verankerten Faustpfandprinzip in § 1205 BGB, änderte das Reichsgericht nichts an seiner Rechtsprechung. Vgl. RG, 8.11.1904, RGZ 59, 146. Der niederländische oberste Gerichtshof (Hoge Raad) bestätigte durch zwei Grundsatzurteile aus dem Jahr 1929 die Wirksamkeit der Sicherungsübereignung (*Eigendomsoverdracht tot zekerheid*) durch Besitzkonstitut. Vgl. Hoge Raad 25.1.1929, N.J. 1929, 616; Hoge Raad 21.6.1929, N.J.1929, 1096. Durch Inkrafttreten des neu geregelten Vermögensrechts im niederländischen Zivilgesetzbuch (Nieuw Burgerlijk Wetboek, NBW) zum 1.1.1992 wurde die Sicherungsübereignung jedoch ausdrücklich verboten (Art. 3: 84 Abs.3 NBW). Als Ersatz wurde indessen ein mittels öffentlicher Urkunde oder Registrierung zu errichtendes allgemeines besitzloses Pfandrecht *(stille verpanding)* in Art. 3: 227 NBW eingeführt. Vgl. dazu *Wessels*, ZEuP 1996, 425 ff.

Forderung, an dem Sicherungsgut noch befriedigen, da dieses zwar mit einem Pfandrecht belastet, jedoch im Eigentum des Schuldners verblieben ist[30]. Nach dieser gesetzlichen Veränderung in den Niederlanden steht die deutsche Sicherungsübereignung nunmehr nahezu allein da[31].

III. Publizität

Fraglich ist somit, wie man hierbei einen sinnvollen Verkehrsschutz erreicht, ohne dabei die Privatautonomie und die legitimen Interessen der an der Sicherung beteiligten Parteien in unerträglichem Maße einzuschränken. Es stellt sich danach die Frage, welche Art von Publizität diesem Interessenkonflikt ausreichend Rechnung trägt. Daß ein Sicherungsrecht überhaupt nach außen hin transparent gemacht werden muß, wird nahezu auf der ganzen Welt, zumindest im Bereich der Mobiliarkreditsicherheiten, für unabdingbar gehalten. Eine nahezu einzigartige Ausnahme stellt die Rechtslage in Deutschland dar. Dort bedürfen Eigentumsvorbehalt und Sicherungsübereignung bekanntermaßen überhaupt keiner Eintragung oder eines sonstigen Publizitätsaktes, und zwar selbst dann nicht, wenn sie vertraglich verlängert oder erweitert werden. Die Abneigung der deutschen Wirtschaft gegen jeden Eintragungszwang scheint hierbei tief verwurzelt[32]. Jedoch wird teilweise vertreten, daß es in kaufmännischen Kreisen gar als Allgemeingut gelte, daß keiner, der in Deutschland einen Kredit aufnimmt, unbelastetes Vermögen habe. Auch dies sei eine Form von Publizität, freilich der "besonderen Art"[33]. Daß dies jedoch nicht immer interessengerecht ist, dokumentiert die über Jahrzehnte geführte Diskussion bezüglich einer Reform der Mobiliarsicherheiten. Die Heimlichkeit der Mobiliarsicherheiten führt zwangsweise zu einer Kollision der verschiedenen gesicherten und ungesicherten Gläubiger des Schuldners. Insbesondere im Konkurs kommt dieser Konflikt deutlich zum Vorschein.

Fraglich ist somit, mit welchen Publizitätsmitteln dieser Interessenkonflikt zwischen Pfandschuldner und -gläubiger zufriedenstellend gelöst werden könnte. Hierfür sollen einige Modelle der Publizitätsherstellung vorgestellt werden.

---

[30] *Wessels*, ZEuP 1996, 427.

[31] Lediglich in Lettland hat der Gesetzgeber die Sicherungsübereignung ausdrücklich geregelt. Vgl. Art. 990 Abs. 2 i.V. m. Art. 890 des lettischen Zivilgesetzbuches 1937/1993.

[32] So *Drobnig*, ZfRV 1972, 139.

[33] *Drobnig*, ZfRV 1972, 139, der davon ausgeht, daß eine solche Situation nirgendwo anders existiere.

Eine Möglichkeit wäre es, Rechtsbewegungen an Mobilien durch die Eintragung von dinglichen Rechtsveränderungen in ein öffentliches Register zu erreichen, in Anlehnung an das Grundbuchsystem des Liegenschaftsrechts. Jeder sachenrechtliche Vorgang wird danach in einem öffentlichen Register niedergelegt und erlangt gegenüber Dritten erst mit der Eintragung Wirksamkeit - wobei das nicht registrierte Rechtsgeschäft jedoch keineswegs unbedingt von Anfang an ungültig sein muß. Ihm kann vielmehr eine Wirkung "*inter partes*" zuerkannt werden[34]. Dies entspricht dem italienischen Modell der Registerpublizität im Bereich der Mobiliarkreditsicherheiten. Dabei wird bei den besitzlosen Mobiliarsicherheiten teilweise eine Eintragung in ein vom Landgericht geführtes Register oder auch die öffentliche oder notarielle Beglaubigung des Vertragsdatums verlangt. Diese Publizitätform soll für die einzelnen italienischen Sicherungsinstrumente näher dargestellt und auf ihre Effizienz untersucht werden. Hierbei soll auch die Frage aufgeworfen werden, ob die italienische Rechtsordnung über ein Registerpublizitätsystem verfügt, welches dem Verkehrsschutz und den Interessen von außenstehenden Drittgläubigern gerecht wird und zudem dazu geeignet ist, Kollisionsfällen vorzubeugen.

Eine alternative Möglichkeit der Publizitätsherstellung, die sich in Japan[35] auf privater Basis entwickelt und in der Handelspraxis etabliert hat, ist wie folgt zusammenzufassen: Die Vereinigung einer spezifischen Branche (in diesem Fall sind es Baumaschinenhersteller) hat ein Zertifikat entwickelt, um eine Publizität von Kreditsicherheiten herzustellen. Hierbei dient als "Zertifikat" ein Formular, das in einer Schutzhülle in einem geschützten Metallfach an jeder Maschine angebracht wird. Das Papier weist den Hersteller aus; dieser trägt mit Namen und Namensstempel den Erwerber erst dann in die nächste Spalte ein, wenn dieser den Kaufpreis vollständig bezahlt hat und Eigentümer geworden ist. Entsprechend wird bei der Weiterveräußerung verfahren[36]. Dieser private Weg zur Herstellung von Publizität, der zugegebenermaßen nicht für alle Arten von beweglichen Sachen geeignet ist - man denke dabei nur an Warenlager von kleineren Gegenständen - stellt einen innovativen und wohl auch relativ kostengünstigen Weg zur Offenlegung der Rechtsverhältnisse an den Gegenständen des Schuldners dar.

---

[34] Hinsichtlich der Diskussion über die zerstörerische Wirkung heimlicher Kreditsicherheiten wurde der Vorschlag von *Coing* (ZfRV 1967, 65 ff.), die Publizität mit Hilfe eines Registers herzustellen, - mit dem Gedanken an das schwerfällige deutsche Grundbuch - als zu aufwendig abgetan.

[35] *Sugishita*, Der Eigentumsvorbehalt im japanischen Recht, S. 18.

[36] *Hartwieg*, ZIP 1994, 110.

Im Recht der Vereinigten Staaten von Amerika wurde in Art. 9 des "Uniform Commercial Code" (UCC) den Vertragspartnern - unter Überwindung des sachenrechtlichen numerus clausus des Pfandrechtes und des Eigentums - eine umfassende Freiheit zur vertraglichen Kreditsicherung eröffnet. Die Publizität wurde hier durch das Zusammenspiel von zwei Komponenten realisiert: zum einen mit der Anhaftung *(attachment)* und zum anderen mit der Perfektionierung *(perfection)*. Das *attachment* verbindet die Sicherungsabrede *(security agreement)* mit dem Gegenstand der Sicherung. Das Gesetz eröffnet hierbei zwei Wege, auf denen eine vereinbarte Sicherung anhaften kann: die Übergabe des Sicherheitsgegenstandes an den Kreditgeber oder die hinreichende Beschreibung der Sicherheit in einer vom Schuldner unterzeichneten Sicherungsvereinbarung. Art. 9 verlangt hierbei eine "vernünftige Identifizierbarkeit"[37] des Sicherungsgegenstandes. Dieses nicht sehr strenge Kriterium erschien dem Gesetzgeber ausreichend, da eine für den Gläubiger gefährliche Drittwirksamkeit oder Priorität anderer Vereinbarungen durch den Schuldner erst dann enstehen, wenn jene durch Eintragung (Publizität) "perfektioniert" wird[38]. Die *perfection* gibt also dem *security agreement* die notwendige Drittwirksamkeit. Diese kann nur erreicht werden, indem der Gläubiger wiederum in den Besitz des Sicherungsgegenstandes gelangt oder wenn dieser veranlaßt, daß eine Krediterklärung *(financing statement)* im zuständigen Ortsregister aufgenommen wird. Dieses Register ist sehr benutzerfreundlich ausgestattet. Die durch die Eintragung *(filing)* hergestellte Publizität ist ohne Formalitäten - sogar telefonisch - der Öffentlichkeit zugänglich. Im Vergleich zu dem umständlichen deutschen Grundbuchsystem ist die Eintragung in das Register deutlich unkomplizierter. Es wird hier auf Angaben zur Schuldsumme ganz verzichtet, vielmehr genügt die Adresse des Schuldners, eine grobe Kennzeichnung des Sicherungsguts sowie eine Unterschrift des Schuldners auf der Krediterklärung. Diese Eintragung wirkt Dritten gegenüber fünf Jahre.

Diese verschiedenen Modelle zur Herstellung von Publizität sollen hier vorangestellt werden, um aufzuzeigen, auf welch unterschiedliche Weise die Problematik der verkehrssicheren Herstellung von Publizität von Mobiliarkreditsicherheiten in verschiedenen Rechtskreisen gelöst wird. Diese Divergenzen bei der Publizitätsherstellung führen jedoch dazu, daß die Mobilität von Sachen und Sicherungsrechten und dadurch auch der transnationale Kreditverkehr belastet wird. Begibt man sich diesbezüglich auf die binneneuropäische Ebene, wird dieser Konflikt noch deutlicher. Die intraeuropäischen Sicherungsgeschäfte leiden an den daraus resultierenden Grenzhindernissen, und die in Art. 3 lit. c i.V.m. Art. 67 bis 73

---

[37] Vgl. § 9-110: *Sufficiency of description.*
[38] *Hartwieg,* ZIP 1994, 104.

EGV gewährleistete Kapitalverkehrsfreiheit wird in der Praxis dadurch stark beeinträchtigt.
Aus deutscher Sicht wird diese Konfliktlage besonders deutlich. Die im deutschen System zugelassenen völlig publizitätsfreien Mobiliarsicherheiten stehen nahezu allein in der Welt und gehen dadurch nahezu in allen Fällen einer grenzüberschreitenden Verbringung des Sicherungsgegenstandes unter[39].

IV. Eigentumsübergang bei beweglichen Sachen

Um die unterschiedliche Entwicklung der Sicherungsübereignung in Italien und Deutschland besser einordnen zu können, erscheint es von besonderer Bedeutung, die verschiedenen Formen der Eigentumsübertragung darzustellen.
Der Eigentumsübergang ist in den beiden hier zu untersuchenden Rechtssystemen zwei grundsätzlich unterschiedlichen Prinzipien untergeordnet.
In Italien gilt das Konsensual- bzw. Konsensprinzip (*principio consensualistico)*, nach welchem der Vertrag[40], wie z.B. der Spezieskaufvertrag (Art. 1340 c.c.), im Zeitpunkt der Einigung auch zur Eigentumsübertragung der Kaufsache führt[41]. Der Spezieskaufvertrag hat danach unmittelbar dingliche Wirkung (*"contratto con effetto traslativo della proprietà"* oder *"vendita ad effetti reali")*[42]. Die Einhaltung von Publizitätsakten ist hierbei, mit Ausnahme von Vorschriften im Grundstücksrecht,[43] nicht erforderlich. Beachtenswert ist im italienischen Recht noch, daß es beim gutgläubigen Erwerb beweglicher Sachen (Artt. 1153 - 1157 c.c.) auch den sofortigen gutgläubigen Erwerb abhandengekommener Sachen zuläßt *(acquisto della proprietà in buona fede*). Im Gegensatz zum deutschen Recht, in dem § 935 Abs.1 BGB einen solchen gutgläubigen Erwerb grundsätzlich ausschließt, hat der italienische Gesetzgeber hier den Verkehrsschutz in den Vordergrund gestellt und den gutgläubigen Erwerb von beweglichen Sachen diesbezüglich den Inhaberpapieren (Art. 1994 c.c.) und der Zwangsversteigerung (Art. 2920 c.c.) gleichgestellt. Wegen des Konsensualprinzips erforderte die mehrfache Veräußerung eine ausdrückliche Regelung bezüglich des gutgläubigen Erwerbs des Zweiterwerbers, nachdem der Ersterwerber auch ohne Übergabe

---

[39] *Von Wilmowsky*, Europäisches Kreditsicherungsrecht, S. 153.
[40] Geregelt in Art. 1376 c.c.
[41] Vgl. Art. 1326 Abs.1 c.c.
[42] *Galgano*, Diritto Privato, S. 141.
[43] Vgl. Art. 2643 Nr.1 c.c., wonach Verträge an unbeweglichen Sachen der Eintragung (*trascrizione*) bedürfen. Diese Eintragung ist jedoch nicht wie im deutschen Recht konstitutiv, sondern lediglich deklaratorisch. Das italienische Recht folgt hier dem französischen System der publicité foncière. Vgl. hierzu die rechtsvergleichenden Ausführungen von *Spellenberg*, Sicherheit im Grundstücksverkehr, S. 779.

bereits Eigentum erlangt hat. Hier trifft Art. 1155 c.c. eine konsequente Regelung, indem es den Besitzschutz bestätigt und dem redlichen Zweiterwerber bei Besitzerwerb und Vorliegen eines wirksamen Rechtstitels das Eigentum an der Sache zustehen läßt[44].

Im deutschen Recht hingegen gilt das Traditionsprinzip (§§ 929 ff. BGB). Danach ist der rechtsgeschäftliche Eigentumserwerb als zweigliedriger Tatbestand konzipiert: Das rechtsgeschäftliche Element wird im Erwerbstatbestand durch die rechtsgeschäftliche Einigung über den Eigentumsübergang zwischen Erwerber und Eigentümer erfaßt[45]. Dem sachenrechtlichen Interesse der Offenkundigkeit des Rechtsübergangs wird durch das Tatbestandsmerkmal der Besitzerlangung an der Sache seitens des Erwerbers Rechnung getragen. Obligatorische Verpflichtung und dingliche, erfüllende Verfügung sind somit zwei verschiedene, zu trennende, jedoch nicht notwendigerweise auseinanderfallende Rechtsgeschäfte. Dies wird im deutschen Recht als Trennungsgrundsatz bezeichnet[46]. Das deutsche Recht geht durch das Abstraktionsprinzip noch einen Schritt weiter. Dieses bestimmt, daß die Gültigkeit des Verfügungsgeschäftes ohne Rücksicht auf Vorhandensein oder Wirksamkeit eines zugrundeliegenden Verpflichtungsgeschäft zu beurteilen ist[47]. Mit anderen Worten: Das Trennungsprinzip bedeutet, daß Verpflichtung und Verfügung zwei verschiedene Schritte darstellen; das Abstraktionsprinzip demgegenüber steigert diese Trennung dahin, daß der zweite Schritt auch unabhängig vom ersten getan werden kann. Diese Verbindung von Trennungs- und Abstraktionsgrundsatz ist seit *Savigny* ein besonderes Kennzeichen des deutschen Rechts[48].

Diese beiden entgegenstehenden Rechtsprinzipien beim Eigentumsübergang im italienischen und deutschen Recht sind in den Rechtsordnungen jedoch nicht in reiner Form verwirklicht. Es finden sich vielmehr einige durch Durchbrechung und Ausnahmeregelungen bedingte Annäherungen der verschiedenen Prinzipien. So geht im italienischen Recht bei Gattungsschulden[49] das Eigentum nicht sofort bei Kaufvertragsabschluß über, sondern es bedarf in diesem Fall der Konkretisie-

---

[44] Der gutgläubige Erwerb hat seinen Ursprung in Art. 2279 des Code civil napoleonico: "*riguardo ai beni mobili il possesso vale titolo*". Vgl. *Bigliazzi Geri*, Diritto civile, Bd. 2, S. 383.

[45] *Müller*, Sachenrecht, S. 777.

[46] Dieser Grundsatz gilt auch in den Niederlanden, wo das bürgerliche Gesetzbuch bei seiner Entstehung noch auf der Auffassung vom titolus und modus adquirendi beruht, vgl. Artt. 639, 667, 1495 B.W.

[47] *Baur*, Sachenrecht, § 5 IV, 2.

[48] *Gravenhorst*, Mobiliarsicherheiten, S. 15.

[49] Vgl. Art. 1378 c.c.

rung, die oft erst in der Übergabe an den Käufer oder einen Transporteur zu finden ist. Darüberhinaus können die Vertragsparteien nach italienischem Recht vereinbaren, daß der Eigentumsübergang nicht sofort bei Vertragsschluß, sondern erst später, also etwa mit der Zahlung der letzten Kaufpreisrate übergehen soll[50]. Eine weitere Ausnahme des Konsensualprinzips hat der Gesetzgeber in Art 1472 Abs.1 c.c. vorgesehen, wonach beim Verkauf künftiger Sachen der Käufer erst mit Entstehen der Sache Eigentum daran erlangt, und weiterhin wird durch den Verkauf einer fremden Sache der Käufer erst in dem Moment Eigentümer, in dem der Verkäufer das Eigentum vom urspünglichen Eigentümer erwirbt. Eine praktisch sehr wichtige Ausnahme hat der Gesetzgeber durch den in Art. 1476 Nr. 2 c.c. geregelten schuldrechtlichen Kauf (*vendita obbligatoria*) ermöglicht. Zudem ist das Konsensualprinzip nach h.M. abdingbar[51]. Das Gesetz räumt den Parteien dabei ausdrücklich ein, die dingliche Wirkung des Vertrages vom Ablauf einer Frist abhängig zu machen (Art. 1465 Abs. 2, 4 c.c.)[52]. Schließlich liegt in dem gesetzlich geregelten Kauf unter Eigentumsvorbehalt, wonach der Käufer wie im deutschen Recht (§ 455 BGB) erst mit vollständiger Zahlung der letzten Kaufpreisrate das Eigentum erlangt, eine Ausnahme des *principio consensualistico* vor. In diesen Regelungen liegt fraglos eine Entfernung vom Einheitsprinzip in Richtung Trennungsprinzip.

Ebenso ist das traditionelle Trennungsprinzip im deutschen Recht nur noch der gesetzessystematische Regelfall, der durch die gesetzliche Zulassung verschiedener Übergabesurrogate in seiner Bedeutung doch erheblich eingeschränkt wird[53]. Auch das Abstraktionsprinzip wird im deutschen Recht nicht stets in voller Strenge durchgeführt. So hat man immer wieder versucht, das Verfügungsgeschäft mittels §§ 119 II, 123, 134, 138 II BGB an dem gleichen Mangel scheitern zu lassen, wie das Verpflichtungsgeschäft (sog. Fehleridentität)[54]. Als sich im

---

[50] Hierbei können die Parteien unter Beachtung der Publizitätserfordernisse einen Kauf unter Eigentumsvorbehalt vereinbaren (Artt. 1523, 1524 c.c.). Die Parteien haben auch die Möglichkeit, die dingliche Wirkung vom Ablauf einer Frist oder dem Eintritt einer aufschiebenden Bedingung abhängig zu machen (Art. 1465 Abs. 2, 4 c.c.), wobei umstritten ist, ob als Bedingung die vollständige Kaufpreiszahlung vereinbart werden kann, da damit die Publizitätserfordernisse des Eigentumsvorbehalts unterlaufen werden könnten.

[51] Vgl. hierzu *Jayme*, Festschrift *Mühl*, S. 342, der dem italienischen Recht durch die stetig fortschreitende Aushöhlung des Konsensualprinzips bis hin zu dessen höchstrichterlich anerkannten Abdingbarkeit eine "Fähigkeit zu Elastizität und Kompromiß" bescheinigt.

[52] Cass. 4.3.1969, Nr. 692, Giur. it. 1969, I, 2162; Cass. 24.1.1980, Nr. 593, Giur. it. 1981, I, 268.

[53] Vgl. §§ 929a - 931, 934 BGB.

[54] Nach der Auffassung von *Jauernig*, BGB, vor § 854, IV, 3, liegt in der Fehleridentität keine eigentliche Durchbrechung des Abstraktionsprinzips vor, da der Fehler gleich doppelt, also beim Verfügungs- und Verpflichtungsgeschäft auftrete. Jedoch sieht er in Art. 138 Abs. 2

Anschluß an *Savigny*[55] in Deutschland das Trennungs- und Abstraktionsprinzip durchsetzte, lag darin unter dem Gesichtspunkt des Verkehrsschutzes ein beachtlicher Fortschritt. Da das gemeine Recht dem Grundsatz folgte "*nemo plus iuris transferre potest quam ipse habet*", kannte es keinen redlichen Erwerb vom Nichtberechtigten. In Anbetracht dieser Konstellation erschien es sinnvoll, die Eigentumsübertragung von den Mängeln oder auch dem völligen Fehlen des Rechtsgrundes zu lösen[56]. Dadurch konnten Dritterwerber sicher sein, vom Berechtigten zu erwerben, auch wenn dessen schuldrechtliche Beziehungen zum Voreigentümer gestört waren[57]. Durch die Anerkennung eines redlichen Erwerbs vom Nichtberechtigten (§§ 932 ff. BGB) ist das Abstraktionsprinzip dagegen weitgehend funktionslos geworden. Eine weitere faktische Durchbrechung des Abstraktionsprinzips kann man in der Anerkennung der Sicherungsübereignung sehen. Der Grund der Durchbrechung liegt darin, daß Sicherungsübertragungen rechtsgeschäftliche Treuhandverhältnisse nach sich ziehen. Durch die Verzahnung der kausalen Sicherungsabrede mit dem abstrakten Erfüllungsgeschäft wird das Sicherungsgut zu gebundenem Treugut. Als Konsequenz erwirbt der Sicherungsnehmer zwar grundsätzlich gegenüber jedermann Eigentum am Sicherungsgut, jedoch darf der in der Kausalbeziehung wurzelnde Sicherungszweck selbst mit Wirkung gegen Dritte berücksichtigt werden[58]. Die Tatsache, daß der Sicherungsgeber nach der Rechtsprechung des BGH kein volles, ungebundenes Eigentum erlangt, wird in der Insolvenz des Schuldners deutlich. Dem Sicherungseigentümer steht dort lediglich eine Verwertungsbefugnis wie einem Pfandgläubiger zu, die ihn nur zur Aussonderung und nicht wie einen Volleigentümer auch zur Absonderung berechtigt[59].
Eine gesetzlich vorgesehene Durchbrechung des Abstraktionsprinzips stellt hingegen die Vereinbarung eines Eigentumvorbehaltes nach § 455 BGB dar. Sachenrechtlich wird hier der Eigentumsübergang im Zweifel von der vollständigen Bezahlung des Kaufpreises abhängig gemacht. Das Verfügungsgeschäft ist hier unmittelbar im Verpflichtungsgeschäft verankert: ein Fall einer gesetzlich erlaubten Durchbrechung des Abstraktionsprinzips[60].

Zusammenfassend läßt sich zu den beiden hier gegenüberstehenden verschiedenen Prinzipien des Eigentumübergangs sagen, daß durch gesetzliche Regelungen

---

BGB eine Durchbrechung der inhaltlichen Abstraktion.

[55] *Savigny*, System, Bd. III, S. 312 ff., 351 ff., Bd. IV, S. 158, Bd. V, S. 521 f.

[56] *Gravenhorst*, Mobiliarsicherheiten, S. 17.

[57] *Gravenhorst*, Mobiliarsicherheiten, S. 17 spricht hier von einem "juristischen Kunstgriff".

[58] *Serick*, Eigentumsvorbehalt und Sicherungsübertragung, Bd. I, S. 59.

[59] So der BGH in der Grundsatzentscheidung vom 24.10.1979, vgl. BGH, ZIP 1980, 40 ff.

[60] *Serick*, Neue Rechtsentwicklungen, S. 63.

im BGB bzw. Codice civile eine Auflockerung des systemeigenen Grundsatzes festzustellen ist. Weiterhin gelangen durch gesetzlich zugelassene Parteiabsprachen die an sich fundamentalen Unterschiede im Ergebnis zu einer Annäherung. So überlässt es das italienische Recht den Parteien, ob sie einen Kaufvertrag mit obligatorischer oder dinglicher Wirkung schließen wollen. Sie können also den Eigentumsübergang nach Gutdünken hinausschieben[61]. Nur wenn die Parteien keine gegenteilige Erklärung abgeben, treten die dinglichen Wirkungen mit Abschluß des Kaufvertrags ein.
Jedoch soll hier insbesondere im Rahmen der Eigentumsübertragungen zu Sicherungszwecken im deutschen und italienischen Recht herausgefunden werden, welche Bedeutung die unterschiedlichen Prinzipien für deren dogmatische Konzipierung und praktische Relevanz haben.

C. Geldkreditsicherheiten an Mobilien in Deutschland

I. Überblick

1. Ungeeignetheit des Faustpfandes

Die dingliche Sicherung von Geldkreditsicherheiten an Mobilien beschränkt sich in der deutschen Rechtsordnung auf zwei Instrumente. Zum einen das gesetzlich geregelte Faustpfand (§1204 ff. BGB) und zum anderen die im BGB nicht ausdrücklich vorgesehene Sicherungsübereignung als kautelarische Geldkreditsicherheit. Hierbei hat die Sicherungsübereignung das Faustpfandrecht im Laufe dieses Jahrhunderts in dessen Bedeutung überflügelt und seinen Anwendungsbereich grundsätzlich auf die Lombardkredite reduziert. Die Gründe für die fast vollständige Verdrängung des Faustpfandrechts durch die Sicherungsübertragung liegen auf der Hand. Das Faustpfand ist durch den damit verbundenen Besitzverlust des Sicherungsgegenstandes für die wirtschaftlichen Bedürfnisse weitgehend unbrauchbar. Es entspricht in keiner Weise den Bedürfnissen eines Mobiliarkreditsicherungsrechts. Die erforderlichen Voraussetzungen einer modernen Mobiliargeldkreditsicherheit können etwa wie folgt zusammengefaßt werden[62]: Der Sachbesitz des Sicherungsguts verbleibt beim Schuldner, wodurch dem Sicherungsgläubiger die lästige Verwahrung des Sicherungsgutes erspart bleibt; keine Anzeige im Fall der Forderungsbelastung; keine erschwerenden formalisierten Publizitätserfordernisse bei Sachsicherheiten; Verfügungs- und gegebenenfalls

---

[61] So *Jayme*, in Festschrift *Mühl*, S. 347.
[62] Vgl. *Serick*, Eigentumsvorbehalt und Sicherungsübertragung, Bd. I, S. 10.

Verarbeitungsbefugnis des Sicherungsschuldners; flexible Verwertungsmöglichkeiten. Hält man sich diese Vorgaben vor Augen, stellt man fest, daß das gesetzlich ausgestaltete Faustpfand nur unzureichend diesen Maximen gerecht wird. Insbesondere der in § 1205 BGB verankerte Besitzverlust des Sicherungsguts hindert die Parteien in ihrer wirtschaftlichen Freiheit. Dies hat dazu geführt, daß dem Pfandrecht in Deutschland ein nur noch äußerst begrenzter Anwendungsbereich zukommt. Dieser erschöpft sich nunmehr grundsätzlich in der Sicherung von Kleinkrediten durch gewerbliche Pfandleiher, der Sicherung von Bankdarlehen gegen Verpfändung von Edelmetallen und Wertpapieren (sog. Lombardkredit) und dem Pfandrecht der Banken auf Grund ihrer Allgemeinen Geschäftsbedingungen[63] an Wertpapieren und Wertgegenständen, insbesondere solchen, die durch Traditionspapiere repräsentiert werden[64]. Von Interesse ist im Rahmen dieser Untersuchung insbesondere die in Nr. 14 der Banken-AGB[65] geregelte Pfandklausel, die sich in ähnlicher Form auch in den Allgemeinen Geschäftsbedingungen der italienischen Banken wiederfindet. Diese Pfandklausel der Banken enthält nicht nur eine schuldrechtliche Sicherungsvereinbarung, sondern auch eine dinglich wirkende antizipierte Einigung der Pfandrechtsbestellung bezüglich aller künftig einzubringenden Vermögensgegenstände.

2. Sicherungsübereignung

a) Entstehungsgeschichte

Weitaus größere praktische Bedeutung im Bereich der Sicherung von Bankkrediten kommt der Sicherungsübereignung zu. Dabei überträgt der Sicherungsgeber das Eigentum am Sicherungsgut auf den Gläubiger, und zwar in aller Regel durch Besitzkonstitut.

Dieses besitzlose Pfandrecht hat eine eigenartige Entstehungsgeschichte, die insbesondere unter dem rechtsvergleichenden Aspekt von besonderem Interesse ist und die dogmatische Problematik des heutigen italienischen Rechts in Bezug auf eine Sicherungsübertragung teilweise widerspiegelt.

---

[63] Vgl. Nr. 14 der neuen Banken-AGB. Hierzu wird unten, im Rahmen des italienischen Bankenpfandrechts, rechtsvergleichend eingegangen.

[64] Zu den wichtigsten Traditionspapieren in diesem Bereich vgl. insbesondere den Orderlagerschein (§§ 363, 424 HGB), den Ladeschein (§§ 444 ff. HGB) und das Konnossement (§ 642 ff. HGB).

[65] Bis zum 1.1.1993 war die Pfandklausel in Nr. 19 Abs. 2 der Banken AGB geregelt. Eine entsprechende Regelung enthalten die AGB-Sparkassen (bis 1.1.1993 in Nr. 21 Abs. 1, nunmehr in Nr. 19 geregelt).

Bereits vor Inkrafttreten des BGB hatte sich in der Handelspraxis, bedingt durch das Bedürfnis nach einer besitzlosen Kreditsicherheit an Mobilien, ein Vorreiter der heutigen Sicherungsübereignung etabliert. Die Eigentumsübertragung wurde hierbei in der Form des Sicherungskaufes vereinbart. Der Grund für die Konstruktion über den Kaufvertrag war folgender: Unter dem vor dem BGB geltenden Preußischen Allgemeinen Landrecht war für den Eigentumsübergang auch ein rechtsbeständiger Titel - etwa eine Kaufvertrag - notwendig.
Nach der Rechtsprechung des Reichsgerichts reichte zur Eigentumsübertragung der reine Sicherungszweck hingegen nicht aus[66]. Die Parteien versuchten den Eigentumsübergang zu Sicherungszwecken deshalb über den Kauf zu konstruieren. Die Konstellation hierbei war folgende: Der Kreditgeber kaufte dem Kreditnehmer bei weiterhin bestehendem Besitz den "Kaufgegenstand" ab, wobei die Parteien eine obligatorisch oder dinglich wirkende Rückfallklausel vereinbarten[67]. Der Kaufpreis erfüllte hierbei die - zum Teil verdeckte, teilweise aber auch ausdrücklich erklärte - Funktion der Darlehenshingabe. Mit Inkrafttreten des BGB änderte sich die rechtliche Situation diesbezüglich. Durch die Einführung des Abstraktionsgrundsatzes konnte nunmehr das Eigentum abstrakt und unabhängig vom zugrundeliegenden Kausalgeschäft wirksam übertragen werden. Dennoch dauerte es noch einige Jahre nach Inkrafttreten des BGB, bis sich die Figur der abstrakten Sicherungsübereignung durchsetzen konnte. Das Rechtsinstitut des Sicherungskaufs wurde währenddessen noch einige Zeit mitgeschleppt[68].
Grund für dieses Mißtrauen in eine abstrakte Sicherungsübereignung war vor allem das Schweigen des Gesetzgebers zu diesem Instrument. Man befürchtete infolgedessen, daß einer abstrakten Sicherungsübereignung die Wirksamkeit abgesprochen werden könnte, da sie die vom Gesetzgeber einzig zur Sicherung von Krediten durch Mobilien vorgesehenen Pfandrechtsvorschriften in unzulässiger Weise umgehen könnte. Unbedenklich erschien jedoch durch die Einführung des § 930 BGB die Konstruktion einer Sicherungsübereignung über die Figur des Sicherungskaufes, da dieser nun durch das Abstraktionsprinzip und die Möglichkeit des Besitzkonstitutes gesetzlich abgesichert war und auch das Problem einer geeigneten *causa* durch das Vorliegen des Kaufvertrages gelöst werden konnte[69].
Die Skepsis gegenüber einer abstrakten Sicherungsübereignung ebbte jedoch nie vollständig ab. Zwar wuchs das Vertrauen in dieses besitzlose Instrument in der

---

[66] Vgl. RG JW 1896, 211 f. Die Auffassung, daß der Sicherungszweck für den Eigentumsübergang nicht ausreiche, wurde vom Reichsgericht auch in Fällen vertreten, in denen es nach Gemeinem Recht zu entscheiden hatte. Vgl. RG, 24.9.1880, RGZ 2, 173 f.
[67] Vgl. die Grundsatzentscheidung des RG zu den rechtlichen Gestaltungsmöglichkeiten des Sicherungskaufs. RG, 9.10.1880, RGZ 2, 168.
[68] Vgl. *Serick*, Eigentumsvorbehalt und Sicherungsübertragung, Bd. I, S. 56.
[69] *Serick*, Eigentumsvorbehalt und Sicherungsübertragung, Bd. I, S. 56.

Praxis spätestens nach dessen Anerkennung durch die Rechtsprechung[70], jedoch blieben in der Lehre Zweifel bezüglich dessen Zulässigkeit weiterhin bestehen. Die Kritikpunkte lassen sich wie folgt zusammenfassen: Die größten Einwände der Lehre zielten in Richtung Scheingeschäft und Simulation, indem man darauf hinwies, daß der Erfolg der wechselseitigen Erklärungen, nämlich die Übereignung des Sicherungsgegenstandes auf den Kreditgeber, beiderseits nicht ernstlich gemeint sei. Die Vertreter der Willenstheorie[71] stellten hierbei die "Mentalreservation" der Vertragsparteien, den Eigentumsübergang gar nicht ernsthaft zu wollen, der Simulation gleich[72]. Die Vertreter der Erklärungstheorie differenzierten hingegen zwischen simuliertem und verdecktem Geschäft[73]. Betrachtet man diese Kritikpunkte, so findet man diese in der heutigen italienischen Diskussion um die Zulässigkeit einer Eigentumsübertragung zu Sicherungszwecken zum großen Teil wieder.

b) Bedeutung des Abstraktionsprinzip und der *causa* für die Konzipierung der Sicherungsübereignung

Die heutige, inzwischen in der deutschen Rechtsordnung allgemein anerkannte abstrakte Sicherungsübereignung findet ihre Grundlage in der römisch-rechtlichen *fiducia cum creditore*[74]. Dieses Instrument diente auch in Italien als Grundlage der Konstruktionsversuche einer Sicherungsübereignung. Die unterschiedlichen Entwicklungen, die sich in Italien und Deutschland vollzogen haben, sollen im Verlauf dieser Untersuchung analysiert und begründet werden. Als Mittelpunkt haben sich hierbei die Bildung einer zu Sicherungszwecken geeigneten *causa* und die Auswirkungen des Abstraktionsprinzips für die Konzipierung der Sicherungsübereignung herausgebildet. Die Problematik der *causa* zu ergründen, ist im Rahmen dieser Untersuchung von besonderer Bedeutung für die rechtsvergleichende Betrachtung gegenüber dem italienischen Recht.

---

[70] In einer Entscheidung von 1902 hat das Reichsgericht bereits die Sicherungsübereignung als fiduziarisches Pfandgeschäft ausdrücklich anerkannt. Im Jahre 1904 nahm es auch zu dem Vorwurf des Umgehungsgeschäftes Stellung und erklärte daraufhin, daß die Sicherungsübereignung weder dem Wortlaut noch der Entstehungsgeschichte des Gesetzes nach, als verbotenes Geschäft anzusehen sei. Vgl. RG, 8.11.1904, RGZ 59, 146 f.

[71] So etwa *Windscheid, Savigny, Zitelmann.*

[72] Vgl. dazu *Hromadka*, Die Entwicklung des Faustpfandprinzips, S. 149 ff.

[73] Die Erklärungstheorie wurde von *Kohler*, JherJb. 16, 91 ff. und *von Jhering*, Geist des römischen Rechts auf den verschiedenen Stufen seiner Entwicklung, vertreten.

[74] *Serick*, Deutsche Mobiliarsicherheiten, S. 13.

Um die *causa* einer abstrakten Sicherungsübereignung im deutschen Recht zu erforschen, muß man das dogmatische Gebilde der Sicherungsübereignung durchleuchten und versuchen, es in seine einzelnen Bestandteile zu zerlegen. Die Sicherungsübereignung im deutschen Recht läßt sich demnach in zwei zu trennende Rechtsgeschäfte unterteilen: zum einen in das Verpflichtungsgeschäft, die Sicherungsabrede, und zum anderen in das Verfügungsgeschäft, die Übereignung einer beweglichen Sache. In der schuldrechtlichen Sicherungsabrede verpflichtet sich der Sicherungsgeber gegenüber dem Sicherungsnehmer, diesem ein dingliches oder obligatorisches Recht zu vollem Recht zu übertragen. Die *causa* dieses Geschäftes liegt in der Gewährleistung, daß eine bestehende oder auch erst künftig zur Entstehung gelangende Forderung des Empfängers für den Fall der Nichterfüllung der Tilgungsverbindlichkeiten des Kreditnehmers gesichert wird[75]. Der Sicherungsnehmer verpflichtet sich hierbei, spätestens nach Tilgung des Kredites das Sicherungsgut zurückzuübertragen, um zu erreichen, daß ihm der Sicherungsgeber während der Laufzeit des Kredites das volle Recht überträgt. Diese Vertragsziele werden als innere Rechtsgründe bezeichnet, die das kausale Geschäft definieren[76]. Die dingliche Übereignung läßt dabei diesen Rechtsgrund nicht erkennen. Dieser liegt vielmehr außerhalb des Geschäftes und wird als äußerer Rechtsgrund bezeichnet. Das Abstraktionsprinzip gibt den beiden Rechtsbeziehungen der Sicherungsübereignung, dem äußeren und dem inneren Rechtsgrund, folgende Bedeutung: Die kausale Sicherungsabrede ist der Rechtsgrund. Die *causa* der Sicherungsübereignung liegt demnach im Sicherungszweck. Das Abstraktionsprinzip bewirkt somit, daß dieser Sicherungszweck nicht von dem äußeren Rechtsgrund, der dinglichen Übertragung, aufgenommen wird. Die Übertragung bleibt vielmehr abstrakt bzw. neutral[77]. Diese Erkenntnis soll als Grundlage und Veranschaulichung für die Konstruktion einer Sicherungsübereignung im italienischen Recht, welches dem Konsensualprinzip folgt, vorangestellt werden.

c) Grenzen der Privatautonomie

Die Sicherungsübereignung setzt sich, wie bereits dargelegt, aus einem schuldrechtlichen Sicherungsabkommen und einem dinglichen Übereignungstatbestand zusammen. Der Übereignungstatbestand wird bei der Sicherungsübereignung regelmäßig durch die Vereinbarung eines Besitzmittlungsverhältnisses vorgenommen. Durch dieses Besitzkonstitut bleibt der Sicherungsgeber im unmittelbaren

---

[75] *Serick*, Eigentumsvorbehalt und Sicherungsübertragung, Bd. I, S. 57.
[76] *Serick*, Eigentumsvorbehalt und Sicherungsübertragung, Bd. I, S. 57.
[77] *Reich*, Die Sicherungsübereignung, S. 61 f.

Besitz des Sicherungsgegenstandes und der Erwerber erlangt gem. § 930 BGB den mittelbaren Besitz. Als Besitzmittlungsverhältnis wird inzwischen neben den gesetzlich dafür vorgesehenen Fällen (§ 868 BGB) auch die Sicherungsabrede als ausreichend erachtet, so daß die Parteien hier nicht mehr den konstruierten Weg über einen Leihvertrag oder ähnliches gehen müssen[78].

Als Gegenstand der Sicherungsübereignung kommen nur bewegliche Sachen in Betracht[79]. Hierbei werden die Grenzen der vertraglichen Gestaltung der Sicherungsübereignung hauptsächlich durch den Bestimmtheitsgrundsatz und weiterhin durch die Sittenwidrigkeit gesetzt. Die Privatautonomie erfährt infolge der weitgehenden Gestaltungsfreiheit der Sicherungsübereignung, die einen Mißbrauch durch den regelmäßig übermächtigen Kreditgeber naheliegen läßt, ihre Einschränkung durch eine Sittenwidrigkeitskontrolle der Rechtsprechung im Rahmen der §§ 138, 826 BGB. Die Rechtsprechung hat den konturlosen Begriff der "guten Sitten" im Laufe der Jahre durch das Herausbilden von verschiedenen Fallgruppen konkretisiert. So wurden im Zusammenhang mit der Sicherungsübereignung vor allem die Begriffe der Schuldnerknebelung und der Gläubigergefährdung herausgebildet[80]. Eine Knebelung des Sicherungsschuldners wird vom BGH dann angenommen, wenn die Sicherungsübereignung infolge ihres Umfanges zu einer unerträglichen, seine wirtschaftliche Stellung vernichtenden Abhängigkeit vom Gläubiger führt[81]. Die Gläubigergefährdung bzw. Gläubigerbenachteiligung stellt hierbei einen Ausfluß der fehlenden Publizität der Sicherungsübereignung dar. Der Makel der Sittenwidrigkeit wird dabei durch die Gefährdung oder Schädigung von Drittgläubigervermögen, bedingt durch eine Täuschung, begrün-

---

[78] *Serick*, Eigentumsvorbehalt und Sicherungsübertragung, Bd. II, S. 121 ff.; *Soergel/Mühl*, § 930 BGB, Rn. 32; *Palandt - Bassenge*, § 930 BGB, Rn. 7.

[79] Bei der Belastung von Immobilien mit einem Grundpfandrecht bleibt der Eigentümer schließlich Besitzer der Sache, so daß hier eine Sicherungsübereignung nicht erforderlich ist. Desweiteren würde § 925 Abs. 2 BGB eine Eigentumsübertragung an unbeweglichen Sachen unter einer Bedingung verbieten. Vgl. *Weber*, Kreditsicherheiten, S. 120.

[80] Das RG wendete sich von der ursprünglichen weiten Formulierung der guten Sitten als "Verstoß gegen das Anstandsgefühl aller billig und gerecht Denkenden" (so noch RG, 11.4. 1901, RGZ 48, 114) ab und versuchte durch das Herausbilden von typischen Tatbeständen diese konturlose Formel zu konkretisieren. So wurden zunächst im Zusammenhang mit der Sicherungsübereignung die Fallgruppen Konkursverschleppung, Kreditbetrug, Gläubigergefährdung und Schuldnerknebelung herausgebildet (vgl. RG, 9.4.1932, RGZ 136, 247, 253). Der BGH reduzierte die Sittenwidrigkeitsprüfung auf die beiden letztgenannten Fallgruppen und nimmt eine Sittenwidrigkeit auch nur dann an, wenn zusätzlich zum Vorliegen der typischen Merkmale noch konkrete, individuelle Tatumstände eine Verwerflichkeit des Sicherungsgeschäftes bestätigen (So BGH, 2.2.1955, NJW 1955, 1272; BGH, 18.9.1963, WM 1963, 1093).

[81] BGH, 14.11.1983, NJW 1984, 728.

det. Eine solche gläubigerbenachteiligende Täuschung wird dann angenommen, wenn die Vermögensverhältnisse des Schuldners verschleiert werden und dadurch Gläubiger des Schuldners um die Erfüllung ihrer Ansprüche gebracht werden[82]. Handeln Sicherungsgeber und -nehmer dabei einvernehmlich und vorsätzlich zum Schaden Dritter, kann daraus den Drittgeschädigten ein Schadensersatzanspruch aus § 826 BGB entstehen[83].

Eine praktisch relevantere Einschränkung der Verlängerungsformen stellt desweiteren der sachenrechtliche Bestimmheitsgrundsatz dar. So ist eine Übereignung von Gesamtsachen im deutschen Recht nicht möglich, da dies dem Bestimmheitsgrundsatz widersprechen würde. So kann etwa ein Unternehmen nicht Gegenstand einer Sicherungsübereignung sein. Vielmehr müßte dort jeder einzelne Gegenstand des Unternehmens gesondert übertragen werden[84]. Diffiziler und auch praktisch relevanter wird die Beurteilung der Übereignung von Sachgesamtheiten, wie etwa Warenlager, insbesondere wenn die Sicherungsgegenstände ausgewechselt werden. Hier zeigt sich nun die erhebliche praktische Relevanz der Sicherungsübereignung in ihrer weitestentwickelten Ausprägung. Dem Sicherungsgeber wird durch die Anerkennung von sog. Raumsicherungs- oder auch Markierungsverträgen nicht nur die Möglichkeit gegeben, den Besitz an den Sicherungsgütern zu behalten, sondern ihm wird darüberhinaus gestattet, die in einem bestimmten abgegrenzten Raum befindlichen Güter zu veräußern und durch andere zu ersetzen. Hierbei müßte zwar streng genommen der Parteiwille auf die Übertragung eines jeden einzelnen Gegenstandes immer wieder aufs neue erfolgen, jedoch funktioniert dies relativ einfach durch die Anerkennung eines antizipierten Besitzkonstituts bezüglich aller zukünftig in den bezeichneten Raum eintretenden Gegenstände[85]. Dadurch fallen alle neu hinzutretenden Sachen "automatisch" in das Sicherungseigentum des Sicherungsnehmers, sobald diese von dem Sicherungsgeber erworben und in den bezeichneten Raum eingebracht werden[86]. Jedoch findet bei diesem Vorgang keine dingliche Surrogation an den Ersatzsicherungsgegenständen statt. Der Sicherungsnehmer erwirbt an dem Ersatzgegenstand stets und ausschließlich rechtsgeschäftlich Eigentum. Eine analoge Anwendung der dinglichen Surrogation wird von der h.M. für die Sicherungsübereignung grundsätzlich abgelehnt[87]. Die Möglichkeit der rechtsgeschäftlichen

---

[82] *Weber*, Kreditsicherheiten, S. 127.
[83] *Weber*, Kreditsicherheiten, S. 127.
[84] BGH, 11.10.1967, NJW 1968, 392.
[85] BGH, 12.2.1992, BGHZ 117, 200.
[86] *Weber*, Kreditsicherheiten, S. 121.
[87] *Serick*, Neue Rechtsentwicklungen, S. 83; *ders.*, Eigentumsvorbehalt und Sicherungsübertragung, Bd. II, S. 84 f. *Serick* hebt dabei hervor, daß das Surrogationsverbot klar betont

Verlängerung wird über eine Ermächtigung des Sicherungsgebers durch den Sicherungsnehmer i.S. des § 185 BGB konstruiert, wonach der Sicherungsnehmer im Rahmen einer wirtschaftlichen Zweckbestimmung durch Veräußerung im ordnungsgemäßen Geschäftsverkehr über die Waren zu verfügen berechtigt wird[88]. Weiterhin kann eine Vereinbarung, wonach nichts weiter als die "getrennte Lagerung" festgelegt wird, ohne dabei die genaue Räumlichkeit zu bezeichnen, dem Bestimmtheitserfordernis nicht genügen, wenn nicht feststellbar ist, auf welche Sachen sich die getrennte Lagerung bezieht[89].

Im Ergebnis läßt sich festhalten, daß das Sicherungsgut stets so verwahrt werden muß, daß für jeden Außenstehenden aus dem Sicherungsvertrag selbst ersichtlich ist, welche konkreten Sachen übereignet worden sind. Ist hingegen eine Klarheit über den sicherungsübereigneten Warenbestand erst durch außerhalb der Sicherungsabrede liegende Umstände, wie etwa Zahlungsbelege oder Rechnungen, zu gewinnen, so wird dem Bestimmheitsgrundsatz nicht ausreichend Rechnung getragen. Die Sicherungsübereignung schlägt in diesen Fällen der Unbestimmtheit somit fehl, mit der Konsequenz, daß der Sicherungsnehmer kein Eigentum an dem Treugut erwirbt[90].

Eine ähnliche Problematik wirft der allgemein anerkannte Markierungsvertrag auf, der sich nur durch die Art der vereinbarten Lagerung von dem Raumsicherungsvertrag unterscheidet. Das Sicherungsgut wird hierbei nicht durch die Aufbewahrung in einem besonders gekennzeichneten Raum spezifiziert, sondern durch das Markieren der sicherungsübereigneten Ware, etwa das Anbringen eines Schildes. Dem Bestimmtheitsgrundsatz wird also durch die genaue Bezeichnung des Raumes, in dem sich die Sicherungsgegenstände befinden, bzw. deren eindeutige äußerlich erkennbare Markierung, Rechnung getragen. Allerdings ist in beiden Varianten eine Übereignung von nur mengen- oder wertmäßig bezeichneten Gegenständen nicht bestimmt genug[91].

werden muß, weil das Gesetz bei sog. Sondergut oder Sondervermögen oftmals eine dingliche Surrogation zulasse und sich daher der Gedanke aufdränge, auch das rechtsgeschäftliche Treugut als solches Sondervermögen zu behandeln. Jedoch lasse sich kein vergleichbares allgemeines Prinzip aus dem Gesetz ableiten, welches eine Analogie rechtfertige.

[88] *Serick*, Eigentumsvorbehalt und Sicherungsübertragung, Bd. V, S. 389.

[89] BGH, 21.11.1983, NJW 1984, 803; BGH, 18.4.1991, NJW 91, 2144; *Reich*, Die Sicherungsübereignung, S. 52.

[90] *Bülow*, Kreditsicherheiten, S. 241.

[91] *Serick*, Eigentumsvorbehalt und Sicherungsübertragung, Bd. II, S. 155 ff.; BGH, 21.11.1983, NJW 1984, 803.

In diesem Zusammenhang ist die Vereinbarung einer Verlängerungsklausel, wodurch der Sicherungsnehmer im Falle der Verarbeitung des Sicherungsguts nicht sein Eigentum nach § 950 BGB an den Sicherungsschuldner verliert, in der Kreditpraxis üblich, insbesondere wenn es sich beim Sicherungsgut um zur Verarbeitung bestimmte Produktionsgüter handelt. Bei für den Weiterverkauf bestimmten Gütern behilft sich der Kreditgeber regelmäßig mit einer Vorausabtretungsklausel, wodurch das Eigentum an der Sache durch die aus dem Verkauf entstehende Forderung rechtsgeschäftlich ersetzt wird[92].

Zusammenfassend läßt sich zur Sicherungsübereignung festhalten, daß die großzügige Anerkennung der Verlängerungs- und Erweiterungsformen dem Sicherungsschuldner eine ideale Möglichkeit bietet, unter Vermeidung jeglicher Publizitätsakte das Sicherungsgut weiterhin zu benutzen und es zusätzlich weiterhin in den Produktions- bzw. Handelsprozeß miteinzubeziehen. Insbesondere die Zulassung einer Sicherungsübereignung von Warenlagern mit wechselndem Warenbestand ermöglicht dem Kreditschuldner eine völlige Dispositionsbefugnis über das Sicherungsgut. Diese scheinbar unermeßliche Freiheit als Ausdruck der Parteiautonomie findet ihre Schranken jedoch in der Sittenwidrigkeit in Form von Schuldnerknebelung oder Gläubigergefährdung.

II. Reformbestrebungen - Materielle und insolvenzrechtliche Ansätze

1. Einführung

Die Neuregelung der Mobiliarsicherheiten im deutschen Recht war in den letzten Jahrzehnten bereits mehrfach Gegenstand von Diskussionen und Reformbestrebungen. Ausgangspunkt hierfür war die mangelnde Publizität der Sicherungsübereignung und die hieraus resultierende hohe Quote der Konkursabweisungen mangels Masse.

Im Verlaufe des wirtschaftlichen Aufschwunges nach dem zweiten Weltkrieg ist der quantitative Umfang der Sicherungsrechte ständig gestiegen. Vor allem die Mobiliarsicherungsrechte nahmen hierbei eine zentrale Stellung ein, da Deutschland durch die weitgehende Zerstörung seiner Infrastruktur und Produktionsmittel wirtschaftlich erheblich geschwächt worden war und es oftmals an Immobiliarvermögen fehlte. Insbesondere bei den jungen Unternehmen fehlte es häufig an stillen Reserven und somit waren die Mobiliarsicherheiten, die es einem Kredit-

---

[92] *Serick*, Eigentumsvorbehalt und Sicherungsübertragung, Bd. IV, S. 30 ff.

nehmer erlaubten, im Besitz des Produktionmittels zu bleiben, meist unerläßlich. Besondere Bedeutung erlangten hier die Sicherungsübereignung und der Eigentumsvorbehalt. Die Rechtsprechung ist den von der Kautelarpraxis eingeschlagenen Weg der Einführung von besitzlosen Mobiliarkreditsicherheiten mitgegangen, indem sie der Sicherungsübereignung im Konkurs Drittwirksamkeit zugestand[93]. Als Steigerung hiervon wurden von der Rechtsprechung Verlängerungs- und Erweiterungsformen dieser "heimlichen" Mobiliarsicherungsrechte anerkannt[94]. Dadurch wurde der Zugriff auf Ersatzteile, Verarbeitungsprodukte und sonstigen Zuerwerb gesichert, wodurch eine sogar über die ursprüngliche Forderung hinausgehende Sicherung möglich wurde. Die Sicherungsvereinbarung erfolgte hierbei meist formlos. Dabei wurde vereinbart, daß der Schuldner das Sicherungsgut weiterhin benutzen kann, wobei seinem Geheimhaltungsinteresse der Mangel jeglicher Publizitätsakte entgegenkommt.

Diese großzügige Auffassung der Mobiliarkreditsicherungsrechte bewirkte jedoch gleichzeitig eine Vorwegverteilung des Mobiliarvermögens des Schuldners. Diese Sicherungspraxis ist auch eine der Hauptursachen dafür, daß die Konkursverfahren heute weitgehend leerlaufen. Eine verteilungsfähige Masse steht in den seltensten Fällen zur Verfügung, so daß inzwischen die Abweisungsquote mangels Masse ca. 75 % beträgt[95]. Die Hauptleidtragenden dieser Entwicklung sind die ungesicherten Konkursgläubiger, und unter ihnen insbesondere die unprivilegierten. Hierbei handelt es sich meist um Gläubiger, die keine sicherungsfähigen Leistungen erbringen können oder aber nicht die erforderliche wirtschaftliche Macht haben, Sicherungsrechte durchzusetzen. Aber auch die gesicherten Gläubiger sind gefährdet durch konkurrierende Bestellungen, die durch die Aufweichung des Bestimmtheitserfordernisses und die damit verbundene fehlende Publizität ermöglicht werden[96]. Diese Entwicklung steht im krassen Gegensatz zu den ursprünglichen Intentionen des Konkursgesetzgebers. Gingen diese doch dahin, die Aktiva des Gemeinschuldners in einem geordneten Verfahren gleichmäßig auf die Gläubiger zu verteilen. Diese Interessenverteilung ist auf das Prinzip der "*par conditio creditorum*" zurückzuführen. Bedenkt man weiterhin, daß die Konkursordnung, wie auch das BGB, der Mobiliarhypothek und dem besitzlosen Vertragspfand entgegentreten wollten, stellt man fest, daß die gegenwärtige Praxis im Ergebnis von diesen inkriminierten Instituten nicht allzuweit entfernt ist.

---

[93] Vgl. *Melsheimer*, Sicherungsübereignung, S. 5 m.w.N.

[94] RG, 7.11.1921, RGZ 103, 151, 154; RG, 27.2.1931, RGZ 132, 183; BGH, 13.6.1956, BGHZ 21, 52, 55.

[95] *Obermüller*, WM 1994, 1829.

[96] *Bessau*, Zur Anerkennung heimlicher Sicherheiten, S. 238.

Mit den heimlichen Sicherungsrechten haben sich im Grunde - getarnt als Vollrechtsübertragung - vertragspfandrechtliche Gestaltungen durchgesetzt und die Auszehrung der Konkursmasse, bis hin zur weitgehenden Verdrängung einer geordneten Insolvenzordnung, war die logische Konsequenz einer sich bereits früh abzeichnenden Entwicklung[97].

Dieser Mißstand führte in den letzten Jahrzehnten zunehmend zu Kritik, in der eine Reformierung der Mobiliarsicherheiten gefordert wurde. Bereits im Jahr 1921 wurden auf dem 32. Deutschen Juristentag Stimmen laut, die Sicherungsübereignung zu verbieten und stattdessen eine eintragungsfähige Mobiliarhypothek einzuführen[98]. Auch in den darauffolgenden Jahrzehnten wurden immer wieder Reformvorschläge unterbreitet, die jedoch letztlich keine gesetzgeberische Resonanz fanden[99]. Inhaltlich wurden in den Reformplänen insbesondere die besitzlosen Mobiliarsicherheiten diskutiert. Dabei haben sich zwei Grundtendenzen herauskristallisiert. Zum einen hat sich eine Ansicht zum Ziel gesetzt, eine Verbesserung der konkursrechtlichen Situation über eine materiell-rechtliche Beschneidung der besitzlosen Mobiliarsicherungsrechte zu erreichen. Der Schwerpunkt der Diskussion lag jedoch von Anfang an in der Reformierung des Insolvenzrechts, in dem sich die Sicherheiten letztendlich bewähren müssen.

2. Materiellrechtliche Reformbestrebungen

Zunächst soll hier im Überblick die Entwicklung zu den materiellen Reformüberlegungen der besitzlosen Mobiliarsicherheiten dargestellt werden. Hauptkritik und Ansatzpunkt einer materiellen Veränderung stellte die weitgehende Publizitätslosigkeit der besitzlosen Mobiliarkreditsicherheiten dar. Diese Publizitätslosigkeit wird als Hauptursache für die Ungleichbehandlung der Gläubiger, insbesondere der nicht gesicherten gegenüber den gesicherten, genannt. Weiterhin wird die fehlende Publizität auch für die dem Konkursverwalter entstehenden, oftmals hohen Kosten verantwortlich gemacht, die diesem durch die aufwendige Untersuchung der verschiedenen kollidierenden heimlichen Mobiliarsicherheiten entstehen[100]. Eine Verbesserung wurde dabei über ein Mehr an Offenkundigkeit der

---

[97] *Doehring*, KTS 1977, 146, 150.

[98] Verhandlungen des 32. DJT, 1922, S. 226. Dieses Vorhaben scheiterte jedoch an dem massiven Widerstand der Banken und des Reichsjustizministeriums. Vgl. dazu *Drobnig*, Reform der Mobiliarsicherheiten, S. 58.

[99] Beim 51. Deutschen Juristentag 1976 wurden nochmals mehrere Vorschläge zu einer Reformierung der Mobiliarsicherheiten vorgelegt und diskutiert. Vgl. die Verhandlungen des 51. DJT, 1976, Sitzungsberichte, Teil O.

[100] *Kilger*, Reform der Mobiliarsicherheiten, S. O 38 ff.; *Drobnig*, Reform der Mobiliarsicherheiten, S. F 36.

externen, also einer Register- oder Briefpublizität, und auch der internen Publizität, wie etwa der Einführung eines Sicherungsbuches oder der Sicherheitenausweisung in der Handelsbilanz, diskutiert[101]. In der mangelnden Publizität der Mobiliarkreditsicherheiten sieht man danach überwiegend die Ursache für die schwachen Verfügungssperren und die Kollisionsanfälligkeit dieser Sicherungsrechte[102]. Durch die Einführung vor allem einer externen Publizität erhofft man sich eine Erschwerung der vertragswidrigen Verfügungen und somit auch durch einen verbesserten Informationsstand der Kreditgeber und der Drittgläubiger eine Vermeidung von Kollisionsfällen[103].

Trotz weitgehender Einsicht der Verbesserung der konkursrechtlichen Situation durch Einführung einer externen bzw. internen Publizität wurden diese Vorschläge vom Gesetzgeber niemals ernsthaft in Erwägung gezogen. Als Begründung der ablehnenden Haltung gegen eine externe Publizität wurden insbesondere die hohen Kosten eines Registersystems und die Unvereinbarkeit mit dem in Deutschland weit verbreiteten Eigentumsvorbehalt angeführt[104]. Einer internen Briefpublizität wurde entgegengehalten, daß einer Verbriefung des dinglichen Rechts nur diejenigen Vermögensgegenstände unterfallen könnten, die leicht identifizierbar und individualisierbar sind, was im Ergebnis nur auf wenige Anlagegüter zutreffe und zudem eine Verarbeitung der Güter dadurch nicht möglich sei[105].

Eine noch radikalere materiell-rechtliche Lösung des Konkursproblems wird in der Literatur teilweise durch die Abschaffung bzw. die starke Beschneidung einiger Mobiliarsicherungsrechte vertreten[106]. Hierbei wird teilweise vorgeschlagen, den Verlängerungs- und Erweiterungsformen die Konkursfestigkeit zu verwehren oder auch die durch die Verlängerung erwirkten Sicherungsrechte auf den Wert des ursprünglichen Sicherungsgutes zu beschränken[107]. Dadurch erhofft man sich eine gerechtere Verteilung des Verwertungserlöses auf die verschiedenen Sicherungsgläubiger; insbesondere könnte dadurch eine Verbesserung der Befriedigungsaussichten der ungesicherten Gläubiger erreicht werden. Nicht so ein-

---

[101]Für die Einführung einer externen Publizität durch Registereintragung sprechen sich insbesondere *Dorndorf/Frank*, ZIP 1985, 65, 78, aus, wobei man Art. 9 UCC als mögliches Vorbild sieht.

[102]So insbesondere *Drobnig*, Reform der Mobiliarsicherheiten, S. F 57 ff.; *Drukarczyk*, Insolvenz, S. 183; *Dorndorf/Frank*, ZIP 1985, 65 ff.

[103]*Dorndorf/Frank*, ZIP 1985, 77.

[104]*Duttle*, Ökonomische Analyse, S. 274, 277.

[105]*Duttle*, Ökonomische Analyse, S. 351; *Drukarczyk*, Insolvenz, S. 185.

[106]Hierbei haben sich insbesondere *Adams* und *Drobnig* für die Abschaffung einzelner Mobiliarsicherungsrechte eingesetzt. Vgl. *Adams*, Ökonomische Analyse, S. 286 ff.; *Drobnig*, Reform der Mobiliarsicherheiten, S. F 60 ff.

[107]*Drobnig*, Reform der Mobiliarsicherheiten, S. F 70 ff.

schneidend würden sich andere Lösungsmöglichkeiten auswirken, die darauf abzielen, durch die Festlegung einer prozentualen Obergrenze der Belastbarkeit des Schuldnervermögens den Sicherungsrechten eine Verpfändungsobergrenze zu setzen. Somit soll zumindest eine Teilbefriedigung der ungesicherten Gläubiger erreicht werden[108].

Zusammenfassend läßt sich zu den materiell-rechtlichen Reformvorschlägen feststellen, daß sie die Probleme zu lösen versuchen, indem sie die besitzlosen Mobiliarsicherungsrechte materiell beschneiden oder ihnen Publizität verleihen. Da jedoch die Schaffung von Publizität weder der deutschen Rechtslehre, noch der deutschen Kreditwirtschaft behagt, scheint es nicht verwunderlich, daß alle dahingehenden Vorschläge niemals zu Ende gebracht wurden. Die Argumente hinsichtlich zu hoher Kosten und einer zu aufwendigen Verwaltung einer Registerpublizität erscheinen dabei fast vorgeschoben, insbesondere im Zeitalter der zunehmenden datentechnischen Vernetzung und Computerisierung, die eine relativ kostengünstige und nicht allzu aufwendige Registerpublizität ermöglichen dürften. Ebenso groß erscheint inzwischen die Abneigung gegen eine Beschneidung oder gar eine gänzliche Abschaffung der heimlichen Mobiliarsicherheiten. Wurde auf dem 41. Deutschen Juristentag noch eine Empfehlung ausgesprochen, die wirtschaftlichen Auswirkungen der Einschränkung von heimlichen Mobiliarsicherungsrechten sorgfältig zu prüfen - die auch bereitwillig von dem Bundeswirtschaftsministerium angenommen wurde, indem ein Gutachten zu dieser Frage in Auftrag gegeben wurde -, fand dieses Gutachten doch niemals Beachtung und das Projekt wurde von der Regierung niemals weiterverfolgt. Ausschlaggebend für das letztliche "Desinteresse" des Gesetzgebers an der Beschneidung von Mobiliarkreditsicherheiten war schließlich der Druck der Kreditwirtschaft, die ein zu großes Interesse an der Beibehaltung der heimlichen Sicherungsrechte hatte[109]. Trotz dieser Kritik seitens der Kreditwirtschaft und Teilen der Literatur[110] wurden 1976 vom 51. Deutschen Juristentag eine Reihe von Empfehlungen zur Einschränkung der Sicherungsrechte beschlossen[111]. Jedoch stießen auch diese Empfehlungen beim Gesetzgeber auf taube Ohren, ebenso wie die Forderung nach einem Register für Globalsicherheiten[112].

---

[108]Vgl. kritisch zu diesen Vorschlägen *Drobnig*, Reform der Mobiliarsicherheiten, S. F 81 f.
[109]*Dorndorf/Frank*, ZIP 1985, 65, 68.
[110]In der Literatur hat sich wohl keiner so intensiv und kritisch mit der Reform der Mobiliarsicherheiten beschäftigt wie *Serick*.
[111]Vgl. die Zusammenfassung der Beschlüsse der Abteilung Kreditsicherung, in: Verhandlungen des 51. DJT, S. O 181 ff.
[112]Vgl. den Beschluß Nr. 12 des 51. DJT, a.a.O., S. O 182.

3. Insolvenzrechtsreform

Eine Akzeptanz der Reformierung des durch die besitzlosen Mobiliarkreditsicherheiten ausgelösten Mißstandes der konkursrechtlichen Situation konnte nach dem Scheitern der materiell-rechtlichen Änderungsvorschläge nur in der Reform des Insolvenzrechts gefunden werden. So entschied sich die Bundesregierung 1978, trotz der kurz vorher durch den 51. DJT erarbeiteten materiellen Lösungsvorschläge, für die Einsetzung einer Insolvenzrechtskommission, um die Problematik der Massearmut auf Insolvenzebene anzugehen. Dadurch rückte gleichzeitig die Möglichkeit einer Steigerung der Publizität im Bereich der Mobiliarkreditsicherheiten in weite Ferne. Durch die vom Bundesjustizministerium eingesetzte Insolvenzrechtskommission wurde somit das Reformproblem als ein ausschließliches Problem des Insolvenzrechts definiert.
Statt die Ursachen des Übels zu beseitigen, soll danach erst an dessen Auswirkungen angesetzt werden.

Der Kommission wurde zum Ziel gesetzt, die Massearmut zu bekämpfen. Für die publizitätslosen Mobiliarsicherheiten bedeutete dies zunächst, daß ihnen die Aus- und auch Absonderungsrechte nicht mehr zugute kommen sollten. Vielmehr sollten diese Sicherungsrechte ins Konkursverfahren miteinbezogen werden. Bei den Gläubigern dieser Sicherheiten würde es sich dann um - wenn auch um bevorzugte - Insolvenzgläubiger handeln. Vom Verwertungserlös eines jeden Sicherungsgutes sollte ein prozentual fest bestimmter Teil als "Verfahrensbeitrag" abgezogen werden, der dann wirtschaftlich der Masse zugute kommen sollte[113]. Eine weitere einschneidende Änderung sah der Reformentwurf in dem Übergang des ausschließlichen Verwertungsrechts auf den Insolvenzverwalter vor. Hierbei sollte dem Sicherungsgläubiger kein Initiativrecht zukommen. Weiterhin sollte die gesicherte Forderung während des Insolvenzverfahrens nicht verzinst werden[114]. Eine erhebliche Veränderung sah der Entwurf für besitzlose Mobiliarsicherheiten vor, indem diesen im Konkurs ein bestimmter Prozentsatz von dem Verwertungserlös abgezogen werden sollte[115]. Für die Mobiliarsicherheiten sah der

[113]Vgl. dazu im einzelnen den Ersten Bericht der Kommission für Insolvenzrecht, 1985, Leitsätze 1.1.4., 1.1.5., 2.4.4.1. - 2.4.4.8.

[114]Vgl. Leitsatz 1.1.5. Abs. 3a. Dies entspricht einer bereits auf dem 51. DJT erhobenen Forderung von *Drobnig*, Reform der Mobiliarsicherheiten, S. F 88, und *Kilger*, Reform der Mobiliarsicherheiten, S. O 42.

[115]Dieser Prozentsatz wurde auf 25 % des Erlöses festgelegt (Leitsatz 3.3.2.). *Dorndorf/Frank*, ZIP 1985, 69 heben diesbezüglich hervor, daß durch diesen pauschalen Abzug eine neben der Einmaligkeit der publizitätslosen Mobiliarsicherheiten weitere internationale Sonderstellung enstehen würde. Keine andere Rechtsordnung kenne eine derartige Maßnahme, die vorsieht,

Entwurf schließlich noch einen speziellen Anfechtungstatbestand vor[116]. Im Ergebnis sah der Bericht der Ersten Kommission entgegen der ihr vorgegebenen Beschränkung auf insolvenzrechtliche Reformvorschläge auch wesentliche materiell-rechtliche Beschneidungen der besitzlosen Mobiliarsicherheiten vor.

Der Vorschlag der Ersten Kommission stieß in der Literatur zum großen Teil auf heftigste Kritik[117]. Insbesondere die Einbeziehung der Mobiliarsicherheiten in die Insolvenzmasse und der Verlust der Aus- und Absonderungsrechte wurden überwiegend beanstandet. Diese funktionale Entwertung der Mobiliarsicherungsrechte führe zu deren materiell-rechtlichen Aushöhlung, und zudem verschlechtere die Anreicherung der Insolvenzmasse auf Kosten der Mobiliarsicherungsgläubiger die Bonität eines in wirtschaftlich gesunden Zeiten aufgenommenen Kredits, was wiederum zwangsläufig zu einer Verteuerung des Kreditzuflusses führe[118]. Weiterhin wurden schwerwiegende Bedenken gegen die Behandlung der besitzlosen Mobiliarsicherheiten aus verfassungsrechtlichen Gründen erhoben[119]. Insbesondere wurden vor dem Hintergrund der Einstufung des Vorbehaltseigentümers als Sicherungsnehmer seines "eigenen" Eigentums erhebliche Zweifel im Hinblick auf die in Art. 14 GG verbürgte Eigentumsgarantie angemeldet[120]. Auch wurde in Frage gestellt, ob der in Art. 3 GG betonte Grundsatz der Gleichbehandlung aller Gläubiger im Insolvenzverfahren einen verfassungskonformen Ausdruck gefunden habe[121].

---

dem Sicherungsgläubiger unabhängig von den vom Konkursverwalter aufgewendeten Kosten 25 % seines Erlöses abzuziehen.

[116]Vgl. Leitsatz 5.5.

[117]Insbesondere *Serick*, Eigentumsvorbehalt und Sicherungsübertragung, Bd. VI, setzt sich kritisch mit den Reformvorschlägen auseinander. *Serick* befürchtet durch die Reform den Niedergang der bewährten deutschen besitzlosen Mobiliarsicherheiten. Seine tiefe Abneigung gegen das Reformmodell wird an vielen Stellen durch seine drastische Wortwahl deutlich: "Die deutschen Mobiliarsicherheiten würden ein rechtliches Schicksal erfahren, das mit dem, was über die Vernichtung der mexikanischen Kultur geschrieben werden konnte, durchaus vergleichbar wäre: Gemordet in der vollen Pracht ihrer Entfaltung, zerstört wie eine Sonnenblume, der ein Vorübergehender den Kopf abschlägt". *Serick*, Eigentumsvorbehalt und Sicherungsübertragung, Bd. VI, S. 135, sieht in den Reformplänen einen zu weitgehenden Eingriff in das materielle Recht der Mobiliarsicherheiten und deren Ausformungen, um die man im Ausland beneidet werde. Ebenfalls kritisch äußerte sich *Landfermann*, KTS 1987, 381, 395.

[118]*Serick*, Mobiliarsicherheiten und Insolvenzrechtsreform, S. 94 f.

[119]Vgl. dazu *Baum*, KTS 1989, 553 ff.

[120]*Serick*, Mobiliarsicherheiten und Insolvenzrechtsreform, S. 99.

[121]*Serick*, Mobiliarsicherheiten und Insolvenzrechtsreform, S. 98 ff., der einen Verstoß des Gleichheitsgrundsatzes in der Ungleichbehandlung von Immobiliar- und Mobiliarsicherungsrechten annimmt. Erstere sollten nach den Reformplänen keine Beschränkungen erfahren, was mit der externen Publizität der Immobiliarsicherungsrechte begründet wurde. *Drobnig*, ZGR 1986, 275, hält dagegen die geplanten Eingriffe in das Recht der Mobiliarsicherheiten für verfassungskonform. Allerdings erachtet *Drobnig* eine Übergangsregelung für bereits

Der Zweite Bericht der Kommission von 1986 berücksichtigt diese Kritik im Bereich der Mobiliarsicherheiten nur geringfügig[122]. Die harsche Kritik führte dazu, daß das Bundesjustizministerium diese Berichte weitgehend unbeachtet ließ und 1988 einen davon erheblich abweichenden Diskussionsentwurf erstellen ließ[123]. In diesem Entwurf wurde der Kritik weitgehend Rechnung getragen, da er einen weitaus geringeren Eingriff in das materielle Recht der Mobiliarsicherheiten vorsah. Danach wurde allen Mobiliarsicherungsgläubigern das Recht auf abgesonderte Befriedigung zugestanden (§§ 54, 55). Das Verwertungsrecht sollte jedoch nach wie vor beim Insolvenzverwalter verbleiben (§ 181), wobei allerdings die absonderungsberechtigten Gläubiger ein Eintrittsrecht erhalten sollten (§ 182). Auch verzichtete der Diskussionsentwurf auf den stark kritisierten, noch von der Insolvenzrechtskommission vorgesehenen Verfahrensbeitrag der dinglich gesicherten Mobiliargläubiger in Höhe von 25 % des Verwertungserlöses. Stattdessen sollte sich der Kostenbeitrag an den tatsächlich enstandenen Kosten orientieren. Auch wurde ein genereller Zinsstop, der von der Insolvenzrechtskommission noch für die Dauer des Insolvenzverfahrens empfohlen wurde, nicht mehr vorgesehen[124].

Dem Diskussionsentwurf folgte 1989 der Referentenentwurf, der gegenüber dem Entwurf von 1988 im Bereich der Mobiliarsicherheiten nur geringfügige Änderungen aufwies[125]. Lediglich auf § 181a RefE soll hier hingewiesen werden, der den Insolvenzverwalter auf Verlangen des absonderungsberechtigten Gläubigers diesem gegenüber zur Auskunft über den Zustand der Sache verpflichtete[126]. Dieser Referentenentwurf bildete anschließend die Grundlage für den Regierungsentwurf einer neuen Insolvenzordnung vom 21.11.1991 (RegE InsO). Obwohl der Regierungsentwurf weitgehend dem Referentenentwurf gefolgt ist, enthält er jedoch gerade im Bereich der besitzlosen Mobiliarsicherheiten erhebliche Veränderungen. So sieht der Regierungsentwurf bewußt von einem materiellrechtlichen Eingriff in das Recht der Mobiliarsicherheiten ab, da ein solcher Ein-

---

begründete konkrete dingliche Rechte für erforderlich.

[122]Vgl. Zweiter Bericht der Kommission für Insolvenzrecht, 1986. Vgl. dazu *Serick*, Mobiliarsicherheiten und Insolvenzrechtsreform, S. 132 f.

[123]Ausführlich zu diesem Diskussionsentwurf *Uhlenbruck*, ZRP 1988, 471; *ders.* BB 1989, 433.

[124]Die Kritik an dem Diskussionsentwurf fiel in der Doktrin weitaus milder aus als noch gegen die Berichte der Insolvenzrechtskommission. Weiterhin sehr kritisch äußerte sich auch *Serick*, ZIP 1989, 409 f., der insbesondere die Gleichstellung des Vorbehaltseigentums mit dem Sicherungseigentum kritisierte.

[125]Zum Referentenentwurf vgl. *Uhlenbruck*, KTS 1992, 499 ff.; *Smid*, BB 1992, 501 ff.

[126]*Hundertmark*, Besitzlose Mobiliarsicherheiten und Insolvenzverfahren nach spanischem Recht, S. 28.

griff nicht mit den Zielen der Reform auf insolvenzrechtlicher Ebene zu vereinbaren sei[127].

Danach hat er eines der Kernstücke der Reform, welches in allen vorangehenden Berichten und Entwürfen integraler Bestandteil war, aufgegeben. Es handelt sich dabei um die insolvenzrechtliche Gleichbehandlung aller besitzlosen Mobiliarsicherheiten. Der Entwurf sieht nunmehr allein für die Gläubiger eines einfachen Eigentumsvorbehaltes ein Aussonderungsrecht vor. Voraussetzung für die Geltendmachung des Aussonderungsrechts ist allerdings die Ablehnung des Insolvenzverwalters, den Kaufvertrag zu erfüllen[128].

Die übrigen Gläubiger besitzloser Mobiliarsicherheiten müssen sich hingegen mit einem Absonderungsrecht zufrieden geben und werden zudem einem mit Eröffnung des Insolvenzverfahrens automatisch in Kraft tretenden Verwertungsstop unterworfen. Das Verwertungsrecht liegt, in Übereinstimmung mit den vorangehenden Entwürfen, beim Insolvenzverwalter (§ 191 RegE InsO), wobei dieser jedoch bei der Verwertung durch einige Gegenrechte der Gläubiger eingeschränkt wird. So gewährt etwa §§ 193, 194 RegE InsO den Gläubigern ein Eintritts- bzw. Initiativrecht. Zudem sieht § 197 RegE InsO einen Wertersatz für Verluste durch Nutzung des Sicherungsgutes vor.

Weiterhin sieht der Regierungsentwurf einige spürbare Veränderungen gegenüber den vorhergehenden Entwürfen vor. So regelt § 197 Abs. 3 S. 3 RegE InsO, daß der Gläubiger die Sicherheiten freizugeben hat, wenn der Verwalter unter Geltung einer Verarbeitungsklausel verarbeitet und die neue Sicherheit den Wert der bisherigen übersteigt. Eine tragende Bedeutung kommt indes § 196 Abs. 2 RegE InsO zu. Diese Vorschrift sieht vor, daß Gläubiger von Forderungen, die durch Immobiliar- oder Mobiliarsicherheiten gesichert sind, einen Beitrag zu den Verfahrenskosten zu leisten haben, die bei der Feststellung dieser Sicherheiten anfallen. Im einzelnen sollen sich die gesicherten Gläubiger pauschal mit 5 % der festgestellten Sicherheiten an den Kosten der Feststellung und Isolierung des Sicherungsgutes beteiligen. Diese Feststellungskostenbeteiligung kann bei einer Verfahrensbeteiligung der Sicherungsgläubiger um ein Prozent auf insgesamt 6 % des Wertes des Sicherungsgutes aufgestockt werden[129]. Zudem sollen grundsätzlich 5 % der Verwertungskosten in die Masse fließen (§ 196 Abs.1 RegE InsO).

[127]Vgl. die Begründung des Regierungsentwurfs A. 4. c) aa), Bundesrat Drucksache 1/92, 86.

[128]Umkehrschluß aus § 58 RegE InsO, der den einfachen Eigentumsvorbehalt nicht als Absonderungsrecht aufführt. Begründet wird diese Sonderstellung des einfachen Eigentumsvorbehalts damit, daß es den Vorbehaltsverkäufern im Gegensatz zu anderen Sicherungsgläubigern nicht möglich sei, durch eine entsprechende Dimensionierung der Sicherungsabrede den Kostenbeitrag in der Insolvenz zu kompensieren. Vgl. dazu *Hundertmark*, Besitzlose Mobiliarsicherheiten und Insolvenzverfahren nach spanischem Recht, S. 29.

[129]*Smid*, BB 1992, 501, (505).

Durch diese Regelung soll eine nennenswerte Belastung der Kreditwirtschaft vermieden werden[130]. Im Ergebnis hebt der Regierungsentwurf dadurch die noch in den vorangehenden Entwürfen in Hinsicht auf Art. 3 GG kritisierten Unterschiede in der Behandlung von Immobiliar- und Mobiliarsicherheiten auf.
Der Regierungsentwurf wurde insbesondere durch den von renommierten Konkursverwaltern gegründeteten sog. Gravenbrucher Kreis kritisiert[131]. Unter diesem Eindruck hat sich der Rechtsausschuß des Bundestages noch einmal mit dem Regierungsentwurf kritisch auseinandergesetzt und schließlich im April 1994 dem Bundestag eine Beschlußempfehlung vorgelegt. Am 21. April 1994 ist der Bundestag der Beschlußempfehlung durch Gesetzesbeschluß gefolgt und hat damit die über 15 Jahre dauernden gesetzgeberischen Vorarbeiten zu Ende gebracht.
Die endgültige Fassung der am 1.1.1999 in Kraft getretenen Insolvenzordnung enthält gegenüber dem Regierungsentwurf nur noch geringfügige Modifikationen im Bereich der Mobiliarsicherheiten. Im Ergebnis wurden die Mobiliargeldkreditsicherheiten durch die Reform nur geringfügig betroffen.
Den Pfandgläubigern steht in der Insolvenz weiterhin ein Absonderungsrecht zu[132]. Auch die Verwertungsbefugnis des Pfandgutes verbleibt weiterhin beim Pfandgläubiger. Das Verwertungsrecht geht also, anders als beim Sicherungseigentum, nicht gem. § 166 InsO auf den Insolvenzverwalter über.[133] Dieser Übergang der Verwertungsbefugnis stellt bei der Sicherungsübereignung die einzige wesentliche Veränderung dar. Das Absonderungsrecht wurde desweiteren nunmehr ausdrücklich festgelegt (§ 51 Nr.1 i.V. m. § 50 InsO). Dies entspricht der alten Rechtslage, die dem Sicherungseigentümer ein Aussonderungsrecht, trotz der allgemeinen Anerkennung des Sicherungseigentums als Volleigentum in der Einzelzwangsvollstreckung, im Konkurs verwehrt hat[134].

---

[130] *Landfermann*, KTS 1987, 402.

[131] Der Gravenbrucher Kreis hat die große Insolvenzrechtsreform als gescheitert erklärt, weil die Überarbeitung des Diskussionsentwurfs im Referentenentwurf nicht gelungen sei und diesem sowie dem geltenden Recht gegenüber einen Rückschritt darstelle. Den Verfassern sei nach Ansicht des Gravenbrucher Kreises offensichtlich entgangen, daß sich die Insolvenzpraxis auf der Grundlage der geltenden Gesetze und mit nachhaltiger Unterstützung der Rechtsprechung mittlerweile ein funktionsfähiges Instrumentarium zur Abwicklung von Insolvenzen geschaffen habe. Anstelle einer kompletten Neuregelung reiche nun eine kleine Zahl von punktuellen gesetzgeberischen Maßnahmen zur Optimierung der bestehenden Gesetze im Interesse einer überschaubaren und entbürokratisierten Verfahrensabwicklung aus. Vgl. die Stellungnahmen des Gravenbrucher Kreises in ZIP 1990, 476 ff. Mit Erwiderung des Bundesjustizministeriums auf die Kritik in ZIP 1992, 657 ff. Sich der Kritik weitgehend anschließend *Schroeder*, JuS 1991, 793; *Serick*, BB 1990, 861, 865 f.

[132] § 50 InsO entspricht insoweit der bisherigen Regelung der §§ 48, 49 Nr. 2 KO.

[133] Vgl. *Huth*, Kreditsicherungsrecht, S. 106.

Die Insolvenzrechtsreform hat somit das Sicherungseigentum und das Pfandrecht in ihrer Substanz nicht verändert. Sie nehmen jedoch an den Veränderungen teil, die insgesamt für die Absonderungsberechtigten nach der InsO vorgesehen sind. Nach alter Rechtslage enthielt das Absonderungsrecht für den Sicherungsgläubiger zwei Möglichkeiten: Zum einen hatte er das Recht auf den Wert der Sache und zum anderen das Recht, die Sache selbst zu verwerten (§ 65 KO). Hier hat nun der Reformgesetzgeber eingegriffen, indem er dem Sicherungsgläubiger das Recht nimmt, die Sache zu verwerten. Dieses Recht steht jetzt ausschließlich dem Insolvenzverwalter zu (§ 166 InsO). Für die Verwertungsbefugnis des Verwalters ist ausschlaggebend, daß er die Sache in Besitz hat. Macht der Sicherungseigentümer jedoch vor Verfahrenseröffnung seinen Herausgabeanspruch geltend, um das Sicherungsgut zu verwerten, behält er das Recht auch nach Verfahrenseröffnung bei[135]. Eine Rückgabepflicht an den Verwalter besteht in diesem Fall nicht. Der Insolvenzverwalter kann sein Verwertungsrecht beim Sicherungseigentum also nur dann geltend machen, wenn er noch im tatsächlichen Besitz des Sicherungsgutes ist. Hierbei ist es jedoch ausreichend, wenn er noch im Antragsverfahren in seiner Eigenschaft als vorläufiger Verwalter den tatsächlichen Besitz an der Sache erlangt und gleichzeitig ein Veräußerungsverbot erläßt[136].
Weiterhin werden die Mobiliarsicherheiten auch von den verschärften Anfechtungstatbeständen betroffen (§§ 130 ff. InsO)[137].

Schließlich trifft die Absonderungsgläubiger gemeinsam die Pflicht zur Kostenbeteiligung (§§ 170 f. InsO) an der Verwertung.[138] Nach der bisher geltenden Rechtslage konnten dem absonderungsberechtigten Sicherungsgläubiger die Verwertungskosten nicht gegen seinen Willen auferlegt werden. Dies hatte zur Folge, daß die oftmals hohen Kosten der Feststellung und Verwertung der Sicherheiten der Masse zur Last fielen und somit letztendlich von den ungesicherten Gläubigern getragen wurden. Die neue Regelung orientiert sich hingegen am Kostenverursachungsprinzip und versucht so die Masse zu entlasten.[139] Verwertet der Insolvenzverwalter das Sicherungsgut, wie es bei dem Sicherungseigentum regelmäßig der Fall sein dürfte, wird dem Sicherungsgläubiger ein prozentualer Teil des Erlöses abgezogen[140]. Gleiches gilt für die Feststellung der Sicherhei-

---

[134] Vgl. BGH, 26.10.1961, NJW 1962, 46; *Serick*, Eigentumsvorbehalt und Sicherungsübertragung, Bd. III, S. 266.
[135] *Obermüller*, WM 1994, 1873.
[136] *Obermüller*, WM 1994, 1873.
[137] Vgl. dazu im einzelnen *Obermüller*, WM 1994, 1869 f.
[138] Vgl. *Huth*, Kreditsicherungsrecht, S. 107.
[139] Vgl. *Pilgram*, Ökonomische Analyse der bundesdeutschen Insolvenzordnung, S. 177 f.

ten[141]. Betreibt der Sicherungsgläubiger die Verwertung selbst, wie dies beim Pfandrecht regelmäßig der Fall sein wird, so entfällt die Beteiligung an den Verwertungskosten, da diese vom Gläubiger selbst getragen werden[142].

III. Fazit

Nach über 15 Jahren gesetzgeberischer Vorarbeiten ist die Insolvenzrechtsreform in Form der Insolvenzordnung zu einem Abschluß gebracht worden. Vorab läßt sich festhalten, daß die Reform im Bereich der Mobiliarkreditsicherheiten die anfänglichen Befürchtungen[143], die Mobiliarsicherheiten würden durch die Reform in einer unerträglichen, mit dem geltenden Zivilrecht nicht zu vereinbarenden Weise verunstaltet, nicht bestätigt hat[144]. Von den anfangs noch geplanten einschneidenden Eingriffen in das materielle Recht der Mobiliarsicherheiten ist am Ende nicht mehr viel übrig geblieben. Von einer "Amputation" der besitzlosen Mobiliarsicherheiten kann nunmehr nicht mehr gesprochen werden. Die ursprünglichen Vorhaben der Kommission für Insolvenzrecht von 1985 sahen noch tiefgreifende Einschnitte in das Recht der Mobiliarsicherheiten vor, um die Massearmut zu beseitigen. Die Mobiliarsicherungsgläubiger sollten danach als Insolvenzgläubiger behandelt werden, und zudem sollten die Sicherheiten bis zu 50 % gekürzt werden können. Die Zielsetzung, die bei den ersten Entwürfen noch im

---

[140] Ist die Verwertung umsatzsteuerpflichtig, so ist gemäß § 171 Abs. 2 S. 3 InsO der Umsatzsteuerbetrag zusätzlich zu entrichten seitens des absonderungsberechtigten Gläubigers. Diese Bestimmung ist die gesetzgeberische Konsequenz einer Anregung des BGH (BGHZ 77, 139, 150), Vgl. Wimmer/Wegener, Frankfurter Komm, § 171, Rdn. 9.

[141] Für die Feststellung der Sicherheiten werden dem Sicherungsgläubiger 4 % des Erlöses berechnet (§ 171 Abs. 1 InsO).

[142] Die Kosten zur Feststellung und die Umsatzsteuerpflicht bleiben jedoch auch in diesem Fall bestehen. Vgl. *Obermüller*, WM 1994, 1875.

[143] Diese Befürchtungen wurden insbesondere von *Serick*, Neue Rechtsentwicklungen, S. 247 ff., geäußert, der die anfänglichen Reformentwürfe (insbesondere den Ersten und Zweiten Kommissionsbericht) auf die schärfste Weise kritisiert hat und das Vorhaben, Sicherungseigentum und den Eigentumsvorbehalt gleichzustellen und durch die Einführung einer Einheitssicherheit faktisch zu entwerten, als abstrus dargestellt hat. "Sollten diese Vorschläge Gesetz werden, so würden auf dieser Basis die Mobiliarsicherheiten auf Grund der Hebelwirkung des einheitlichen Insolvenzverfahrens zugleich in ihrer materiellen Existenzberechtigung außerhalb der Insolvenz vernichtet". Vgl. *Serick*, Neue Rechtsentwicklungen, S. 253.

[144] Nachdem der Referentenentwurf die Pläne fallen gelassen hat, eine Einheitsmobiliarsicherheit ohne jegliche dingliche Bewährungskraft an die Stelle der Ab- bzw. Aussonderungsrechte von Sicherungs- und Vorbehaltseigentum treten zu lassen, und schließlich der Regierungsentwurf dem Eigentumsvorbehalt wieder das Aussonderungsrecht zurückgewährte, ist die Kritik von *Serick* an der Reform zwar nicht gänzlich verstummt, jedoch drückt er erkenntlich seine Erleichterung darüber aus, daß seine sechsbändige Monographie zum Vorbehalts- und Sicherungseigentum nicht als Makulatur endet. Vgl. *Serick*, Neue Rechtsentwicklungen, S. 270.

Vordergrund stand, war die Umverteilung des Vermögens zu Lasten der gesicherten und zu Gunsten der ungesicherten Gläubiger. Das Schlagwort der Marktkonformität des Insolvenzverfahrens stellt den von den Kritikern dieser Umverteilung gebildeten Gegenpol dar[145]. Betrachtet man die auf den Ersten und Zweiten Bericht der Kommission für Insolvenzrecht folgenden Reformvorschläge, so stellt man eine klare Tendenz in Richtung eines marktkonformen Insolvenzverfahrens fest. Aus den Begründungen der Entwürfe läßt sich nunmehr eine geänderte Zielrichtung im Bereich der Mobiliarsicherheiten ausmachen. Es steht nunmehr nicht mehr eine Vermögensumverteilung zum Zwecke einer Gleichbehandlung aller Gläubiger im Mittelpunkt, vielmehr wird das Ziel in den Vordergrund gerückt, für die Verwertung des Schuldnervermögens ingesamt möglichst günstige Voraussetzungen zu schaffen[146]. Die Bundesregierung hatte die rechtspolitische Akzentuierung der Insolvenzrechtsreform offenkundig in diese Richtung gelenkt[147]. So wurden die ursprünglich weitreichenden Eingriffe zum großen Teil aufgegeben. Insbesondere die Verfahrensbeiträge wurden drastisch gekürzt, und materiell-rechtliche Änderungen im Bereich der Mobiliarsicherheiten wurden vermieden. Eine Inanspruchnahme der dinglichen Mobiliarsicherungsgläubiger im Wege eines Sonderopfers wurde danach nicht mehr als gerechtfertigt angesehen.

Als Kernstücke der Insolvenzrechtsreform im Bereich der Mobiliarsicherheiten haben sich letztendlich das Verwertungsrecht an Mobilien des Insolvenzverwalters, die Verfahrens- und Feststellungskostenbeteiligung der dinglich gesicherten Gläubiger und die verschärften Anfechtungsbedingungen herauskristallisiert.

Im Ergebnis läßt sich danach festhalten, daß die Mobiliargeldkreditsicherheiten auch nach Durchführung der Insolvenzrechtsreform heimlich bestellt werden können. Ob der Reformgesetzgeber sein ursprüngliches Ziel, die Massearmut zu verringern und der *par condicio creditorum* wieder zu ihrer Geltung zu verhelfen, erreichen wird, bleibt abzuwarten.

---

[145]Vgl. dazu *Gottwald/Adolphsen*, Die Rechtsstellung dinglich gesicherter Gläubiger in der Insolvenzordnung, in: Kölner Schrift zur Insolvenzordnung, S. 806.

[146]Vgl. insbesondere die Begründung des Regierungsentwurfs A. 4 c, aa), Bundesrat Drucks. 1/92, S. 86.

[147]Als Wendepunkt in der rechtspolitischen Zielsetzung wird der von dem damaligen Justizminister Engelhardt auf dem Sparkassen-Prüfertag gehaltene Vortrag am 1.1.1986 in Hannover angesehen. Der Justizminister machte dort klar, daß die Vermögensumverteilung keine legitime Aufgabe des Insolvenzverfahrens sein könne, was auch für das Verhältnis der gesicherten zu den ungesicherten Gläubigern gelte. Die Kreditsicherheiten müßten sich gerade in der Insolvenz bewähren. Vgl. dazu *Graf Lambsdorff*, ZIP 1987, 809; *Gottwald/Adolphsen*, Die Rechsstellung dinglich gesicherter Gläubiger in der Insolvenzordnung, in: Kölner Schrift zum Insolvenzrecht, S. 806.

Wie sich die Insolvenzreform im Bereich der Mobiliarsicherheiten auf die Kreditpraxis auswirken wird, wird die Zukunft zeigen[148]. Daß die Reform keine Auswirkungen auf die Kreditversorgung haben wird, wie dies die Bundesregierung vertritt, erscheint jedenfalls fraglich[149]. Nach einer mittels Diskriminanzanalyse durchgeführten Untersuchung kam man zu dem Ergebnis, daß ca. 60 % aller durch Mobiliarsicherheiten gedeckten Engagements nach der Reform neu zu bewerten sein würden[150]. Ob und inwieweit die Kreditinstitute dafür Anpassungsmaßnahmen, wie etwa Zinserhöhungen, Reduzierungen des Kreditrahmens oder gar Kündigungen vorsehen werden, bleibt abzuwarten. Zumindest verbleibt den Kreditinstituten für etwaige Anpassungsmöglichkeiten noch etwas Zeit, da die Reform erst auf Verfahren Anwendung findet, deren Eröffnung auf einen nach dem 1.1.1999 gestellten Insolvenzantrag zurückgeht[151].

D. Geldkreditsicherheiten an Mobilien in Italien

I. Einführung

1. Das Bankensystem in Italien

Das moderne Bankrecht ist in Italien in den letzten Jahren stark novelliert und verändert worden[152]. Ziel der Überarbeitung waren zum einen im Bereich des öffentlichen Bankrechts die Organisation und der Funktionsbereich der Banken (Subjekte und Aufgaben der Bankenaufsicht) und zum anderen im Bereich des privaten Bankrechts die Bankgeschäfte.

Die wohl einschneidendste Änderung hat das italienische Bankrecht mit dem am 1. Januar 1994 in Kraft getretenen Bankgesetz ("Testo unico delle leggi in materia bancaria e creditizia"[153]) erfahren. Dieses Bereinigungsgesetz löst neben der

[148] Vgl. hierzu *Kranzusch/Günterberg*, Erste Auswirkungen der Insolvenzrechtsreform 1999 auf mittelständische Unternehmen - Eine Feldstudie, IfM-Materialien Nr. 150.

[149] *Obermüller*, WM 1994, 1875.

[150] *Drukarczyk*, WM 1992, 1136.

[151] Bestehende Kreditverträge, deren Laufzeit über den 1.1.1999 hinausgeht, bleiben grundsätzlich von der Reform unberührt. Der Bank steht jedoch nach Nr. 13 Abs. 2 der Banken-AGB angesichts der durch die Reform erhöhten Risikobewertung die Möglichkeit zu, auf Verstärkung der Sicherheiten zu bestehen. Vgl. *Obermüller*, WM 1994, 1875.

[152] Zu den jüngeren Entwicklungen im italienischen Bankrecht vgl. *Portale/Dolmetta*, in: Jahrbuch für Italienisches Recht 5 (1993), S. 3 ff. und *Schäfer*, in: Jahrbuch für Italienisches Recht 7 (1994), S. 181 ff. Zu dem Verhältnis des neuen italienischen Bankrechts zu dem Verbraucherkredit, vgl. *Inzitari*, in: Jahrbuch für Italienisches Recht 8 (1995), S. 3 ff.

[153] Decreto legislativo vom 1.9.1993 Nr. 385, Gazz. Uff. vom 30.9.1993 Nr. 230, suppl. ord. Das Ermächtigungsgesetz hierzu ergibt sich aus Art. 25 Abs. 2 des Gesetzes vom 19.2.1992

"*legge bancaria*" mehr als einhundert verschiedene Gesetze des italienischen Bankrechts ab und wurde diesbezüglich auch als das neue grundlegende Gesetz ("*nuova legge bancaria fondamentale*"[154]) des italienischen Bankwesens bezeichnet[155]. Durch dieses Gesetz (im folgenden: Testo unico bzw. t.u.) wurden maßgebliche Veränderungen sowohl bezüglich der Tätigkeitsmöglichkeiten der Kreditinstitute und der Bankenaufsicht als auch hinsichtlich Einzelfragen des Bankvertragsrechts vorgenommen. Das italienische Bankwesen war bis in die neunziger Jahre stark von dem Dirigismus des Staates geprägt. Aufgrund der strikten operativen und institutionellen Trennung der verschiedenen Bankgeschäfte gab es in Italien eine starke Spezialisierung der Banken, wobei etwa die Gewährung kurzfristiger Kredite zur Tätigkeit der Geschäftsbanken gehörte, während der mittel- und langfristige Kredit Spezialkreditinstituten vorbehalten war[156]. Der einschneidende staatliche Einfluß auf die Kreditwirtschaft wurde auch durch eine Reihe öffentlicher Banken und über die im Besitz einer Staatsholding befindlichen "Banken des nationalen Interesses" ausgeübt.

Der Gesetzgeber hat mit dem Erlaß des Testo unico diesem staatlichen Dirigismus in hohem Maße Einhalt geboten. Eine wichtige Rolle spielt hierbei der Art. 10 Abs. 3 t.u. Dieser bestimmt, daß die Banken, über das Einlagen- und Kreditgeschäft hinaus, grundsätzlich auch jede andere Aktivität auf dem Finanzsektor ausüben dürfen. Hierin ist eine Abwendung vom staatlichen Dirigismus in Richtung eines Universalbanksystems zu erkennen. Für das Universalbankprinzip sprach vor allem die in Art. 18 der zweiten Bankrechtskoordinierungsrichtlinie der EG[157] geforderte Dienstleistungs- und Niederlassungsfreiheit. Dadurch erhielten ausländische Kreditinstitute grundsätzlich die Möglichkeit, alle Arten von Bankgeschäften in Italien zu tätigen, wobei die italienischen Banken weiterhin auf die ihnen zugewiesenen Geschäftsfelder beschränkt gewesen wären. Dies hätte einen erheblichen Nachteil der italienischen Banken gegenüber ihren ausländischen Konkurrenten zur Folge gehabt.

Im öffentlichen Bankrecht definiert der Testo unico u.a. auch die Kompetenzen, die Zuständigkeiten und die Ziele der Bankenaufsicht. Eine wichtige Rolle kommt hierbei der italienischen Zentralbank (*Banca d'Italia*) zu, da sie für die Zulassung neuer Banken (Art. 14 t.u.) und für deren Aufsicht zuständig ist. Teilweise steht der *Banca d'Italia* in gesetzlich geregelten Fällen auch eine begrenzte Normsetzungskompetenz zu[158]. Im privaten Bankrecht wurde indes im Testo unico eine umfassende Novellierung des Bankenvertragsrechts vorgenommen, insbesondere

Nr. 142, Gazz. Uff. vom 20.2.1992 Nr.42, suppl. ord. (sog. "*legge communitaria*").
[154]*Noto*, Il risparmio 1993, 1123.
[155]*Schäfer*, Jahrbuch für Italienisches Recht 7 1(1994), S. 181.
[156]*Schäfer*, Jahrbuch für Italienisches Recht 7 (1994), S. 181.
[157]Richtlinie 89/646/EWG vom 15.12.1989, Abl. EG Nr. L 386 vom 30.12.1989, S. 1 ff.

im Bereich des Verbraucherkredits. Die für diese Arbeit interessanteste Änderung ist die bereits erwähnte Einführung eines dinglichen besitzlosen Sicherungsrechts in Art. 46 des Testo unico, eines besonderen Vorzugsrechts (*privilegio speciale)* für den gewerblichen Kredit. Auf dieses Sicherungsmittel soll in der vorliegenden Arbeit besonders ausführlich eingegangen werden[159].

2. Begriffliches

Als dingliche Sicherungsrechte (*garanzie reali)* werden im italienischen Recht das Pfandrecht *(pegno*), die Hypothek *(ipoteca)* und das besondere Vorzugsrecht (*privilegio speciale*) angesehen. Sie geben dem Gläubiger ein Recht auf vorzugsweise Befriedigung (*diritto di prelazione*, vgl. Art. 2741 Abs. 2 c.c.). Dies entspricht dem deutschen Absonderungsrecht im Konkurs (§ 48 KO) bzw. dem Recht auf vorzugsweise Befriedigung in der Einzelvollstreckung (§ 805 ZPO). Das Vorzugsrecht *(privilegio)* gibt gem. Art. 2741 Abs. 2 c.c. ebenfalls ein Recht auf vorzugsweise Befriedigung. Hierbei wird jedoch das allgemeine Vorzugsrecht (*privilegio generale*) nicht als *garanzia reale* eingestuft, da dieses Recht, im Gegensatz zu Pfandrecht und Hypothek, nicht auf die Befriedigung durch Verwertung einer bestimmten Sache gerichtet ist. Das besondere Vorzugsrecht (*privilegio speciale*) wird hingegen als echtes dingliches Sicherungsrecht eingestuft, da dieses die Verwertung von bestimmten beweglichen und unbeweglichen Sachen ermöglicht[160].

Der Unterschied zwischen Pfandrecht und Hypothek richtet sich nicht nur, wie im deutschen Recht, nach der Einteilung der Gegenstände in unbewegliche und bewegliche Sachen. Vielmehr unterscheiden sich im italienischen Recht die verschiedenen Kreditsicherheiten durch die verschiedenen Publizitäts- und Entstehungsvoraussetzungen.

---

[158]Von dieser Möglichkeit hat die Banca d'Italia bereits Gebrauch gemacht. Zum einen mit den am 31.1.1994 erlassenen "*Istruzioni di Vigilanza*" (Aufsichtsanweisung), veröffentlicht in der Gazzetta Ufficiale Nr. 66 vom 21.3.1994, wonach u.a. die lang -und mittelfristigen Finanzierungen grundsätzlich von allen Kreditinstituten vergeben werden können, wobei jedoch die Finanzierungen nicht mehr als 20 % der Bankeinlagen erreichen dürfen. Eine Ausnahme von dieser "Hürde" gewährt die Banca d'Italia nur Kreditinstituten mit einem Vermögen von über 2000 Milliarden Lire, bzw. einem Vermögen über 50 Milliarden, wenn diese Bank einer Bankengruppe mit einem gemeinsamen Vermögen von über 2000 Milliarden angehört. Weiterhin hat die Banca d'Italia eine Auslegungsrichtlinie des neuen einheitlichen Bankgesetzes ("*Chiarimenti sul testo unico*") durch das d.l. 385/1993 Nr. 43296 vom 18.2.1994 erlassen.

[159]Siehe unter Kapitel VIII

[160]So die ganz h.M.: *Tucci*, I privilegi, S. 490; Cass. 10.10.1967, Nr. 2387, Giust. civ. 1967, I, 1947 ff.

Weiterhin kann die *ipoteca* im italienischen Recht jedoch auch für registrierte bewegliche Sachen verwendet werden, wie z.B. für Kraftfahrzeuge, Schiffe und Flugzeuge, als auch Rechte (z.B. Staatsrenten)[161]. Das *pegno* sichert, wie im deutschen Recht, bewegliche Gegenstände sowie Forderungen.

II. Geschichtlicher Aufriß der Geldkreditsicherheiten im italienischen Recht

Das hauptsächliche Problem der Realsicherheiten bestand seit jeher darin, der Kreditpraxis Sicherungsinstrumente zur Verfügung zu stellen, die zum einen dazu geeignet sind, dem Sicherungsnehmer einen ausreichenden Schutz hinsichtlich seiner Forderung zu geben, und zum anderen, dem Sicherungsgeber den meist unerläßlichen Besitz an dem Sicherungsgegenstand zu belassen. Im italienischen Recht sollte dieser Interessenausgleich ursprünglich von der vom Gesetzgeber dafür vorgesehenen Hypothek ermöglicht werden. Die Hypothek wurde noch im Codice civile von 1865 grundsätzlich auf die unbeweglichen Sachen beschränkt. Jedoch sah der Codice civile von 1865 in Art. 1967 Abs. 4 bezüglich der Forderungssicherung bereits vor, daß die Hypothek auch für Staatsrenten (*rendite dello stato*) in der von den Gesetzen über die Staatsschuld festgesetzten Weise bestellt werden konnte[162]. Um die Jahrhundertwende hat sich, den handelswirtschaftlichen Bedürfnissen entsprechend, eine analoge Anwendung der Hypothekenvorschriften des Codice civile auf Schiffe und im Laufe der Zwanzigerjahre auch auf Flugzeuge und Kraftfahrzeuge entwickelt. So hatte sich quasi gewohnheitsrechtlich die Figur der Mobiliarhypothek bereits vor Inkrafttreten des Codice civile von 1942 etabliert. Der Gesetzgeber von 1942 hat diese Formen der Mobiliarhypothek übernommen und in Verbindung mit den Artt. 565, 1027 c.nav. und Art. 815 c.c. die Mobiliarhypothek für bewegliche Sachen eingeführt, die in öffentlichen Registern einzutragen ist. Die Einführung der Mobiliarhypothek nur für in öffentliche Register einzutragende Gegenstände durch den Gesetzgeber des Codice Civile von 1942 wurde in der Literatur teilweise kritisiert, da dies keine Änderung der bestehenden Situation mit sich brachte, nachdem sich die Mobiliarhypothek dadurch weiterhin nur auf wenige eintragungsfähige Gegenstände beziehen konnte. Der Gesetzgeber habe durch diese gesetzliche Regelung lediglich die bereits teils spezialgesetzlich geregelte, teils gewohnheitsrechtlich anerkannte Mobiliarhypothek kodifiziert und dadurch keinen Fortschritt der bestehenden Situation erreicht [163].

---

[161]Vgl. Art. 2810 Abs. 2 c.c.

[162]Diese Regelung wurde von dem Gesetzgeber des codice civile von 1942 so in Art. 2810 Abs. 2 übernommen.

[163]*Tucci*, I privilegi, S. 464.

Die heutige Bedeutung der Mobiliarhypothek hat sich durch die strengen Publizitätsvorschriften in Grenzen gehalten. Eine gesetzliche Ausweitung des Anwendungsbereichs der Mobiliarhypothek erscheint deshalb unwahrscheinlich, weil die meisten den Sicherungsgebern zur Verfügung stehenden Mobilien solche sind, die auf Grund ihrer Konsistenz und Beschaffenheit - man denke hierbei nur an Posten von Lagerbeständen - nicht dazu geeignet sind, in öffentliche Register eingetragen zu werden.

Der Codice civile von 1942 hat somit zwar die Kodifizierung der Mobiliarhypothek verwirklicht, jedoch wurde dadurch faktisch kein einheitliches besitzloses Mobiliarsicherungsinstrument anerkannt. Vielmehr wurde durch Art. 2810 Abs. 2 c.c. dazu beigetragen, daß sich die Hypothek von dem Pfandrecht nicht mehr durch die Abgrenzung von beweglichen und unbeweglichen Sachen unterscheidet, sondern hauptsächlich durch die verschiedenen Entstehungs- bzw. Publizitätsvoraussetzungen[164].

So bestimmt Art. 2808 Abs. 2 c.c., daß die Hypothek durch die konstitutive Eintragung in ein Liegenschaftsregister entsteht. Das Pfandrecht entsteht hingegen gem. Art. 2786 Abs. 2 c.c. mit der Übergabe der Sache an den Gläubiger. Als faktisch einzige dingliche Mobiliarsicherheit verblieb dem italienischen Unternehmer bezüglich der nicht eintragbaren Güter, die den Großteil des beweglichen Unternehmensvermögens darstellen, somit lediglich das Pfandrecht.

III. Das Fahrnispfandrecht - *(Il pegno)*

1. Historische Entwicklung

Vor dem Inkrafttreten des Codice civile von 1942 wurde das Pfandrecht in zwei verschiedenen Gesetzen geregelt: zum einen in dem sog. Codice Pisanelli (Codice Civile von 1865, dort geregelt in Artt. 1878 - 1890) und zum anderen im Handelsgesetzbuch (Codice di commercio, Artt. 454 - 460).

Trotz unterschiedlicher Ausgestaltung der einzelnen Pfandrechtsvorschriften war beiden Regelungen die an der Pfandsache gemeinsam. Ursprünglich war dies auch nicht mit allzu großen Problemen verbunden. Das Pfandrecht war als bürgerliches Sicherungsinstrument, als sog. *pegno civile*, ausgestaltet und sollte vorwiegend dazu dienen, daß der Pfandschuldner, der einen persönlichen Wertgegenstand verpfändet hatte, wie z.B. den Familienschmuck oder das Tafelsilber, dazu veranlaßt wird, den Kredit baldmöglichst zu tilgen, um wieder in Besitz der persönlichen Wertgegenstände zu gelangen.

---

[164] *Tucci*, I privilegi, S. 465.

Jedoch wurde mit zunehmender Industrialisierung deutlich, daß das Pfandrecht die dadurch hervorgerufenen unternehmerischen Bedürfnisse nicht erfüllen konnte. Der Kaufmann brauchte die Waren, die ihm als Kreditunterlage zur Verfügung standen, damit er sie verkaufen und aus dem Verkaufserlös das Darlehen zurückzahlen konnte; ebenso benötigte der Fabrikant die zu belastenden Rohstoffe, weil er sie verarbeiten und weiterveräußern wollte. Auch seine Produktionsmaschinen und Geschäftseinrichtungen sind für seine Arbeit unentbehrlich geworden. Um das Hindernis des Besitzverlustes zu umgehen, wurde in der Praxis versucht, mittels einer fingierten Übergabe (*traditio ficta*) an einen Verwahrer ("*custode*"), der in Wirklichkeit nur ein verdeckter Unterhändler des sicherungsgebenden Unternehmers war, den erforderlichen Besitzverlust zu ersetzen. Die Rechtsprechung hat diese fingierte Übergabe jedoch nicht für die wirksame Begründung eines Pfandrechts als ausreichend erachtet[165].

2. Praktische Bedeutung

Während in Deutschland das Pfandrecht als Mittel der Kreditsicherung im Laufe der Rechtsentwicklung erheblich an praktischer Bedeutung eingebüßt hat, da es weitgehend von der Sicherungsübereignung verdrängt wurde und heute nur noch vorwiegend im Bereich des Kleinkredits, z.B. durch Inanspruchnahme der privaten Pfand- und Leihhäuser oder den öffentlich-rechtlichen Leih- und Pfandanstalten, und im Bereich des Wertpapierhandels Anwendung findet, bildet es in Italien immer noch eine wichtige Grundlage für gewerbliche Kreditgeschäfte, zu deren Sicherung bewegliche Sachen des Schuldners bestimmt sind. Das liegt nicht etwa daran, daß die rechtliche Ausgestaltung des Pfandrechts in Italien den Bedürfnis-

[165]Vgl. hierzu die grundlegende Entscheidung des Kassationshofes, Cass. 10.02.1931, Giur. it. 1931, I, 379. In dem dort entschiedenen Fall waren als Sicherung verschiedene Produktionsmaschinen des Unternehmens als Pfand gegeben, die dann an Ort und Stelle verblieben sind. Die notwendige Übergabe wurde dadurch ersetzt, daß die Produktionsanlagen einem "Dritten" in Verwahrung gegeben wurden. Dieser "Dritte" war jedoch ein naher Verwandter des Pfandgebers, der zudem mit diesem im gleichen Gebäude wohnte, in dem sich auch die Unternehmensräume und -anlagen befanden. Um dem Publizitätserfordernis gerecht zu werden, haben die beteiligten Parteien den Pfandvertrag in der Kanzlei des örtlich zuständigen Amtsgerichts hinterlegt und zudem die Pfandabrede im amtlichen Mitteilungsblatt (*foglio degli annunzi legali, FAL*) veröffentlichen lassen. Der Kassationshof hatte diese Publizitätsvoraussetzungen als nicht ausreichend erachtet. Zur Begründung führte das Gericht an, daß die Publizitätsakte im zu entscheidenden Fall den Drittgläubiger nicht ausreichend vor eventuellen Überraschungen des Schuldners schütze, da dieser immer noch im materiellen Besitz der Pfandgegenstände verblieben ist und somit weiterhin über sie verfügen könne. *(tali formalità "non valgono certamente a tutelare" (i terzi) "da eventuali sorprese del debitore, quanto vale la costui privazione del possesso della cosa e la materiale impossibilità di disporne".)*

sen der Kreditwirtschaft mehr gerecht würde; an Wirksamkeits- und Formerfordernisse werden sogar noch höhere Anforderungen gestellt. Grund für die nach wie vor dominierende Stellung des Pfandrechts in der italienischen Kreditpraxis ist vielmehr die Tatsache, daß sich die Sicherungsübereignung oder ein ihr entsprechendes Institut in Rechtsprechung und Lehre nie durchsetzen konnte. Die vom Gesetzgeber vorgesehenen spezialgesetzlichen Eingriffe, meist in Form von vertraglichen Vorzugsrechten, betreffen nur einen ganz bestimmten begrenzten Wirtschaftszweige. Die Mobiliarhypothek ist auch nur für wenige Sicherungsgegenstände einsetzbar. Abzuwarten bleibt jedoch, wie sich das hier zu untersuchende neu eingeführte Vorzugsrecht gem. Art. 46 t.u. auf die Kreditpraxis auswirken wird und das Pfandrecht in seiner Bedeutung einschränkt.

3. Struktur des Pfandrechts

Das *pegno* wird durch einen Vertrag zwischen Pfandgläubiger und Verpfänder, der nicht mit dem Schuldner personengleich zu sein braucht, bestellt. Gem. Art. 2786 Abs. 2 c.c. ist neben der Willenseinigung die Übergabe der Pfandsache an den Gläubiger oder einen von den Parteien bezeichneten Dritten erforderlich. Bezüglich der dogmatischen Konzeption des Pfandvertrages als Real- oder Konsensualvertrag gibt es verschiedene Auffassungen.

Nach einer älteren Ansicht ist der Pfandvertrag ein dinglicher Vertrag für bewegliche Sachen, der durch die Übergabe des Pfandes an den Pfandgläubiger zustande kommt[166]. Diese Auffassung fußt in einer wörtlichen Auslegung des Art. 1878 des Codice Civile von 1865[167]. Die vom Gesetzgeber gewählte Formulierung wurde im Schrifttum so verstanden, daß ohne die Übergabe der verpfändeten Sache keinerlei Verbindlichkeiten zwischen den Parteien entstehen konnten. Jedoch wurde von der Rechtsprechung alsbald klargestellt, daß die Übergabe der Sache lediglich für die Wirksamkeit der Verpfändung Dritten gegenüber notwendig sei, während das bloße Einverständnis zwischen Pfandgläubiger und -schuldner diese auch ohne die Übergabe verpflichtete[168]. Gegen die Einordnung des Pfandrechtes als Realvertrag sprach weiterhin, daß der Codice civile von 1942 zwischen dem Anspruch auf Begründung des Pfandrechtes und dessen Entstehung unterschieden hatte[169]. Art. 2786 c.c. spricht nunmehr von dem Pfand (*pegno)* und von dessen Enstehung (*costituzione*), was darauf schließen läßt, das

---

[166] *Rubino*, La responsabilità patrimoniale, S. 218; *Bigliazzi, Geri, Breccia, Busnelli, Natoli*, Obbligazioni, S. 614; *Fagella*, pegno commerciale, S. 25.

[167] *Mirabelli*, La locazione, S. 314; *Dusi*, Sulla costituzione di pegno, Rivista di diritto commerciale 1909, 9; *Vivante*, Trattato di diritto commerciale, S. 256, 258.

[168] Cass. Torino, 27.10.1897, Mon.trib. 1898, 124; Cass. Torino, 15.11.1900, Mon.trib. 1901, 116.

sich diese Begriffe auf das dingliche Pfandrecht selbst beziehen und nicht auf die obligatorische Pfandabrede[170]. Hiernach soll das Einverständnis für die Parteien bindend sein, und obwohl dieser Vertrag rein obligatorische Wirkung entfaltet und für sich nicht zur Entstehung des Pfandrechtes führt, begründet er einen Anspruch auf die Entstehung des Pfandrechts und zudem einen Anspruch auf Besitzeinräumung der gepfändeten Sache[171]. Bei der zu sichernden Forderung kann es sich auch um eine künftige oder bedingte handeln, vorausgesetzt, daß das zugrundeliegende Schuldverhältnis bereits entstanden ist[172]. Für unzulässig wird jedoch eine Abrede gehalten, wonach ein Pfandrecht nicht nur eine spezielle Schuld gegenüber dem Kreditinstitut, sondern jede gegenwärtige oder auch künftig entstehende Schuld sichern soll[173].

4. Sicherungsgegenstand

Der Gegenstand des Pfandrechts wird im Gegensatz zu der Hypothek (Artt. 2810 f. c.c.) nicht explizit aufgeführt. In Art. 2784 Abs. 2 ist lediglich von den beweglichen Sachen, Sachgesamtheiten, Forderungen und anderen Rechten, die bewegliche Sachen zum Gegenstand haben, die Rede. Mit dem Ausdruck "*beni mobili*" (bewegliche Sachen) in Art. 2784 Abs. 2 c.c. sind in der Regel körperliche Gegenstände gemeint. Nichtkörperliche Gegenstände können nur dann mit einem Pfandrecht belastet werden, wenn sie ein Recht zum Gegenstand haben. Das Pfandrecht bezieht sich dann jedoch nicht auf den körperlichen Gegenstand, sondern auf das darin verkörperte Recht[174]. Von dem Begriff der beweglichen Sachen müssen jedoch die Gegenstände ausgenommen werden, für die der Gesetzgeber als Voraussetzung einer Sicherheitsbegründung die Ein- oder Umschreibung in ein Register vorgesehen hat und nicht wie beim Pfandrecht den

---

[169]Man spricht hier von *"titolo per la costituzione"* und *"costituzione del pegno"*; vgl. hierzu *Gorla*, Riv. dir. comm., 559.

[170]*Forchielli*, Contratti reali, S. 11; *Sacco*, Il contratto, S. 704.

[171]*Pratis*, Della tutela dei diritti, S. 39.

[172]*Tucci*, Garanzie sui crediti, S. 193; *Mühl*, Sicherungsübereignung, Sicherungsabtretung und Eigentumsvorbehalt im italienischen Recht, S. 62.

[173]*Tucci*, Garanzie sui crediti, S. 194; Cass. 19.6.1972, Nr. 1927, Foro it. 1973, 121. Dies gilt so jedoch nur für das gewöhnliche, in Art. 2784 c.c. geregelte Pfandrecht (sog. *pegno regolare*). Anders verhält es sich bei dem sog. unregelmäßigen Pfandrecht (*pegno irregolare*) i. S. des Art. 1851 c.c. Diesbezüglich ist eine Pfandrechtsbestellung auch für zukünftige, erst nach der Pfandrechtsabrede materiell entstehende Gegenständen unter gewissen Voraussetzungen möglich.

[174]*Rescigno*, Condizione, S. 639; *Ciccarello*, Pegno, S. 685; *Perlingieri*, S. 324; *Realmonte*, Il pegno, S. 638.

Besitzverlust des Schuldners[175]. Weiterhin sind Sachen, die durch eine Hypothek gesichert werden können, nicht mit einem Pfandrecht belastbar (vgl. Artt. 2810 und 2811 c.c.), ebenso wenig wie Gehälter und Löhne, soweit diese nicht abtretbar sind[176]. Auch bezüglich noch nicht existierender Sachen kann ein Pfandrecht wirksam bestellt werden. Der Pfandvertrag entfaltet hierbei bis zur Herstellung der Sache rein obligatorische Wirkung. Erst bei Entstehung der Sache und deren Inbesitznahme durch den Pfandgläubiger entsteht das dingliche Recht zugunsten des Pfandnehmers[177].

Im Gegensatz zum deutschen Recht kann gem. Art. 2784 Abs. 2 c.c. eine Gesamtheit von beweglichen Sachen (*universalità di mobili*) grundsätzlich verpfändet werden. Als solche Sachgesamtheit wird eine Mehrheit von beweglichen Sachen, die derselben Person gehören und eine einheitliche Widmung haben, verstanden (Art. 816 c.c.). Der Gesetzgeber hat jedoch nichts bezüglich der Modalitäten der Verpfändung einer Sachgesamtheit geregelt. Zweifelsohne kann der schuldrechtliche Vertrag *de pignore dando* für eine Sachgesamtheit wirksam abgeschlossen werden, wenn die Voraussetzungen des Art. 816 c.c. vorliegen. Im Hinblick auf den in Art. 2786 c.c. vorgesehenen Drittschutz wird die bloße Bezeichnung der Sachgesamtheit als solche jedoch als nicht ausreichend bestimmt angesehen, sie entfaltet somit keine dingliche Wirksamkeit[178]. Dies würde dem Bestimmtheitsgrundsatz widersprechen. Es müßte in diesem Falle vielmehr jeder einzelne Gegenstand und jedes einzelne Recht gesondert in der Pfandrechtsurkunde aufgeführt werden[179]. Bei der Verpfändung eines Unternehmens, welches sich aus vielen verschiedenen Rechten sowie beweglichen und unbeweglichen Sachen zusammensetzt, müßte jedes einzelne Recht und jede einzelne bewegliche Sache in der Pfandrechtsurkunde aufgeführt werden. Für eventuelle zum Unternehmen gehörende Immobilien wäre entsprechend die Bestellung einer Hypothek erforderlich. Jedoch müßte bei der Unternehmensverpfändung nicht jeder einzelne Gegenstand gem. Art. 2786 Abs.1 c.c. dem Pfandgläubiger übergeben werden, sondern es wird vielmehr als ausreichend erachtet, wenn der Pfandgläubiger die Geschäftsführung des Unternehmens übernimmt und somit dem Pfandschuldner die Verfügungsmöglichkeit über die Pfandsache entzogen wird[180]. In

---

[175] *Realmonte*, Il pegno, S. 639; für Schiffe und Flugzeuge ist dies in Art. 998 ff. c. nav. vorgesehen und für Fahrzeuge in Artt. 6, 18 d. l. vom 15.3.1937, n. 436.

[176] *Gorla*, Del pegno, S. 28; *Ruscello*, in: *Perlingieri*, S. 324; vgl. Gesetz Nr. 335 vom 30.6.1908.

[177] *Rubino*, La responsabilità patrimoniale, S. 225; *Gorla*, Del pegno, S. 29.

[178] *Realmonte*, Il pegno, S. 643; *Gorla*, Del pegno, S. 33.

[179] *Cian/Trabbuchi - Zaccaria*, Commenatrio, Art. 2784, Rn. 5.

[180] *Realmonte*, Il pegno, S. 644; *Rubino*, La responsabilità patrimoniale, S. 210; *Gorla*, Del Pegno, S. 34.

der Praxis ist die Verpfändung eines Unternehmens kaum von Bedeutung, da der Pfandgläubiger hierbei verpflichtet ist, die Geschäftsführung des Unternehmens zu übernehmen. Die durch die Geschäftsführung erzielten Gewinne würden gem. Art. 2791 c.c. zuerst auf die Kosten und Zinsen und dann auf das Kapital angerechnet werden.

Betrachtet man das deutsche Recht, so findet man zunächst keine ausdrückliche Möglichkeit der Verpfändung von Sachgesamtheiten wie in Art. 2784 Abs. 2 c.c. Der allen Verfügungsgeschäften immanente Spezialitätsgrundsatz verhindert hier grundsätzlich eine dinglich wirksame Verpfändung von Sachgesamtheiten[181]. Jedoch wird die Konsequenz dieser strikten Auffassung dadurch erheblich abgeschwächt, daß man eine Kollektivbezeichnung, wie etwa eine "Briefmarkensammlung" als Sammelnamen zur leichteren Verständigung drittwirksam vereinbaren kann. In diesem Falle müßten sich die Parteien jedoch bezüglich der Verpfändung einer jeden einzelnen Briefmarke einigen. Der einheitliche Sammelbegriff ersetzt hier aus Praktikabilitätsgründen somit die Aufführung aller einzelnen Gegenstände. Eine solche Sammelbezeichnung ermöglicht nicht nur eine Verpfändung von Sachgesamtheiten, sondern darüber hinaus kann auch ein Wechsel im Bestand der Sachgesamtheit berücksichtigt werden. Im wirtschaftlichen Bereich kommt hier insbesondere eine Verpfändung von Warenlagern mit wechselndem Bestand in Betracht. In diesem Fall sind zunächst alle unter einen Sammelbegriff fallenden Einzelgegenstände vom Pfandrecht erfaßt. Durch Vereinbarung ist es nun möglich, daß neu hinzutretende Gegenstände in den bestehenden Sicherungsverbund hinzukommen können. Jedoch müssen hierbei jeweils die Voraussetzungen der §§ 1204 f. BGB erfüllt werden, und zudem muß die Einigung bezüglich der neu hinzutretenden Pfandrechtsgegenstände weiterhin vorliegen[182]. Das praktische Problem stellt hierbei jedoch das Erfordernis des faktischen Besitzverlustes dar. Dieser Umstand favorisiert in dem Fall des wechselnden Warenbestandes eindeutig die Sicherungsübereignung, die einen Besitzverlust seitens des Schuldners nicht erfordert. Die Verpfändung eines Unternehmens als Gesamtheit kommt hingegen im deutschen Recht nicht in Betracht. Bei einem Unternehmen handelt es sich nicht um eine Sachgesamtheit, sondern um eine aus Sachen und Rechten zusammengesetzte Einheit[183]. Für eine

---

[181] *Staudinger/Wiegand*, § 1204, Rn. 35 f.

[182] Ohne diese Vereinbarung würden neu hinzutretende Gegenstände nicht in den Pfandverband fallen und ausscheidende würden mit dem Pfandrecht belastet bleiben. Bezüglich der ausscheidenden Pfandsachen müßte von vornherein vereinbart werden, daß diese auch aus dem Pfandverband ausscheiden sollen. In diesem Fall liegt ein auflösend bedingtes Pfandrecht vor. Vgl. RG, 24.6.1911, RGZ 77, 202; *Staudinger/Wiegand*, § 1204, Rn. 36.

[183] BGH, 11.10.1967, NJW 1968, 392.

wirksame Verpfändung müßten, ebenso wie im italienischen Recht, alle einzelnen Gegenstände - eventuelle Sachgesamtheiten ausgenommen - gesondert verpfändet werden, und für unbewegliches Vermögen würde nur eine Hypothek zur Sicherung bereitstehen[184].

5. Akzessorietät

Die Akzessorietät des Pfandrechts läßt sich aus der Formulierung des Art. 2784 c.c. entnehmen, der von "zur Sicherung der Verbindlichkeit" (*"il pegno é costituito a garanzia dell' obbligazione")* spricht und somit eine notwendige Bindung des Pfandrechts an eine gegenwärtige oder zukünftige Verbindlichkeit voraussetzt[185]. Das Pfandrecht ist also wie im deutschen Recht im Entstehen, Fortbestehen und Erlöschen vom Entstehen, Fortbestehen und Erlöschen der Forderung abhängig, zu deren Sicherung es bestellt ist[186]. Bei der Abtretung der Forderung geht das Pfandrecht unabhängig von einer parteilichen Vereinbarung auf den Zessionar über (Art. 1263 c.c.). Dies entspricht insoweit der deutschen Rechtslage[187].

Im Rahmen der Akzessorietät ist es im italienischen Recht umstritten, ob die Möglichkeit besteht, das Pfandrecht an einen Drittgläubiger des gleichen Pfandschuldners - unabhängig von der zugrundeliegenden Verbindlichkeit - abzutreten[188]. Diese Frage wird von einem Großteil der Literatur für den Fall verneint, in dem es an einer Zustimmung des Pfandgebers fehlt[189]. Dies wird hauptsächlich damit begründet, daß der Schuldner ein Interesse daran haben könnte, eine bestimmte Schuld bei einem bestimmten Gläubiger zu tilgen. In der Tat muß der Pfandschuldner die Möglichkeit haben, durch die Tilgung seiner Verbindlichkeit die Sache herauszubekommen oder sie von dem Pfandrecht zu befreien[190]. Einig-

---

[184]*Staudinger/Wiegand*, § 1204, Rn. 39.

[185]*Gorla*, Del pegno, S. 24.

[186]Vgl. § 1210 Abs.1 BGB, wonach die Haftung des Pfandes für die Forderung von deren jeweiligem Bestand abhängig ist.

[187] Vgl. § 1250 BGB.

[188]Eine andere Frage ist hingegen die Möglichkeit der Nachverpfändung des Pfandgegenstandes an einen Gläubiger des Pfandgläubigers.

[189]*Gorla*, Del pegno, S. 26; *Lordi*, Pegno commerciale, S. 437; *Ruscello*, in: *Perlingieri*, S. 323; *Realmonte*, Il pegno, S. 637; *Ciccarello*, Pegno, S. 684; a.A. hingegen *Rubino*, La responsabilità patrimoniale, S. 13: Verlangt wird die Zustimmung des Pfandgebers. Wenn dies der Schuldner selbst ist, kommt er zu dem selben Ergebnis wie die herrschende Meinung. Ist dies jedoch ein Dritter, so sei offensichtlich, daß hier außer dem Einverständnis des Schuldners auch das des Dritten erforderlich ist.

[190]*Gorla*, Del pegno, S. 17; *Ciccarello*, Pegno, S. 684; *Realmonte*, Il pegno, S. 637.

keit besteht hingegen bezüglich der Möglichkeit der Abtretung des Pfandrechts mit der Zustimmung des Pfandgebers[191]. Zulässig ist unstrittig auch die Abtretung des Ranges hinsichtlich der vorzugsweisen Befriedigung unter Gläubigern, die bereits ein Pfandrecht auf den selben Gegenstand in verschiedener Rangfolge haben[192]. Man führt hier an, daß es sich dabei um eine interne Angelegenheit der Gläubiger handelt, bei der die Interessen des Schuldners nicht berührt werden[193]. Im Bereich des durch die Allgemeinen Geschäftsbedingungen der Banken charakterisierten sog. *pegno omnibus* stellt sich weiterhin die Frage, ob die strenge Akzessorietät des Pfandrechts durch die Verwendung einer Pfandklausel (*clausola omnibus*) in den Allgemeinen Geschäftsbedingungen der italienischen Banken eine Durchbrechung oder zumindest eine Aufweichung erfahren kann. Im deutschen Recht erfährt die Akzessorietät eine Auflockerung durch Nr. 14 der AGB - Banken. Nach dieser Klausel erstreckt sich das Pfandrecht zur Sicherung aller gegenwärtigen und zukünftigen Forderungen der Bank gegen den Kunden grundsätzlich auf alle in die Verfügungsbefugnis der Bank gelangenden Sachen und Forderungen. Eine Übersicherung, die im deutschen Recht auch beim Pfandrecht trotz strenger Akzessorietät aufgrund der Abdingbarkeit von § 1230 S. 2 BGB[194] grundsätzlich möglich ist, wird vermieden, indem die Banken eine Deckungsgrenze und eine Freigabeklausel in ihre Allgemeinen Geschäftsbedingungen aufgenommen haben. Erst diese faktische Durchbrechung der für das Pfandrecht vorgesehenen strengen Akzessorietät durch Abdingbarkeit des § 1230 S. 2 BGB macht eine eventuelle Übersicherung überhaupt möglich. Ansonsten würde sich die Problematik einer Übersicherung beim Pfandrecht nicht ergeben, da der Pfandgeber durch die Akzessorietät des Pfandrechts immer nur bis zur Höhe der Forderung in Anspruch genommen werden kann. Ob und inwieweit sich diese Problematik der Übersicherung auch im italienischen Recht stellt, soll im Kapitel zum *pegno omnibus* geklärt werden[195].

---

[191] *Realmonte*, Il pegno, S. 636 f.

[192] *Rubino*, La responsabilità patrimoniale, S. 197; *Gorla*, Del pegno, S. 27; *Ruscello*, in: *Perlingieri;* S. 324; *Realmonte*, Il pegno, S. 637.

[193] *Rubino*, La responsabilità patrimoniale, S. 197.

[194] § 1230 S. 2 BGB ist nach der ganz herrschenden Meinung dispositives Recht. Vgl. *Staudinger/Wiegand*, § 1230, Rn. 6.

[195] Siehe unten, S. 83 ff.

6. Das Erfordernis des Besitzverlustes

Die Übergabe (*consegna*) des Pfandgegenstandes ist für das wirksame Entstehen des Pfandrechtes gem. Art. 2786 c.c. Voraussetzung. Eine fingierte (*traditio ficta*) oder rein symbolische Übergabe ist hierfür nicht ausreichend[196]. Es wird somit verlangt, daß dem Pfandschuldner die tatsächliche Verfügungsbefugnis entzogen wird[197]. Als Ausnahme des tatsächlichen Übergabeerfordernisses an beweglichen Pfandsachen hat der Gesetzgeber einzig die Möglichkeit des qualifizierten mittelbaren und unmittelbaren Mitbesitzes vorgesehen (Art. 2786 Abs. 2 c.c.)[198]. Eine gesetzlich nicht vorgesehene Ausnahme sieht die h.M. für den Fall vor, daß sich der Pfandrechtsgegenstand bereits im Besitz des Pfandgläubigers befindet. Hier genügt, entsprechend § 1205 Abs.1 S. 2 BGB, die bloße Einigung der Pfandrechtsbestellung (sog. *brevi manu traditio*)[199]. Verbleibt eine gepfändete Sache im Besitz des Pfandschuldners, so kann sie von jedem weiteren Pfandgläubiger als frei und somit pfändbar angesehen werden, mit der Konsequenz, daß die Pfandgläubiger das Pfandrecht frei von Rechten Dritter wirksam an dem Gegenstand bestellen können. Ein späterer Besitzverlust des Pfandgläubigers hat nur zur Folge, daß dieser die vorzugsweise Befriedigung an dem Pfandgegenstand solange nicht geltend machen kann, als er die Sache nicht wiedererlangt hat (Art. 2787 Abs. 2 c.c.). Sein Pfandrecht aber besteht weiter und erlaubt es ihm, die Herausgabeklage gegen jeden unrechtmäßigen Besitzer zu erheben (Art. 2789 c.c.) und mit dem Besitz auch das Befriedigungsrecht zurückzuerlangen. Erhält hingegen der Pfandgeber den Besitz an der Pfandsache zurück, so erlischt das Pfandrecht und kann nur durch einen neuen Vertrag wieder begründet werden. Von einer ausdrücklichen Anordnung im Gesetz - wie etwa im deutschen Recht in § 1253 BGB - hat der italienische Gesetzgeber jedoch abgesehen.

Die strikten Anforderungen an den tatsächlichen Besitzentzug des Pfandschuldners läßt eine Pfandrechtsbestellung durch Übergabesurrogate, die nicht zu einer völligen Entfernung der Sache aus dem Herrschaftsbereich des Verpfänders führen, nicht zu[200]. Eine Vereinbarung von Besitzkonstituten ist für das Pfandrecht im

---

[196] *Protetti*, Il pegno, S.4; *Ruscello*, in: *Perlingieri*, S. 328.

[197] *Gorla*, Del pegno, S. 50; *Pratis*, Della tutela dei diritti, S. 39.

[198] Hierzu näher unten, S. 69 ff.

[199] *Pratis*, Della tutela dei diritti, S. 40 f.

[200] *Rubino*, La responsabilità patrimoniale, S. 219; Cass. 16.5.1956, Nr. 1655, Rep. foro it 1956, 7.
Hingegen wird von Teilen der Literaturmeinung jeder Zusammenhang von der Übergabe und der Publizität ausgeschlossen, vgl. *Pugliatti*, La trascrizione, S. 290 ff.; *Ruscello*, Il pegno, S. 72 f.; *Ciccarello*, Pegno, S. 691.

italienischen Recht nicht möglich[201]. So wurde etwa die Übergabe des Fahrzeugscheins eines Kraftfahrzeuges vom Kassationshof nicht für ausreichend erachtet, um ein wirksames Pfandrecht an dem Kraftfahrzeug zu begründen[202]. Nach Auffassung des Kassationshofs verbleibe dem Pfandgeber immer noch die faktische Nutzung der Pfandsache, auch wenn er das Fahrzeug ohne die Fahrzeugpapiere nicht veräußern könne. Der Pfandgeber habe schließlich noch die Möglichkeit, sich als Eigentümer beim Hersteller ein Duplikat des Fahrzeugscheines (*carta di circolazione*) ausstellen zu lassen. Zwar sieht Art. 2786 Abs.1 c.c. vor, daß das Pfandrecht außer durch die Übergabe der Pfandsache selbst auch durch die Aushändigung der Urkunde, die das ausschließliche Verfügungsrecht über die Sache verschafft, begründet werden kann, jedoch wird der Fahrzeugschein nicht als ein solches warenersetzendes Papier angesehen. Diese Warenpapiere (*titoli rappresentativi*) sind in Art. 1996 c.c. definiert. Hierunter fallen solche Papiere, die Waren vertreten und dem Besitzer das Recht auf Übereignung der in ihnen angeführten Waren verleihen[203]. Weiterhin verleihen sie die Befugnis, über den Besitz der verkörperten Waren durch die Übertragung der warenersetzenden Papiere, wie etwa Lagerschein (*fede di deposito*, vgl. Art. 1790 c.c.), Ladeschein (*ricevuta di carico*), Verladungskonnossement (*polizza di ricevuta per l'imbarco*) oder Lieferauftrag (*l'ordine di consegna*), zu verfügen[204]. Bei einem Kraftfahrzeugschein handele es sich hingegen nicht um ein solches warenersetzendes Papier, da dieser keinen Anspruch auf Übereignung der Sache i. S. des Art. 1996 c.c. gebe[205]. Fehlt es am Besitzverlust seitens des Pfandschuldners, so entstehe auch kein Zurückbehaltungsrecht für den Gläubiger, und es können von diesem auch nicht die Besitz- und Vindikationsansprüche geltend gemacht werden[206].

Durch die restriktive Rechtsprechung der italienischen Gerichte zum Erfordernis des Besitzverlustes wird deutlich, daß der Besitz als Publizitätsmedium für das Pfandrecht unabdingbar ist und eine vertragliche oder faktische Umgehung dieses

---

[201] Dies entspricht im Ergebnis dem deutschen Recht. Vgl. *Staudinger/Wiegand*, §1205, Rn. 9. Jedoch kommt im deutschen Recht eine Umdeutung des durch Besitzkonstitut fehlgeschlagenen Pfandrechts in eine Sicherungsübereignung in Betracht. Dies ist jedoch umstritten, da das gewollte Geschäft weniger weit reiche als das umgedeutete. Vgl. *Staudinger/Wiegand*, § 1205, Rn. 31b.

[202] Cass. 25.1.1993, Nr. 851, Banca, borsa, tit. cred. 1995, II, 30.

[203] Dies entspricht weitgehend der Verpfändung durch handelsrechtliche Traditionspapiere im deutschen Recht (Artt. 363 Abs.3, 424, 450, 650 HGB). Vgl. *Staudinger/Wiegand*, § 1205, Rn. 17.

[204] *Cian/Trabucchi - Zaccaria*, Commentario, Art. 1996, Rn.3.

[205] Cass. 25.1.1993, Nr.851, Banca, borsa, tit, cred. 1995, II, 32.

[206] *Gorla*, Pel pegno, S. 52; *Rubino*, La responsabilità patrimoniale, S. 218 f.; *Ciccarello*, Pegno, S. 691; *Pratis*, Della tutela dei diritti, S. 40.

konstitutiven Erfordernisses nicht geduldet wird. Eine Durchbrechung dieses Prinzips bedarf also vielmehr eines legislatorischen Eingriffs. Der italienische Gesetzgeber hat einen solchen Eingriff in der Form eines besitzlosen Pfandrechts an bestimmten Schinkensorten vorgesehen. Auch wurde durch ein Pfandrecht an Wertpapieren im System der Monte titoli S.p.a., eine den deutschen Sammelverwahrern entsprechende Institutition, eine Form von besitzlosem Pfandrecht vorgesehen. Auf diese Gesetze soll unten näher eingegangen werden[207].

7. Einräumung des Mitbesitzes

Eine Auflockerung des Grundsatzes des Besitzverlustes hat der Gesetzgeber in Art. 2786 Abs. 2 c.c. manifestiert. Hiernach genügt es für die Wirksamkeit der Übergabe, wenn die Pfandsache so untergebracht ist, daß der Verpfänder über sie nicht ohne Mitwirkung des Pfandgläubigers verfügen kann. Hier wurde eine dem § 1206 BGB entsprechende Einräumung des qualifizierten gesamthänderischen Mitbesitzes von Pfandschuldner und -gläubiger vorgesehen. In der Praxis wird die vom Gesetzgeber gebotene Möglichkeit genutzt, indem man das Warenlager, in dem sich die verpfändete Ware befindet, mit zwei Schlössern versieht, wobei Pfandgläubiger und Pfandschuldner nur zu je einem Schloß einen Schlüssel besitzen, oder indem mit einer Bank vereinbart wird, nur bei gleichzeitiger Anwesenheit beider Parteien den Zugang zum Schließfach zu gestatten. Dies sind somit Fälle des unmittelbaren Mitbesitzes in der Form des sog. Mitverschlusses[208]. Die Rechtsprechung setzt dem Mitbesitzerfordernis jedoch enge Grenzen. So wurde z.B. die Übergabe eines von zwei vorhandenen Schlüsseln eines Warenlagers, in dem sich die gepfändeten Waren in Verwahrung befanden, für nicht ausreichend erachtet, nachdem der zweite Schlüssel im Besitz des Schuldners verblieb[209]. Hingegen wurde es als dem Publizitätserfordernis entsprechend angesehen, wenn bei der Übergabe des Schlüssels des Warenlagers der Schuldner keine Möglichkeit mehr hat, ohne das Einverständnis des Gläubigers in das Warenlager zu gelangen[210]. Zulässiger Besitz des Gläubigers wird auch dann angenommen, wenn sich die gepfändeten Sachen zu seiner Verfügung in öffentlichen Lagern, wie z.B.

---

[207] Siehe unter Kapitel IV, 3.

[208] Im deutschen Recht wurde der unmittelbare Mitbesitz in § 1206 neben dem mittelbaren Mitbesitz (i.d.R. durch Einschaltung eines sog. Pfandhalters) gesetzlich ebenfalls geregelt. Dies entspricht den in Art. 1286 Abs. 2 c.c. geregelten Formen des Mitbesitzes.

[209] *Gorla,* Del pegno, S. 59: Davon ausgehend, daß die Übergabe des Schlüssels im Kaufrecht nicht als wirksame Möglichkeit der Übergabe aufgeführt ist, stellt die Schlüsselübergabe keine dem Publizitätscharakter des Pfandrechts entsprechende Übergabeform dar und ist somit als eine symbolische Übergabe (*"consegna simbolica"*) anzusehen.

[210] *Montel*, Pegno, S. 777; *Rubino*, La responsabilità patrimoniale, S. 219; *Ruscello,* in: *Perlingieri*, Il codice civile, S. 329.

bei der Eisenbahn, in Schiffshäfen oder beim Zoll befinden. Diese Formen des Mitbesitzes sind vor allem dazu entwickelt, um die Verpfändung von Warenlagern, Weinkellern etc. zu ermöglichen. Während diese Formen der Verpfändung im Wege des unmittelbaren Mitbesitzes in Italien immer noch von größter Bedeutung sind, wurden sie in Deutschland weitgehend von der Sicherungsübereignung verdrängt. Eine immer noch große Anwendung findet in Deutschland hingegen die Einräumung des mittelbaren Mitbesitzes i. S. des § 1206 2. Alt. BGB in der Bankenpraxis. Diese Form des Pfandrechts, die eigentlich als Ausnahmetatbestand vorgesehen wurde, scheint inzwischen den gesetzlichen vorgesehenen Regelfall des § 1205 BGB in seiner Bedeutung überholt zu haben. Dies liegt insbesondere daran, daß in der Bankenpraxis, dem wichtigsten Anwendungsgebiet des Pfandrechts, die Besitzübertragung fast ausschließlich durch Übergabesurrogate erfolgt[211].

8. Wirkung des Pfandrechts - Verwertung

Bis zur Befriedigung seiner Forderung ist der Pfandgläubiger berechtigt, den Besitz der Pfandsache zu behalten. Für den Fall einer schwerwiegenden Verschlechterung der Pfandsache kann der Pfandgläubiger bei Gericht einen Antrag auf Ermächtigung zum vorbeugenden Verkauf stellen (Art. 2795 Abs.1 c.c.)[212]. Ist die Sache bereits untergegangen oder verschlechtert - und war sie auch nicht versichert, so daß sich der Gläubiger an ein Surrogat halten kann -, so muß dem Gläubiger auf sein Verlangen an anderen Gegenständen des Schuldners eine neue Sicherheit eingeräumt werden. Anderenfalls wird seine Forderung sofort fällig (Art. 2743 c.c.).

Für die Banken hat der Gesetzgeber diesbezüglich einige Sondervorschriften vorgesehen. So können diese eine Ergänzung der Sicherheit verlangen, wenn der gewährte Kredit durch die Pfandsache nicht mehr hinreichend gesichert erscheint, und zwar ohne Rücksicht auf die Ursachen dieser Tatsachen, also z.B. auch dann, wenn der Markt- oder Börsenpreis der Pfandsache gefallen ist (Art. 1844 Abs. 2 c.c.). Einen bedeutenden Anwendungsbereich in der Kreditpraxis stellt der Lombardkredit *(anticipazione bancaria)* dar. Die *anticipazione bancaria* ist nach der Definition des Codice civile die einmalige Gewährung eines Vorschusses gegen die Verpfändung von Waren oder Wertpapieren (Art. 1846 c.c.). Die Bank hat

---

[211] *Staudinger/Wiegand*, § 1206, Rn. 2.

[212] Der Verpfänder seinerseits hat dieses Recht nicht nur bei einer drohenden Substanzverschlechterung, sondern auch bei einer Wertminderung oder sogar auch bei einer günstigen Gelegenheit zum Verkauf. In diesem Fall hat er dem Gläubiger eine andere taugliche Sicherheit zu stellen bzw. den Verkaufserlös zu hinterlegen (Art. 2795 Abs. 3, 4 c.c.).

hierbei nach Art. 1850 c.c. das Recht, eine Ergänzung der Sicherheit immer dann zu verlangen, wenn sich der Wert der verpfändeten Sache um mindestens ein Zehntel verringert. Hierbei kommt es nicht darauf an, ob die Sicherheit der Bank wirklich gefährdet ist; Zweck der Regelung ist vielmehr, das vereinbarte Verhältnis zwischen Warenwert und Vorschuß (sog. *scarto*) konstant zu halten. Kommt der Schuldner einer entsprechenden Ergänzungsaufforderung nicht nach, so ist die Bank zum sofortigen Verkauf nach den Pfandrechtsvorschriften berechtigt.

Im Regelfall ist der Pfandgläubiger jedoch mit Eintritt der Pfandreife nicht sofort berechtigt, die Pfandsache zu verwerten. Vielmehr muß der Pfandgläubiger den Pfandschuldner noch einmal durch den Gerichtsvollzieher zur Zahlung der Schuld auffordern (Art. 2797 Abs.1 c.c.) und ihn darauf hinweisen, daß anderenfalls der Verkauf vorgenommen wird. Widerspricht der Schuldner nicht binnen fünf Tagen, kann der Gläubiger die Sache versteigern lassen (Art. 2797 Abs. 2 c.c.). Die Versteigerung muß durch öffentliche Bekanntmachung angezeigt werden. Die Pflicht zur öffentlichen Bekanntmachung ergibt sich hierbei aus den allgemeinen Verfahrensregeln für öffentliche Versteigerungen[213]. Die Versteigerung selbst muß von einer dazu befugten Amtsperson vorgenommen werden. Nach Art. 2797 Abs.2 c.c. kann das Sicherungsgut jedoch auch im Wege eines freihändigen Verkaufs verwertet werden, wenn die Sache einen Marktpreis hat. Der praktisch bedeutsamste Fall ist hierbei der Verkauf von Wertpapieren. An der Börse notierte Papiere können durch einen Makler verkauft werden. Nichtnotierte Wertpapiere sind an der Börse zu versteigern[214].
Weiterhin erlaubt Art. 2797 Abs. 4 c.c. den Parteien, andere als die gesetzlich vorgegebenen Formen des Verkaufs zu vereinbaren. Hierbei sind die Parteien jedoch an die Einhaltung von gewissen Mindestgarantien für den Pfandschuldner gebunden, deren genaue Grenzen bislang jedoch nicht klar umrissen sind[215]. Als Anhaltspunkt dienen die von der A.B.I. festgelegten Allgemeinen Geschäftsbedingungen (Norme uniforme bancarie, kurz: NUB). Hiernach kann die gerichtliche Zustellung der Anzeige an den Schuldner durch Zusendung einer einfachen schriftlichen Anzeige ersetzt werden. Weiterhin kann die gesetzliche Frist von

[213]Cass. 11.8.1987, Nr. 6894, Giust. civ. 1988, I, 2084, 2086. Diese Pflicht der öffentlichen Bekanntmachung ist im deutschen Recht in § 1237 BGB vorgesehen ebenso wie in Österreich und in den Niederlanden. Einen Überblick über die verschiedenen Verwertungsformen der Mobiliarsicherheiten in der EU gibt *Drobnig*, RabelsZ 60 (1996), 40 ff.
[214]*Drobnig*, RabelsZ 60 (1996), 46.
[215]*Protteti*, Il pegno, 287 ff.

fünf Tagen gem. Art. 2797 Abs.2 c.c. auf einen Tag verkürzt und die Versteigerung durch Verkauf seitens einer ermächtigten Person ersetzt werden[216].
Der Kassationshof hat diese Klauseln nur teilweise gebilligt. So hält er eine Verkürzung der fünftägigen Frist und formlose Anzeige für zulässig. Die Durchführung des Verkaufs bzw. der Versteigerung durch eine dazu befugte Amtsperson scheint der Kassationshof jedoch für unverzichtbar zu halten[217].
Eine Alternative zur Versteigerung hat der italienische Gesetzgeber in Art. 2798 c.c. im Wege einer gerichtlichen Zuweisung vorgesehen. Danach kann der Gläubiger bei Gericht beantragen, daß ihm die Sache bis zum Betrag der Forderung auf der Grundlage einer von einem Sachverständigen durchzuführenden Schätzung oder des gängigen Preises an Zahlungs statt zugewiesen wird. Der Gläubiger kann die Zuweisung auch noch dann beantragen, wenn er bereits Schritte zur Vorbereitung einer Versteigerung eingeleitet hat[218]. Der Nachteil dieser gerichtlichen Zuweisung liegt für den Pfandgläubiger freilich darin, daß er die Pfandsache selbst und auf eigenes Risiko noch verwerten muß[219].

9. Publizität

Im Interesse des Verkehrsschutzes hat der Gesetzgeber für das Pfandrecht strenge Publizitätsvorschriften vorgesehen. Das Recht auf vorzugsweise Befriedigung kann vom Pfandgläubiger nur dann geltend gemacht werden, wenn sich das Pfandrecht aus einem mit "sicherem Datum" (*data certa),* versehenen Schriftstück ergibt[220] und vor der Konkurserklärung entstanden ist (Art. 2787 Abs. 3 c.c.). Dieses Schriftstück muß eine beglaubigte Urkunde sein (Art. 2704 c.c.), die eine ausreichende Bezeichnung der Forderung und der Pfandsache enthält[221].

---

[216] *Molle,* I contratti bancari, S. 914, 917, 921.
[217] Cass. 15.4.1976, Nr. 1333, Banca, borsa, tit. cred. 1976, II, 252, 264.
[218] Cass. 24.6.1963, Nr. 1711, Giust. civ. 1963, I, 2037; *Protettì*, Il pegno nella giurisprudenza, 306 f.
[219] *Drobnig*, RabelsZ 60 (1996), 49.
[220] Dies ergibt sich aus Art. 2787 Abs. 3 c.c.: "Wenn die gesicherte Forderung den Betrag von fünftausend Lire übersteigt, findet die vorzugsweise Befriedigung nur dann statt, wenn sich das Pfandrecht aus einem mit sicherem Datum versehenen Schriftstück ergibt, das eine ausreichende Bezeichnung der Forderung und der Sache enthält."
[221] Ein Datum ist nach Art. 2704 c.c. dann sicher, wenn die Urkunde registriert wurde, der Unterzeichner stirbt oder sonst geschäftsunfähig wird, weiterhin durch Wiedergabe des Urkundeninhalts in einer öffentlichen Urkunde und schließlich ab Eintritt anderer Tatsachen, aus der sich mit gleicher Sicherheit die frühere Errichtung der Urkunde ergibt. Bezüglich der letzten Alternative wird es von der Rechtsprechung als ausreichend erachtet, wenn ein Poststempel auf der Urkunde selbst vorliegt oder dem Dritten die positive Kenntnis des Datums nachgewiesen wird. Vgl. dazu die Nachweise bei *Cian/Trabucchi - Mantovani*, Commenta-

Diese Regelung ist eigentlich die Ausnahme zu Art. 2787 Abs. 2 c.c, wonach als Voraussetzung für die vorzugsweise Befriedigung der Besitz an der Pfandsache ist. Jedoch wurde für die Anwendung von Art. 2787 Abs. 3 c.c. die Überschreitung eines Betrages von fünftausend Lire festgelegt, der wohl in fast allen Fällen erreicht werden dürfte. Absatz 2 hat demnach in der Praxis so gut wie keine Bedeutung. Praktisch bedeutet dies also, daß die Kreditsicherung durch Pfandbestellung der öffentlichen Beglaubigung bedarf.

Eine erhebliche Erleichterung dieser strengen Formvorschrift wird den Banken zugestanden[222]. Zwar muß der Pfandvertrag auch mit den Banken schriftlich geschlossen werden, jedoch ist es nicht erforderlich, daß das Datum eigens beglaubigt wird; es kann vielmehr mit jedem Beweismittel festgestellt werden (Art. 2787 Abs. 4 c.c.). Daraus ergibt sich für die Banken eine erhebliche Beweiserleichterung[223]. In der Praxis unterlassen es nämlich die Banken häufig, den Pfandbrief zu registrieren, der den Beweis der Sicherheitenbestellung darstellt[224]. Weiterhin bringt diese Formerleichterung einen nicht unerheblichen Gebührenwegfall mit sich. Für die Banken wird das Pfandrecht dadurch etwas praktikabler.

IV. Besondere Pfandrechtsformen

1. Das unregelmäßige Pfandrecht (*Il pegno irregolare*)

a) Begriff - Rechtsnatur

Der italienische Gesetzgeber hat in Art. 1851 c.c. ein sog. unregelmäßiges Pfandrecht vorgesehen. Hiernach kann bei Sicherheiten für eine Forderung, für die Geldeinlagen, Waren oder Wertpapiere bestimmt worden sind, die Bank nur den Betrag oder den Teil an Waren oder Wertpapieren zurückgeben, der die Höhe der gesicherten Forderung überschreitet. Dieser Überschuß wird hierbei nach dem Wert der Waren oder der Wertpapiere im Zeitpunkt der Fälligkeit der

---

rio, Art. 2704, Anm. III, 3, 4.

[222]Dies wurde durch die grundlegende Entscheidung des Kassationshofes vom 3.12.1954 klargestellt. Vgl. Banca, borsa, tit. cred. 1955, II, 1.

[223]*Viale*, Le garanzie bancarie, S. 78; Trib. Torino, 2.7.1991, Dir. fall. 1992, II, 806 ff., welches es für das Erfordernis des sicheren Datums hinsichtlich des Pfandrechts zugunsten eines in Konkurs gefallenen Unternehmens als ausreichend betrachtet hat, daß sich das Datum aus der zusammenfassenden Auswertung des Tagesregisters des Kreditinstitutes ergibt, welches mit einer Postbriefmarke versehen ist.

[224]*Ghia*, Dir. fall. 1992, I, 181 ff.; Voraussetzung ist zudem, daß die Dokumente mit den Postmarken versehen und beglaubigt sind *("documentazione bollato e vidimato")*.

Forderung bestimmt. Die Bank ist bei Fälligkeit nur zur Rückgabe des entsprechenden Betrages oder von Wertpapieren oder Waren gleicher Art, dem sog. *tantundem*, verpflichtet.

Der *pegno irregolare*, der nach einhelliger Auffassung nicht nur auf Bankverträge im engeren Sinn Anwendung findet[225], führt nach h.M. zu einem Eigentumsübergang der Pfandgegenstände auf den Gläubiger[226]. Eine ältere Auffassung, wonach beim *pegno irregolare* überhaupt kein Eigentumsübergang stattfindet, ist inzwischen aufgegeben worden[227].

Die Gründe für die Übertragung des Eigentums an den "Pfandsachen" sind hierbei umstritten[228]. Eine ältere Auffassung sieht den Eigentumsübergang als Folge der Vermischung der vertretbaren Sachen durch das Einbringen der Pfandsachen in das Vermögen der Bank[229]. Hiergegen wird jedoch eingewendet, daß durch das Einbringen von vertretbaren Sachen in das Vermögen der Bank nicht notwendigerweise auch das Eigentum durch Vermischung übergehe, da hierfür Voraussetzung ist, daß die Bank bereits einen Bestand gleichartiger Sachen besitze[230].

Die heute h.M. geht hingegen von einem vertraglichen Eigentumsübergang aus, der in der Vereinbarung des *pegno irregolare* enthalten ist. Dem *pegno irregolare* wird somit dingliche Wirkung zuerkannt, die zum Eigentumsübergang führt[231]. Diese Ansicht wirft jedoch die Frage nach der geeigneten *causa* für den Eigentumsübergang auf. Nach allgemeiner Auffassung ist der Sicherungszweck grundsätzlich nicht geeignet, einen Eigentumsübergang herbeizuführen[232]. Jedoch sieht man bei der Vereinbarung des *pegno irregolare* eine Ausnahme dieses Grundsatzes. Begründet wird dies zum einen mit dem Sinn und Zweck der gesetzlichen Regelung des Art. 1851 c.c. und zum anderen mit der Vertretbarkeit

---

[225] *Cantoni*, Informazioni legali 1996, Heft 12, 17.

[226] Im deutschen Recht wird ein unregelmäßiges Pfandrecht nicht ausdrücklich geregelt. Jedoch wird dieser Ausdruck dann verwendet, wenn vertretbare Sachen wie Wertpapiere oder Geld mit der Maßgabe "verpfändet" werden, daß der Gläubiger verpflichtet wird, gleichartige Sachen zurückzugewähren. Dabei handelt es sich jedoch nicht um ein Pfandrecht , sondern um eine Darlehensgewährung. Indiz für das Vorliegen eines solchen sog. unregelmäßigen bzw. irregulären Pfandrechts ist der sofortige Eigentumsübergang der Pfandsachen auf den Pfandgläubiger. Der Pfandnehmer soll hierbei nur verpflichtet werden, gleichartige Sachen zurückzugewähren. Vgl. *Weber*, Kreditsicherheiten, S. 114.

[227] Einen Eigentumsübergang ablehnend: *De Martini*, Giur. it. 1947, I, 325; *Bianca*, Il divieto del patto commissorio, S. 162; *Martorano*, Cauzione e pegno irregolare, Riv. dir. comm. 1960, I, 105.

[228] Vgl. zum Streitstand, *Anelli*, L'alienazione, S. 237 ff.

[229] *Mori*, Appunti sul deposito cauzionale, Foro it. 1939, I, 364; Cass. 14.10.1953, Nr. 3906, Banca, borsa, tit. cred. 1954, II, 292.

[230] So *Dalmartello*, Il pegno irregolare, Banca, borsa, tit. cred. 1950, I, 239.

[231] Vgl. *Realmonte*, Il pegno, S. 646.

[232] So *Pugliatti*, Fiducia, S. 329; vgl. auch *Realmonte*, Il pegno, S. 647.

der Sicherungsgegenstände[233]. Weiterhin werden als *causa* des *pegno irregolare* eine "*causa solvendi*[234]" und eine "*causa credendi*"[235] vertreten.

Im Ergebnis läßt sich festhalten, daß die italienische Lehre sich in der Begründung einer für den Eigentumsübergang geeigneten *causa* nicht einig ist. Jedoch ist man sich im Ergebnis einig, daß ein Eigentumsübergang der vertretbaren Sicherungsgegenstände auf die Bank erfolgt.
Ein hier in Betracht kommender Verstoß gegen das Verbot des Verfallpfandes (Art. 2744 c.c.) durch den Eigentumsübergang wird allgemein abgelehnt. Der in Art. 2744 c.c. ausgedrückte Schutzzweck könne durch den *pegno irregolare* nicht verletzt werden. Der Eigentumsübergang des Sicherungsgegenstandes auf den Gläubiger begründet beim *pegno irregolare* nicht die Gefahr, daß die Bank sich das Eigentum an der ganzen Sache aneignet, die den Wert der Forderung übersteigt. Das verhindert die Regelung des Art. 1851 selbst, wonach die Bank bei Nichterfüllung verpflichtet wird, Sachen der gleichen Gattung an den Schuldner in dem Wert zurückzugeben, der die Forderung übersteigt. Das Gesetz regelt hier also selbst die Ausgleichsfunktion und verhindert so gleichzeitig die Gefahr einer unangemessenen Benachteiligung des Schuldners[236].

b) Abgrenzung zum sog. "*pegno regolare*"

Die Abgrenzung des *pegno irregolare* i. S. des Art. 1851 c.c. zum "gewöhnlichen" Pfandrecht i. S. des Art. 2784 c.c., das in diesem Zusammenhang als "*pegno regolare*" bezeichnet wird, ist von rechtlich erheblicher Bedeutung. In Rechtsprechung und Lehre sind die Grenzen zwischen den zwei verschiedenen Instituten noch nicht klar definiert. Diese Unterscheidung spielt in der Praxis oftmals eine bemerkenswerte Rolle, da der Gesetzgeber und die Rechtsprechung an die beiden verschiedenen Pfandrechtstypen unterschiedliche rechtliche Konsequenzen und Wirksamkeitsvoraussetzungen geknüpft haben. Das maßgebliche Unterscheidungskriterium ist hierbei die Einordnung der Pfandgegenstände als vertretbare (*cose fungibili*) oder nicht vertretbare Sachen (*cose infungibili*). Handelt es sich um *cose fungibili*, wird ein *pegno irregolare* i. S. des Art. 1851

[233]So die wohl h.M.; vgl. *Realmonte*, Il pegno, S. 649; *Martorano*, Riv. dir. comm. 1960, I, 127; *Anelli*, L'alienazione, S. 255.
[234]*Torrente*, Pegno irregolare ed interessi, Giur. cass. civ. 1944, 1944, 242; *Dalmartello*, Banca, borsa, tit. cred. 1954, II, 336.
[235]*Simonetto*, I contratti di credito, S. 410; *Bianca*, Il divieto di patto commissorio, S. 163.
[236]*Anelli*, L'alienazione, S. 268.

c.c. angenommen, bei *cose infungibili* hingegen ein *pegno regolare* i. S. des Art. 2784 c.c[237].

Hierbei hat die Rechtsprechung zunächst die Natur der Pfandsachen als Abgrenzungskriterium herangezogen, wobei sie eine Art Qualifikationsautomatismus durch Heranziehen von Mindestvoraussetzungen entwickelt hat. Die Rechtsprechung sieht die Pfandgegenstände dann als nicht vertretbare Sachen und somit als Pfandgegenstände, die nicht nach Art. 1851 c.c. gesichert werden können, an, wenn der Pfandvertrag folgende Angaben enthält: das ausstellende Kreditinstitut, die Typologie der Wertpapiere, die Identifikationsnummer und den Betrag eines jeden einzelnen Wertpapieres[238]. Gegen diesen starren und unflexiblen Abgrenzungsmechanismus hat sich die inzwischen herrschende Meinung in der Literatur ausgesprochen[239], der auch die neuere Rechtsprechung gefolgt ist[240]. Hiernach wird nicht mehr allein auf die mehr oder weniger genaue und individualisierende Angabe des Pfandgegenstandes abgestellt, sondern vielmehr wird der Parteiwille, der durch Auslegung zu ermitteln ist, als zusätzliches Abgrenzungskriterium herangezogen. Bei der Auslegung des Parteiwillens sind insbesondere der Wille des Schuldners und auch außerhalb des Pfandvertrages liegende Umstände zu berücksichtigen[241].

c) Verwertung der Pfandsache

Ein wesentlicher Unterschied des *pegno irregolare* zum gewöhnlichen *pegno regolare* i. S. des Art. 2784 c.c. ist die Verwertung der Pfandsache. Die Verwertung des Sicherungsgutes erfolgt beim *pegno irregolare* nicht durch Verkauf der Pfandsache (Artt. 2796 f. c.c.), sondern durch Aufrechnung. Die Bank kann hier ihre gesicherte Forderung mit der eigenen Verpflichtung, die Pfandsache oder ihren Wert zurückzugeben, aufrechnen[242].

---

[237] *Cian/Trabucchi-Pavarin*, Commentario, Art. 2784, III.

[238] *Chinè*, Giur. it. 1994, I, 2, 1077; Trib. Torino, 3.2.1993, Giur. it, I, 2, 719.

[239] Vgl. *Gabrielli*, Il pegno "anomalo", S. 40 ff.; *Colombo*, Problemi risolti ed irrisolti nella giurisprudenza sul pegno, Banche e Banchieri 1989, 103 ff.; *Chinè*, Giur. it. 1994 II, 1, 1078.

[240] Trib. Parma, 6.6.1990, Banca, borsa, tit. cred. 1992, II, 244; Trib. Torino, 22.7.1992, Banca, borsa, tit. cred. 1993, II, 337; Trib. Milano, 8.2.1993, Giur. it. 1994, I, 2, 1076.

[241] In diesem Sinne bereits Trib. Torino, 22.7.1992, Banca, borsa, tit. cred. 1993, II, 337; Trib. Torino 18.11.1992, Banca, borsa, tit. cred. 1993, II, 644.

[242] Cass. 16.1.1988, Nr. 301, Banca, borsa, tit. cred. 1989, II, 298; Trib. Milano, 8.2.1993, Giust. it. 1994, I, 2, 1083. Diesbezüglich besteht in der Lehre Streit, ob es sich hierbei um eine gesetzliche oder eine vertragliche Aufrechnung handelt. Eine Ansicht sieht hier eine gesetzliche Aufrechnung, da bei der Verwertung im Falle eines *pegno irregolare* die Aufrechnung akzessorisch an das Pfandrecht angeknüpft sei und somit automatisch bei Fälligkeit der Forderung eine Aufrechnungslage gegeben sei (*Realmonte*, Il pegno, S. 646; *Bianca*, Il divieto del patto commissorio, 163; *Simonetto*, I contratti di credito, 410). Eine andere Ansicht stellt

d) Das *pegno irregolare* im Konkurs

Die Unterscheidung *pegno regolare / irregolare* ist auch im Konkurs des Pfandschuldners von Bedeutung. Hier können sich verschiedene Fallkonstellationen ergeben: Fällt der Pfandschuldner nach Fälligkeit und Nichterfüllung seiner Zahlungsverpflichtung gegenüber dem Pfandgläubiger in Konkurs, so kann sich der Gläubiger auf die oben dargelegte Weise im Wege der Aufrechnung befriedigen. Hier kann die Konkurseröffnung die Rechtstellung des Pfandgläubigers nicht mehr beeinträchtigen. Jedoch muß das Pfandrecht in diesem Fall mehr als zwei Jahre vor Konkurseröffnung eingeräumt worden sein, da das Pfandrecht ansonsten gem. Art. 67 Abs. 3 l. fall. anfechtbar ist[243].

Komplizierter ist die rechtliche Würdigung, wenn die Konkurseröffnung vor Fälligkeit der dem Pfandrecht zugrundeliegenden Hauptverpflichtung eintritt. Hier stehen sich nun die Interessen der *par conditio creditorum* und der besonderen vorzugsweisen Befriedigungsmöglichkeit des Pfandgläubigers durch Aufrechnung i. S. des Art. 1851 c.c. gegenüber. Jedoch wird hier das *pegno irregolare* im Ergebnis wie ein Pfandrecht gem. Art. 2784 c.c. behandelt. Hiernach kann der Pfandrechtsgläubiger des *pegno irregolare* gem. Art. 53 l. fall. auch nach Eröffnung des Konkursverfahrens seine Forderung realisieren. Nach herrschender Meinung muß der Pfandrechtsgläubiger jedoch seine Forderung, wie es Art. 52 Abs. 2 l. fall. auch für die bevorzugten Gläubiger vorsieht, beim Konkursverwalter feststellen lassen. Er hat ebenfalls den beauftragten Richter gem. Art. 53 Abs. 2 l. fall. aufzusuchen, der nach Anhörung des Konkursverwalters und des Gläubigerausschusses den Zeitpunkt und die Modalitäten der Verwertung bestimmt, um zur Verwertung ermächtigt zu werden[244]. Verwertet der Pfandgläubiger eigenmächtig die Sicherungsgegenstände nach Konkurseröffnung, ohne seine Forderung feststellen zu lassen (Art. 53 Abs. 1 l.fall.), so verliert er nicht nur seine bevorzugte Stellung, sondern ist zudem auch noch verpflichtet, den Erlös der Verwertung an den Konkursverwalter abzuführen[245]. Die herrschende Meinung

---

bei der Abgrenzung gesetzliche/vertragliche Aufrechnung auf die Art der Pfandrechtsgegenstände ab. Im Falle einer Gleichartigkeit der sich gegenüberstehenden Forderungen handele es sich um eine gesetzliche Aufrechnung, und im Falle einer Ungleichheit um eine vertragliche i. S. des Art. 1252 c.c., wonach die Parteien auch mit nicht gleichartigen Forderungen aufrechnen können. (*Foschini*, La compensazione nel fallimento, 177; *Vittoria*, voce "Pegno: II", S. 2.) Die Rechtsprechung hat sich der ersten Ansicht angeschlossen. Vgl. etwa App. Milano, 17.5.1985, Banca, borsa, tit. cred. 1987, II, 32; App. Milano, 16.10.1981, Fallimento 1982, 1812.

[243]Vgl. Trib. Milano, 18.10.1984, Fallimento 1985, 748.

[244]Cass. 2.2.1989, Nr. 651, Giust. civ. 1989, I, 1366.

[245]Cass. 2.2.1989, Nr. 651, Giust. civ. 1989, I, 1368; Cass. 27.3.1979, Nr. 1748, Giust. civ. 1979, I, 1748.

begründet die diesbezügliche Gleichstellung des *pegno irregolare* mit dem *pegno regolare* hauptsächlich damit, daß hier der Gläubiger des *pegno irregolare*, der ebenso wie der Gläubiger des *pegno regolare* mit einem Vorzugsrecht ausgestattet ist, nicht gegenüber diesem schlechtergestellt werden könne. Eine diesbezügliche Schlechterstellung würde zu dem befremdlichen und kaum vertretbaren Ergebnis führen, daß der Gläubiger des *pegno irregolare*, der das Eigentum an den Pfandgegenständen erlangt, im Konkurs als Eigentümer gegenüber den "nur" mit einem Vorzugsrecht oder gewöhnlichen Pfandrecht privilegierten Gläubigern benachteiligt würde[246].

2. Vertragliche Erweiterungsformen

a) Einführung

In der Literatur und auch zunehmend in der Rechtsprechung hat der Begriff des *pegno rotativo* im Zusammenhang mit den verschiedenen vertraglichen , die durch die Allgemeinen Geschäftsbedingungen der Banken festgelegt werden, und den gesetzgeberischen Eingriffen, mit denen der Besitz der Sicherungsgegenstände dem Pfandschuldner belassen wird, Eingang gefunden. Der Begriff des *pegno rotativo* wird hierbei nicht einheitlich verwendet. Teilweise werden darunter nur die vertraglichen Erweiterungsformen des Pfandrechts, teilweise auch die gesetzlichen besitzlosen Pfandrechte verstanden.
Bei den vertraglichen Erweiterungsformen spricht man vom *pegno rotativo*, wenn sich durch Parteivereinbarung oder durch eine in den Allgemeinen Geschäftsbedingungen der Banken enthaltene Verlängerungsklausel das Pfandrecht auf Rechte und Sachen des Kunden erstreckt, die erst künftig in den Besitz oder die Verfügungsbefugnis der Bank gelangen werden, ohne daß dabei eine neue Pfandabrede getroffen wird und ohne daß dabei die Publizitätserfordernisse i.S. des Art. 2787 Abs. 3 c.c. beachtet werden.

Von einem *pegno rotativo* spricht man weiterhin in den Fällen, in denen der Gesetzgeber ein Pfandrecht für sich im Verarbeitungsprozeß befindende Güter normiert hat (vgl. das sog. "Schinkenpfandrecht" - *pegno sui prosciutti a denominazione d'origine tutelata*-), oder in denen, wie im Gesetz über die zentralisierte Verwaltung von Wertpapieren durch die Monte titoli S.p.A. (*legge sull'amministrazione accentrata di valori mobiliari attraverso la Monte titoli S.p.a.*), der Gesetzgeber ein sich automatisch verlängerndes Pfandrecht für die

---

[246] *Vittoria*, voce "Pegno", S. 7; *Chinè*, Giur. it. 1994, I, 2, 1080.

von diesem Sammelverwahrer verwalteten Wertpapiere vorgesehen hat. Ein ähnlich ausgestaltetes Pfandrecht wurde in Art. 4 des Gesetzes über die zentralisierte Verwaltung von Staatsanleihen bei der Banca d'Italia (*disposizioni sulla gestione centralizzata su titoli di stato*) festgelegt. Im Ergebnis wird der Begriff des *pegno rotativo* also für vertragliche und gesetzliche Erweiterungsformen des Pfandrechts verwendet. Diese verschiedenen Formen des *pegno rotativo* sollen hier folgend näher dargestellt werden[247].

b) *pegno omnibus*

aa) Einführung

In der Bankpraxis wird der sog. *pegno omnibus* häufig als Sicherungsmittel eingesetzt. Wie bei der Bürgschaft haben die Kreditinstitute bei dem Bankpfandrecht die Vertragsbedingungen in Allgemeinen Geschäftsbedingungen geregelt, die durch die Associazione Bancaria Italiana (A.B.I.)[248] festgelegt werden. Der Begriff des *pegno omnibus* hat sich in Italien in Anlehnung an die schon vorher in den Allgemeinen Geschäftsbedingungen der Banken verbreitete *fideiussione omnibus*, die Bürgschaft mit Globalschutzerklärung, eingebürgert. Der dabei benutzte Begriff "*omnibus*" soll zum Ausdruck bringen, daß sich die Sicherheit auf alle Schulden, also "*omnibus debitis*" bezieht[249]. Dem Wortlaut nach bezieht sich der Begriff *pegno omnibus* somit lediglich auf eine Klausel, die das Sicherungsrecht auf alle Verbindlichkeiten zwischen der Bank und dem Schuldner erweitert, jedoch wird der Begriff auch für Erweiterungsformen des Pfandrechts, wonach sich das Pfandrecht auf alle in den Besitz der Bank kommenden Gegenstände erstreckt, verwendet. Von dem gewöhnlichen, im Codice civile geregelten Pfandrecht, dem sog. *pegno regolare*, unterscheidet sich der *pegno omnibus* durch eine

---

[247] Vgl. hierzu die umfassende Arbeit von *Piscitello*, Le garanzie bancarie flottanti und jüngst den Aufsatz von *Lovisatti* in Banca, borsa, tit.cred. 2002, I, 695 ff.

[248] Bei der Associazione Bancaria Italiana (A.B.I.) handelt es sich um eine Vereinigung, in der sich nahezu alle italienischen Kreditinstitute zusammengeschlossen haben. Aufgabe dieser Vereinigung ist die Interessenvertretung ihrer Mitglieder und deren Unterstützung in Fragen von grundsätzlicher Bedeutung. Die A.B.I. arbeitet in Ausübung der Interessenvertretung der angeschlossenen Banken Musterverträge aus, die den einzelnen Banken dann durch Rundschreiben ("*circolare*") zugehen und für diese durch ihren Mitgliedsstatus bindend sind. Bei der A.B.I. handelt es sich um eine rein privatrechtliche Institution, der keine hoheitlichen Kompetenzen zustehen. Da sich jedoch die Musterverträge mit den darin enthaltenen Vertragsklauseln in Italien inzwischen flächendeckend durchgesetzt haben, hat sich für sie die Bezeichnung "*Norme Uniformi Bancarie*" (Einheitliche Bankvorschriften) etabliert. Vgl. hierzu *Walter*, Kreditbürgschaft, S. 25.

[249] Bezüglich der Bürgschaft "*fideussione omnibus*", vgl. *Ravazzoni*, Fideiussione generale, S. 258.

Klausel, die von den Banken in ihren Allgemeinen Geschäftsbedingungen bei verschiedenen Vertragstypen verwendet wird und auch in Satzungen (*statuti*) zahleicher Kreditinstitute enthalten ist[250].
Durch diese Klausel erstreckt sich die Sicherheit auf alle gegenwärtigen und künftigen Forderungen der Bank gegen den Pfandschuldner, auch wenn sie nicht fällig oder einziehbar sind oder bereits mit einer anderen Real- oder Personalsicherheit zugunsten der Bank belastet sind oder belastet werden sollen[251]. Es handelt sich dabei also um eine vertragliche Erweiterungsform des Pfandrechts.

---

[250]Die Allgemeinen Geschäftsbedingungen der A.B.I. (Circolare A.B.I. 2 aprile 1990 sui contratti bancari tipo) sind bei *Viale*, Le garanzie bancarie, S. 80 ff. abgedruckt. Weiterhin ist der *pegno omnibus* in den allgemeinen Geschäftsbedingungen vieler verschiedener Bankgeschäfte enthalten. Wie etwa in Art. 13 der AGB für Krediteröffnungen, die durch Waren gesichert sind (Norme bancarie uniformi sull'apertura di credito garantita da merci). Eine weitere Klausel, auf die hier näher eingegangen werden soll, enthält das *pegno omnibus* in Art. 5 der "norme che regolano i conti correnti di corrispondenza e servizi connessi. Abgedruckt bei *Molle*, I contratti bancari, S. 911 ff. In den Satzungen der Banco di Sicilia befindet sich etwa in Art. 43 Abs. 3, in der Satzung der Banca Nazionale del Lavoro in Art. 8 Abs. 2 ein *pegno omnibus*. Vgl. dazu auch *Walter*, Kreditbürgschaft, S. 70.

[251]Siehe hierzu Art. 3 des Rundschreibens des A.B.I. vom 2. April 1990 über die Bankvertragstypen (*contratti bancari-tipo*). Diese Klausel soll folgend als *clausola omnibus* bezeichnet werden. Art. 3 lautet wie folgt:
-Estensione della garanzia ad altri crediti -
"Il pegno si intende altresí costituito a garanzia di ogni altro credito - anche se non liquido ed esigibile ed anche se assistito da altra garanzia, reale o personale - già in essere o che dovesse sorgere a favore dell'azienda di credito verso il debitore, rappresentando da saldo passivo di conto corrente e/o dipendente da qualunque operazione bancaria, quale ad esempio: finanziamenti sotto qualsiasi forma concessi, aperture di credito, aperture di crediti documentari, anticipazioni su titoli o merci, anticipi su crediti, sconto o negoziazione di titoli o documenti, rilascio di garanzie a terzi, depositi cauzionali, riporti, compravendita titoli e cambi, operazioni di intermediazione o prestazioni di servizi". Die Übersetzung dieser Vorschrift lautet wie folgt:
Das Pfandrecht erstreckt sich zudem auf alle übrigen Forderungen, auch wenn diese nicht einziehbar oder fällig sind, oder auch mit einer anderen Real- oder Personalsicherheit belastet sind, die bereits bestehen oder künftig zu Gunsten der Kreditanstalt gegenüber dem Schuldner aus dem Passivsaldo des Kontokorrentes und/oder aus irgendeinem sonstigen Bankgeschäft entstehen sollten, insbesondere: jegliche Form von Finanzierungen, Krediteröffnungen, Eröffnungen von Dokumentenakkreditiven, Effekten- oder Warenkredit, Akkreditivbevorschussung, Gewährung von Diskont oder Handel mit Wertpapieren oder Dokumenten, Garantieerklärungen gegenüber Dritten, Kautionen, Kostgeschäfte, Verkauf von Wertpapieren und Devisen, Vermittlungsgeschäfte und Dienstleistungen.

Eine weitere Klausel[252], die in den Allgemeinen Geschäftsbedingungen der A.B.I. (*Norme Bancarie Uniformi)* enthalten ist, sieht zusätzlich vor, daß sich das Pfandrecht und das Zurückbehaltungsrecht auf alle Forderungen und Vermögensgegenstände des Kontokorrentinhabers erstreckt, welche sich bereits im Besitz der Bank befinden oder nachträglich in den Besitz der Bank gelangen werden[253]. Diese Verlängerungsklausel wird in Rechtsprechung und Literatur teilweise auch als *patto di rotatività* bezeichnet. Durch diesen Begriff "*patto di rotatività*" soll die vertragliche Verlängerungsmöglichkeit des dinglichen Sicherungsrechtes auf einen wechselnden Sicherungsbestand zum Ausdruck gebracht werden.
In der Literatur wird diese Klausel, die in den Kontokorrentverträgen der meisten Banken zusammen mit der erstgenannten Erweiterungsklausel verwendet wird, ebenfalls als *clausola omnibus* bezeichnet, so daß oftmals terminologisch nicht zwischen den beiden Klauselformen differenziert wird. Bei diesen beiden Klauseln handelt es sich somit um Risikoerweiterungsklauseln, die in der deutschen Terminologie als "Globalzweckerklärung" Eingang gefunden haben[254].

Ähnliche Klauseln wie die *clausola omnibus* enthalten die Allgemeinen Geschäftsbedingungen der Banken (Banken - AGB) in Deutschland. In der seit 1.1.1993 geltenden Neufassung der Banken - AGB erstreckt sich das Pfandrecht gem. deren Nr. 14 Abs.1 S. 1 auf Wertpapiere und Sachen, an denen eine inländische Geschäftsstelle im bankmäßigen Geschäftsverkehr Besitz erlangt hat oder noch erlangen wird. Nr. 14 Abs.1 S. 2 Banken - AGB erstreckt das Pfandrecht auch auf Ansprüche, die dem Kunden gegen die Bank aus der geschäftsmäßigen Bankverbindung zustehen oder künftig zustehen werden.

---

[252]Folgend: *patto di rotatività.* Geregelt in Art. 5 der "*norme che regolano i conti correnti di corrispondenza e servizi connessi*"; Abs.1 dieser Klausel lautet wie folgt: "*L'azienda di credito, in garanzia di qualunque suo credito verso il correntista, presente o futuro, anche se non liquido ed esigibile ed anche se cambiario, è investita di diritto di pegno e di diritto di ritenzione su tutti i titoli o valori di pertinenza dell' correntista che siano comunque e per qualsiasi ragione detenuti dall' Azienda di credito o pervengano ad essa successivamente*". Übersetzt lautet die Vorschrift wie folgt:
Das Kreditinstitut hat bezüglich der Sicherung von jeglicher gegenwärtigen und künftigen Forderung gegenüber dem Kontokorrentinhaber, auch wenn diese nicht liquide und einziehbar ist, auch wenn sie aus einem Wechsel resultiert, ein Pfand- und Zurückbehaltungsrecht bezüglich aller Wertpapiere und Wertgegenstände des Kontokorrentinhabers, die irgendwie und auf irgendeine Weise von dem Kreditinstitut gehalten werden oder zukünftig in deren Machtbereich gelangen.

[253]*Viale*, Le garanzie bancarie, S. 71.

[254]Vgl. zu den Begriffen der deutschen Rechtsordnung im Bereich der Bürgschaft mit Globalzweckerklärung *Walter*, Kreditbürgschaft, S. 21 f.

Nr. 14 Abs. 2 Banken - AGB geht noch weiter, indem sie das Pfandrecht auch zur Sicherung aller bestehenden, künftigen und bedingten Ansprüche dienen läßt, die der Bank mit ihren sämtlichen in- und ausländischen Geschäftsstellen aus der bankmäßigen Geschäftsverbindung zustehen. Weiterhin sichert das Pfandrecht die aus der Haftungsübernahme des Kunden für einen anderen Kunden übernommene Schuld (etwa aus Bürgschaft), jedoch erst bei deren Fälligkeit[255]. Die Neufassung des Pfandrechts der Banken durch Nr.14 ersetzt die alte, in Nr. 19 Abs. 2 Banken - AGB enthaltene Fassung, wonach noch die *irgendwie* in den Besitz oder die Verfügungsgewalt der Bank gelangten oder noch gelangenden Wertgegenstände jeder Art als Pfand dienen sollten. Diese Fassung ging der Rechtsprechung zu weit. Zunächst wurde das Wort "irgendwie" aus der Klausel genommen, bis dann die weiterhin abgeschwächte Form der Neufassung vom 1.1.1993 (Nr. 14) in Kraft getreten ist. Eine Abschwächung insoweit, als nach Abs. 3 dieser Regelung das Pfandrecht sich nicht auf Gelder oder andere Werte, die "mit der Maßgabe in die Verfügungsgewalt gelangen, daß sie nur für einen bestimmten Zweck verwendet werden dürfen", erstreckt. Dadurch kann sich das Pfandrecht nicht mehr auf zweckbestimmte Einzahlungen des Kunden erstrecken, wenn der Kunde hierbei ausdrücklich klarmacht, daß das eingezahlte Geld für einen bestimmten Zweck, wie etwa zur Einlösung eines bestimmten Wechsels, verwendet werden soll[256]. Solche Einschränkungen enthalten die Klauseln der A.B.I. nicht. Danach werden alle irgendwie in den Besitz der Bank gelangenden Forderungen und Sachen vom Pfandrecht ergriffen. Die Formulierung der Klauseln läßt diesbezüglich keinen Zweifel. Art. 3 der ABI - Klausel - *clausola omnibus* (1) - spricht von Forderungen, die durch irgendein Bankgeschäft in den Besitz der Bank gelangt sind - "*...dipendente da qualunque operazione bancaria...*" -. Auch die *clausola omnibus (2),* bzw. *patto di rotatività* (Art. 5 der NUB) spricht vom Pfandrecht an allen Sachen, die irgendwie, gleichgültig zu welchem Zweck, in die Verfügungsgewalt der Bank gelangt sind - "*...titoli o valori...che siano comunque e per qualsiasi ragione detenuti dall'azienda di credito...*"-. Im italienischen Recht kam diesbezüglich noch keine Kritik auf, die in Richtung Übersicherung abzielt, zumal die Allgemeinen Geschäftsbedingungen der A.B.I. weder eine Freigabeklausel noch eine Deckungsgrenze vorsehen und zudem auch keine Ausnahmenregelung der Pfandrechtserstreckung - im Gegensatz zu den deutschen Banken - AGB - enthalten[257]. Praktisch stellte sich dieses Problem

[255]Die Neufassung der Banken - AGB vom 1.1.1993 sind in WM 1993, 711 ff. abgedruckt.

[256]*Merkel*, WM 1993, 731.

[257]In den Banken - AGB n.F. geregelt in Nr. 16 Abs. 2, wonach für den Fall, in dem der realisierbare Wert aller Sicherheiten die Deckungsgrenze nicht nur vorübergehend übersteigt, die Bank auf Verlangen des Kunden Sicherheiten in Höhe des die Deckungsgrenze übersteigenden Betrages freizugeben hat. Vgl. hierzu *Graf von Westphalen*, WM 1984, 12,

zumindest der Rechtsprechung noch nicht, da diese in Übereinstimmung mit der herrschenden Lehre den Bankpfandklauseln keine Drittwirksamkeit gewährt und somit eine eventuelle Übersicherungssituation nicht entstehen kann. Die Reichweite der Wirksamkeit der Pfandrechtsklauseln der A.B.I. ist in der italienischen Rechtsprechung und Literatur jedoch umstritten. Zunächst soll hier die Wirksamkeit der erstgenannten Erweiterungsklausel - *clausola omnibus* - untersucht werden.

bb) Wirksamkeit der Erweiterungsform *(clausola omnibus)* - hinreichende Bestimmtheit des Sicherungsgutes

Zweifel an der Zulässigkeit dieser Klausel ergeben sich im Hinblick auf den Bestimmtheitsgrundsatz. Im deutschen Sachenrecht reicht die bloße Bestimmbarkeit des Sicherungsgutes nicht aus. Vielmehr muß für jeden Dritten aus dem Übereignungsgeschäft erkennbar sein, welche konkreten Sachen oder Rechte übertragen werden sollen[258]. Dieser Bestimmtheitsgrundsatz gilt im deutschen Sachenrecht uneingeschränkt für alle Verfügungsgeschäfte[259]. Im italienischen Recht kommt der Bestimmtheitsgrundsatz in verschiedenen Vorschriften zum Ausdruck. Die wichtigste Vorschrift ist hierbei Art. 1346 c.c., wonach der Gegenstand des Vertrages unter anderem bestimmt oder bestimmbar sein muß. Ein Verstoß hiergegen bringt die Nichtigkeit des Vertrages mit sich (Art. 1418 Abs. 2 c.c.). Bezüglich des Pfandrechtes kommt der Bestimmtheitsgrundsatz auch in Art. 2787 Abs.3 c.c. zur Geltung, wonach der Pfandgegenstand eine hinreichende Bezeichnung ("*sufficiente indicazione*") erfahren muß.

Es besteht in der italienischen Rechtsprechung und Literatur weitgehend Einigkeit, daß die *clausola omnibus*, die lediglich Angaben über die Parteien und ihre gegenseitigen Beziehungen enthält mit einem unbestimmten Verweis auf alle bestehenden und zukünftigen Forderungen, ein objektiver Beziehungspunkt fehlt[260], der dazu geeignet wäre, eine ausreichende Bestimmtheit der Forderung zu begründen[261]. Hier steht die italienische h.M. im Gegensatz zur deutschen Recht-

der noch zu den Banken - AGB a.F. (Nr.19) Stellung nimmt.

[258] *Wilhelm*, Sachenrecht, Rn.403.

[259] Dieser Bestimmheitsgrundsatz bei Verfügungsgeschäften darf jedoch nicht mit dem Bestimmheitsgrundsatz verwechselt werden, der für die zu sichernde Forderung gilt. Das Bestimmheitserfordernis hinsichtlich der zu sichernden Forderung ergibt sich aus dem Akzessorietätsgedanken. Vgl. dazu *Staudinger/Wiegand*, Vorbem. zu 1204 ff., Rn. 22.

[260] *Viale*, Le garanzie bancarie, S. 72.

[261] Trib. Torino, 2.7.1991, Dir fall. 1992, II, 806 ff., mit Anmerkung *Canale*; Trib. Torino, 10.7.1990, Fallimento 1991, 497 ff., ebenso in Rass. dir. civ. 1992, 407 ff., mit Anmerkung *Gabrielli;* Trib. Udine, 25.2.1989, Dir. fall. 1989, II, 916 ff.; App. Torino, 11.12.1987, Giur. it., I, 1988, 488 ff., mit Anmerkung *Perassi;* Trib. Torino, 18.12.1986, Fallimento

sprechung, die eine ausreichende Bestimmbarkeit sowohl des Pfandgegenstandes, als auch der zu sichernden Forderung als gegeben erachtet, wenn lediglich die Beteiligten, zwischen denen eine Verpfändung von zukünftigen Forderungen in Betracht kommt, von Anfang an feststehen[262].

Ein weiteres Hindernis für die Drittwirksamkeit der *clausola omnibus* ist deren nicht ausreichende Bezeichnung (*sufficiente indicazione*) der Forderung i.S. des Art. 2787 Abs. 3 c.c. In der italienischen Rechtsprechung und Lehre ist man sich zwar weitgehend einig, daß die nicht ausreichende Bezeichnung der Forderung keine vorzugsweise Befriedigung begründen kann, jedoch sind die rechtlichen Konsequenzen der mangelnden Bestimmtheit bzw. Bestimmbarkeit und der fehlenden ausreichenden Bezeichnung der Forderung i. S. des Art. 2787 Abs. 3 c.c. der *clausola omnibus* umstritten. Es lassen sich diesbezüglich zwei Auffassungen unterscheiden. Die eine, die von der Nichtigkeit der Klausel ausgeht, und die andere, die der Klausel eine Wirkung *inter partes* zukommen läßt.

Ein Teil der Literatur und teilweise die ältere Rechtsprechung kommt zur kompletten Nichtigkeit der Klausel[263]. Sie gesteht der *clausola omnibus* somit auch keine Wirkung *inter partes* zu. Die mangelnde Bestimmbarkeit der zu sichernden Forderung verstoße gegen die Vorschrift des Art. 1346 c.c., wonach ein Vertrag zumindest bestimmbar sein muß. Dies sei bei der *clausola omnibus* nicht der Fall, da es an jeglichen objektiven Kriterien fehle, insbesondere hinsichtlich des Inhaltes der Kreditbeziehung zwischen dem Pfandschuldner und der Bank, die dazu geeignet wären, die zu sichernden Forderungen ausreichend zu bestimmen. Diese Auffassung kommt über die Anwendung des Art. 1418 c.c., wonach Verträge, die nicht dem Bestimmtheitserfordernis des Art. 1346 c.c. entsprechen, nichtig sind, zur Nichtigkeit des Pfandvertrages. Teilweise wird nur eine Teil-

---

1987, 874, mit Anmerkung *Russo*; App. Milano, 31.1.1986, Banca, borsa, tit. cred. 1987, II, 439 ff.: In den angegebenen Entscheidungen gehen die Richter vor allem auf den Vergleich mit der Bürgschaft ein und legen dar, daß die Begründungen für den Verzicht bei der Bankbürschaft (*fideiussione omnibus*) nicht auf das Pfandrecht anwendbar sind und begründen dies mit den in Art. 2782 III festgelegten Grundsätzen, die eine Analogie zu Art. 1346 c.c. nicht zulassen.

[262] Vgl. BGH, WM 1981, 162.

[263] *Perassi*, Giur. it. 1988, I, 492; *Gorla*, Del pegno, S. 24; *Stolfi*, Econ. e credito 1994, 226; *Rubino*, La responsabilità patrimoniale, S. 190; *Porzio*, L'antizipazione bancaria, S. 145; *Colombo*, Banca, borsa, tit. cred. 1982, I, 187. In der Rechtsprechung kam man, nachdem man in den 70er Jahren noch von der lediglichen Unwirksamkeit der Klausel sprach (vgl. Cass. 16.9.1972, Giur. it. 1972, I, 1758; App. Torino, 12.4.1974, Banca, borsa, tit. cred. 1974, II, 482), in den 80er Jahren dazu, deren Nichtigkeit *(nullità)* zu bescheinigen (vgl. Trib. Torino, 18.12.1986, Fallimento 1987, 874; App. Milano, 31.1.1986, Banca, borsa, tit. cred. 1987, II, 439).

nichtigkeit bezüglich der nicht in der Pfandabrede individualisierten Forderungen angenommen[264].

Die Nichtigkeit der *clausola omnibus* wird zudem damit begründet, daß diese Klausel der strengen Akzessorietät des Pfandrechts zu der von ihr gesicherten Forderung widerspricht[265]. Das Pfandrecht ergebe keinen Sinn, wenn es nicht eine bestehende Forderung sichern kann. Der Gesetzgeber habe für das Pfandrecht keine Ausnahme des Akzessorietätscharakters, wie in Art. 2852 c.c.[266] für die Hypothek, vorgesehen[267].

Die jüngere Rechtsprechung und die überwiegende Ansicht in der Literatur unterscheidet hingegen zwischen der Wirkung *inter partes* und *erga omnes* der *clausola omnibus*. Hierbei wird davon ausgegangen, daß die Unbestimmtheit der Forderung sich nur auf das Verhältnis *erga omnes* auswirkt[268]. Die *clausola omnibus* steht nach dieser Auffassung im Widerspruch zu der von Art. 2787 Abs. 3 c.c. geforderten genauen Angabe der zu sichernden Forderung. Das Ziel des Art. 2787 Abs. 3 c.c. sei es, den Umfang der Pfandrechtsbindung für außenstehende Gläubiger transparent zu machen. Nach dieser Auffassung bestehe die *ratio* des Art. 2787 c.c. vor allem darin, weitere Gläubiger des Pfandschuldners zu schützen. Jedoch spreche nichts dagegen, der *clausola omnibus* zwischen den Vertragsparteien Wirksamkeit zukommen zu lassen, da ein Verstoß gegen Art. 2786 Abs. 3 c.c. nur die Geltendmachung der vorzugsweisen Befriedigung zur Folge habe und keine Entstehungsvoraussetzung des Pfandrechts sei[269].

Eine vorzugsweise Befriedigung komme grundsätzlich erst in dem Moment in Betracht, in dem die Forderung der Bank gegen den Kunden zur Entstehung gelangt und schriftlich in den Pfandvertrag aufgenommen und schließlich mit sicherem Datum versehen wird[270]. Ob die Forderung zumindest für eine Wirkung *inter partes* ausreichend bestimmbar angegeben ist, hängt von dem konkreten Einzelfall ab. Die Rechtsprechung läßt hierbei grundsätzlich zu, daß eine i.S. des Art. 2786 Abs. 3 c.c. ausreichend genau individualisierte Forderung auch unter Zuhil-

---

[264] *Bozza - Schiavon*, L'accertamento dei crediti nel fallimento e le cause di prelazione, S. 674 ff.

[265] *Colombo*, Banca, borsa, tit. cred. 1982, I, 199.

[266] Gem. Art. 2852 S. 2 c.c. kann die Hypothek auch zur Sicherung zukünftige Forderungen bestellt werden, wenn diese sich aus einem bereits bestehenden Rechtsverhältnis ergeben.

[267] *Colombo*, Banca, borsa, tit. cred. 1982, I, 199.

[268] App. Milano, 11.7.1994, Banca, borsa, tit. cred. 1996, II, 63 ff.; App. Roma, 30.10.1995, Banca, borsa, tit. cred. 1996, II, 418 f.; Trib. Monza, 21.1.1993, Banca, borsa, tit. cred. 1994, II, 575; Trib. Torino, 10.7.1990, Banca, borsa, tit. cred. 1992, II, 239; Trib. Torino, 2.7.1991, Dir. fall. 1992, II, 806, mit Anmerkung *Canale; Apice*, Impresa c.i. 1996, 25.

[269] *Bussoletti*, Garanzie bancarie, S. 613.

[270] *Colombo*, Banca, borsa, tit. cred. 1982, I, 201 f.; *Viale*, Le garanzie bancarie, S. 75.

fenahme von außerhalb des Pfandvertrages liegenden Umständen ermittelt werden kann[271]. Hierbei hat der Kassationshof jedoch betont, daß die Zuhilfenahme von Kriterien, die in dem Pfandvertrag selbst nicht zum Ausdruck kommen, nur ergänzend zur Ermittlung der zu sichernden Forderung herangezogen werden kann. Dies auch nur dann, wenn in dem Pfandvertrag ein Verweis auf das externe Register enthalten ist. Die Bestimmung der Forderung könne nicht ausschließlich durch außerhalb des Pfandvertrages liegende Daten ermittelt werden[272].

In einer jüngeren Entscheidung hat der Kassationshof eine Ermittlung der Forderung über das von der Bank gehaltene sog. *libro-fidi*, ein bezüglich jedes Kunden geführtes Forderungsregister, verneint. Zwar sei es grundsätzlich möglich und entspreche den Erfordernissen des Art. 2786 Abs. 3 c.c., daß sich die durch das Pfandrecht zu sichernde Forderung auch mit Hilfe von nicht direkt im Pfandvertrag festgehaltenen Daten ermitteln lasse, wie z. B. durch das *libro-fidi,* jedoch müsse in diesem Fall ein Verweis "*per relationem*" auf das *libro-fidi* in dem Pfandvertrag enthalten sein. Ein bloßer Verweis, daß alle im Rahmen des Kontokorrentverhältnisses zwischen Bank und Pfandschuldner entstehenden Forderungen von dem Pfandrecht gesichert werden sollen, ohne daß dabei die genauen Modalitäten des Kontokorrentsaldos näher spezifiziert werden, ist für eine Bezeichnung der Forderung i.S. des Art. 2786 Abs. 3 c.c. nicht ausreichend[273]. In einer älteren Entscheidung wurde eine Bezugnahme auf den Negativsaldo des Kontokorrents des Pfandschuldners hingegen für ausreichend erachtet[274]. Die Parteien hatten in diesem vom Kassationshof zu entscheidenden Fall die Forderungen innerhalb des Kontokorrentverhältnisses genau festgelegt, so daß nach

---

[271]Cass. 12.7.1991, Nr. 7794, Fallimento 1992, 27; Cass 9.5.1979, Nr. 2648, Banca, borsa, tit. cred. 1980, II, 288; Cass. 13.4.1977, Nr. 1380, Banca, borsa, tit. cred. 1978, II, 283; Cass. 20.9.1971, Nr. 2671, Banca, borsa, tit. cred. 1972, II, 354.

[272]So zuletzt Cass. 24.6.1995, Nr. 7163, Banca, borsa, tit. cred. 1996, II, 501: Daß sich die Forderung aus dem Pfandvertrag ergeben muß, könne man bereits der Formulierung des Gesetzgebers in Art. 2786 Abs.3 c.c. entnehmen, wonach die Bezeichnung der Forderung in dem Schriftstück enthalten sein muß.

[273]Cass. 24.6.1995, Nr. 7163, Banca, borsa, tit. cred. 1996, II, 501. Der Leitsatz der Entscheidung lautet wie folgt: "*L'eventuale ricorso a dati esterni all'atto di costituzione del pegno - al fine di considerare l'atto come contenente la sufficiente indicazione del credito, necessaria perché, a norma dell'art. 2786, comma 3, c.c., la prelazione sia opponibile - richiede che l'atto contenga un indice di collegamento che consenta l'individuazione dei menzionati dati. Ne consegue che, se l'atto di costituzione di pegno fa riferimento soltanto ad un conto corrente bancario, senza specificarlo e senza contenere alcuna ulteriore indicazione, non può farsi ricorso al "libro-fidi" tenuto dalla banca, oppure al concreto svolgimento del rapporto, al fine di ritenere che l'atti si riferisca ad un 'apertura di credito regolata in conto corrente e che questo coincida con quello genericamente indicato nell'atto stesso.*"

[274]Cass. 13.4.1977, Nr. 1380, Giust. civ. 1977, I, 1392. Zustimmend, *Ghia*, Fallimento 1989, 869.

Auffassung des obersten Gerichtshofs die Forderung als "*sufficientemente indicato*" anzusehen war.

Interessant erscheint hier auch die praktische Konsequenz der Unwirksamkeit *inter partes* im Verhältnis zur absoluten Nichtigkeit. Die Unterscheidung eines nichtigen, gar nicht erst entstandenen Pfandrechts und eines Pfandrechts mit ausschließlicher Wirkung inter partes würde nur in zwei Fällen zu einem praktischen Unterschied führen[275]. Zum einen, wenn keine der zu sichernden Forderungen jemals bestimmt oder bestimmbar gewesen ist. In diesem Fall würde die Ansicht, die sich für die Nichtigkeit der Klausel ausspricht, dazu kommen, daß ein wirksames Pfandrecht niemals entstanden ist. Verkauft der Sicherungsnehmer die "Pfandgegenstände", so würde der Käufer uneingeschränktes, lastenfreies Eigentum erwerben. Bei einer lediglichen Wirksamkeit *inter partes* würde das Pfandrecht hingegen dem Gegenstand anhaften und bei einem Erwerb durch einen Dritten mit übergehen.
Zum anderen wird die Unterscheidung erheblich, wenn eine ursprünglich bestimmte oder ausreichend bestimmbare Forderung, die durch das Pfandrecht gesichert werden soll, wieder erloschen ist. Das Erlöschen der ursprünglich bestimmten Forderung, für die das Pfandrecht bestellt worden war, würde dann zum Erlöschen des Pfandrechtes führen, trotz des Fortbestehens weiterer Forderungen, auf die sich das Pfandrecht erstrecken sollte[276].

Im deutschen Recht stellt sich die Problematik, ob eine Klausel, die der Bank ein Pfandrecht an allen künftigen und gegenwärtigen Ansprüchen gegen den Kunden ermöglicht (Nr. 14 Abs. 2 Banken - AGB n.F.), den rechtichen Bestimmbarkeitsanforderungen entspricht, nicht in dem Ausmaß wie im italienischen Recht. Zwar gilt auch im deutschen Sachenrecht, wie bereits oben erwähnt, der Bestimmtheitsgrundsatz, jedoch kennt das deutsche Recht nicht eine dem Art. 2787 Abs. 3 c.c. entsprechende explizite Vorschrift, die für die Drittwirksamkeit des Pfandrechts eine hinreichende schriftliche Bezeichnung des Pfandgegenstandes mit sicherem Datum vorschreibt. Im deutschen Recht wird es als ausreichend erachtet, wenn die künftige Forderung bei Vertragsabschluß nach ihrem Entstehungsgrund bereits bestimmbar ist. Dem Erfordernis der ausreichenden Bestimmbarkeit wird bei dieser Klausel nach Auffassung der Rechtsprechung Ge-

---

[275] *Colombo*, Banca, borsa, tit. cred. 1982, I, 197.

[276] Cass. 24.6.1995, Nr. 7163, Banca, borsa, tit. cred. 1996, II, 501, 503. Der Kassationshof entnimmt das Erfordernis, daß sich die zu sichernde Forderung aus dem Pfandrechtsvertrag zumindest ableiten lassen muß, aus der vom Gesetzgeber verwendeten Formulierung, nach der die ausreichende Bezeichnung der Forderung in dem Pfandvertrag enthalten "*contenga*" sein muß.

nüge getan, weil nur die Forderungen vom Pfandrecht erfaßt werden können, die zwischen den beteiligten Parteien entstehen werden[277].

cc) Wirksamkeit der Verlängerungsform - *patto di rotatività* -

Eine ähnliche Problematik wie die *clausola omnibus* (1) wirft der sog. *patto di rotatività* auf. Danach umfaßt das Pfandrecht alle gegenwärtig und künftig in die Verfügungsbefugnis der Bank gelangenden Wertgegenstände und Forderungen des Schuldners, ohne daß dabei die Gegenstände erneut mit einem sicherem Datum i. S. des Art. 2787 Abs. 3 c.c. versehen werden. Die Verlängerungsklausel wird in Rechtsprechung und Literatur nicht einheitlich bezeichnet. Zum Teil spricht man hierbei auch, wie bei der Erweiterungsklausel, von *clausola omnibus*[278], insbesondere, wenn die Verlängerungs- mit der Erweiterungsklausel verbunden wird, wie in Art.5 der Kontokorrentverträgen der A.B.I. Die reine Verlängerungsform wird jedoch regelmäßig als *patto di rotatività*[279] bezeichnet. Das Pfandrecht, daß durch bankvertragliche Abrede nur die Verlängerungsform enthält wird in Literatur[280] und in der neueren Rechtsprechung[281] als *pegno rotativo* bezeichnet. Dadurch soll die Möglichkeit eines wechselnden Bestandes des Sicherungsgutes ausgedrückt werden.

Die Verlängerungsklausel wirft im Hinblick auf die oben beschriebene Erweiterungsklausel weitere Fragen auf, wobei nicht nur das bereits bei der *clausola omnibus* (1) aufgekommene Problem der ausreichenden Bezeichnung der zu sichernden Forderung mit sicherem Datum i.S. des Art. 2787 Abs. 3 c.c. in Frage steht, sondern zusätzlich auch das der Bestimmbarkeit des Pfandrechtsgegen-

---

[277] BGH, 17.12.1980, WM 1981, 162.

[278] Vgl. *Viale*, Le garanzie bancarie, S. 71.

[279] So die Rechtsprechung, vgl. App. Roma, Banca, borsa, tit. cred. 1996, II, 418.

[280] In der Literatur hat sich *Gabrielli* eingehend mit dem *pegno rotativo* in seinen verschiedenen Erscheinungsformen auseinandergesetzt. Er hat dieses Instrument als einer der ersten untersucht und den Begriff des *pegno rotativo* geprägt. Vgl. *Gabrielli,* Il pegno "anomalo", der dort auf S. 182 die "Vaterschaft" dieses Begriffes *Portale* und *Dolmetta* zugesteht. Vgl. zuletzt zum *pegno rotativo Gabrielli*, garanzie rotative und *Piscitello*, Le garanzie bancarie flottanti.

[281] Der Kassationshofes hat in der unten eingehend untersuchten Entscheidung Nr. 5264 vom 28.5.1998 erstmals den Begriff des *pegno rotativo* verwendet. Vorher hatten erstmals überhaupt in der Rechtsprechung die Landgerichte Genua und Mailand sich dieser Terminologie bedient. Vgl. Trib Milano, 17.11.1997, Foro it. 1998, I, 1338; Trib. Genova, 30.5.1997, Il Fallimento 1997, 1143. Weiterhin hat der Kassationshof mit Urteil Nr. 10685 vom 27.9.1999, edm sich jüngst auch der Appelationshof von Mailand mit Urteil vom 4.7.2001 angeschlossen hat, die Figur des *pegno rotativo* anerkannt.

standes und des damit verbundenen, gem. Art. 2786 Abs.1 erforderlichen Besitzverlustes des Schuldners.

(1) Entwicklung der Rechtsprechung

Nach bisher herrschender Auffassung reichte diese Klausel nicht aus, um eine vorzugsweise Befriedigung gem. Art. 2787 Abs. 3 c.c. zu begründen, wenn das Erfordernis des sicheren Datums sich einzig aus der ursprünglichen Pfandrechtsabrede ergibt[282]. Es wird für eine Drittwirksamkeit des Pfandrechts für unverzichtbar gehalten, daß für die neu in den Besitz der Bank gelangenden Gegenstände des Pfandschuldners ein Schriftstück mit sicherem Datum besteht, woraus eindeutig hervorgehen müsse, auf welche Gegenstände sich das Pfandrecht erstrecken soll.
Die Verlängerungsklausel entfalte danach ebenso wie die Erweiterungsform lediglich zwischen den Parteien Wirksamkeit. Die Drittwirksamkeit könne erst in dem Moment entstehen, in dem die Gegenstände in den Besitz der Bank gelangen und in einem mit sicherem Datum versehenen Schriftstück aufgeführt werden. Auch bei dieser restriktiven Anwendung der Pfandrechtsvorschriften steht der Drittgläubigerschutz im Vordergrund. Es muß für außenstehende Drittgläubiger erkennbar sein, welche Gegenstände bereits mit einem Pfandrecht belastet sind. Ansonsten würde der von Art. 2787 Abs. 3 c.c. vorgesehene Schutzzweck, die Vermeidung von Kollisionen, inbesondere in der Insolvenz des Schuldners, nicht ausreichend gewürdigt.

Ohne sich der Begriffe *pegno rotativo* oder *patto di rotatività* zu bedienen, sah die Rechtsprechung die Gründe für die Unzulässigkeit einer solchen Ersetzungsbefugnis der Pfandgegenstände hauptsächlich in der unzulässigen Benachteiligung von Drittgläubigern, insbesondere im Konkurs.
Der Konkursmasse würde ein Teil seiner Substanz entzogen, wenn für das Datum der Pfandabrede für die nach Konkurseröffnung in das Vermögen des Schuldners gelangenden Wertsachen durch den *patto di rotatività* die vor Konkurseröffnung liegende ursprüngliche Pfandrechtsabrede maßgeblich wäre. Eine solche faktische Vordatierung soll durch die Datierungspflicht des Art. 2783 c.c. verhindert werden. Im Ergebnis würde die Anerkennung des *patto di rotatività* in der Insolvenz

[282] App. Roma, 30.10.1994, Banca, borsa, tit. cred. 1996, II, 183; Trib. Torino, 2.2.1996, Banca, Borsa, tit, cred. 1996, II, 501f.; Trib. Roma, Banca, borsa, tit. cred. 1994, II, 532; Trib. Roma, 18.7.1991, Foro it. 1992, I, 950; *Apice*, impresa, c.i. 1996, 25; *Colombo*, Banca, borsa, tit. cred. 1982, II, 201; *Galgano*, Diritto civile, S. 401; *Gabrielli*, Banca, borsa, tit. cred. 1996, I, 167.

des Schuldners zu einer unangemessenen Einschränkung der *par conditio creditorum* führen[283].

Die Rechtsprechung läßt bei dem *patto di rotatività* ebenso wie bei der *clausola omnibus* zu, daß die Individualisierung der Pfandrechtsgegenstände bzw. der zu sichernden Forderung in einem gesonderten Schriftstück erfolgen kann und nicht bereits in der ursprünglichen Pfandrechtsabrede enthalten sein muß. Jedoch ist hierfür ebenfalls Voraussetzung, daß in dem Pfandrechtsvertrag ein Verweis *per relationem* auf die nachfolgenden Schriftstücke enthalten sein muß, worin die Pfandrechtsgegenstände individualisiert und mit sicherem Datum zu versehen sind[284].
Eine Veränderung der rechtlichen Beurteilung des *pegno rotativo* brachte die Entscheidung des Kassationshof Nr. 5264 vom 28.5.1998 mit sich.

(2) Die Entscheidung des Kassationshofs Nr. 5264 vom 28.5.1998 zum *pegno rotativo*

Der Kassationshof hat in der Entscheidung Nr. 5264 vom 28.5.1998 dem *pegno rotativo* unter bestimmten Voraussetzungen Drittwirksamkeit zugestanden[285]. Eine Ersetzung der Pfandgegenstände berühre danach die Drittwirksamkeit des Pfandrechts nicht, wenn die neu in den Pfandverbund hinzutretenden Gegenstände den Wert der ersetzten Pfandsachen erreichen bzw. diesen nicht übersteigen[286]. Eine dingliche Surrogation trete jedoch wiederum erst dann ein, wenn der Pfandgläubiger an den Pfandgegenständen Besitz erlange und die Publizitätsvoraussetzungen des Art. 2787 Abs. 3 c.c. eingehalten seien. Die Übergabe müsse mit sicherem Datum versehen und die zu sichernde Forderung und neu hinzutretenden Pfandsachen müssen ausreichend bezeichnet sein[287].

---

[283]Trib. Torino, 2.2.1996, Banca, borsa, tit. cred. 1996, II, 501, 508; Trib. Roma, 21.7.1993, Banca, borsa, tit. cred. 1994, II, 532 ff.
[284]App. Roma, Banca, borsa, tit. cred. 1996, II, 183.
[285]Cass. 28.5.1998, Banca, borsa, tit. cred. 1998, II, 485 ff.
[286]"*È valido ed efficace il "pegno rotativo", che ricorre quando le parti nel negozio costitutivo della garanzia, salvaguardando la continuità del rapporto, con apposite convenzioni (c.d. patto di rotatività) prevedono la sostituzione, totale o parziale, dell'oggetto del vincolo, a condizione che la previsione delle future ed eventuali sostituzioni dei singoli beni avvenga entro il valore dei beni originariamente costituiti in pegno*". (Erster Absatz des Leitsatzes).
[287]Anders noch Trib. Genova, 30.5.1997, Banca, borsa, tit. cred. 1998, II, 578, wonach eine erneute Bezeichnung der Pfandrechtsgegenstände i.S. des Art. 2787 Abs.3 c.c. nicht mehr erforderlich sei, wenn die Parteien bei der ursprünglichen Vereinbarung des *clausola di rotatività* die (zukünftig) in den Pfandverbund eintretenden Gegenständen bereits benannt haben.

Die Entscheidung bringt insoweit keine Veränderung hinsichtlich des Erfordernisses der ausreichenden Bezeichnung, also der Bestimmheit des Sicherungsgegenstandes, mit sich.

Die Entscheidung macht somit grundsätzlich den Weg frei für ein Pfandrecht mit wechselndem Warenbestand, wobei der Anwendungsbereich des *pegno rotativo* auf den Bereich der - ohnehin nicht besitzgebundenen - Wertpapiere beschränkt bleiben dürfte. Indem innerhalb eines Sicherungsverbundes *ab initio* drittwirksam ständig neue Pfandsachen eingebracht werden können ist eine Ersetzung des Waren- oder genauer gesagt, des Wertpapierbestandes, durch die Entscheidung zwar ermöglicht worden, jedoch ist dies stets mit dessen Besitzverlust verbunden. Eine Ausdehnung des *pegno rotativo* auf besitzgebundene Güter, die der Schuldner mit in seinen Verarbeitungsprozeß mit einbeziehen könnte, bleibt jedoch ausgeschlossen. Weiterhin sind die neu in den Pfandverbund eintretenden Pfandgegenstände für die Drittwirksamkeit nachwievor genau zu bezeichnen.

Die wichtige Neuigkeit der Entscheidung liegt - neben der grundsätzlichen Anerkennung der bis dahin nur in der Literatur existierenden Figur des *pegno rotativo* - insbesondere in dem Zugestehen der fortbestehenden Einheitlichkeit des Pfandrechts. Es wird durch die Ersetzung der Pfandgegenstände danach kein neues Pfandrecht begründet. Dies hat zur Konsequenz, daß der für eine Konkursanfechtung maßgebliche Zeitpunkt derjenige der ursprünglichen Pfandrechtsbestellung bleibt. Eine Einheitlichkeit der Pfandrechtsbindung kann jedoch nur dann angenommen werden, wenn der Wert der ausscheidenden Pfandsachen durch die neu hinzutretenden erreicht bzw. dieser nicht überschritten wird. Als Pfandgegenstand werden dadurch nicht mehr die einzelnen Wertpapiere angesehen, sondern vielmehr der durch sie verkörperte Wert. Erst dadurch wird eine einheitliche Bindung der Pfandgegenstände ermöglicht[288].

---

[288]So führt der Kassationshof in Punkt 5.1. der Entscheidungsgründe aus: "*Ma la presenza di quel patto [patto di rotatività] ha l'effetto di ricollegare i nuovi beni alla garanzia pignoratizia precedentemente costituita, salvaguardando la continuità del vincolo, e questo effetto è possibile perché in tali rapporti, come si è posto in evidenza, il bene viene in considerazione, non già per la sua individualità, ma per il suo valore economico.*" Jedoch lässt die Entscheidung offen, ob die Parteien vorab bei der ursprünglichen Pfandabrede den Wert der Pfandgegenstände festlegen müssen oder ob es ausreicht, wenn der Wert der neu in den Pfandverbund eintretenden Gegenstände dem Verkaufswert der ausscheidenden entspricht. Die überwiegende Meinung in der Literatur hält es diesbezüglich für erforderlich, dass hierbei auf den Wert der Pfandsachen im Zeitpunkt der Ersetzung abgestellt wird, da den Interessen der Gemeingläubiger nur so hinreichend Rechnung getragen werden könne, was insbesondere bei einem Wertverlust der Pfandgegenstände zwischen der ursprünglichen Pfandrechtsbestellung und der Ersetzung relevant werden würde. So etwa *Piscitello*, Le garanzie bancarie

Der Kassationshof hat somit die seit Jahren in der Literatur verbreitete Figur des *pegno rotativo* übernommen und grundsätzlich für zulässig und drittwirksam erachtet. Die weiterhin einzuhaltenden Publizitätserfordernisse der materiellen Übergabe und der ausreichenden Bezeichnung mit sicherem Datum der Pfandsachen scheinen jedoch eine Ausdehnung der jüngsten Rechtsprechungstendenz auf im Produktions- oder Veräußerungsprozeß befindliche Waren nicht zu ermöglichen. Die Bank müßte dafür Besitz an den Pfandgegenständen erlangen und auch faktisch deren Veräußerung oder gar Verarbeitung vornehmen oder zumindest vornehmen lassen. Eine solche Verlagerung der unternehmerischen Aufgaben des Sicherungsgebers auf die Bank ist realistisch nicht durchführbar. Daher dürfte sich die Anerkennung des *pegno rotativo* auf die ohnehin im Besitz der Bank befindlichen und von dieser verwalteten Wertpapiere beschränken.
Die Entscheidung vom 28.5.1998 wurde durch ein weiteres Urteil des Kassationshofes vom 27.9.1999[289] und mehreren Entscheidungen der unteren Gerichte[290] bestätigt und fortgeführt[291] Nunmehr kann man von einer nahezu uneingeschränkten Anerkennung des *pegno rotativo* in der Rechtsprechung und dem überwiegenden Teil der Literatur sprechen.

Ein Teil der Literatur sieht den *pegno rotativo* nunmehr auch durch den Gesetzgeber bestätigt, der in Art. 34 Abs. 2 des sog. "*decreto euro*[292]" vom 24.6.1998 ein Pfandrecht mit wechselndem Warenbestand bezüglich bestimmmter Finanzierungsinstrumente vorgesehen hat. Hiernach können die "*strumenti finanziari*" in einem dafür eingerichteten Konto verpfändet werden, wobei eine nachträgliche Ersetzung der Pfandrechtsgegenstände auch ohne eine erneute Eintragung in ein Register drittwirksam vorgenommen werden kann, was sich wiederum aus Art. 46 Abs. 1 des "*Regolamento Consob*" Nr. 11768 vom 23.12.1998 ergibt[293].

---

flottanti, S. 102 f.; *Gabrielli*, il pegno anomalo, S. 218.

[289] Cass. 27.9.1999, Nr. 10685, Fallimento 2000, 777 und Foro it. 2000, I, 528.

[290] Vgl. etwa Trib. Roma, 29.1.2000, Fallimento 2000, 1056; Trib. Verona, 17.2.2000, Fallimento 2001, 341; Corte d'Apello di Milano, 4.7.2001, Banca borsa, tit. cred. 2002, I, 693 ff. mit Anmerkung *Lovisatti*.

[291] So hat der Kassationshof in seiner Entscheidung Nr. 10685 vom 27.9.1999 in Abweichung zu der vom 28.5.1998 nicht mehr verlangt, dass der Vertrag bezüglich der Ersetzung der Pfandrechtsgegenstände mit sicherem Datum versehen werden müsse. Vgl. dazu *Lovisatti*, Banca, borsa, tit, cred. 2002, I, 702. Die unteren Gerichte haben sich jedoch dieser Neuerung überwiegend nicht angeschlossen, vgl. Trib. Verona, 17.2.2000, Fallimento 2001, 341; Trib Milano 4.10.2001 (nicht veröffentlicht), die nach wie vor ein mit sicherem Datum versehenes Schriftstück bei der Ersetzung der Pfandgegenstände verlangen.

[292] Gesetzesdekret (*decreto legislativo*) Nr. 213 vom 24.6.1998 bezüglich der Einführung des Euro.

[293] Vgl. hierzu *Piscitello*, Le garanzie bancarie flottanti, S. 11, 106; *Lovisatti*, Banca, borsa, tit. cred. 2002, I, 698.

dd) Wirksamkeit des *pegno omnibus*[294] unter dem Gesichtspunkt der Mißbrauchskontrolle von Verbraucherverträgen nach den Artt. 1469-bis ff. c.c.

(1) Bisherige inhaltliche Kontrollmöglichkeiten

Wie im deutschen Recht stellt sich nunmehr auch in der italienischen Rechtsordnung die Frage, ob die Einführung von vertraglich vorformulierten Vertragsbedingungen der Banken in den Klauselverträgen der A.B.I.[295] einer AGB-Kontrolle unterzogen werden können. Dies war bis zur Umsetzung der EG-Richtlinie 93/13 über Verbraucherverträge in das italienische Recht vom Februar 1996 nur sehr begrenzt möglich. Eine Kontrolle von Allgemeinen Geschäftsbedingungen beschränkte sich bis dahin auf eine Einbeziehungsprüfung nach Artt. 1341 f. c.c. Eine Inhaltskontrolle war dem italienischen Recht zwar nicht gänzlich fremd[296], jedoch beschränkte sich die inhaltliche Kontrolle auf wenige Einzelfälle, bei denen die Rechtsprechung über den Grundsatz von Treu und Glauben eine Überprüfung von Allgemeinen Geschäftsbedingungen vollzog[297]. Es existierte somit keine dem deutschen Recht entsprechende umfassende Inhaltskontrolle nach den Maßstäben der §§ 9 ff. AGBG, bzw. Danach konnten die Banken nahezu sicher sein, daß die Klauseln in ihren Allgemeinen Geschäftsbedingungen keiner inhaltlichen AGB-Prüfung unterzogen würden. Einen angesichts dieser Mißbrauchsmöglichkeit recht schwachen Eingriff vollzog der italienische Gesetzgeber durch das Gesetz Nr. 142 vom 19.2.1992 über die Transparenz der Bankdienstleistungsgeschäfte (*legge sulla trasparenza delle operazioni e dei servizi bancari*). Jedoch wurde in dieser gesetzlichen Regelung keine umfassende Inhaltskontrolle zum Schutz des Verbrauchers vorgesehen. Vielmehr beschränkte sich der darin vorgesehene Verbraucherschutz auf die dort vorgesehenen strengen Formerfordernisse, die dem Verbraucher eine zusätzliche Warnung und Aufklärung vor

---

[294] Als *pegno omnibus* wird hier die Verwendung von der Erweiterungs- und der Verlängerungsform - den sog. *pegno rotativo* - zusammen verstanden. Vgl. Art. 5 der Kontokorrentverträge der A.B.I.

[295] Bei dieser Gelegenheit soll nochmals klargestellt werden, daß es sich bei den von der A.B.I. vorformulierten Klauseln um Allgemeine Geschäftsbedingungen handelt. Vgl. *Realmonte*, Condizioni generali, S. 89.

[296] So jedoch *Cian*, Jahrbuch für Italienisches Recht 10 (1997), S. 56.

[297] Hierbei stellte die Rechtsprechung jedoch nicht auf den Formularcharakter der beanstandeten Geschäftsbedingungen, sondern allein auf die Unangemessenheit ihres Inhalts ab. Diesbezüglich griff die Rechtsprechung zumeist auf die Vorschriften der Artt. 1175, 1322, 1375 c.c. zurück. Vgl. dazu *Jayme*, in: Jahrbuch für Italienisches Recht 3 (1990), S. 135 ff. Zur Inhaltskontrolle der *fideiussione omnibus* nach der alten Rechtslage *Walter*, Kreditbürgschaft, S. 126 f.

dem Abschluß eines Bankvertrages geben sollte[298]. Einen weiteren Eingriff vollzog die Banca d'Italia durch Verfügung vom 3.12.1994. Dieser an die A.B.I. gerichtete Eingriff diente jedoch nur wettbewerbsrechtlichen Aspekten[299]. Eine effektive Inhaltskontrolle von Banken-AGB hat erst die Umsetzung der EG-Richtlinie über Verbraucherverträge mit sich gebracht. Diese Inhaltskontrolle von Verbraucherverträgen hat der italienische Gesetzgeber nach der Umsetzung der EG-Richtlinie in den Codice civile (Artt. 1469-*bis* - 1469-*sexies*) integriert[300].
Vor dem Hintergrund der neuen Gesetzeslage stellt sich nunmehr auch im italienischen Recht die Frage, ob die Pfandklausel in der kombinierten Erweiterungs- und Verlängerungsform als mißbräuchliche bzw. "lästige" Klausel (*clausola vessatoria*) unwirksam sein könnte[301]. Davon scheint die A.B.I. nicht auszugehen, da sie angesichts der neuen Rechtslage der Mißbräuchlichkeitskontrolle von Verbraucherverträgen es nicht für erforderlich gehalten hat, die *pegno omnibus* - Klauseln zu ändern[302].

Im deutschen Recht unterfallen zwar auch grundsätzlich die von einer Bank und einem Kaufmann abgeschlossenen Verträge einer AGB Inhaltskontrolle nach § 9 AGBG a.F., (§ 307 BGB n.F.), da die Generalklausel nach § 24 AGBG a.F. (§ 310 BGB n.F.) nicht für Kaufleute ausgenommen wurde. Eine entsprechende

---

[298] *Di Majo*, Resp. comunic. e impr. 1996, 508.

[299] Durch diese Verfügung (*provvedimento*) der Banca d'Italia sollte die A.B.I. auf ihre wettbewerbsrechtlich bedenklichen Klauseln in ihren Allgemeinen Geschäftsbedingungen verzichten, bzw. sie durch Modifikationen in Einklang mit wettbewerbsrechtlichen Vorschriften bringen. Vgl. die Verfügung der Banca d'Italia vom 3.12.1994, Nr. 12, abgedruckt in Banca, borsa, tit. cred. 1995, II, 393 ff. Im Anhang sind auch die von der A.B.I. daraufhin modifizierten Klauseln abgedruckt. Ausführlich dazu *Salanitro*, Banca, borsa, tit. cred. 1995, II, 415 ff.

[300] Ob sich eine Einbeziehungskontrolle von Allgemeinen Geschäftsbedingungen nach wie vor nach den Artt. 1341 f. c.c. richtet (so etwa *Cian*, Jahrbuch für Italienisches Recht 10 (1997), S. 58; *De Nova*, Le clausole vessatorie, S. 8 ff.) oder eine Einbeziehungskontrolle gem. Art. 1341 f. c.c. durch die neue Rechtslage für die von der Reform geregelten Vertragstypen verdrängt wird und somit wegfällt (so etwa *Costanza*, Le nuove leggi civili commentate 1997, 788), ist umstritten. Die wohl überwiegende Ansicht befürwortet die zweite Auffassung, wonach die neue Regelung implizit die alte als lex specialis verdrängt.

[301] Zu der Umsetzung dieser EG-Richtlinie ins italienische Recht und den Auswirkungen auf den Konsumenten die Abhandlungen in deutscher Sprache von *Cian*, Jahrbuch für Italienisches Recht 10 (1997), S. 55 ff. und *Patti*, ebenda, S. 77 ff.

[302] Die A.B.I. hat auf die neue Rechtslage zwar sehr schnell reagiert, indem sie noch im Februar 1996, also fast zeitgleich mit dem Inkrafttreten der Verbraucherschutzvorschriften, durch ein Rundschreiben an die angeschlossenen Kreditinsitute diese auf die veränderte Rechtslage hinweist und gleichzeitig die Änderung von einschlägigen Klauseln anordnet. Jedoch wurde der *pegno omnibus* keiner Modifikation unterzogen. Vgl. das Rundschreiben A.B.I. vom 26.2.1996, Nr. 1996 betreffend die mißbräuchlichen Verbraucherklauseln, abgedruckt in Banca, borsa, tit. cred. 1996, I, 585 ff.

Generalklausel, die durch die Umsetzung der EG-Richtlinie nun in Art. 1469-*bis* Abs. 1 c.c. ihren Niederschlag gefunden hat, findet hingegen für Verträge mit Kaufleuten keine Anwendung[303]. Dies ergibt sich aus dem persönlichen Anwendungsbereich der Klauselkontrolle nach Art. 1469-*bis* Abs. 1 c.c., wonach nur diejenigen Verträge einer Mißbrauchskontrolle unterzogen werden, die gegenüber einem Verbraucher (*consumatore*) abgeschlossen werden. Als Verbraucher wird nach Abs. 2 dieser Vorschrift nur eine natürliche Person verstanden, die zu Zwecken handelt, die der von ihr eventuell ausgeübten gewerblichen oder beruflichen Tätigkeit fremd sind. Somit kann der Unternehmer, der in der Regel dem *pegno omnibus* mit seinen Forderungen und Gegenständen unterworfen wird, sich nicht auf eine Inhaltskontrolle dieser Klausel nach den Maßstäben der Artt. 1469- *bis* ff. c.c. berufen. Jedoch wird es auch vorkommen, daß sich eine Privatperson, die etwa bei ihrer Bank einen privaten Kredit aufgenommen hat oder ein Kontokorrentkonto unterhält, auch dem *pegno omnibus* durch die Allgemeinen Geschäftsbedingungen der Bank unterworfen wird. Deshalb soll nachfolgend kurz die Zulässigkeit der *clausola omnibus* unter dem Gesichtspunkt ihrer Mißbräuchlichkeit im Lichte der Artt. 1469-*bis* ff. c.c. untersucht werden.

(2) Sachlicher und persönlicher Anwendungsbereich

Der sachliche Anwendungsbereich der Inhaltskontrolle ist i.S. des Art. 1469-*bis* Abs.1 c.c. gegeben, da die von den A.B.I. für die Banken vorformulierten Vertragsformulare, die einen *pegno omnibus* enthalten, als Verbraucherverträge zu qualifizieren sind, die eine Erbringung von Dienstleistungen zum Gegenstand haben. Der persönliche Anwendungsbereich ist jedoch, wie bereits gesagt, nur dann gegeben, wenn es sich bei dem Verbraucher um eine natürliche Person handelt, die den Vertrag zu privaten und nicht zu Geschäftszwecken abschließt. Daß die Bank hier als Gewerbetreibender/Unternehmer (*professionista*) i.S. des Art. 1469-*bis* Abs. 2 S. 2 einzuordnen ist, die den Kontokorrentvertrag oder sonstigen Bankvertrag im Rahmen ihrer gewerblichen Tätigkeit abschließt, wirft keine Probleme auf[304].

---

[303]Eine Übersetzung der Vorschriften der umgesetzten EG-Richtlinie des Codice civile befinden sich im Jahrbuch für Italienisches Recht 10 (1997), S. 70 ff.

[304]Zu den Auswirkungen der neuen Verbraucherschutzregelungen auf die Bankverträge vgl. *Di Majo*, Resp. comunic. e impr. 1996, 508 ff., für den Verbraucherkredit, vgl. *Sirena*, Banca, borsa, tit. cred. 1997, 354 ff.

(3) Mißbräuchlichkeit

Eine Inhaltskontrolle hat nach der Generalklausel des Art. 1469-*bis* Abs. 1 c.c. zu erfolgen, da der *pegno omnibus* nicht unter eine der Klauseln in der in Art. 1469-*bis* Abs. 3 c.c. aufgeführten Liste fällt, die eine Vermutung der Mißbräuchlichkeit aufstellen, und auch nicht in den Bereich der Unwirksamkeit der in Art. 1469-*quinquies* Abs.2 c.c. genannten Klauseln[305]. Nach der Generalklausel wäre eine Mißbräuchlichkeit der Pfandklausel dann anzunehmen, wenn durch die Benutzung der Klausel entgegen dem Gebot von Treu und Glauben (*buona fede*) ein erhebliches Mißverhältnis (*significativo squilibrio*) der vertraglichen Rechte und Pflichten zu Lasten des Verbrauchers verursacht würde. Diese Definition der Mißbräuchlichkeit muß im Zusammenhang mit der Präzisierung in Art. 1469-*ter* Abs.1 c.c. interpretiert werden, wonach die Beurteilung der zu prüfenden Klausel unter Berücksichtigung der Natur des geleisteten Gutes oder Dienstes, der den Abschluß des Vertrages begleitenden Umstände wie auch der anderen Klauseln desselben Vertrages oder eines anderen verbundenen Vertrages zu erfolgen hat[306]. Bezüglich der Auslegung des Begriffes von Treu und Glauben ist der Begriff in diesem Zusammenhang im italienischen Recht eher an einem Maßstab des Gleichgewichtes der gegenseitigen Ansprüche und Verpflichtungen orientiert[307]. Das deutsche Recht hingegen setzt in § 9 AGBG, nunmehr § 307 BGB, den Akzent auf die Frage der Abweichung der Klausel von dispositivem Recht und der Gefährdung des natürlichen Vertragszwecks. Somit stellt sich die Frage, ob der *pegno omnibus*, der zum einen alle in den Besitz oder die Verfügungsgewalt gelangenden Werte des Kunden verpfändet und zum anderen diese Werte der Bank für alle ihr gegenwärtig und zukünftig zustehenden Forderungen einstehen läßt, gegen die Generalklausel des Art. 1469-*bis* Abs.1 c.c. verstößt und somit aus diesem Grund unwirksam ist. Hierbei ist insbesondere nochmals zu berücksichtigen, daß die herrschende Meinung in Literatur und Rechtsprechung dem *pegno omnibus* lediglich die Drittwirksamkeit versagt, nicht jedoch die

---

[305] Im Rahmen dieser Vorschrift ist es umstritten, ob es sich bei der Unwirksamkeit des Art. 1469-quinquies um eine unwiderlegliche oder eine zu widerlegende handelt. Im Sinne einer unwiderleglichen "black list" die wohl überwiegende Auffassung, vgl. *De Nova*, Le clausole vessatorie, S. 10; *Capobianco*, Vita notar. 1996, 1153. Für eine Widerlegbarkeit hingegen *Patroni Griffi*, Rass. dir. civ. 1995, 370.

[306] *Cian*, Jahrbuch für Italienisches Recht 10 (1997), S. 61.

[307] *Vgl. Cian*, Jahrbuch für Italienisches Recht 10 (1997), S. 61 f., der diesbezüglich auf die falsche Übersetzung der Richtlinie, die so auch in den Codice civile übernommen wurde, hinweist, wonach der Codice civile hier in Art. 1469-*bis* Abs. 1 von "*malgrado la buona fede*" spricht, was sinngemäß etwas völlig anderes zum Ausdruck bringe als eigentlich vorgesehen. Nach dem Redaktionsfehler könne man die Klausel etwa lesen: "obgleich der Unternehmer sich des mißbräuchlichen Charakters der Klausel nicht bewußt ist".

Wirksamkeit *inter partes*. Weiterhin wird dem *pegno rotativo* seit der jüngsten Rechtsprechung unter gewissen Voraussetzungen Drittwirksamkeit zugestanden. Somit ist es hier durchaus von Interesse, ob diese Klausel als mißbräuchlich i.S. des Art. 1469-*bis* Abs.1 c.c. einzuordnen wäre[308].

Die Mißbräuchlichkeit müßte anhand eines erheblichen Mißverhältnisses der vertraglichen Rechte und Pflichten (*significativo squilibrio dei diritti e degli obblighi*) des Verbrauchers nachgewiesen werden, wobei der Vertrag als ganzes zu betrachten ist und auch die den Vertrag begleitenden Umstände zu beachten sind (Art. 1469-*ter* Abs.1 c.c.). Betrachtet man die vertraglichen Interessen der am Vertrag beteiligten Parteien, so stellt man zunächst fest, daß auch der Kunde als privater Verbraucher, der einen Kontokorrentvertrag mit Kreditaufnahmemöglichkeit mit der Bank abschließt, ein erhebliches Interesse an der Pfandklausel hat, da diese ihm schnell und ohne größere Formalitäten, die eine ansonsten erforderliche Sicherheiteneinräumung verlangen würde, erlaubt, einen Kredit aufzunehmen. Dies gilt auch insbesondere für Kontoüberziehungen, die sich in der Gestalt von sog. Dispositionskrediten (*concessione di apertura di credito in contocorrente*), die dem Privatkunden einseitig von der Bank eingeräumt werden, äußern. Diesem Interesse steht das Sicherungsinteresse der Bank gegenüber, für einen gewährten Kredit oder sonstige Forderungen gegenüber dem Kunden ohne Aufwand automatisch eine Sicherheit zu erhalten. Betrachtet man also diese gegenüberstehenden Interessen, so kann man hieraus kein erhebliches Mißverhältnis der vertraglichen Rechte und Pflichten des Verbrauchers ableiten. Jedoch muß man hier genauer den Umfang des potentiellen Sicherungsgutes betrachten. Unter den italienischen *pegno omnibus* fallen, zur Sicherung aller gegenwärtigen und zukünftigen Forderungen der Bank gegen den Kunden, alle gegenwärtig und zukünftig irgendwie (*comunque*) in die Verfügungsgewalt der Banken gelangenden Wertsachen, insbesondere Wertpapiere und Forderungen des Bankkunden[309]. Diese Reichweite der Klausel erscheint bedenklich. So steht der Bank ein Zurückbehaltungsrecht an allen Werten des Kunden zu. Der Kunde kann also nicht mehr frei über seine Wertgegenstände disponieren, solange der Bank noch irgendeine offene Forderung gegen ihn zusteht. Trotz der strengen Akzessorietät des italienischen Pfandrechtes erscheint eine Übersicherungssituation, die das vertragliche Gleichgewicht sprengt, nicht ausgeschlossen. Diese faktische "Kne-

---

[308]Zu den Unterschieden eines lediglich *inter partes* wirksamen und einem unwirksamen Pfandrechtes siehe oben, S. 91.

[309]Hier soll davon ausgegangen werden, daß in einem Vertrag mit dem Kontokorrentkunden sowohl die Verlängerungs- als auch die Erweiterungsklausel enthalten ist, was in der Praxis die Regel sein dürfte.

belung" des Kunden, dem alle Wertsachen, auch diejenigen, die objektiv nicht mehr benötigt würden, um die noch offenen Forderungen der Bank gegen den Kunden zu sichern, "eingefroren" werden, läßt ein erhebliches vertragliches Mißverhältnis zu Lasten des Verbrauchers möglich erscheinen. Dieses wird auch noch durch die Tatsache verstärkt, daß die A.B.I. in ihren Allgemeinen Geschäftsbedingungen keine Deckungsgrenze vorgesehen haben und auch dem Kunden keinen Freigabeanspruch von Sicherheiten für den Fall zustehen lassen, in dem die Deckungsgrenze erheblich überstiegen wird, wie dies in den deutschen Banken - AGB vorgesehen ist[310]. Diesbezüglich hat sich jedoch in der Rechtsprechung des BGH eine Richtungswende abgezeichnet. Im Bereich der formularmäßig vereinbarten Globalsicherheiten (Globalzession, Sicherungsübereignung) hat der Große Senat des BGH nach jahrelangen Divergenzen der verschiedenen Senate eine Freigabeklausel und Deckungsgrenze für revolvierende Globalsicherheiten für entbehrlich erklärt[311]. Begründet wird der Verzicht auf die Deckungsgrenze und Freigabe hierbei mit der fiduziarischen Natur der Sicherheiten, die eine Teilfreigabeverpflichtung der überschießenden Sicherheiten nicht erst bei vollständigem Erlöschen der gesicherten Forderung, sondern bereits bei endgültiger Übersicherung mit sich bringe. Diese bei Singularsicherheiten und bestimmten Sachgesamtheiten anerkannte Freigabeverpflichtung der Bank existiere auch bei revolvierenden Globalsicherheiten ohne ausdrückliche Regelung[312]. Eine Unwirksamkeit des gesamten Kreditvertrages kommt somit auch bei Fehlen einer Deckungsgrenze und Freigabeklausel im deutschen Recht nicht mehr in Betracht. Diese Rechtsprechung wurde jedoch nur im Hinblick auf die fiduziarischen Sicherungsrechte entwickelt. Für das Bankenpfandrecht scheint sich das Problem der Übersicherung in der Rechtsprechung noch nicht gestellt zu haben. Jedoch erscheint es nicht gerechtfertigt, unter Hinweis des akzessorischen Charakters des Pfandrechts eine Übersicherungssituation grundsätzlich auszuschließen.

---

[310]Vgl. Nr 16 Abs. 2 AGB - Banken n.F. (bzw. Nr. 19 Abs. 6 AGB - Banken a.F.): "Falls der realisierbare Wert aller Sicherheiten die Deckungsgrenze nicht nur vorübergehend übersteigt, hat die Bank auf Verlangen des Kunden Sicherheiten nach ihrer Wahl freizugeben, und zwar in Höhe des die Deckungsgrenze übersteigenden Betrages; sie wird bei der Auswahl der freizugebenden Sicherheiten auf die berechtigten Belange des Kunden und eines dritten Sicherungsggebers, der für Verbindlichkeiten des Kunden Sicherheiten bestellt hat, Rücksicht nehmen. In diesem Rahmen ist die Bank auch verpflichtet, Aufträge des Kunden über die dem Pfandrecht unterliegenden Werte auszuführen (zum Beispiel Verkauf von Wertpapieren, Auszahlung von Sparguthaben)."

[311]Vgl. zu den neuesten Entwicklungen der BGH-Rechtsprechung und den jüngsten Anfragebeschlüssen, die zur Entscheidung des Großen Senates geführt haben, *Prütting*, Deckungsgrenze, S. 525 ff.

[312]BGH, 27.11.1997, NJW 1998, 671 f.

Der Übersicherungscharakter beim Pfandrecht kann zumindest im italienischen Recht nicht gänzlich durch die Akzessorietät des Pfandrechtes entkräftet werden, da der Bank beim Pfandrecht auch bei Übersteigung der notwendigen Deckungsgrenze ein Zurückbehaltungsrecht an den gepfändeten Gegenständen zusteht. Nach italienischem Recht steht der Bank gem. Art. 2794 Abs. 2 c.c. ein Zurückbehaltungsrecht auch dann noch zu, wenn ihr noch eine andere als die bereits getilgte Forderung zusteht. Dies ist beim *pegno omnibus* meist der Fall, da der Bank durch die Erweiterung des Pfandrechtes auf alle Forderungen gegen den Kunden regelmäßig noch eine offene Forderung zusteht, womit sie das Recht hat, alle in ihrem Besitz befindlichen Werte zurückzubehalten. Hierin liegt ein klarer Unterschied zum deutschen Recht. Somit erscheint auch eine Knebelung[313] der Kunden nicht ausgeschlossen. Diese von der deutschen Rechtsprechung und Literatur entwickelte Form der Sittenwidrigkeit hat jedoch in die italienische Rechtsordnung keinen Eingang gefunden. Jedoch könnte dieser Rechtsgedanke bei der Beurteilung eines erheblichen Mißverhältnisses zu Lasten des Kunden i.S. des Art. 1469-*bis* Abs. 1 c.c. im Rahmen der Beurteilung der Wirksamkeit des *pegno omnibus* Beachtung finden.

Weiterhin ist bei der italienischen Pfandklausel zu beachten, daß sie grundsätzlich alle Forderungen und Gegenstände, die in den Besitz der Bank gelangen, umfaßt. Dies erinnert an Nr. 19 Abs. 2 a.F. AGB - Banken, wonach noch alle *irgendwie* in die Verfügungsbefugnis der Bank gelangenden Wertsachen dem Pfandrecht unterfielen. Dies wurde jedoch von der Rechtsprechung als zu weit erachtet[314]. In der darauffolgenden Neufassung der Banken-AGB wurde dann auf das Wort *irgendwie* verzichtet[315]. Die Gerichte behalfen sich bis dahin mit einer restriktiven Auslegung der Klausel, indem nicht die *irgendwie* in die Verfügungsgewalt der Bank gelangten Wertsachen und Forderungen vom Pfandrecht erfaßt wurden, sondern nur die durch die bankmäßige Geschäftsverbindung in die Verfügungsbefugnis der Bank gelangenden[316]. Diese Auslegung sei erforderlich, um der Un-

[313]Wenn hier von Knebelung gesprochen wird, so ist dies nicht im technischen, der deutschen Terminologie entsprechenden Sinne zu verstehen. Ein solches Instrument gibt es in der italienischen Rechtsprechung nicht. In der deutschen Rechtsordnung hat sich dieser Begriff im Rahmen der Sittenwidrigkeit i.S. des § 138 BGB entwickelt und wird dann angenommen, wenn der Umfang der Sicherheitenvergabe zu einer unerträglichen, die wirtschaftliche Stellung des Schuldners vernichtenden Abhängigkeit des Schuldners vom Gläubiger führt. Vgl. BGH, 14.11.1983, NJW 1984, 728; *Serick*, Eigentumsvorbehalt und Sicherungsübertragung, Bd. III, S. 73 ff.

[314]Vgl. dazu *von Westphalen*, WM 1984, 13.

[315]*Weber*, Kreditsicherheiten, S. 98.

[316]Vgl. BGH, 17.12.1980, NJW 1981, 756; BGH, 9.6.1983, NJW 1983, 2701. Vgl. dazu *Ulmer, Brandner, Hensen*, AGB Gesetz, Anh. §§ 9-11, Rn. 660.

klarheitsregel des § 5 AGBG, bzw. nunmehr § 305 c Abs.2 BGB n.F. gerecht zu werden. Diese Transparenzregelung hat nun auch in den italienischen Codice civile Eingang gefunden (Artt. 1469-*quater,* 1469-*ter* Abs.2 c.c.). Danach sind bei Unverständlichkeit bzw. Unklarheit die Klauseln stets zugunsten des Verbrauchers auszulegen.
Hierbei ist auch die Anwendungsschranke des Art. 1469-*ter* Abs. 2 c.c. zu beachten. Danach fallen weder die Bestimmung des Vertragsgegenstandes (*determinazione dell'oggetto*) noch die Angemessenheit des Entgeltes für die erbrachten Dienstleistungen unter die Mißbräuchlichkeitskontrolle. Der Ausschluß einer Überprüfung erfolgt jedoch nur dann, wenn die Vertragselemente klar und verständlich beschrieben sind. Hier wird das Transparenzgebot entscheidend für eine Überprüfungsmöglichkeit. Für den *pegno omnibus* könnte man vertreten, daß hier die Bestimmung des Vertragsgegenstandes, nämlich die Reichweite des Pfandrechts, nicht überprüft werden kann. Hier stellt der Gesetzgeber die Vertragsautonomie in den Vordergrund. Durch eine restriktive Auslegung des *pegno omnibus* könnte man jedoch vertreten, daß der Verbraucher nicht davon ausgehen kann, daß der *pegno omnibus* z.B. auch Schadensersatzansprüche aus unerlaubter Handlung der Bank gegenüber dem Bankkunden erfassen soll. Auch wird einem Bankkunden nur schwer verständlich sein, daß sein in den Geschäftsräumen der Bank verlorengegangener Diamantring vom Pfandrecht erfaßt sein soll. Danach würde das Transparenzgebot selbst für den Fall, daß man beim *pegno omnibus* von der Bestimmung des Vertragsgegenstandes i.S. des Art. 1469-ter Abs. 2 c.c. ausgeht, die gegenständliche Klausel einer Prüfung zugänglich machen.

Zusammenfassend kann man somit davon ausgehen, daß der *pegno omnibus* ein erhebliches Mißverhältnis i.S. des Art. 1469-*bis* Abs.1 c.c. zu Lasten des Verbrauchers begründet, indem diese Pfandklausel unverhältnismäßig viele Wertsachen des Kunden bindet und diesem auch keine Möglichkeit gegeben wird, eine Freigabe der gepfändeten Wertsachen zu erlangen.

(4) Verstoß gegen Treu und Glauben

Weiterhin ist zu klären, ob diese Pfandklausel in den Allgemeinen Geschäftsbedingungen der Banken auch gegen das Gebot von Treu und Glauben (*buona fede*) i.S. des Art. 1469-*bis* Abs. 1 c.c. verstößt und ob ein solcher Verstoß überhaupt zusätzlich zu dem erheblichen vertraglichen Mißverhältnis vorliegen muß[317] oder vielmehr bereits durch das Vorliegen eines festgestellten erheblichen Mißver-

[317] So etwa *Alpa*, Corr. Giur. 1993, 642.

hältnisses indiziert wird[318], bzw. ob das vertragliche Mißverhältnis durch das Gebot von Treu und Glauben qualifiziert wird[319]. Diese letzte Meinung geht von der Grundlage aus, daß der Begriff von Treu und Glauben rein objektiv betrachtet werden muß, obwohl die Formulierung des Art. 1469-*bis* Abs.1 c.c. auf einen subjektiven Bewertungsmaßstab schließen läßt[320]. Folgt man der herrschenden Meinung, so liegt eine Mißbräuchlichkeit der Klausel dann vor, wenn die Erheblichkeit des vertraglichen Mißverhältnisses zu Lasten des Kunden durch eine Bewertung im Lichte des Grundsatzes der *buona fede* im objektiven Sinne festgestellt wird. Der Begriff der *buona fede* im objektiven Sinne wird in der h.M. als Zusammenfassung der Verhaltensregeln, insbesondere der Redlichkeit und der Korrektheit, aufgefaßt[321].

Für den *pegno omnibus* müßte man danach zu der Auffassung kommen, daß auch unter der Berücksichtigung des Grundsatzes von Treu und Glauben ein erhebliches Mißverhältnis zu Lasten des Kunden anzunehmen ist, da eine Erheblichkeit des Mißverhältnisses auch unter der Berücksichtigung der Maßstäbe von Treu und Glauben zu bejahen und somit eine Mißbräuchlichkeit der Klausel anzunehmen wäre.

ee) Zwischenergebnis

Zusammenfassend läßt sich zum italienischen *pegno omnibus* festhalten, daß durch die restriktive Anwendung des Art. 2787 Abs. 3 c.c. der *pegno omnibus* zwar grundsätzlich im Innenverhältnis Wirksamkeit entfaltet, jedoch im Außenverhältnis - *erga omnes* - wirkungslos bleibt. Die gegenständlichen Klauseln, die in den von den Banken verwendeten Allgemeinen Geschäftsbedingungen enthalten sind, genügen durch ihren Mangel an Individualisierung des Pfandrechtsgegenstandes bzw. der zu sichernden Forderung und der unzureichenden Publizität nicht den zwingenden Vorschriften der Artt. 2786 f. c.c. Die Rechtsprechung gesteht den Parteien zwar grundsätzlich zu, ein "erweitertes" bzw. "verlängertes"

---

[318] *Rizzo*, Rass. dir. civ. 1993, 590.

[319] So die wohl herrschende Literaturmeinung, vgl. *Cian/Trabucchi - Zaccaria*, Commentario, Art. 1469-*bis*, Rn. 3; *ders.*, Studium Iuris 1996, 415 f., *Lener*, Foro it. 1996, I, 166; *De Nova*, Le clausole vessatorie, S. 16; *Uda*, Le clausole vessatorie, S. 79.

[320] Nach überwiegender Auffassung handelt es sich bei dem in Art. 1469-*bis* Abs.1 c.c. verwendeten Ausdruck "*malgrado la buona fede*" um ein Redaktionsversehen, das sich bereits bei der Übersetzung der EG-Richtlinie eingeschlichen hatte. Diese falsche Übersetzung wurde trotz mehrerer Hinweise in der Literatur in den Text der umgesetzten italienischen Vorschrift weitgehend übernommen (dort hieß es noch "*malgrado il requisito della buona fede*"). Für die subjektive Interpretation hat sich ausdrücklich *Rizzo*, in: *Cesáro*, Clausole vessatorie e contratto del consumatore, S. 33 ff. ausgesprochen.

[321] *Bianca*, Diritto civile, Bd. 3, S. 393.

Pfandrecht zu vereinbaren. Jedoch wird es als mit der dinglichen Natur des Pfandrechts für unvereinbar gehalten, durch einfache Parteivereinbarung *ab initio* das Pfandrecht drittwirksam auf alle künftig irgendwie in den Besitz der Bank gelangenden Gegenstände und Forderungen zu erstrecken, ohne daß hierbei die erforderlichen konstitutiven Publizitätsvorschriften eingehalten werden. Eine drittwirksame vertragliche Verlängerungsform des Pfandrechts wird durch die Rechtsprechung jedoch nicht kategorisch ausgeschlossen. Durch eine genaue Beschreibung der (voraussehbar) künftig in den Besitz der Bank gelangenden Forderungen bzw. Gegenstände des Pfandschuldners könnte man danach den Voraussetzungen des Art. 2787 Abs. 3 c.c. durchaus gerecht werden. Voraussetzung für das drittwirksame Entstehen des Pfandrechtes bleibt jedoch eine Auflistung der Pfandsachen in einem gesonderten, mit sicherem Datum versehenen Schriftstück, auf das in der ursprünglichen Pfandrechtsurkunde verwiesen werden muß. Dies scheinen die von der Rechtsprechung gesetzten zwingenden Grenzen eines *pegno rotativo* zu sein. Die jüngsten Urteile des Kassationshofes (Nr. 5264 vom 28.5.1998 und Nr. 10685 vom 27.9.1999) zum *pegno rotativo* bringen insoweit keine Neuerungen[322]. Die Drittwirksamkeit des *pegno rotativo* setzt danach voraus, daß die Pfandgegenstände in einem gesonderten Schriftstück mit sicherem Datum, den Erfordernissen des Art. 2786 Abs. 3 c.c. entsprechend, ausreichend bezeichnet werden. Die dingliche Erstreckung auf die neu in den Pfandverbund tretenden Gegenstände setzt erst mit der Übergabe und Einhaltung der genannten Publizitätsvoraussetzungen ein und auch nur dann, wenn der ursprüngliche Wert des Pfandverbundes erhalten bleibt[323]. Die entscheidende Neuerung, welche die Anerkennung des *pegno rotativo* durch die Rechtsprechung mit sich bringt, liegt vielmehr in der damit verbundenen Bestätigung der Einheitlichkeit des Pfandrechtes trotz Ersetzung der Pfandgegenstände, was für die Fristen der Konkursanfechtung von erheblicher Bedeutung ist.

Die allgemeine Fassung der von der A.B.I. ausgestalteten Klauseln entspricht in ihrer Formulierung jedoch nicht diesen bereits seit längerer Zeit von der Rechtsprechung aufgestellten Erfordernissen. Es erscheint deshalb verwunderlich, daß die A.B.I. in Kenntnis dieser seit Jahren praktizierten Rechtsprechung nicht die

---

[322]Vgl. oben, S. 95 ff.

[323]So lautet Abs. 2 des Tenors des Entscheidung des Kassationshofes vom 28.5.1998:
2."*La sostituzione reale (e quindi l'effetivo avvicendamento dei beni nel patrimonio del garante e nell'oggetto della garanzia) può operare se i nuovi beni sono consegnati al creditore e la consegna è accompagnata da una scrittura avente data certa, contenente una sufficiente indicazione della cosa e del credito, e la sostituzione avviene entro i limiti di valore dei beni originariamente dati in pegno*".

Formulierung der *pegno omnibus* Klausel geändert hat[324]. Es drängt sich hier der Eindruck auf, daß die Banken ihre wirtschaftliche und juristische Überlegenheit in der Hoffnung ausnützen, der schwächere und juristisch meist schlechter beratene Drittgläubiger oder Kunde vertraue auf die Wirksamkeit und Rechtmäßigkeit der Klausel.

ff) Rechtsvergleichende Betrachtungen

Im deutschen Recht wird die Einbeziehung aller gegenwärtigen und künftigen Wertpapiere und sonstiger Sachen, an denen die Bank im bankmäßigen Geschäftsverkehr Besitz erlangt (Nr. 14 Abs.1 Banken - AGB n.F.), als unproblematisch angesehen. Hier war nur die alte Formulierung der Klausel (Nr. 19 Abs. 2 Banken - AGB a.F.) rechtlich bedenklich, wonach alle "*irgendwie*" in den Besitz der Bank gelangenden Sachen vom Pfandrecht erfaßt werden. Dies stand im Kontrast zu der Regelung des § 9 Abs. 2 Nr.1 AGBG (nunmehr § 307 Abs.2 Nr. 1 BGB n.F).
Danach sind Allgemeine Geschäftsbedingungen, die von dem wesentlichen Grundgedanken einer gesetzlichen Regelung abweichen, unwirksam. Die Formulierung der Sicherheitenklausel wurde jedoch geändert, in dem das Wort "irgendwie" herausgenommen wurde[325]. Auch ist die deutsche Formulierung der Pfandrechtsklausel (Nr. 14 Abs.1 Banken - AGB n.F.) gegenüber der italienischen Formulierung der *clausola omnibus* (2) insoweit für den Kunden weniger einschneidend, als die Bank nur an dem in bankmäßiger Weise erworbenen Gegenstand ein Pfandrecht erlangt. Das von der "verarmten Kundin" in den Geschäftsräumen der Bank verlorene, ihr einzig noch verbliebene Diamantencollier kann daher nicht vom Pfandrecht erfaßt werden, da dieser Gegenstand in diesem Fall nicht bankmäßig, sondern rein zufällig in ihren Besitz gekommen ist[326]. Nach Art. 5 der Kontokorrentverträge der A.B.I. hingegen müßte ein so in den Besitz der Bank gelangter Wertgegenstand auch vom Pfandrecht erfaßt werden können. Die Formulierung spricht nämlich insoweit von Gegenständen, die irgendwie und gleichgültig zu welchem Zweck in den Besitz der Bank gelangt sind. Auch die zweckbestimmten Einzahlungen des Kunden sind in den deutschen AGB (Nr. 14 Abs. 3) von dem Pfandrecht ausgenommen. So könnte dem Kunden, der am Schalter eine Bareinzahlung vornimmt und dabei einen ausschließlichen Verwendungszweck angibt, diese Bareinzahlung nicht zweckentfremdet werden, um

---

[324]So auch *Salanitro*, Conto corrente bancario, S. 428, der die Klausel deshalb für überflüssig hält: "*Oltre che di dubbia validità la clausola sembra abbastanza pletorica*".
[325]Vgl. dazu *Graf von Westphalen*, WM 1984, 13.
[326]*Merkel*, WM 1993, 730.

eine schon seit langem uneinbringbare Forderung gegen den Kunden zurückzuführen. Nach der italienischen Formulierung der *clausola omnibus* würde hingegen auch eine zweckbestimmte Einzahlung den Kunden nicht vor der Verpfändung durch die Bank schützen.

Das Problem der dinglichen Einigung wird im deutschen Recht im Falle der Übertragung von künftigen Gegenständen im Wege der antizipierten Einigung konstruiert. Da die Übergabe der Pfandsache sich nie in der rein objektiven Erlangung des Besitzes durch die Bank an dem Gegenstand erschöpfen kann, sondern vielmehr den Willen zur Besitzübertragung voraussetzt, ist diese Konstruktion über die antizipierte Einigung erforderlich[327]. Dieser Wille wird durch das Einverständnis des Kunden mit der Geltung der AGB i.S. des § 2 AGBG (nunmehr § 305 Abs.2 BGB n.F.) erklärt[328].

Schließlich läßt sich rechtsvergleichend zum deutschen Bankenpfandrecht festhalten, daß die italienische Formulierung der Klauseln bankenfreundlicher bzw. kundenfeindlicher ausgestaltet ist. Würde man die italienische Formulierung einer Prüfung nach deutschem AGBG unterziehen, so würde sie dieser wohl kaum standhalten. Vor allem die Möglichkeit, alle Gegenstände, die auf irgendeine Weise in die Verfügungsbefugnis der Bank gelangt sind, auch dem Pfandrecht zu unterwerfen, wäre mit § 307 BGB n.F. nicht vereinbar, weil darin eine unangemessene Benachteiligung des Kunden zu sehen wäre[329]. In Italien muß der insolvente Geschäftskunde demnach bei Betreten der Geschäftsräume der Bank acht geben, daß er keine Wertsachen liegen läßt, da diese dem pfandrechtlichen Zugriff der Bank unterliegen, ebenso wie zweckbezogene Einzahlungen des Schuldners. Nach der Umsetzung der Richtlinie über Verbraucherverträge in das italienische Recht kommt nun eine Unwirksamkeit auch *inter partes* in Betracht, da der *pegno omnibus*, insbesondere als kombinierte Erweiterungs- und Verlängerungsklausel, ein erhebliches Mißverhältnis der vertraglichen Rechte und Pflichten des Kunden darstellt.
Weiterhin läßt sich festhalten, daß im italienischen Recht die Pfandrechtsklausel der A.B.I. auf weitaus größere rechtliche Probleme stößt als Nr. 14 n.F. der deutschen Banken - AGB. Durch die Verankerung des Bestimmheitsgrundsatzes, der publizitätsgerecht nach außen treten muß, indem der Pfandrechtsgegenstand

---

[327]So *Canaris*, Bankvertragsrecht, Rn. 2660 m.w.N.
[328]*Graf von Westphalen*, WM 1984, 13.
[329]Dies kann man auf Grund der Tatsache annehmen, daß bei der Formulierung von Nr. 19 Abs. 2 der Banken - AGB a.F. das Wort "irgendwie" gestrichen wurde, weil es als gegen § 9 Abs. 2 Nr. 1 verstoßend erachtet wurde, zumal die italienische Formulierung gar noch weiter geht (s.o.).

bzw. die zu sichernde Forderung sich ein ums andere Mal mit Datum versehen aus der Pfandrechtsurkunde ergeben muß, wird dem *pegno omnibus* ein großes Hindernis aufgestellt. Als dingliche Wirksamkeitsvoraussetzung des Pfandrechtes stellt das italienische Recht in Art. 2787 Abs. 3 c.c. diesbezüglich eine dogmatische Hürde auf, die auch nicht, wie im deutschen Recht, über die Konstruktion einer antizipierten dinglichen Einigung gelöst werden kann. Im italienischen Recht entfaltet sich die dingliche Wirkung des Pfandrechts nach der h.M. eben erst durch die unverzichtbare Publizitätsvorschrift der Pfandrechtseintragung mit sicherem Datum. Dies wird wohl auch in der Zukunft für die Banken eine nur schwer überwindbare Hürde bei der Konstruktion eines flexiblen drittwirksamen Bankenpfandrechts bleiben.

Grundbedingung hierfür wäre ein publizitätsgerechtes System, mit dem mittels Verweisung in der Pfandrechtsurkunde auf ein von der Bank zu führendes Register die Formerfordernisse eingehalten werden könnten. Die Rechtsprechung hat eine solche Möglichkeit offengelassen, die bisher von der A.B.I. jedoch noch nicht umgesetzt wurde. Verwunderlich erscheint, daß in der Literatur noch keine Kritik an den Sicherungsklauseln der A.B.I. geübt wurde, nachdem die Formulierung eine Übersicherung nicht unmöglich erscheinen läßt. Diese Problematik wird in der italienischen Rechtsordnung jedoch nicht diskutiert. Dies hängt freilich auch mit der Tatsache zusammen, daß in Italien Kollisionen von verschiedenen Mobiliarsicherheiten durch die Nichtanerkennung von vertraglichen Erweiterungsformen und durch die strenge Registerpublizität aller Mobiliarkreditsicherheiten nicht oft vorkommen. Zudem verweigert die h.M. dem *pegno omnibus* die dingliche Drittwirksamkeit im Kollisionsfall, so daß das Problem der Übersicherung oder Knebelung nur *inter partes* von Bedeutung ist. In der deutschen Rechtsordnung hingegen wurde durch die Freigabeklausel in Nr. 16 der Banken - AGB n.F. einer Sittenwidrigkeit durch Übersicherung bzw. Knebelung des Schuldners zuvorgekommen, wobei diese Freigabeklausel, wie bereits oben dargestellt, inzwischen von der Rechtsprechung als entbehrlich erachtet wird. Die Möglichkeit einer sittenwidrigen Übersicherung wird auch nicht durch das Argument der strengen Akzessorietät des Pfandrechtes entkräftet. Durch die Tatsache, daß sich das Bankenpfandrecht potentiell auf alle in ihrer Verfügungsgewalt stehenden Vermögenswerte des Kreditnehmers erstreckt, dessen Wert die zu sichernde Kreditforderung auch um ein Vielfaches übersteigen kann, liegt bereits eine Situation einer anfänglichen Übersicherung vor. Einer solchen Beurteilung kann auch nicht entgegengehalten werden, daß sich durch die Akzessorietät die Pfandrechtsbindung auf die Höhe der zu sichernden Forderung beschränkt; entscheidend ist vielmehr, daß dem Pfandgläubiger bis zur vollständigen Tilgung der

Kreditforderung ein Recht zum Besitz an der Pfandsache zusteht und dadurch die wirtschaftliche Bewegungsfreiheit des Schuldners stark eingeschränkt werden kann[330]. Eine Übersicherung kommt nicht nur dann in Betracht, wenn der Bank auch drittwirksam ein Übermaß an Sicherheiten eingeräumt wurde, sondern vielmehr schon dann, wenn der Kunde faktisch daran gehindert wird, über seine Sicherungsgegenstände zu verfügen, die von der Bank ungerechtfertigterweise gepfändet wurden. Desweiteren ist zu berücksichtigen, daß sich auch die italienischen Banken regelmäßig noch weitere Sicherheiten einräumen lassen, so daß sich eine Übersicherung auch aus einer Gesamtbetrachtung aller Sicherheiten ergeben kann. Dies ergibt sich für das italienische Recht nun ausdrücklich aus Art. 1469-*ter* Abs.1 c.c., wonach alle anderen in dem Vertrag selbst enthaltenen Klauseln und zusammenhängenden Verträge bei der Beurteilung der Mißbräuchlichkeit der gegenständlichen Klausel berücksichtigt werden müssen. Es kann hier nicht davon ausgegangen werden, daß die Vereinbarung von weiteren Sicherheiten gleichzeitig einen Verzicht auf die durch das Bankenpfandrecht gebundenen Vermögenswerte darstellt[331]. Es bleibt somit abzuwarten, ob der *pegno omnibus* im Lichte der neuen Verbraucherschutzvorschriften einer richterlichen Wirksamkeitskontrolle standhält.

c) Pfandrecht an zu verarbeitenden Sachen - Vertragliche Gestaltungsmöglichkeiten

Bei der Inanspruchnahme von Krediten sind vor allem kleinere Unternehmen oftmals gezwungen, Sicherheiten an im Produktionsprozeß befindlichen Gütern zu bestellen. Das Pfandrecht erscheint hierbei aufgrund des Besitzverlustes nicht praktikabel. In der italienischen Bankpraxis wurden deshalb schon seit geraumer Zeit verschiedene Vertragstypen für Pfandgegenstände eingeführt, die sich im Produktionsprozeß befinden. Darüberhinaus wurde vorgesehen, daß sich bei einer Gattungsschuld das Pfandrecht auch auf die Ersatzware erstreckt, wenn sie ihrer Art und Güte nach der ursprünglichen Ware entspricht[332]. Zweifel an der Zulässigkeit dieser Vertragstypen ergeben sich einerseits hinsichtlich des Bestimmtheitserfordernisses und andererseits bezüglich des erforderlichen Besitzverlustes (Art. 2786 Abs.1 c.c.).

Um diesen Wirksamkeitshindernissen zu begegnen, ist vertraglich vorgesehen, daß ein Verwahrer (*depositario*) die Verarbeitung der Pfandware für die Gläubi-

---

330 Für das deutsche Recht, *Göbel*, Übersicherung, S. 185.

331 So hat sich bezüglich des deutschen Bankenpfandrechts (Nr. 19 Abs. 2 AGB - Banken a.F.) der BGH ausgesprochen, vgl. BGH, 9.6.1983, NJW 1983, 2701.

332 *Rescigno*, Titoli rappresentativi, S. 184 ff.

gerbank kontrolliert und ihr darüber Auskunft erteilt. Zudem hat er sicherzustellen, daß die Pfandware zugunsten der Bank versichert ist[333]. Die zu verarbeitende Pfandware wird von dem *depositario*, der in dieser Funktion als treuhänderischer Verwahrer der Bank fungiert, weiterhin individualisiert und registriert. Der Bank wird in dem Sicherungsvertrag zudem das Recht gewährt, sich Zugang zu den Lagerräumen zu verschaffen und jederzeit die Pfandware und deren Verarbeitung zu überprüfen. Ein Besitzverlust erscheint in diesem Falle entbehrlich, da durch das Einschalten eines Verwahrers der Zugriff des Schuldners auf die Pfandgegenstände ohne Genehmigung des Gläubigers nicht möglich ist (vgl. Art. 2786 Abs. 2 c.c.). Es wird hier ein Mitbesitz des Verwahrers (als Fremdbesitzer für den Schuldner) und des Gläubigers konstruiert[334]. Rechtsprechung und herrschende Meinung in der Literatur nehmen in diesem Fall zwar eine Wirksamkeit *inter partes* an, verneinen jedoch die Einwendbarkeit des so bestellten Pfandrechts gegenüber gutgläubigen Dritten, da es nach außen hin an einem völligen Besitzverlust des Schuldners fehle[335]. Etwas anderes gelte nur dann, wenn es sich bei der Pfandware nicht um zu verarbeitende Waren handelt, sondern um Güter, für die zum einen eine spezialgesetzliche Vorschrift die Verpfändung beim Schuldner durch Übergabe eines speziellen Dokumentes ermöglicht und die zum anderen problemlos in abgrenzbaren Lagerhäusern des Schuldners aufbewahrt werden können, da sie nicht mehr vom Pfandschuldner bearbeitet werden müssen. Hier nimmt die Rechtsprechung eine zulässige Form des Mitbesitzes von Pfandschuldner und -gläubiger an[336], jedoch nur dann, wenn der Schuldner nicht ohne Zustimmung des Schuldners über das bei ihm gelagerte Pfandgut verfügen kann[337].

---

[333]*Gabrielli*, garanzie reali, S. 78.

[334]*Gabrielli*, garanzie reali, S. 82.

[335]Cass. 9.10.1968, Nr. 3171, Foro it. 1968, II, 2978; Trib. Firenze, 8.3.1965, Foro it. 1965, 883; *Messineo*, Banca, borsa, tit. cred. 1949, I, 305; *Angeloni*, Natura del pegno costituito a garanzia di operazioni di banca e di obbligazioni cambiarie, in Scritti giuridici, 1966, S. 489; *Rubino*, La responsabilità patrimoniale, S. 222; *Tucci*, Garanzie sui crediti, S. 192; *Piepoli*, Garanzie sulle merci e spossessamento, S. 49; *Montel*, Banca, borsa, tit. cred. 1951, I, 285; *Portale*, Riv. trim. dir. proc. civ. 1962, 877 ff.

[336]Cass. 9.10.1968, Nr. 3171, Foro it. 1968, II, 2978; Trib. Firenze, 8.3.1965, Foro it. 1965, I, 883.

[337]In diesem Fall hatte der Kassationshof zu entscheiden, ob das Pfandrecht an einem Zuckervorrat, welches sich in einem Lagerraum des Pfandschuldners befand, drittwirksam entstanden ist. Der Kassationshof hat dies bejaht. Die Besonderheit dieses Falles war folgende: Der Zuckervorrat wurde nicht, wie es Art. 2786 c.c. verlangt, dem Gläubiger übergeben, sondern dieser hat lediglich ein warenersetzendes Papier für den Zucker erhalten. Diese Möglichkeit sieht das Gesetz auch ausdrücklich in Art. 2786 Abs.1, 2. Alt. c.c. vor. Danach kann das Pfandrecht auch wirksam durch die Übergabe einer Urkunde, die das ausschließliche Verfügungsrecht über die Sache verschafft (Art. 1996 c.c.), begründet werden. Jedoch konnte der Kassationshof hier offenlassen, ob es sich bei dem Zertifikat von der U.t.i.f., einer industrie-

Es läßt sich somit festhalten, daß eine vertragliche Verarbeitungsklausel zwar *inter partes* Wirkung entfaltet, jedoch die Rechtsprechung dem Pfandrecht bezüglich der zu verarbeitenden Sachen die Drittwirksamkeit versagt, da es an der erforderlichen Besitzverlust fehle. Über die Figur eines Mitbesitzes zwischen Pfandgeber und -nehmer i. S. des Art. 2786 Abs. 2 c.c. läßt sich nach der Rechtsprechung, außer in spezialgesetzlich vorgesehenen Ausnahmefällen, aus den gleichen Gründen auch kein drittwirksames besitzloses Pfandrecht begründen.
Der Interessenkonflikt, auf der einen Seite dem Unternehmer eine flexible Sicherungsform durch sein Umlaufvermögen zu ermöglichen, ohne dabei die Sicherungsgegenstände "auf Eis zu legen", und auf der anderen Seite der Verkehrsschutz, scheint sich für das Pfandrecht durch die restriktive Anwendung der Pfandrechtsformalien seitens der Rechtsprechung nicht zu lösen. Der Gesetzgeber hat dieses Manko zwar erkannt, jedoch eine Abhilfe im Bereich des Pfandrechts nur in einem wirtschaftlich relativ unbedeutenden Zweig geschaffen, nämlich im Bereich der Schinkenproduktion.

3. Gesetzlich geregelte Erweiterungsformen

a) Das "Schinkenpfandrecht" *(pegno sui prosciutti)*

Durch Gesetz Nr. 401 vom 24. Juli 1985 bezüglich einem Pfandrecht für Schinken mit geschützter Herkunftsbezeichnung (*legge sulla costituzione di pegno sui prosciutti a denominazione d'origine tutelata*) wurde eine von der herkömmlichen gesetzlichen Regelung des Pfandrechts des Codice civile abweichende, bemerkenswerte spezialgesetzliche Regelung eingeführt, die eine Verlängerung des Pfandrechts auf das sich im Verarbeitungsprozeß befindliche Produkt vorsieht[338]. Die Besonderheit an dieser Regelung liegt darin, daß bei diesem Pfandrecht die Waren nicht wie normalerweise dem Gläubiger oder einem Dritten übergeben werden[339], sondern vielmehr eine Überwachung des Pfandgutes durch einen treuhänderischen Verwahrer *(consegnatario di fiducia)* vereinbart wird,

---

spezifischen Interessenvereinigung, um ein solches warenersetzendes Papier handelt, da es eine Übergabe bereits durch eine gesetzliche Vorschrift anerkannte. Nach dieser Vorschrift können im Bereich der Zuckerindustrie keine Waren ohne ein bestimmtes dafür vorgesehenen Dokument der U.t.i.f. veräußert werden (Art. 13 Abs. 2 Gesetzesdekret Nr. 835 vom 16.9.1955). Zudem spezifiert Art. 13 Abs. 3, daß der Pfandgläubiger, dessen Pfandgut vom Pfandschuldner trotz des Zertifikates und des damit verbundenen Veräußerungsverbotes anderweitig veräußert wurde, sein Vorzugsrecht geltend machen kann. Vgl. Cass. 9.10.1968, Nr. 3171, Foro it. 1968, II, 2978, 2980.

[338]Die gesetzliche Regelung gilt nur für bestimmte Schinkensorten, wie den San Daniele und den Parmaschinken.

[339]*Gabrielli*, Il pegno "anomalo", S. 25.

wobei der Pfandgeber im unmittelbaren Besitz der Sicherungsgegenstände bleibt[340].

Das Pfandrecht kann hier außer nach den in Art. 2786 c.c. festgelegten Voraussetzungen[341] auch durch die Markierung des Schinkens unter Aufsicht des Pfandgläubigers mit einem nichtentfernbaren Siegel wirksam bestellt werden. Gleichzeitig hat die Eintragung in ein jährlich abzustempelndes Register zu erfolgen[342]. Die Sicherung des fraglichen Pfandgegenstandes, welcher einen langwierigen Produktions- und Reifeprozeß und die ständige Kontrolle von geschulten Fachkräften erfordert und in den Produktionsstätten des Herstellers, also des Pfandschuldners verbleibt, ist somit von der fehlenden Übergabe des Pfandgegenstandes an den Schuldner gekennzeichnet[343].

Dies scheint eine Reaktion des Gesetzgebers auf die Bedürfnisse eines Wirtschaftszweiges zu sein, der zum einen Güter produziert, die der ständigen fachlichen Kontrolle unterliegen müssen und somit nicht dem Besitzverlust des Pfandrechtes untergeordnet werden können. Ferner kommt der Schinkenproduktion in Italien traditionsgemäß eine nicht zu unterschätzende wirtschaftspolitische Bedeutung zu.

In der Literatur wurde diese Regelung grundsätzlich sehr positiv aufgenommen und zum Anlaß genommen, die rechtlichen Voraussetzungen eines wirksamen Pfandrechtes ohne Besitzverlust zu durchleuchten. Teilweise wird vertreten, daß man bei genauerer Betrachtung des Art. 2786 c.c. feststellen könne, daß der Gesetzgeber nicht von einem erforderlichen Besitzentverlust *(spossessamento)* des Schuldners, sondern von der ausschließlichen Verfügungsgewalt des Gläubigers über den Gegenstand (*"esclusiva disponibilità della cosa da parte del creditore"*) spricht[344]. Als Folge sei die Markierung des Schinkens und die damit verbundene Eintragung in das Gläubigerregister als Verlust der ausschließlichen Verfügungsgewalt seitens des Pfandgebers anzusehen. Somit seien die Besonderheiten des vorliegenden Pfandrechtes durchaus mit der gesetzlichen Regelung des Pfandrechtes des Codice civile vereinbar und auch auf sie zurückzuführen[345].

---

[340] *Gabrielli,* Il pegno "anomalo", S. 25, der feststellt, daß es dadurch zum Mitbesitz *(compossesso)* gem. Art. 2786 II c.c. kommt.

[341] Somit also durch die Übergabe der Sache an den Gläubiger oder einen Dritten.

[342] Vgl. Art. 1 della legge 24. luglio 1985, n. 401.

[343] *Gabrielli,* Il pegno "anomalo", S. 20, der feststellt, daß - obwohl Art. 7 des vorliegenden Gesetzes bestimmt, daß auf diesen Pfandtyp die einschlägigen Vorschriften des codice civile Anwendung finden, soweit sie übertragbar sind - die genannten Voraussetzungen des vorliegenden Pfandrechts ein "anomales (unregelmäßiges) Gewand" tragen.

[344] Dieser Unterschied wird vor allem von *Gabrielli,* Riv. dir. civ. 1992, II, 269 herausgehoben.

[345] *Gabrielli,* Il pegno "anomalo", S. 20, der hier in der Tat von dem "anomalen" Pfandrecht (*"pegno anomalo"*) spricht.

Diese Ansicht erscheint durch den Wortlaut des vorliegenden Gesetzes, das ausdrücklich von einem Pfand (*"pegno sui prosciutti"*) spricht, Unterstützung zu finden. Weiterhin legt der Verweis in Art. 7 des vorliegenden Gesetzes auf die Anwendung der einschlägigen Vorschriften des Codice civile und die Anordnung in Art. 2, der die Verpflichtungen des Pfandschuldners festlegt, eine Analogie zu den Vorschriften des Codice civile nahe[346]. Es bleibt abzuwarten, ob der Gesetzgeber dieses Modell für andere Güter, denen wirtschaftlich eine größere Bedeutung zukommt, als Vorbild nimmt und somit einen Weg hin zu einer wirtschaftlich relevanten Verbreitung von besitzlosen Pfandrechten einschlägt.

b) Pfandrecht an Wertpapieren durch die Monte titoli S.p.A.

Der Gesetzgeber hat in Art. 7 des Gesetzes Nr. 289 vom 19.6.1986[347] ein besitzloses Pfandrecht an Wertpapieren, die von der Monte titoli S.p.A. verwaltet werden, vorgesehen[348]. Zum besseren Verständnis soll hier kurz vorab die Institution der Monte titoli S.p.A. dargestellt werden[349]. Bei der Monte titoli S.p.A. handelt es sich um eine dem deutschen Sammelverwahrer entsprechenden Einrichtung in der Form einer Aktiengesellschaft, die ursprünglich von Börsenmaklern aus dem Bedürfnis heraus gegründet wurde, die Aktiengeschäfte zu zentralisieren und zu vereinfachen. Hauptanlaß hierfür war die Unpraktikabilität des Wertpapierhandels durch die materielle Übergabe der an der Börse gehandelten Aktien und die damit verbundene Gefahr des Verlustes oder Diebstahls der Wertpapiere. Weiterhin wurde durch die Zunahme des Wertpapierhandels, insbesondere bedingt durch den wachsenden Volkswohlstand und die zunehmende Flexibilität der Anleger in den letzten Jahrzehnten, eine Wertpapierlawine ausgelöst, die verwaltungs- und verwahrungstechnisch nahezu unlösbare Probleme mit sich brachte. Durch die Gründung der Monte titoli S.p.A. versuchte man diesem umständlichen Wertpapierhandel abzuhelfen, indem der materielle Umlauf der Papiere durch eine zentrale Sammelverwahrung ersetzt wurde. Die Übertragung der Wertpapiere wird danach durch die zentrale Verwahrung, durch eine Buchung im Wege der Girooperation, ähnlich dem Geldgiro, ersetzt. Der Depotinhaber

---

[346]Diese Pflichten sind vor allem die des Verwalters (Art. 2 Abs.1 des vorliegenden Gesetzes). Weiterhin sieht Art. 5 die Möglichkeit der Beschlagnahme des Pfandgegenstandes vor.

[347]Der Gesetzgeber hat durch Ministerialdekret vom 27.5.1993, modifiziert durch Ministerialdekret vom 5.1.1995, ein weiteres besitzloses Pfandrecht für in einer zentralisierten Sammelverwahrung befindlichen Staatsschuldverschreibungen eingeführt. Dabei handelt es sich um eine Nachbildung des Art. 7 des Gesetzes Nr. 289/1986. Vgl. hierzu *Gabrielli*, Banca, borsa, tit. cred. 1996, I, 162.

[348]Abgedruckt in *Di Majo*, Codice civile, S. 1267 ff.

[349]Vgl. zu der Monte titoli S.p.A. die rechtsvergleichende Arbeit von *Rückert*, Wertpapiersammelverwahrung im italienischen Recht.

erhält dabei einen Anteil seiner bei der Monte titoli S.p.A. eingebrachten Papiere, die daraufhin dem Depotinhaber eine bestimmte Quote dieser Titel am Sammeldepot zuschreibt. Dieser Anteil wird dann also lediglich nach Stückzahlen verbucht. Voraussetzung für die Einbringung von Wertpapieren in das System der Monte titoli ist die Vertretbarkeit der Papiere. Dies ergibt sich aus Art. 1 des Gesetzes Nr. 289/1986[350]. Verwunderlich erscheint deshalb auf den ersten Blick, daß in das System der Monte titoli S.p.A. neben den Inhaberpapieren auch Namenspapiere eingeführt werden können[351]. In Deutschland ist die Sammelverwahrung von Namenspapieren nicht möglich, da diese keine vertretbaren Sachen darstellen. Jedoch löst sich dieser offensichtlich frappierende Unterschied zwischen dem deutschen und dem italienischen Recht durch eine Durchleuchtung der dahinterstehenden Begriffe wieder weitgehend auf. Während in Italien Aktien und Schuldverschreibungen den Namenspapieren zugeordnet werden, gelten sie in Deutschland als Inhaberpapiere, oder wie im Fall der Namensaktien auch als Orderpapiere[352]. Um die Namenspapiere nun dem System der Monte titoli S.p.A. zugänglich zu machen, werden die Papiere treuhänderisch auf die Monte titoli S.p.A indossiert, um so die Vertretbarkeit der Namenspapiere zu erreichen[353].

Die Institution der Monte Titoli S.p.A. entspricht hierbei weitgehend dem bereits in den 20er Jahren in Deutschland begründeten System der Sammelverwahrung. Dabei wird in der Form der sog. Drittsammelverwahrung bei zentralen Sammelverwahrern, den Wertpapierbanken bzw. Kassenvereinen, durch diese eine der Monte titoli S.p.A entprechende Tätigkeit ausgeübt[354]. Diese Praxis wurde in Deutschland dann 1937 mit der Einführung des Depotgesetzes kodifiziert[355]. In diesem Bereich wurden auch schon Überlegungen angestellt, auf gemeinschaftsrechtlicher Ebene einen europäischen Zentralsammelverwahrer oder zumindest eine europäische Clearingstelle für Stücke- und Geldverrichtung zu errichten. Diese Pläne wurden jedoch bald darauf wieder fallengelassen, da ein zentraler

---

[350]Eine entsprechende Regelung enthält Art. 5 DepotG für das deutsche Recht.

[351]Bei den einführbaren Namens - und Inhaberpapieren werden nur solche erfaßt, die am *mercato ufficiale*, dem amtlichen Börsenhandel, und am *mercato ristretto*, teilnehmen. Der *mercato ristretto* ist vergleichbar mit dem in Deutschland geregelten Freiverkehr. Vgl. *Rückert*, Wertpapiersammelverwahrung im italienischen Recht, S. 28 (Fn. 50).

[352]Zur Einteilung der Wertpapiere im italienischen und deutschen Recht vgl. *Rückert*, Wertpapiersammelverwahrung im italienischen Recht, S. 44 ff.

[353]*Lener*, La dematerializzazione dei titoli azionari e il sistema Monte Titoli, S. 36.

[354]Vgl. dazu *Drobnig*, Dokumentlose Wertbewegungen, S. 19.

[355]Zuletzt in der Fassung vom 11.1.1995. Die Sammelverwahrung ist dort in den §§ 5 ff. geregelt.

europäischer Sammelverwahrer zu weitreichende Konsequenzen für die nationalen Abwicklungssysteme mit sich bringen würde[356].

Durch das System der Sammelverwahrung nach Quoten durch die Monte Titoli S.p.A. erfolgte somit eine Entmaterialisierung ("*dematerializzazione*"[357]) des Wertpapierhandels. Dadurch sollte eine für den Kapitalanleger überschaubarere und letzlich effizientere Form des Wertpapierhandels ermöglicht werden, indem durch die fehlende Übergabe der Papiere die Wertpapierflut eingedämmt wird[358]. Das System basiert auf der Zentralisierung der Verwaltung der Wertpapiere durch die Monte titoli S.p.A., die hierbei der Aufsicht des Finanzministeriums unterliegt. Die Einführung der Wertpapiere in das System der Monte titoli S.p.A. erfolgt nicht direkt durch die Aktieneigentümer, sondern durch ein zwischengeschaltetes Finanzinstitut (Zwischenverwahrer), welches dann die Wertpapiere bei der Monte titoli S.p.A. im Auftrag der Wertpapiereigentümer (Hinterleger) in Zwischenverwahrung gibt[359]. Durch die Einbringung der Papiere in das Sammelverwahrungssystem der Monte titoli erwerben die Hinterleger nach h.M. einen Miteigentumsanteil an der von ihnen eingebrachten Quote. Dies ist im Gegensatz zum deutschen Recht, in dem das Entstehen eines Miteigentumsanteils nach § 6 Abs.1 Depotgesetz ausdrücklich angeordnet wird, nicht explizit geregelt, sondern wird vielmehr aus dem gesetzlich explizit nicht normierten, auf Art. 939 Abs. 1 c.c. beruhenden Prinzip der *comunione pro diviso* entnommen[360]. Eine durch das System der Sammelverwahrung der Monte Titoli S.p.A. bedingte

---

[356]Vgl. dazu *Kessler,* ZKW 1987, 845.

[357]Diese Entmaterialisierung wird in in der Literatur teilweise auch als "*smaterializzazione*" bzw. "*disindividuazione*" bezeichnet. Vgl. dazu *Gabrielli*, Banca, borsa, tit. cred. 1996, I, 161.

[358]*Campobasso*, Diritto commerciale, S. 209 f.

[359]Wie auch im deutschen Recht verbindet den Hinterleger der Wertpapiere und den Zwischenverwahrer ein Vertragsverhältnis, welches zum einen die Verwahrung bei der Wertpapiersammelbank zum Gegenstand hat; zum anderen sorgt der Hinterleger im Rahmen eines Auftragsverhältnisses (in Deutschland durch einen Geschäftsbesorgungsvertrag) für die Erfüllung der mit dem Wertpapierhandel zusammenhängenden Verwaltungsgeschäften. Die Rechtsbeziehung zwischen dem Zwischenverwahrer und der Monte titoli S.p.A. wird im italienischen Recht als "*contratto di deposito ed amministrazione*" bezeichnet, welches im deutschen Recht dem Effektengirovertrag entspricht. Das Vertragsverhältnis entspricht hierbei in beiden Ländern weitgehend dem Verhältnis zwischen dem Hinterleger und dem Zwischenverwahrer. Dieser Verwahrungsvertrag wird regelmäßig als Depotvertrag "*sui generis*" eingeordnet, da die Wertpapiersammelbank andere als die eingebrachten Papiere derselben Art an den Hinterleger zurückgeben darf. Vgl. dazu *Rückert*, Wertpapiersammelverwahrung im italienischen Recht, S. 71 ff.

[360]Ein Teil der Literatur nimmt hingegen das Entstehen einer Situation des Mitbesitzes (*compossesso*) zwischen den Hinterlegern an. Vgl. zum Streitstand diesbezüglich *Rückert*, a.a.O., S. 75 ff.

Entmaterialisierung des Wertpapierhandels brachte für den Bereich der Verpfändung von dort eingebrachten Titeln eine Regelungsbedürftigkeit mit sich[361]. Abweichend von den Vorschriften des Codice civile und den spezialgesetzlichen Regelungen bezüglich Wertpapiergeschäften hat der Gesetzgeber in dem Gesetz hinsichtlich der zentralisierten Verwaltung von Wertpapieren durch die Monte titoli S.p.A. ein Pfandrecht ermöglicht, welches eine materielle Übergabe der Wertpapiere nicht erfordert. Nach Art. 1997 c.c. ist eine Pfandrechtsbegründung der in Wertpapieren verbrieften Rechte nur dann wirksam, wenn sich die Verpfändung aus dem Papier selbst ergibt. Für Namenspapiere wird eine wirksame Verpfändung gem. Art. 2024 c.c. nur dann angenommen, wenn sich das Pfandrecht aus einer entsprechenden Anmerkung auf dem Papier selbst ergibt und zudem eine Registereintragung vorliegt. Eine weitere Verpfändungsmöglichkeit für Namenspapiere sieht Art. 2026 c.c. vor, wonach diese auch durch Übergabe des Namenspapiers bei gleichzeitigem Indossament mit der Klausel "zur Sicherheit" ("*in garanzia*") oder mit einer anderen gleichwertigen Klausel erfolgen kann.
Hier hat der Gesetzgeber nun durch Art. 7 des Gesetzes Nr. 289/86 eine erhebliche Veränderung eingeführt. So bestimmt Art. 7 Abs. 1 289/86, daß sich das Pfandrecht bezüglich der in das System der Monte titoli S.p.A. eingebrachten Wertpapiere auf die Quote des Wertpapieranteils überträgt, ohne daß dabei eine erneuernde Wirkung (*effetto novativo*) der Pfandrechtsbestellung, welche insbesondere für die Anfechtungstatbestände in der Insolvenz erheblich ist, eintritt.

Bezüglich der Verpfändung von Wertpapieren im System der Monte titoli S.p.A. muß man zwischen zwei Gruppen unterscheiden. Zum einen der Verpfändung von Namenspapieren und zum anderen der Verpfändung von sonstigen der Sammelverwahrung zugänglichen Wertpapieren. Weiterhin soll in diesem Zusammenhang auch die Einbringung in die Sammelverwahrung der Monte titoli S.p.A. von bereits verpfändeten Namens- bzw. sonstigen Wertpapieren untersucht werden.
Bei der Verpfändung von Wertpapieren wird nun die von Art. 2786 c.c. geforderte Besitzübergabe durch eine Verbuchung des Pfandrechts in das *registro dei vincoli* ersetzt (Art. 7 Abs. 1 289/86). Dieser Buchungsvorgang begründet automatisch einen Wechsel der Besitzmittelungsverhältnisse, indem der Zwischenverwahrer die Papiere nun nicht mehr für den Pfandschuldner, sondern für den Pfandgläubiger besitzt[362]. Diese Umstellung des Verwahrungsverhältnisses wird

---

[361] *Liuzzi*, Riv. crit. dir. priv. 1992, 45.
[362] *Rückert*, Wertpapiersammelverwahrung im italienischen Recht, S. 106.

als ausreichend erachtet, um das Erfordernis der Besitzaufgabe des Art. 2786 Abs. 3 c.c. zu erfüllen[363].

Eine Veränderung ergibt sich auch bei der Einbringung von Wertpapieren in die Sammelverwahrung, die bereits mit einem Pfandrecht belastet sind. Hier bestimmt nun Art. 7 l. 289/86, daß sich das Pfandrecht an dem Wertpapier an dem durch die Einbringung entstehenden Miteigentumsanteil fortsetzt. Durch die Einbringung der Papiere in die Monte titoli S.p.A. findet ein automatischer Wechsel der Pfandrechtsbindung von der Urkunde auf den Miteigentumsanteil statt. Das Pfandrecht wird dabei in ein vom Zwischenverwahrer geführtes Register, das sog. "*registro dei vincoli*" eingetragen. Das Pfandrecht ergibt sich danach nur noch aus diesem Register. Diese Registereintragung begründet nach Art. 7 Abs. 2 S.1 289/86 die volle Wirkung des vorher bestehenden Sicherungsrechtes. Hierbei kommt der durch die Registereintragung konstitutiven Pfandrechtsbestellung nach Art. 12 Abs. 3 des Durchführungsgesetzes rückwirkender Charakter zu. Es wird also kein neues Pfandrecht begründet. Dadurch wird die für eine Konkursanfechtung erhebliche Frist durch Einführung in das System der Monte titoli S.p.A. nicht beeinträchtigt. Im deutschen Recht kommt man hier, mangels ausdrücklicher Regelung, durch eine Analogie über § 949 BGB zum gleichen Ergebnis, wonach das Pfandrecht am Wertpapier bei Einbringung in die Sammelverwahrung auf den Miteigentumsanteil übergeht[364].

Eine Besonderheit bei der Verpfändung von Wertpapieren stellen die Namenspapiere dar. Grundsätzlich werden diese durch den Vermerk des Pfandrechts auf dem Papier und den Vermerk des Berechtigten im Gesellschafterbuch bzw. Anbringen eines Indossaments zugunsten des Pfandgläubigers verpfändet[365]. Die Einbringung der so verpfändeten Namenspapiere ist jedoch im System der Sammelverwahrung der Monte titoli S.p.A. nicht möglich, da die erforderliche Vertretbarkeit der einzuführenden Papiere nicht gegeben wäre. Die Individualität der Namenspapiere wurde zu diesem Zweck mit dem Vermerk auf dem Papier, daß das auf dem Namenspapier vermerkte Pfandrecht als nicht geschrieben gilt, beseitigt (Art. 7 Abs.1 S. 1 289/86). Mit der Übertragung der Papiere auf die Monte titoli S.p.A. gelten die auf den Wertpapieren vermerkten Pfandrechtseintragungen somit als nicht mehr existent[366].

Die vierte Variante stellt die Verpfändung von bereits in der Sammelverwahrung der Monte titoli S.p.A. befindlichen Namenspapieren dar. Wie bei den Inhaber-

---

[363] *Airoldi*, Dir. banc. e merc. fin. 1987, I, 370.

[364] *Canaris*, Bankvertragsrecht, Rn. 2108.

[365] Zur Verpfändung von Namenspapieren *Minervini*, Banca, borsa, tit. cred. 1990, I, 146.

[366] Die Formulierung lautet gem. Art. 2 Abs. 2 des entsprechenden Ausführungsgesetzes : "*Ai sensi dell art. 7, l. 19 giugno 1986, n. 289, l'annotazione del/i vincolo/i si intende non apposta*". Vgl. hierzu *Gabrielli*, Banca, borsa. tit. cred. 1996, I, 161.

papieren ist Voraussetzung einer Verpfändung die Einigung und zusätzlich der Vermerk im *registro dei vincoli.* Zusätzlich muß bei den Namenspapieren jedoch die Verpfändung auch aus dem Gesellschafterbuch des Emittenten resultieren. Diese Eintragung ist erforderlich, um die Drittwirksamkeit der Namenspapiere zu gewährleisten (Art. 2024 Abs.1 c.c.). Eine Verpfändung von Namenspapieren kann jedoch grundsätzlich auch mittels Indossierung (*girato con la clausola "in garanzia"*) gem. Art. 2026 c.c. begründet werden. Hierzu steht jedoch Art. 7 Abs. 2 S. 1 289/86 in Widerspruch, wonach eine Eintragung im *registro dei vincoli* ein wirksames Pfandrecht lediglich zwischen den Parteien begründet. Art. 7 Abs. 2 S. 2 l. 289/86 sieht für die Verpfändung von Namenspapieren zuzüglich zu der Eintragung in das Register der Monte titoli S.p.A. die namentliche Eintragung der Verpfändung in das Register des Emittenten vor. Hierbei wird das Pfandrecht nur dann wirksam begründet, wenn die Eintragung in beiden Registern vorliegt, weil nur so eine Verbriefung des Rechtes erfolgt[367].

Im deutschen Recht hingegen werden die Miteigentumsanteile von Inhaberpapieren durch Weisung des Miteigentümers, den Anteil am Sammelbestand nunmehr für den Pfandgläubiger und nicht mehr für den Miteigentümer zu verwahren, verpfändet[368]. Für die rechtliche Konstruktion dieser Verpfändung gibt es zwei Möglichkeiten: Denkbar ist einerseits eine Veränderung des Besitzmittelungsverhältnisses, wonach die Wertpapiersammelbank nunmehr den Besitz für den Pfandgläubiger ausübt, was einer Übergabe im Sinne des §1205 Abs. 1 S.1 BGB gleichkommt[369]. Zu dem gleichen Ergebnis kommt man über eine Konstruktion über § 1205 Abs. 2 BGB, also die Übertragung des mittelbaren Besitzes durch Abtretung des Herausgabeanspruches nach §§ 870, 398 BGB in Verbindung mit einer Verpfändungsanzeige an die Wertpapiersammelbank[370]. Technisch erfolgt die Verpfändung eines Miteigentumanteils gem. § 30 AGB der Kassenvereine in der Regel durch Verwendung eines grünen sog. Wertpapierschecks[371]. Auf diese Verpfändung finden die Regeln des BGB Anwendung[372].

---

[367]*Partessotti*, Banca, borsa, tit. cred. 1987, I, 612.

[368]*Bülow*, Kreditsicherheiten, Rn. 361.

[369]*Canaris*, Bankvertragsrecht, Anm. 896; *Staudinger/Wiegand*, Anh. zu § 1296, Rn. 4.

[370]Zu dieser Möglichkeit *Canaris*, Bankvertragsrecht, Anm. 896, der jedoch dem Weg über § 1205 Abs.1 S.1 den Vorzug gibt.

[371]Hierbei handelt es sich nicht um einen Scheck i.S. des Scheckgesetzes, sondern um eine Art Überweisungsauftrag. Vgl. ausführlich dazu *Canaris*, Bankvertragsrecht, Anm. 883 mit Hinweis auf die Gegenmeinung, die teilweise eine Anweisung im Sinne des § 783 BGB annimmt.

[372]*Staudinger/Wiegand*, Anh. zu § 1296, Rn. 4.

Werden die mit einem Pfandrecht belasteten Wertpapieranteile von dem Depotinhaber wieder aus dem System der Monte titoli S.p.A. herausgenommen, lebt die von Art. 1997 c.c. vorgeschriebene Regelung wieder auf. Dies wird durch Art. 7 Abs. 3 289/86 sichergestellt, wonach bei einer Herausnahme der mit einem Pfandrecht belasteten Titel der Verwahrer die Pfandrechtsbegründung auf den nun wieder individualisierten Papieren zu vermerken hat. Hierbei wird wiederum das ursprüngliche Datum der Pfandrechtsbegründung eingetragen, falls dieses bereits vor Einbringung in die Sammelverwahrung begründet wurde[373].

Es bleibt somit festzuhalten, daß der Gesetzgeber durch die Einführung von Art. 7 des Gesetzes Nr. 289/1986 ein besitzloses Pfandrecht eingeführt hat. Eine Übergabe der Pfandgegenstände wird mit der Einbringung der belasteten Titel in das System der Monte titoli S.p.A. unmöglich, da eine Vermischung mit den anderen gleichartigen sich im Sammeldepot befindlichen Titeln erfolgt und der Depotinhaber nur noch seine Rechte an seinem Depotanteil geltend machen kann. Somit erscheint es unausweichlich, daß dem dem Pfandrecht immanenten Erfordernis des Besitzverlustes in einem System, welches durch die Vermischung und die damit verbundene Entmaterialisierung der eingebrachten Titel gekennzeichnet ist, nicht nachgekommen werden kann. Eine in § 1205 Abs. 2 BGB gegebene Möglichkeit des Besitzänderungsverhältnisses mit Anzeige an den Besitzer hat der italienische Gesetzgeber nicht vorgesehen.

V. Zwangsvollstreckung und Konkurs

1. Gläubigerbeitritt in der Zwangsvollstreckung

Wird das Pfandrecht durch die Betreibung der Zwangsvollstreckung durch andere Gläubiger des Pfandschuldners beeinträchtigt, so kann sich der Pfandgläubiger durch Intervention *(intervento)* in das Vollstreckungsverfahren einschalten. Zum besseren Verständnis soll hier kurz das Interventionsrecht in der Mobiliarzwangsvollstreckung im italienischen Zivilprozeß dargestellt werden.

Sobald ein Gläubiger die Zwangsvollstreckung durch Pfändung (*pignoramento*) eingeleitet hat, ist jeder Gläubiger, der gegen den Vollstreckungsschuldner eine sichere und fällige Geldforderung hat, berechtigt, dem Vollstreckungsverfahren durch Intervention beizutreten (Artt. 499, 525 c.p.c.). Dieses Recht steht grundsätzlich allen Gläubigern des Vollstreckungsschuldners zu, jedoch werden diejenigen Gläubiger, die kein Vorzugsrecht haben, nicht von der Zwangsveräußerung

---

[373] *Minervini*, Banca, borsa, tit. cred. 1990, I, 149.

benachrichtigt. Dieses Privileg steht gem. Art. 498 c.p.c. nur denjenigen Gläubigern zu, die ein in öffentliche Register einzutragendes Vorzugsrecht an den Pfandsachen haben[374].
Die Intervention des Pfandgläubigers berechtigt diesen zur Teilnahme an der Verteilung des Erlöses und an der Zwangsveräußerung der gepfändeten Sache sowie zur Betreibung der dazu führenden einzelnen Verfahrenshandlungen (Art. 500 c.p.c.). Einen Vollstreckungstitel braucht hierbei der intervenierende Gläubiger nicht vorzuweisen[375]. Macht der Pfandgläubiger einmal von seinem Interventionsrecht Gebrauch, so findet ein Anhörungstermin statt (Art. 525 c.p.c.). In diesem kann der betreibende Gläubiger die Intervenienten auf andere pfändbare Sachen des Schuldners hinweisen und ihnen empfehlen, die Zwangsvollstreckung auf diese auszudehnen (Art. 527 c.p.c.).

2. Rechtsstellung des Sicherungsnehmers im Konkurs des Pfandschuldners

Fällt der Sicherungsgeber in Konkurs[376], so stehen dem Pfandgläubiger, soweit die Voraussetzungen des Art. 2787 c.c. vorliegen, grundsätzlich zwei Möglichkeiten zur Verfügung. Zum einen ist er berechtigt, die vorzugsweise Befriedigung aus dem Pfandgegenstand bzw. der verpfändeten Forderung zu suchen[377]. Hierfür ist die Genehmigung des Konkursrichters *(giudice delegato)* erforderlich. Der Pfandgläubiger hat hierbei die Pflicht, unverzüglich zur Verwertung der Pfandsache zu schreiten und den Überschuß aus dem Verkauf sodann der Konkursmasse zukommen zu lassen. Wird der Pfandgläubiger durch den Verkauf der Sache nicht vollständig befriedigt, so kann er als gewöhnlicher Konkursgläubiger Befriedigung aus der Konkursmasse suchen. Dabei hat er den gleichen Rang wie ein Gläubiger, der über eine handschriftlich verfaßte Schuldurkunde verfügt[378].

Zum anderen hat der Pfandgläubiger die Möglichkeit der Einzelzwangsvollstreckung gem. Art. 53 Abs.1 l.fall. Diese Vorschrift stellt eine Ausnahme zu dem in Art. 51 l. fall. geregelten Grundsatz dar, wonach grundsätzlich nach der Kon-

---

[374]Hierunter fallen neben den mit einem Vorzugsrecht ausgestatteten Gläubiger auch die mit einer Mobiliar- und Immobiliarhypothek gesicherten Gläubigern. Vgl. *Picardi*, Codice di procedura civile, Art. 498 c.p.c., Nr. 1.

[375]*Cappelletti-Perillo*, Civil Procedure in Italy, S. 324.

[376]Im Gegensatz zum deutschen Konkursrecht kennt das italienische keine Konkursabweisung mangels Masse. In besonders massearmen Konkursen ist der Fiskus daher verpflichtet, die notwendigen Verfahrenskosten vorzuschießen (Art. 91 l.fall.).

[377]*Maffei-Alberti*, Del fallimento, S. 178; Mühl, Sicherungsübereignung, Sicherungsabtretung und Eigentumsvorbehalt im italienischen Recht, S. 88.

[378]*Maffei-Alberti*, Del fallimento, S. 178.

kurseröffnung Maßnahmen auf dem Gebiet der Einzelvollstreckung nicht mehr vorgenommen werden können. Voraussetzung der Einzelzwangsvollstreckung für den Pfandgläubiger ist jedoch, daß er auch als Konkursgläubiger zugelassen werden muß[379]. Ferner sieht Art. 53 Abs. 2 l. fall. vor, daß der Pfandgläubiger für den Verkauf des Pfandgegenstandes die Genehmigung des Konkursrichters benötigt, der nach Anhörung des Gläubigerausschusses über die Modalitäten des Verkaufs entscheidet. Gem. Art. 53 Abs. 3 l. fall. ist der Konkursrichter jedoch nicht verpflichtet, dem Verkauf zuzustimmen. Vielmehr kann er auch den Konkursverwalter ermächtigen, den Pfandgegenstand gegen Befriedigung der Forderung des Pfandgläubigers zur Konkursmasse zu ziehen[380] und diesen zu verkaufen[381].

Bezüglich der Verteilung der Aktivmasse sieht Art. 111 l. fall. vor, daß der bei der Liquidation erzielte Erlös in der folgenden Reihenfolge ausgezahlt wird: An erster Rangstelle wird der Erlös für die Bezahlung der Kosten einschließlich der vom Fiskus vorgestreckten Auslagen ausgeschüttet, sowie für die im Rahmen der Verwaltung des Konkurses und der Geschäftsfortführung des Unternehmens eingegangenen Verbindlichkeiten.

Danach folgen die Zahlungen der hinsichtlich der verkauften Sache bevorrechtigt zugelassenen Forderungen gemäß der vom Gesetz zugelassenen Reihenfolge, die sich aus den Artt. 2745 bis 2783 c.c. ergibt. An letzter Stelle werden die nicht bevorrechtigten Gläubiger (*creditori chirografari*) im Verhältnis zu dem Betrag der Forderung, mit der jeder von ihnen zugelassen wurde, berücksichtigt.
Nachdem die Pfandgläubiger der zweiten Gruppe angehören, müßten sie eigentlich nach der Befriedigung der ersten Gruppe bedacht werden. Diesbezüglich vertritt der Kassationshof jedoch in gefestigter Rechtsprechung, daß bei einer im Rahmen der Konkursverteilung entstehenden Konkurrenz von Masseforderungen mit von einem Grundpfandrecht, Pfandrecht oder einem besonderen Vorzugsrecht gesicherten Forderungen die letzteren vor den Masseforderungen aus dem Erlös

[379] *Maffei-Alberti*, Del fallimento, S. 179; *Semiani-Bignardi*, La ritenzione, S. 126 ff.

[380] Hinsichtlich der Einsetzung des Konkursverwalters zum Verkauf der Pfandgegenstände steht dem Konkursrichter ein Auswahlermessen zu.
Wenn sich der Konkursrichter jedoch einmal für das Verkaufsrecht des Pfandgläubigers entschieden hat, kann er den Konkursverwalter nicht mehr einsetzen.
Vgl. hierzu *Semiani-Bignardi*, La ritenzione, S. 127 f.; *Alberti*, Del fallimento, S. 180.

[381] Die Auslösung (*riscatto*) seitens des Konkursverwalters kann nur dann vorgenommen werden, wenn die Konkursforderung angemeldet worden ist, auch wenn die Konkursanmeldung anfechtbar oder angefochten worden ist, vgl. *Semiani Bignardi*, La ritenzione, S. 139 ff.; *Maffei-Alberti*, Del fallimento, S. 180.

der ihnen verhaftenden Sicherungsgüter befriedigt werden müssen[382]. Die einzige Ausnahme dieser Befriedigungsinversion läßt die Rechtsprechung für den Fall zu, daß die Masseforderungen mit Tätigkeiten in Verbindung zu bringen sind, die den Wert der als Sicherheit dienenden Vermögensgüter unmittelbar erhöht haben, zur Verwaltung dieser Güter erforderlich waren bzw. den gesicherten Gläubigern in sonstiger Weise einen Vorteil gebracht haben.
Begründet wird dieser Befriedigungsvorrang der dinglich gesicherten Gläubiger damit, daß sie ein Recht auf den Wert des ihnen haftenden Gegenstandes erworben haben, welches ein Vertrauen auf die wirtschaftliche Unantastbarkeit ihrer gesicherten Position, mit Ausnahme der für die Verwaltung, Instandhaltung und Liquidation der Sicherungsgüter angefallenen Kosten einschließlich eines gewissen Kostenbeitrages für die allgemeinen Verfahrenskosten, rechtfertigt[383].

3. Die Konkursanfechtung

Die Konkursanfechtung (*azione revocatoria fallimentare*) spielt im Zusammenhang mit der Bestellung von Pfandrechten in der Praxis eine gewichtige Rolle. Vor allem im Bereich von Erweiterungsformen des *pegno irregolare* ist die Rechtsprechung in jüngerer Zeit mit der Konkursanfechtung beschäftigt worden[384]. Vorab sollen hier kurz zum besseren Verständnis die Voraussetzungen der Konkursanfechtung dargelegt werden.
Die Anfechtungsbefugnis steht nach Verfahrenseröffnung ausschließlich dem Konkursverwalter (*curatore fallimentare*) zu (Art. 66 l. fall.). Selbst bei Untätigkeit des Verwalters kommt den Gläubigern keine Anfechtungsmöglichkeit zu[385]. Hinsichtlich der Anfechtung im Konkurs ist zunächst zwischen der ordentlichen Gläubigeranfechtung (*azione revocatoria ordinaria*) gem. Art. 66 l. all. und der in Art. 67 l. fall. geregelten besonderen Konkursanfechtung (*azione revocatoria fallimentare*) zu differenzieren.
Die ordentliche Gläubigeranfechtung kann nach Art. 66 Abs.1 l. fall. nach Konkurseröffnung nur vom Konkursverwalter beantragt werden. Voraussetzung hierfür ist eine dem Gläubiger gegenüber benachteiligende Rechtshandlung (Art. 2901 c.c.). Danach muß der Schuldner den Nachteil, den die Rechtshandlung den

[382] Cass. 10.8.1992, Nr. 9429, Il fallimento 1993, 157 ff.
[383] So die ständige Rechtsprechung: Cass. 10.8.1992, Nr. 9429, Il fallimento 1993, 157; Cass. 3.11.1981, Nr. 5784, Dir. fall 1982, II, 361; Cass. 19.10.1977, Nr. 4474, Dir. fall. 1978, II, 278.
[384] App. Milano, 11. 10. 1994, Banca, borsa, tit. cred. 1996, II, 188 ff.; App. Roma, 30.10.1995, Banca, borsa, tit. cred. 1996, II, 418 ff.; Trib. Monza, 21.1.1993, Banca, borsa, tit. cred. 1994, II, 575 ff.
[385] Cass. 14.1.1980, Nr. 322, Dir. fall. 1980, II, 132; *Satta*, Diritto fallimentare, S. 256.

Ansprüchen des betroffenen Gläubigers zufügte, gekannt haben. Diese benachteiligende Rechtshandlung muß sich beim Gläubiger kausal schädigend ausgewirkt haben. Bei entgeltlichen Rechtsgeschäften muß der Geschäftspartner des Schuldners zudem von der fraudulösen Absicht des Schuldners gewußt haben (Art 2901 Abs.1 Nr. 2 c.c.). Die ordentliche Gläubigeranfechtung entfaltet im Gegensatz zur spezielleren Konkursanfechtung nur Wirkung *inter partes* zwischen dem Schuldner und dem betreffenden Gläubiger. Sie hat bei den Sicherungsrechten keine nennenswerte Bedeutung, da in diesem Bereich die spezielle Konkursanfechtung vorgeht[386].

Eine erhebliche Bedeutung kommt im Zusammenhang mit dem Pfandrecht der speziellen Konkursanfechtung gem Art. 67 l. fall. zu. Der Konkursanfechtung unterliegen nur bestimmte, in Art. 67 l.fall. aufgeführte Rechtshandlungen. Für das Pfandrecht hat Art. 67 Abs. 1 Nr. 3 und 4 spezielle Regelungen vorgesehen. Nach Nr. 3 können die in den letzten zwei Jahren vor Konkurseröffnung für bereits bestehende, noch nicht fällige Schulden eingeräumten Pfandrechte, Nutzungspfandrechte und vertragliche Hypotheken nach Anfechtung für unwirksam erklärt werden. Nr. 4 des Art. 67 Abs. 1 l. fall. erweitert den Anwendungsbereich diesbezüglich insofern, als neben den in Nr. 3 aufgeführten Sicherungsrechten auch die Zwangshypothek anfechtbar ist, wenn diese innerhalb des letzten Jahres vor Konkurseröffnung für bereits fällige Schulden bestellt worden ist. Die Anfechtungsmöglichkeit greift jedoch in beiden Fällen nur, wenn der Anfechtungsgegner nicht beweisen kann, daß er von der Zahlungsunfähigkeit des Schuldners keine Kenntnis hatte. Insofern hat der Gesetzgeber dem Anfechtungsgegner die Beweislast für die Rechtshandlungen i. S. des Art. 67 Abs.1 l. fall. auferlegt[387]. Der Konkursverwalter muß nur beweisen, daß der Anfechtungsgegner in dem sanktionierten Zeitraum eine Rechtshandlung i.S. des Art. 67 Abs. 1 l. fall. vorgenommen hat. Um sich der Anfechtungsmöglichkeit zu entziehen, muß der Anfechtungsgegner beweisen, daß er keine positive Kenntnis von der Zahlungsunfähigkeit des Gemeinschuldners hatte. Hierfür wird es von der Rechtsprechung für ausreichend erachtet, wenn der Beweis dargetan wird, daß objektive Anhaltspunkte für eine normale Zahlungsfähigkeit des Schuldners im Zeitpunkt des fraglichen Rechtsgeschäfts vorgelegen haben[388].

---

[386] *Pajardi*, Codice del fallimento, Art. 66, Rn.1.

[387] Für die in Art. 67 Abs. 2 l. fall. aufgeführten Rechtshandlungen (Zahlungen auf fällige und einklagbare Schulden, entgeltliche Verfügungen und solche, für die ein Recht auf vorzugsweise Befriedigung für gleichzeitig eingegangene Schulden entsteht) trägt hingegen der Konkursverwalter die Beweislast.

[388] Cass. 18.11.1988, Nr. 6240, Il fallimento 1989, 292; Cass. 25.3.1987, Nr. 2879, Il fallimento 1987, 1034; Cass, 5.2.1985, Nr. 792, Il fallimento 1985, 832.

Umstritten ist bezüglich der Konkursanfechtung, ob die Rechtshandlung des Anfechtungsgegners die Konkursmasse beeinträchtigt haben muß. Die Rechtsprechung geht davon aus, daß kein konkreter Schaden durch die Rechtshandlung entstanden sein muß, sondern vielmehr der Schaden in der Insolvenz des Schuldners selbst liegt. Dieser Schaden werde im Konkursverfahren, entsprechend dem Grundsatz der *par conditio creditorum*, gleichmäßig unter den Konkursgläubigern verteilt. Ein Schaden wird nur dann nicht angenommen, wenn der Anfechtungsgegner beweist, daß durch seine Rechtshandlung keine Beeinträchtigung der Konkursmasse hervorgerufen wurde[389]. Das Pfandrecht und insbesondere die verschiedenen Erweiterungsformen sind im Zusammenhang mit der Konkursanfechtung in jüngerer Zeit häufig Gegenstand von Rechtsstreitigkeiten gewesen.

Streitpunkt ist diesbezüglich insbesondere der Zeitpunkt hinsichtlich des in Art. 67 Abs. 1 Nr. 3 und 4 l. fall. geregelten Zeitraumes, in dem die beeinträchtigende Rechtshandlung vorgenommen wurde. Nach einer Ansicht ist für den Fristlauf das Datum der Pfandrechtsgewährung (*concessione del pegno*), also der Abschluß des obligatorischen Pfandrechtsvertrages, erheblich[390]. Nach herrschender Meinung hingegen ist auf das Datum des drittwirksamen Entstehens des Pfandrechtes, also gem. Art. 2786 Abs. 2 c.c. auf die Übergabe der Pfandsache an den Pfandnehmer bzw. einen von den Parteien bestimmten Dritten, abzustellen[391]. Dies ergebe sich aus dem dinglichen Charakter des Pfandrechtes, dem die bloße Parteieinigung nicht gerecht werden sondern das die Übergabe der Pfandsache erfordere. Eine Beeinträchtigung der Konkursmasse komme erst mit dem dinglichen Entstehen des Pfandrechts in Betracht, da erst dann die Sicherung die Verwertungsmöglichkeit zuläßt.
Komplizierter wird die rechtliche Beurteilung des für Art. 67 Abs. 1 Nr. 3 und 4 fraglichen Zeitraumes beim sog. *pegno rotativo.*
Hierbei entsteht nun das Problem, ob als Entstehungszeitpunkt des Pfandrechts hinsichtlich der im Wege der Surrogation nachträglich in den Besitz des Pfandnehmers gelangten Pfandsachen die ursprüngliche dingliche Pfandrechtsbestellung oder der Moment des tatsächlichen Entstehens und der Inbesitznahme der Pfandsache durch den Pfandnehmer entscheidungserheblich ist.

---

[389] Cass. 16.9.1992, Nr. 10570, Il fallimento 1993, 270; Cass. 20. 9. 1991, Nr. 9853; Il fallimento 1992, 48; Cass. 16.10.1987, Nr. 7649, Il fallimento 1988, 29.
[390] *Pajardi*, Radici, S. 235.
[391] *Provinciali*, Trattato, S. 1102; *Lo Cascio*, Codice del fallimento, S. 269; Cass. 15.1.1981, Nr. 371, Massimario del Foro it. 1981, 87.

Bei einem unregelmäßigen Pfandrecht, dem *pegno irregolare* i. S. des Art. 1851 c.c., läßt die Rechtsprechung eine automatische Verlängerung des Pfandrechtes zu und sieht als Zeitpunkt des Entstehens des Pfandrechtes hinsichtlich der neu in den Besitz des Pfandgläubigers gelangenden Gegenstände, in der Regel sind dies Schuldverschreibungen, den ursprünglichen Entstehungszeitpunkt des Pfandrechtes als maßgeblich an. Da die Pfandgegenstände beim *pegno irregolare* ausschließlich vertretbare Sachen sein können, sei von vornherein eine vertragliche Surrogation der Pfandrechtsgegenstände innerhalb eines durch das Kontokorrentverhältnis zwischen Bank und Sicherungsgeber bestimmbaren Sicherungsverhältnisses vereinbart.

Die Ersetzung der vertretbaren Pfandrechtsgegenstände ändere hier nichts am einheitlichen Charakter des Pfandrechtes[392]. Für die Konkursanfechtung bedeutet dies, daß der Zeitpunkt der Ersetzung der Pfandrechtsgegenstände für die Fristbestimmung gem. Art. 67 Abs.1 l. fall., in der die beeinträchtigende Sicherheit bestellt worden sein muß, unerheblich ist. Die Ersetzung der Pfandrechtsgegenstände nehme hierbei dem Pfandrecht auch nicht den akzessorischen Charakter gegenüber der zu sichernden Forderung, da die nachträglich entstehenden Pfandsachen durch Konsens der Vertragsparteien auf einen einheitlichen genetischen Zeitpunkt zurückzuführen sind. Die erforderliche Gleichzeitigkeit der Pfandrechtsbestellung mit der zu sichernden Hauptforderung dürfe nicht in einem streng formalistischen und chronologischen, sondern vielmehr in einem teleologischen und wesentlichen Sinn verstanden werden[393]. Der für die Konkursanfechtung entscheidungserhebliche Zeitpunkt für den *pegno irregolare* mit *patto di rotatività* sei daher derjenige der anfänglichen dinglichen Pfandrechtsbestellung, und zwar auch bezüglich aller erst in diesem Rahmen zukünftig enstehenden und in den Besitz der Bank gelangenden Pfandsachen[394].

Bei der Anfechtung eines regulären Pfandrechtes (*pegno regolare*) i. S. des Art. 2786 c.c. mit einer Verlängerungsabrede (*patto di rotatività*) haben die oben beschriebenen Entscheidungen des Kassationshofes Nr. 5264 vom 28.5.1998 und Nr. 10685 vom 27.9.1999 eine erhebliche Veränderung mit sich gebracht[395].

---

[392] App. Milano, 11.10.1994, Banca, borsa, tit. cred. 1996, II, 188: *"Nel caso di pegno irregolare, con annesso patto di rotatività della garanzia, la sostituzione dell'oggetto non fa perdere alla costituzione del pegno il carattere di contestualità rispetto al negozio di credito, dato che il rapporto complessivo permane unico e identico"*

[393] App. Milano, Banca, borsa, tit. cred. 1996, II, 188, 189: "*La preesistenza o contestualità di una garanzia rispetto al negozio principale cui accede devono essere valutate non in senso cronologico e formale, bensì in senso teleologico e sostanziale*".

[394] App. Milano, Banca, borsa, tit. cred. 1996, II, 189.

[395] Vgl. zu diesen Entscheidungen unten, S. 94 f.

Der Kassationshof stellt hier hinsichtlich des anfechtungsrelevanten Zeitraumes i.S. des Art. 67 Abs. 1 l. fall. nicht mehr auf den Zeitpunkt der Inbesitznahme der neu in den Pfandverbund eintretenden Pfandsachen ab, sondern auf den der ursprünglichen Pfandrechtsentstehung. Damit schließt sich der Kassationshof der herrschenden Literaturmeinung[396] an.

Der Kassationshof sieht in dem *pegno rotativo* dann ein einheitliches Pfandrecht, wenn durch die Ersetzung der Pfandgegenstände der ursprüngliche Wert erhalten bleibt[397]. In diesem Fall wird auch der für die Konkursanfechtung entscheidende Zeitpunkt auf die ursprüngliche Pfandrechtsbestellung bezüglich der neu eintretenden Pfandgegenstände vorverlagert. Diese Auffassung erscheint auch gerechtfertigt, wenn man sich vor Augen hält, daß im Falle des Entstehens eines neuen Pfandrechtes durch die Ersetzung die Drittgläubiger ungerechtfertigt bevorzugt würden bzw. der Pfandgläubiger benachteiligt würde. Drittgläubiger könnten durch die Ersetzung der Pfandrechtsgegenstände eine Pfandrechtsbestellung anfechten, die eigentlich vor dem zur Anfechtung berechtigenden Zeitraum liegt[398]. Eine Benachteiligung von Drittgläubigern kommt durch die Ersetzung nicht in Betracht, da der Wert des Pfandverbundes gesichert sein muß, um ein einheitliches Pfandrecht anzunehmen[399].

VI. Die Mobiliarhypothek (*ipoteca mobiliare*)

1. Einführung

Im Gegensatz zum deutschen Recht, in dem die Hypothek grundsätzlich nur für unbewegliche Sachen (§ 1113 BGB) bestellt werden kann, dient im italienischen Recht die Hypothek zusätzlich auch zur Sicherung von registrierpflichtigen beweglichen Sachen (Art. 2810 Abs. 3 c.c.)[400]. Die Unterscheidung der beiden traditionellen Realsicherheiten, Hypothek und Pfandrecht, manifestiert sich im italienischen Recht demnach nicht ausschließlich nach der Einteilung in bewegliche bzw. unbewegliche Sachen, sondern vielmehr in den verschiedenen Bestellungs- bzw. Publizitätsvoraussetzungen. Während das Pfandrecht die Besitzübertragung

---

396 *Rubino*, La responsabilità patrimoniale, S. 24; *Realmonte*, Banca, borsa, tit. cred. 1994, I, 14; *Napoleoni*, Il fallimento 1993, 766.

397 Siehe unten, S. 95 ff.

398 *Gabrielli*, Il pegno "anomalo", S. 218.

399 *Gorla*, Del pegno, S. 24 f. So nun auch der Kassationshof: Cass. Nr. 5264 vom 28.8.1998, Banca, borsa, tit. cred. 1998, II, 485 f.

400 Vgl. jedoch § 1120 BGB, wonach sich die Hypothek auf die von dem Grundstück getrennten Erzeugnisse und sonstigen Bestandteilen sowie auf das sich im Eigentum des Sicherungsgebers befindliche Zubehör erstreckt.

des Sicherungsgegenstandes erfordert, muß die Hypothek in ein öffentliches Register eingetragen werden. Jedoch ist diese Einteilung lediglich der gesetzessystematische Regelfall, der nicht der faktischen Abgrenzung der beiden Sicherungsinstrumente entspricht. Die Hypothek erstreckt sich vielmehr grundsätzlich auf unbewegliche Sachen, wobei sie nur ausnahmsweise auch für eine bestimmte Art von beweglichen Sachen, die aufgrund ihrer Beschaffenheit einem den unbeweglichen Sachen entsprechenden Publizitätsregime unterworfen werden können, bestellt werden kann[401]. Ein Rechtsverlust des Hypothekargläubigers durch gutgläubigen Erwerb der beweglichen Sache durch einen Dritten gem. Art. 1153 c.c. wird durch die Publizitätswirkung der Registereintragung gem. Art. 1156 c.c. unmöglich gemacht. Die Registerpublizität stellt somit letztendlich bei der Bestellung einer Mobiliarhypothek den entscheidenden Abgrenzungsfaktor zu dem besitzabhängigen Pfandrecht dar. Dieser Abgrenzungsmechanismus stellt sich hingegen schwieriger dar in der Beurteilung, ob der Gesetzgeber durch spezialgesetzliche Regelungen eine Mobiliarhypothek oder ein vertragliches Vorzugsrecht (*privilegio convenzionale*) an beweglichen Sachen entstehen lassen wollte. Diese Unklarheit hinsichtlich der Abgrenzung stellte sich vor allem vor Inkrafttreten des Codice civile von 1942. Der Gesetzgeber hatte bis dahin die Mobiliarhypothek nicht ausdrücklich erwähnt. Art. 2810 Abs. 2 c.c. von 1942 hat hingegen diejenigen Gegenstände, nämlich Flugzeuge, Schiffe und Kraftfahrzeuge, die auch bereits vorher dem Hypothekenrecht untergeordnet wurden, ausdrücklich geregelt. Nach Art. 2810 Abs. 3 c.c. gelten die Vorzugsrechte an Kraftfahrzeugen (*privilegi iscritti sugli autoveicoli*)[402] als Hypotheken. Diese Regelung verdeutlicht, daß vor Inkrafttreten des Codice civile von 1942 die vertraglichen Vorzugsrechte zur Mobiliarhypothek nicht klar abgegrenzt waren. Die für die Hypothek charakterisierende Eintragung in ein öffentliches Register wurde meist auch für die vertraglichen Vorzugsrechte vorgesehen. So wurde in dem Gesetz Nr. 436 vom 15.3.1927 über den Verkauf von Kraftfahrzeugen zudem für das Vorzugsrecht vorgesehen, daß dieses ein Verfolgungsrecht mit sich bringt, zudem der Eintragung in das öffentliche Register konstitutive Wirkung zukommt und sie schließlich das Recht auf vorzugsweise Befriedigung begründet. All dies zusammen ließ auch schon vor der ausdrücklichen Regelung in Art. 2810 Abs. 3 c.c. keinen Zweifel darüber aufkommen, daß es sich bei dem als Vorzugsrecht bezeichneten Sicherungsmittel um eine Form der Mobiliarhypothek handelt[403]. Auch andere spezialgesetzlich geregelte Vorzugsrechte wurden von großen Tei-

---

[401] *Rubino*, L'ipoteca, S. 194.

[402] Geregelt in dem königlichen Dekret Nr. 1814 vom 29.7.1927 (sulla compravendita di autoveicoli e l'istituzione del P.R.A.).

[403] *Tucci*, Ipoteca mobiliare, S. 1.

len der Literatur vor Inkrafttreten des Codice civile von 1942 dem auf Grund der Entstehungsvoraussetzungen und Rechtsfolgen näherstehenden Hypothekenrecht zugeordnet[404]. Der Gesetzgeber hat jedoch mit Einführung des Art. 2810 Abs. 2 c.c. dieser bis dahin vorherrschenden Ansicht weitgehend die Grundlage entzogen. Die Mobiliarhypothek scheint dort nunmehr ihre abschließende Regelung gefunden zu haben. Jedoch wird auch heute noch in der Literatur den spezialgesetzlichen Eingriffen des Gesetzgebers in Form von besonderen Vorzugsrechten eine nähere Verwandtschaft zur Mobiliarhypothek bescheinigt. Insbesondere das in dem neuen Bankgesetz geregelte gewerbliche Vorzugsrecht gem. Art. 46 t.u. nehme eine der Mobiliarhypothek entsprechende Stellung ein[405]. Dies vor allem wegen der Publizitätsvoraussetzungen und der Tatsache, daß das dort geregelte Vorzugsrecht seinen Rechtsgrund (*causa*) in der Kreditvergabe finde. Dies sei den vertraglichen Vorzugsrechten gem. Art. 2745 Abs. 1 c.c. wesensfremd. Vielmehr ende der Anwendungsbereich der Vorzugsrechte in dem Moment, in dem der Rechtsgrund des zu sichernden Kredits das Fundament des Sicherungsinstrumentes darstelle[406]. Der Rang der vorzugsweisen Befriedigung bestimme sich dann nicht mehr, wie für die Vorzugsrechte vorgesehen, nach dem Rechtsgrund der zu sichernden Forderung, sondern vielmehr ausschließlich nach der externen Publizität durch die Registereintragung. Gerade dies sei eine für die Hypothek kennzeichnende Charaktereigenschaft[407]. Diese Publizitätsvoraussetzungen entscheiden letztlich über den Rang und die Einwendbarkeit des Sicherungsinstrumentes. Gerade in diesem Punkt wird in der Literatur stark kritisiert, daß der Gesetzgeber es versäumt habe, ein einheitliches, klares Publizitätssystem für bewegliche Sachen einzurichten[408]. So unterliegt weiterhin jede einzelne in Art. 2810 Abs. 2 c.c. aufgeführte bewegliche Sache verschiedenen Publizitätsvoraussetzungen, indem Art. 2810 Abs. 2 c.c. selbst auf die spezialgesetzlichen

[404]Nach Auffassung von *Chironi*, Trattato, S. 164, versuchte der Gesetzgeber (von 1865) alles zu tun, um die Mobiliarhypothek anzuerkennen. So führte er in Bezug auf das Vorzugsrecht zur Sicherung von landwirtschaftlichen Forderungen (*privilegio a tutela del credito agrario*) aus: "*che la legge parlava di privilegio per mentire quasi un' ipoteca su certi mobili: e dirla con tale norme la legge non volle, per il rispetto al principio che ipoteca sui mobili non si dà*". Vgl. dazu *Tucci*, Ipoteca mobiliare, S. 2; auch *Ferrara Jr.*, L'ipoteca mobiliare, S. 102 ff., 181, sprach sich für eine Qualifizierung von vertraglichen Vorzugsrechten, mit einem dem Hypothekenrecht entsprechenden Publizitätssystem, als Hypothek aus, auch wenn diese bewegliche Sachen zum Gegenstand hatten. Der Gesetzgeber habe in diesen Fällen das Sicherungsrecht als "*privilegio*" bezeichnet, um so einer Ausweitung einer besitzlosen Mobiliarhypothek vorzubeugen. Die Gründe für diese Einteilung seien rein systematischer und keineswegs funktionaler Natur gewesen.

[405]So *Capriglione - Tucci*, testo unico, S. 239.

[406]*Capriglione - Tucci*, testo unico, S. 238.

[407]Kritisch zu den vertraglichen Vorzugsrechten im allgemeinen, *Tucci*, I privilegi, S. 462 f.

[408]Vgl. *Tucci*, Ipoteca mobiliare, S.4.

Regelungen für Schiffe, Flugzeuge und Kraftfahrzeuge verweist. Dadurch erscheint das Instrument einer Mobiliarhypothek ebenso fragmentarisch wie das bis zur Einführung von Art. 46 t.u. bestehende System der vertraglichen Vorzugsrechte. Die Mobiliarhypothek an sich, als besitzloses eigenständiges Mobiliarpfandrecht, existiert somit streng genommen nicht. Die im Codice civile geregelten Hypothekenvorschriften finden auch nur für die in Art. 2810 Abs. 2 c.c. aufgeführten beweglichen Gegenstände Anwendung, soweit die dafür jeweils vorgesehenen Spezialgesetze keine verdrängende Regelung diesbezüglich enthalten. Weiterhin werden sie nur dann direkt angewendet, wenn sie mit den Spezialgesetzen vereinbar sind[409].
Als Mobiliarhypothek wurden zudem vor Inkrafttreten des Codice civile von 1942 überwiegend auch die besitzlosen dinglichen Sicherheiten an Rechten eingestuft[410] - Industriepatente (*brevetti per invenzioni industriali*), Urheberrechte (*diritti d'autore*)-. Jedoch wurde mit Einführung des Codice civile von 1942 dieser Auffassung weitgehend die Grundlage entzogen, indem der Gesetzgeber dort einen eigenen Abschnitt für das Pfandrecht an Rechten (Artt. 2800 ff. c.c.) vorgesehen hat. In Art. 2806 c.c. wird in diesem Zusammenhang ausdrücklich auf die Spezialgesetze hinsichtlich der Patente für gewerbliche Erfindungen und der Urheberrechte verwiesen. Somit wurde klargestellt, daß es sich bei den in diesen Spezialgesetzen vorgesehenen Sicherungsrechten nicht um Fälle der Mobiliarhypothek handelt, sondern um Pfandrechte[411]. Als Mobiliarhypothek an Rechten hat der Gesetzgeber von 1942 in Art. 2810 Abs. 2 c.c. einzig diejenige an Staatsrenten (*rendite dello Stato*) vorgesehen.

Es läßt sich somit festhalten, daß die Mobiliarhypothek als besitzloses Pfandrecht nur in den in Art. 2810 Abs. 2 c.c. geregelten Fällen ihre Anwendung findet. Eine analoge Ausweitung des Art. 2810 Abs. 2 c.c. auf ähnliche Güter wird nach der Rechtsprechung kategorisch abgelehnt. Hier werden die rechtspolitischen Tendenzen deutlich, keine besitzlose Mobiliarsicherheit zuzulassen, um das zur Sicherung für bewegliche Sachen vorgesehene Pfandrecht mit der damit verbundenen Besitzpublizität nicht zu untergraben[412].

---

[409] *Gorla*, Del pegno, S. 138.

[410] *Ferrara Jr.*, L'ipoteca mobiliare, S. 308 ff.

[411] *Gorla*, Del pegno, S. 138 ff. Jedoch gibt es Stimmen in der Literatur, die auch nach Inkrafttreten des Codice civile von 1942 diese Sicherungsrechte als Mobiliarhypotheken einstufen. So etwa *Rubino*, L'ipoteca, S. 221.

[412] In diesem Zusammenhang soll ein Vorschlag aus der Literatur erwähnt werden, wonach die Einführung einer allgemeinen Mobiliarhypothek zur Begründung einer besitzloen, zur Unternehmenszwecken dienenden Sicherheit für nicht registrierungsfähige Güter eingeführt wird. Vgl. *Tucci*, Giur. it. 1999, 1992. Dazu auch *Piscitello*, Banca, borsa, tit. cred. 2001, II, 179.

2. Die Kraftfahrzeughypothek (*ipoteca automobilistica*)

a) Struktur

Während die Mobiliarhypothek für Schiffe, Flugzeuge und Staatsrenten im Rahmen dieser Arbeit nicht von besonderem Interesse ist, da sie grundsätzlich wie unbewegliche Sachen behandelt werden und zudem im gewerblichen Sicherungsbereich keine allzu bedeutende Rolle spielen[413], soll hier auf die interessanteste Form der Mobiliarhypothek, die Kraftfahrzeughypothek[414], eingegangen werden. Gem. Art. 2810 Abs. 2 c.c. zählen die Kraftfahrzeuge (*autoveicoli*) zu den hypothekarisch belastbaren Gegenständen. Die ursprünglich im Gesetz von 1927 bezeichneten Vorzugsrechte wurden mit Inkraftreten des Codice civile von 1942 gem. Art. 2810 Abs. 3 c.c. terminologisch als Mobiliarhypothek klassifiziert. Diese Qualifizierung wurde jedoch, wie bereits oben erwähnt, auch schon vor dieser ausdrücklichen Regelung von der herrschenden Ansicht in der Literatur vorgenommen. Jedoch erschöpft sich der Regelungsgehalt der Kraftfahrzeughypothek durch den Gesetzgeber von 1942 mit dieser, insoweit deklaratorischen Feststellung. Im übrigen verweist nämlich Art. 2810 Abs. 2 c.c. für die Behandlung der Kraftfahrzeughypothek auf das dafür vorgesehene Spezialgesetz (Königliches Dekret - r.d.l. Nr. 436 vom 15.3.1927[415]). Nach Art. 2 des Dekretes stellt sich die dort vorgesehene Hypothek als eine gesetzliche Warenkreditsicherung dar, die dem Verkäufer zur Sicherung des Kaufpreises dient. Jedoch kann nach Abs. 3 dieser Vorschrift die Hypothek auch rechtsgeschäftlich zur Sicherung eines Darlehens bestellt werden. Diese Sicherungsmöglichkeit kann gem. Art. 2821 c.c. auch durch einseitige Erklärung eingeräumt werden, um eine andere als die Kaufpreisschuld des Kraftfahrzeuges zu sichern. Diese Möglichkeit rechtfertigt somit die Aufnahme der Kraftfahrzeughypohek in die hier zu behandelnden dinglichen Geldkreditsicherheiten an Mobilien. Die Eigentümer eines Kraftfahrzeuges erhalten durch dieses Sicherungsinstrument die Möglichkeit der Kreditsicherung, ohne dabei den Besitz an den oftmals nur schwer entbehrlichen Fahrzeugen zu

---

[413]Vgl. zu der Schiffs- und Flugzeughypothek die übersichtliche Darstellung von *Tucci*, Ipoteca mobiliare, S. 4 ff.

[414]Die Kraftfahrzeughypothek hat im deutsch-italienischen Rechtsverkehr besonders durch den sog. "Ferrari-Fall" eine gewisse "Berühmtheit" erlangt. In diesem Fall mußte der BGH (11.3.1991, NJW 1991, 1415; JuS 1991, 779; IPRax 1993, 176 ff.) das dem deutschen Recht nicht bekannte Sicherungsinstrument der Kraftfahrzeughypothek qualifizieren. Im Ergebnis hat der BGH die Kraftfahrzeughypothek, auf Grund ihrer sachenrechtlich vergleichbaren Prägung, der deutschen Sicherungsübereignung gleichgestellt. Vgl. dazu die Kritik von *Sonnenberger* in: MüKo-*Sonnenberger*, Bd. 7, Einl. IPR, Rn. 433.

[415]Dieses Dekret wurde dann durch das Gesetz Nr. 510 vom 19.2.1928 und Königliche Dekret Nr. 1814 vom 29.7.1927 modifiziert. Vgl. *Tucci*, Ipoteca mobiliare, S. 7.

verlieren. Hier kann man zu Recht von einem gesetzlich geregelten besitzlosen Pfandrecht sprechen, welches dem deutschen Recht, in der Form der Mobiliarhypothek, nicht bekannt ist. Dessen Anwendungsbereich dürfte dabei wohl weit hinter dem der deutschen Sicherungsübereignung zurückbleiben, da diese grundsätzlich für alle Arten von beweglichen Sachen bestellt werden kann. Jedoch ermöglicht das für die Kraftfahrzeughypothek vorgesehene strenge Publizitätssystem eine für Dritte transparente Sicherungsmöglichkeit. Die Kraftfahrzeughypothek muß nach den Artt. 1 Abs. 2, 6 r.d.l. 436/27 in das beim Italienischen Automobilklub (A.C.I.[416]) geführte öffentliche Automobilregister (*Pubblico registro automobilistico*) eingetragen werden. In dieses Register sind u.a. die hypothekarischen Belastungen wie auch die Eigentumsverhältnisse des Kraftfahrzeuges einzutragen. Der Eigentümer erhält einen Auszug des Registers (*certificato di proprietà*[417]), aus dem die Eigentumsverhältnisse und die gegebenenfalls vorhandenen hypothekarischen Belastungen ersichtlich sind. Weiterhin bekommt der Eigentümer eine Zulassungsbescheinigung (*carta di circolazione*[418]) ausgehändigt, aus der neben der Eigentumslage ebenfalls eventuelle Drittberechtigungen ersichtlich sind. Sind diese Angaben einmal eingetragen, können Dritte dieser Rechtsstellung - entsprechend dem Grundstücksrecht - keine Rechtsbeeinträchtigungen mehr zufügen (Artt. 6 Abs.1, 12 lit. d, f, g des d.l 436/27). Der Eintragung in das Register kommt nach herrschender Auffassung konstitutiver Charakter zu[419]. Hier besteht also eine doppelte Registerpublizität, die eine verkehrsgerechte Offenlegung der Belastung des Fahrzeuges garantieren soll.

Eine weitere Sicherung des Darlehensgläubigers sieht Art. 3 r.d.l. 436/27 vor, wonach sich das Sicherungsrecht bei Beschädigung oder Zerstörung des gesicherten Kraftfahrzeuges auf den Schadensersatzanspruch des Sicherungsschuldners gegen die Versicherung erstreckt: Ein Fall der gesetzlich vorgesehenen dinglichen Surrogation.

---

[416]A.C.I. = *Automobile Club d'Italia.*

[417]Diese gesetzliche Regelung wurde durch das neue Straßenverkehrsgesetz (*Nuovo codice della strada*) Nr. 285 vom 30.4.1992 eingeführt. Der dort vorgesehene Auszug ersetzt den bis dahin erforderlichen *foglio complementare* i.S. des Art. 6 Abs.4 des Königlichen Dekretes Nr. 1814 vom 29.7.1927. In dem Ferrari-Fall von 1991 hatte sich der BGH dementsprechend noch damit auseinanderzusetzen, ob der deutsche Erwerber des Ferrari sich dieses *foglio complementare,* in dem die hypothekarische Belastung eingetragen war, hätte zeigen lassen müssen, um das Fahrzeug gutgläubig lastenfrei zu erwerben. Vgl. BGH, NJW 1991, 1415 f. (Im Ergebnis bejahte der BGH diese Obliegenheit und verwehrte somit dem Erwerber gem. § 932 Abs. 2 BGB wegen grober Fahrlässigkeit den gutgläubigen lastenfreien Erwerb an dem Ferrari gem. §§ 932, 936 Abs.1 BGB). Vgl. dazu auch *Kindler*, Einführung in das italienische Recht, S. 178 ff.

[418]Vgl. Art. 93 Abs.1, 2 des *Nuovo codice della strada* Nr. 285 von 1992.

[419]Cass. 22.6.1974, Nr. 1896, Giust. civ. Mass. 1974, 852.

b) Verwertung

Auch in der Verwertung des durch die Mobiliarhypothek gesicherten Fahrzeuges läßt sich keine einheitlich systematische Regelung im Codice civile für die Mobiliarhypothek ausmachen. Vielmehr muß wiederum auf die in diesem Bereich vorgesehenen Spezialgesetze zurückgegriffen werden.

So regelt im Bereich der Kraftfahrzeughypothek Art. 7 Abs. 2 r.d.l. 436/27 die Vorgehensweise bezüglich der Verwertung des Sicherungsgegenstandes bei Nichterfüllung der Tilgungsverpflichtungen durch den Sicherungsschuldner. Danach ordnet bei Nichterfüllung der Verpflichtung zur Darlehensrückzahlung auf Antrag des Sicherungsgläubigers der zuständige Amtsrichter den dinglichen Arrest des Kraftfahrzeuges und gleichzeitig das Datum des Verkaufs an. Dem Schuldner verbleibt lediglich eine 10-tägige Frist, um die Zahlung der fälligen Raten nachzuweisen. Gelingt ihm das nicht, bestimmt der Amtsrichter die Vollstreckung des vorher festgelegten Verkaufes.

Hier hat der Gesetzgeber einen speziellen Verwertungsmechanismus in Abweichung der allgemeinen Vollstreckungsregeln des Codice civile festgelegt. Die nur 10-tägige Einwendungs- und Darlegungsfrist des Sicherungsschuldners stellt dem Gläubiger ein schnelles Verwertungsinstrument zur Verfügung.

c) Zwangsvollstreckung und Konkurs

In der Zwangsvollstreckung gegen den Schuldner hat der hypothekarisch gesicherte Gläubiger die Interventionsmöglichkeit des Art. 499 c.p.c. Hierbei steht den Hypothekargläubigern das Recht zu, von der Zwangsveräußerung der Hypothekarsache eine Mitteilung zu erhalten. Dieses Recht steht sowohl den Immobiliar- als auch den Mobiliarhypothekargläubigern zu[420]. Dieses Mitteilungsrecht ist eine positive Auswirkung der strengen Registerpublizität an eintragungsfähigen Mobilien. Die diesbezüglich außenvorstehenden Gemeingläubigern, denen zwar auch das Interventionsrecht gem. Art. 499 c.p.c. zusteht, werden wohl oftmals die tatsächliche Kenntnis der Zwangsvollstreckungsmaßnahme gegen den Schuldner erst zu spät oder überhaupt nicht erhalten.

Der mit einer Kraftfahrzeughypothek ausgestattete Gläubiger wird durch den Beitritt zur Teilnahme an der Verteilung des Erlöses gem. Art. 500 c.p.c. berechtigt. Insoweit gilt das gleiche wie für den Pfandrechtsgläubiger[421].

---

[420] *Picardi*, Codice di procedura civile, Art. 498 c.p.c., Nr. 1.

[421] Vgl. hierzu die Ausführungen zum Pfandrecht in der Zwangsvollstreckung, S. 127 ff.

Eine Benachteiligung erfährt der Gläubiger einer Kraftfahrzeughypothek jedoch im Konkurs des Schuldners. Ihm wird dort nach h.M. die den Pfandgläubigern oder den Gläubigern eines besonderen Vorzugsrechts zugestandene Ausnahme des Verbotes von Maßnahmen der Einzelzwangsvollstreckung nach Konkurseröffnung i.S. des Art. 53 l. fall. nicht gewährt[422]. Die Kraftfahrzeughypothek fällt somit unter das Verbot der Einzelzwangsvollstreckung nach Konkurseröffnung i. S. des Art.51 l. fall. Danach muß der vollstreckende Gläubiger einer Kraftfahrzeughypothek hoffen, daß sein Schuldner vor Beendigung der Verwertung nicht in Konkurs fällt. Dafür stellt ihm das Gesetz zumindest günstige Voraussetzungen durch die kurze Einwendungsfrist des Schuldners.

VII. Formen der Eigentumsübertragung an beweglichen Sachen zu Sicherungszwecken

1. Einführung in die Problematik

Folgend soll untersucht werden, ob und welche Formen einer Eigentumsübertragung zu Sicherungszwecken an beweglichen Sachen in der italienischen Rechtsordnung anerkannt sind. Im Gegensatz zum deutschen Recht, in dem sich die Sicherungsübereignung als dogmatisch gefestigtes und von der Rechtsprechung anerkanntes eigenständiges besitzloses Sicherungsinstrument etabliert hat, hat sich eine entsprechende Sicherungsform in Italien jedoch auf Grund von gesetzlichen und dogmatischen Schwierigkeiten nicht durchsetzen können. Wie im deutschen Recht fand die Sicherungsübereignung in Italien ihren Ausgangspunkt in einem fiduziarischen Kauf zu Sicherungszwecken, bei dem in der Regel ein Rückkaufsrecht vereinbart wurde. Während in Deutschland diese Form von Sicherungsübertragung nach kurzer Zeit von der reinen Sicherungsübereignung verdrängt wurde, hat eine Eigentumsübertragung zu reinen Sicherungszwecken in die italienische Rechtsordnung keinen Eingang gefunden. Die Gründe hierfür sollen nachfolgend eingehend untersucht werden.

Nachdem der Sicherungskauf von der italienischen Rechtsprechung bis zu den Anfängen der Achtzigerjahre insoweit toleriert wurde, als bei dem fiduziarischen Sicherungskauf das Eigentum unverzüglich bei Vertragsabschluß auf den Sicherungsnehmer übergehen sollte, hat der Kassationshof eine solche atypische Sicherungsform in all ihren möglichen Konstruktionsversuchen der Literatur und Kreditpraxis in der seit 1989 gefestigten Rechtsprechung nicht mehr gebilligt.

---

[422] *Ferrara*, Il fallimento, S. 463 (Fn. 9); *Provinciali*, Trattato, S. 911.

Durch die sog. "Zwillingsentscheidungen"[423] der Vereinigten Senate (*Sezioni Unite*) des Kassationshofs[424] vom 3. und 21. April 1989 scheint der Anerkennung einer Sicherungsübereignung, in der Form eines Kaufes zu Sicherungszwecken, wohl endgültig die dogmatische Grundlage entzogen worden zu sein. Auf diese Urteile und ihre Konsequenzen für eine Konzipierung der Sicherungsübereignung soll später im einzelnen näher eingegangen werden[425].

Durch die fehlende Anerkennung eines besitzlosen Mobiliarsicherungsintruments in der italienischen Rechtsordnung hat man in der Kreditpraxis, bedingt durch das Manko des Besitzverlustes beim Pfandrecht, seit Ende des letzten Jahrhunderts unentwegt versucht, eine dogmatische Struktur einer Sicherungsübereignung zu entwickeln, ohne dabei an die Grenzen der unzulässigen *causa* oder das Verbot der Verfallabrede zu stoßen. Jedoch sind bisher alle dogmatischen Konzipierungen früher oder später an der Rechtsprechung gescheitert. Bei allen Konstruktionsversuchen ist man bei der Rechtsprechung auf direktem Wege oder über den Umweg der Simulation oder Gesetzesumgehung auf die Nichtigkeit einer verdeckten Sicherungsübereignung in der Form eines eigennützigen Treuhandgeschäftes zu reinen Sicherungszwecken gestoßen. Im Ergebnis hat sich dabei meist das Verbot der Verfallabrede gem. Art. 2744 c.c. als überwindbare Hürde erwiesen. Auf diese Vorschrift und ihren Anwendungsbereich soll folgend näher eingegangen werden. Als eine Art Ausweichsicherheit hat sich in der Kreditpraxis in Italien in den letzten Jahren das *sale and lease-back* entwickelt, welches in der Rechtsprechung durch eine extensive Anwendung des Art. 2744 c.c. jedoch auch stark eingeschränkt wurde.

Im Mittelpunkt aller Konstruktionsversuche einer Sicherungsübereignung steht im italienischen Recht die romanistische Treuhand. Diese soll daher als Grundlage einer Sicherungsübereignung vorab dargestellt werden. Danach sollen die verdeckten Formen der Sicherungstreuhand untersucht werden. Die Bedeutung der *causa* für eine Sicherungsübereignung im italienischen Recht soll dabei herausgearbeitet werden.

---

[423] *Anelli*, L'alienazione, S. 11, spricht hier von "*due decisioni "gemelle"*."

[424] Die erste Entscheidung war Cass. 3.4.1989, Nr. 1611, Corr. giur.1989, 522, mit Anmerkung *Mariconda*; ebenfalls in Riv. dir. civ. 1990, II, 615, mit Anmerkung *Cubeddu*; Foro it. 1989, I, 1429 mit Anmerkung *Mariconda* und *Realmonte*; Giust. civ. 1989, I, 1569, mit Anmerkung *Canessa*. Die zweite Entscheidung erfolgte nur wenige Tage darauf: Cass. 21.4.1989, Nr. 1907, Giust. civ. 1989, I, 1821, mit Anmerkung *Costanza* und in Foro it. 1990, I, 205, mit Anmerkung *Valcavi*.

[425] Siehe unten, S. 163 ff.

Die verdeckten Formen einer Eigentumsübertragung zu Sicherungszwecken haben sich in der Praxis zumeist in der Form des verdeckten Kaufes zu Sicherungszwecken manifestiert. Seit jüngerer Zeit finden sie ihren Ausdruck aber auch im sog. *sale and lease-back*.

2. Das Treuhandgeschäft als Ausgangspunkt der Sicherungsübereignung

Ausgangspunkt der Konstruktion einer Sicherungsübereignung ist wie im deutschen Recht das Treuhandgeschäft (*negozio fiduciario*). Der italienische Gesetzgeber hat die Treuhandgeschäfte ebenfalls nicht geregelt[426]. Diese haben in der italienischen Rechtsordnung unter dem Einfluß der deutschen Literatur[427] Ende des 18. Jahrhunderts ihren Ausgangspunkt genommen. Die treuhänderischen Geschäfte wurden als Ausprägung der romanistischen Treuhand (*fiducia romanistica*) konzipiert. Danach verstand man unter dem *negozio fiduciario* eine Rechtsübertragung zu einem Zweck, der eine solche Vollrechtsübertragung eigentlich nicht erfordert. Dem Treuhänder wird die volle Rechtsposition übertragen, die er jedoch nicht unbeschränkt, sondern nur nach der Maßgabe einer zwischen Treunehmer und Treugeber bestehenden obligatorischen Sicherungsabrede (sog. *pactum fiduciae*) ausüben soll[428]. In der Entwicklung der romanistischen Treuhandgeschäfte haben sich zwei verschiedene Formen herausgebildet. Die *fiducia cum amico,* die im deutschen Recht als Grundlage der uneigennützigen - bzw. Verwaltungstreuhand diente und die *fiducia cum creditore*, aus der sich in der deutschen Rechtsordnung die eigennützige - bzw. Sicherungstreuhand herausgebildet hatte. Bei der *fiducia cum amico* dient die Einräumung der Rechtsmacht den Interessen des Treugebers (*fiduciante*). Der Treunehmer (*fiduciario*) verwaltet hierbei das Treugut nach den Anweisungen des Treugebers. Bei der *fiducia cum creditore* hingegen wird diese zum Zwecke der Sicherung einer dem Treunehmer gegen den Treugeber zustehenden Forderung eingesetzt. Eine solche Sicherungstreuhand wird im italienischen Recht inzwischen allgemein als gegen

---

[426]Die Diskussion um die Zulässigkeit der Treuhandgeschäfte als eine eigenständige dogmatische Kategorie besteht in der italienischen Literatur seit etwa 1930. Eine teilweise Anerkennung in der Rechtsprechung hat sie erst seit 1955 erfahren. Inzwischen scheint sie in der Form der *fiducia cum amico* allgemein anerkannt zu sein, obwohl sie heute noch auf vereinzelte Zweifel in der Literatur stößt.

[427]So wird in der italienischen Literatur vor allem auf die Beiträge von *Regelsberger*, Zwei Beiträge zur Lehre von der Cession, AcP 63 (1880), 157 und *Kohler*, Studien über die Mentalreservation und Simulation, Jher Jb. 16, (1878), 91 ff. Bezug genommen. Vgl. *Canepa / Morello*, Il negozio fiduciario, S. 703.

[428]*Ferrara sen.*, simulazione, S. 54, der die dem Zweck überschießende Rechtsmacht des Treunehmers und die daraus resultierende Machtmißbrauchstellung (*potere d'abuso*) des Treunehmers als charakterisierend für das Treuhandgeschäft ansieht.

das Verbot der Verfallabrede gem. Art. 2744 c.c.[429] verstoßend und somit als nichtig angesehen. Hierauf soll unten näher eingegangen werden. Das Treuhandgeschäft in der Form der *fiducia cum amico* ist in der italienischen Rechtsordnung hingegen inzwischen einhellig anerkannt und wird in seiner Zulässigkeit nicht mehr bezweifelt[430].

Der Weg bis zur vollständigen Anerkennung des treuhänderischen Geschäftes hatte einige dogmatische Hürden und Diskussionen zu überstehen. Anfänglich wurde versucht, das treuhänderische Geschäft als einheitliches Geschäft (*negozio unitario*) mit einer einheitlichen *causa fiduciae* zu konzipieren. Hierbei wurde zwar, entsprechend dem deutschen Recht, zwischen der dinglichen und der obligatorischen Ebene streng unterschieden, jedoch sollten diese beiden Rechtsbeziehungen aus einer einheitlichen *causa* entwachsen[431]. Im Gegensatz zum deutschen Recht hatte die obligatorische Sicherungsabrede hierbei jedoch gleichzeitig zwei Aufgaben zu erfüllen: Einerseits war sie als integrativer Bestandteil der *causa* Wirksamkeitsvoraussetzung für die Rechtsübertragung auf den Treunehmer. Zum anderen hatte sie die Funktion, die durch die Rechtsübertragung begründete Rechtsmacht des Sicherungsnehmers zu beschränken. Gegen diese Konzipierung des treuhänderischen Geschäfts erhob sich jedoch schnell heftige Kritik[432]. Die hauptsächlichen Bedenken gegen das Treuhandgeschäft in der italienischen Literatur konzentrierten sich dabei auf zwei Gesichtspunkte: Zum einen wurde bezweifelt, daß im italienischen Recht ein Treuhandgeschäft, welches eine Rechtsübertragung vom Treugeber auf den Treunehmer mit sich bringt, in ein System integriert werden könne, welches nicht, wie noch das *ius comune* in der Zeit vor den Kodifizierungen, zwischen dem *modus* und dem *titulus adquirendi* unterscheidet[433]. Zum zweiten wurde in Frage gestellt, ob eine einheitliche *causa*

---

[429] Art 2744 c.c. lautet in deutscher Übersetzung:
Verbot der Verfallsabrede
Eine Abmachung, mit der vereinbart wird, daß bei Nichtbezahlung der Forderung zu einem bestimmten Zeitpunkt das Eigentum der mit einer Hypothek belasteten oder in Pfand gegebenen Sache auf den Gläubiger übergeht, ist nichtig (Art. 1963 c.c.). Die Abmachung ist auch dann nichtig, wenn sie nach der Bestellung der Hypothek oder des Pfandes getroffen wird (Artt. 2796, 2798 c.c.).

[430] Vgl. *Gambaro*, Il diritto di proprietà, S. 610 m.w. N.

[431] Diese Konstruktion wurde vor allem von *Grassetti* vertreten, Riv. dir. comm. 1936, 375. Ihm schlossen sich dann Teile der Literatur an: so etwa *Mancini*, Foro it. 1960, 1838; *Foschini*, Banca, borsa, tit. cred. 1962, I, 19. - Vorübergehend auch die Rechtsprechung, Cass. 16. 4.1937, Giur. it. 1937, I, 658; Cass. 15. 2.1939, Giur. it. 1939, I, 511.

[432] Diese Zweifel wurden in den 30er Jahren von gewichtigen Teilen der Lehre vertreten. *Carraro*, Il mandato, S. 84; *Trimarchi*, Negozio fiduciario, S. 42 f.

[433] So hat vor allem *Pugliatti* die These aufgestellt, daß die Rechtsübertragung und die beschränkende Sicherungsabrede nicht auf einer einheitlichen *causa* beruhen können, sondern vielmehr nur als zwei isoliert zu betrachtende Vorgänge zu konzipieren sind. Vgl. *Pugliatti*,

fiducia als Rechtsgrund geeignet und in der Lage sei, den Eigentumsübergang einer Sache herbeizuführen. Zudem stehe ein treuhänderisches Eigentum (*proprietà fiduciaria*) im Widerspruch zu dem *numerus clausus* der dinglichen Sicherheiten[434].

Die Kritik einer einheitlichen *causa fiducia* führte schließlich dazu, daß die Konstruktion des Treuhandgeschäftes als einheitliches Geschäft aufgrund der geäußerten Bedenken aufgegeben wurde. Es folgte eine Konzipierung als zweigliedriges Geschäft. Die inzwischen h.M. in Literatur und Rechtsprechung sieht das Treuhandgeschäft als Abfolge von zwei getrennten Geschäften an[435]. Zum einen dem Geschäft mit rechtsübertragender Wirkung (*contratto traslativo*[436]) und zum anderen dem obligatorischen Treuhandvertrag (*patto fiduciario*). Die *causa fiducia* stelle hierbei das Verbindungsglied dieser beiden Geschäfte dar[437]. Trotz weiterhin starker Kritik in der Literatur[438] gegen die Wirksamkeit des treuhände-

---

Riv. it. sc. giur. 1948, II, 260, 262; ebenso im Ergebnis, nur mit anderer Begründung *Cariota - Ferrara*, Giur. it. 1937, I, 658. Nach dessen Ansicht müsse sich die *causa fiducia* in eines der gesetzlich geregelten typischen Geschäfte eingliedern lassen, weil die italienische Rechtsordnung die Existenz atypischer Geschäfte mit dinglicher Wirkung verneine. Im Ergebnis wurde von den beiden Meinungen festgehalten, daß sich ein treuhänderisches Geschäft, auf einer einheitlichen *causa* beruhend nicht im italienischen Recht bilden lasse, da dieses das Abstraktionsprinzip nicht kenne.

434 Vgl. etwa. *Cariota - Ferrara*, I negozi fiduciari, S. 9 f.; *Carraro*, Il mandato, S. 77 ff.; *Segrè*, Ann. dir. comp. 1929, III, 832.

435 In der Literatur: *Galgano*, Il negozio giuridico, S. 427; in der Rechtsprechung: Cass. 7.8.1982, Nr. 4438, Mass. Foro it. 1982, 223.

436 Man spricht hier auch von dem "*contratto mezzo*". Vgl. *Canepa / Morello*, Il negozio fiduciario, S. 706.

437 So Cass. 7.8.1982, Nr. 4438, Mass. Foro it. 1982: "*Il negozio fiduciario si realizza mediante il collegamento di due negozi, l'uno di carattere esterno, realmente voluto ed avente efficacia verso i terzi, e l'altro di carattere interno ed obbligatorio, diretto a modificare il risultato finale del negozio esterno, per cui il fiduciario è tenuto a trasferire la cosa o il diritto attribuitogli con il negozio reale all'altro contraente o ad un terzo*".

438 Gegen die Konstruktion als zweigliedriges Geschäft sprach sich *Pugliatti* aus. Dieser, der bereits die einheitliche *causa fiducia* stark kritisierte, sprach sich auch gegen das Treuhandgeschäft als Abfolge von zwei getrennten Verträgen aus. So geht er davon aus, daß unabhängig von der Ausgestaltung des Treuhandgeschäftes (ein einheitliches Geschäft oder zwei verbundene Verträge) die romanistische Form der Treuhand eine volle Eigentumsübertragung mit sich bringe (*la proprietà fiduciaria*), und diese Form von Eigentum sei mit dem "*numero chiuso*" der dinglichen Geschäfte unvereinbar. Zudem seien beide Konstruktionen des Treuhandgeschäftes ohnehin nichtig: Das einheitliche Geschäft mit einer einheitlichen *causa fiducia* sei als dissimuliertes Geschäft eines nach außen hin typischen Vertrages wegen Simulation bzw. Gesetzesumgehung nichtig. Bei dem zweigliedrigen Treuhandgeschäft sei das dingliche Geschäft als abstraktes Geschäft wegen des *numerus clausus* der dinglichen Sicherheiten nicht zulässig. Vgl. *Pugliatti*, Fiducia, S. 201, 270 ff. Als weiterer Kritikpunkt an einer abstrakten *causa fiducia* wurde angeführt, daß diese zu allgemein gehalten sei, um ein atypisches Geschäft zu rechtfertigen. Vielmehr könne der treuhänderische Zweck auch auf andere Weise, nämlich mit den vom Gesetzgeber vorgesehenen typischen Geschäften

rischen Geschäftes, sei es in der einheitlichen Form oder als Abfolge zweier Geschäfte, hat sich inzwischen dessen Zulässigkeit in der italienischen Rechtsordnung in der Form des zweigliedrigen Tatbestandes durchgesetzt. Jedoch hat die Anerkennung des Treuhandgeschäftes nicht automatisch zur Anerkennung einer treuhänderischen Form des Eigentums als Sicherungsmittel geführt[439].

Der *fiducia cum creditore*, also der deutschrechtlichen Sicherungstreuhand, wird in der italienischen Rechtsordnung die Zulässigkeit versagt, da sie gegen Art. 2744 c.c. verstößt[440]. Eine solche Sicherungstreuhand in einer unverdeckten Form kommt daher so gut wie nicht vor.

In der Kreditpraxis wurden vielmehr versteckte Formen der *fiducia cum creditore* entwickelt. Als wichtigste Erscheinungsform hat sich hierbei der verdeckte Kauf zu Sicherungszwecken entwickelt. Die Abgrenzung zwischen der erlaubten Form des Kaufes mit Wiederkaufsrecht bzw. dem ebenfalls erlaubten Treuhandgeschäft in der Form einer *fiducia cum amico* und dem verdeckten Sicherungskauf war in Rechtsprechung und Literatur über Jahrzehnte hinweg unklar und umstritten. In der folgenden Untersuchung sollen die Linien der Rechtsprechung und Literatur bezüglich der Zulässigkeit einer Sicherungstreuhand und deren verdeckten Erscheinungsformen näher dargestellt werden.
Die praktisch bedeutsamste Erscheinungsform ist die Sicherungsübereignung in der Form des Kaufs zu Sicherungszwecken (*vendita a scopo di garanzia*). Hierbei wird dem Sicherungsgeber bei Tilgung seiner Darlehensschuld die Möglichkeit gegeben, die Kaufsache wieder auszulösen, um somit wieder das Eigentum an der verkauften Sache zu erlangen. Diese Auslösungsmöglichkeit wird in dem Kauf mit Wiederkaufsrecht (*vendita con patto di riscatto*, Artt. 1500 ff. c.c. bzw. mit dem *vendita con patto di retrovendita*) verankert. Hierbei wird der Eigentumsübergang entweder aufschiebend bedingt durch die Nichterfüllung der Rückzahlungsraten vereinbart, oder auflösend bedingt, indem der Sicherungsgeber sofort Eigentum an dem Sicherungsgegenstand erlangt und mit vollständiger Erfüllung der Zahlungsverpflichtung das Eigentum wieder auf den Schuldner zurückübertragen wird.

---

vorgenommen werden, wie etwa dem Auftrag *(mandato*, Art. 1703 c.c. ff.). Vgl. *Lipari*, Il negozio fiduciario, S. 286 ff.

[439]So aber offensichtlich *Mühl*, Sicherungsübereignung, Sicherungsabtretung und Eigentumsvorbehalt im italienischen Recht, S. 46 ff., die terminologisch nicht zwischen Sicherungsübereignung und Treuhandgeschäft unterscheidet.

[440]Vgl. dazu ausführlich, *Anelli*, L'alienazione, S. 11 ff., 170 ff.

3. Der Kauf zu Sicherungszwecken (*vendita a scopo di garanzia*) als verdeckte Form der Sicherungstreuhand

a) Abgrenzung zum Kauf mit Wiederkaufsrecht (*vendita con patto di riscatto*) und zum *patto di retrovendita*

Im italienischen Recht ist der Kauf mit Wiederkaufsrecht in den Artt. 1500 - 1509 c.c. ausdrücklich geregelt. Nach Art. 1500 c.c. kann sich der Käufer das Recht vorbehalten, das Eigentum an der verkauften Sache gegen Rückgabe des Preises und der Aufwendungen und Kosten (Art. 1502 c.c.) wieder zu erlangen. Die dogmatische Einordnung des Kaufs mit Wiederkaufsrecht ist in Rechtslehre und Rechtsprechung umstritten.

Nach einer Auffassung ist er als Kauf unter auflösender Willensbedingung *(condizione risolutiva potestativa)* einzuordnen[441]. Dies hat zur Folge, daß auf den Kauf mit Wiederkaufsrecht die Vorschriften über bedingte Verträge gemäß den Artt. 1353 - 1361 c.c. Anwendung finden. Die Bedingung bestehe hierbei in der Willenserklärung des Verkäufers, welche den Vertrag rückwirkend (ex tunc) auflöse und den unverzüglichen Rückerwerb des Kaufgegenstandes in das Eigentum des Verkäufers zur Folge habe[442]. Die Erklärung entfalte danach auch gegenüber Dritterwerbern Wirkung[443].
Eine zweite Ansicht sieht das Wiederkaufsrecht hingegen als ein potestatives Rücktrittsrecht an *(diritto potestativo di recesso)*[444]. Die Ausübung des Wiederkaufsrechts stelle danach eine einseitige empfangsbedürftige Willenserklärung dar, die den Vertrag ex tunc auflöse. Diese zweite Meinung erscheint jedoch insoweit fraglich, als sie nicht überzeugend klären kann, warum der Ausübung des

---

[441] Cass., 3.7.1980, Nr. 4254, Rep. Foro it. 1980, voce Vendita, S. 2856, Nr. 94; Cass., 3.11.1979, Nr. 5705, Rep. Foro it. 1979, voce Vendita, S. 2750, Nr. 72; Cass. 16.5.1975, Nr. 1895, Rep. Foro it. 1975, voce Vendita, S. 2915, Nr. 81; *Greco - Cottino*, Della vendita, S. 334 f.; *Rescigno*, Condizione, S. 784; *Tatarano*, in: *Perlingieri*, Delle obbligazioni, S. 878.

[442] *Greco e Cottino*, Della vendita, S. 334; *Rescigno*, Condizione, S. 784.

[443] Vgl. hierzu Art. 1504 c.c., der bestimmt, daß das Wiederkaufsrecht des Verkäufers auch gegenüber nachfolgenden Erwerbern des Kaufgegenstandes geltend gemacht werden kann, er somit diesen gegenüber die Herausgabe des Gegenstandes verlangen kann. Jedoch erfordert die Einwendbarkeit gegenüber Dritten die Einhaltung der allgemeien Einwendungsregeln. Bei beweglichen Sachen ist somit erforderlich, daß der *patto di riscatto* mit einem sicheren Datum (*data certa* i.S. des Art. 2704 c.c.) versehen ist. Vgl. *Luminoso*, La Vendita, S. 404 f.

[444] *Cian/Trabucchi - Zaccaria*, Commentario, Art. 1500, Rn.1; *Luzzatto*, Compravendita, S. 416; *Pugliatti*, Trasferimento, S. 33 ff.; Cass. 24.9.1979, Nr. 4921, Rep. Foro it. 1979, 2750.

Rückkaufrechts rückwirkende Bedeutung zukommt, wodurch zwischenzeitlich erworbene Rechte Dritter vernichtet werden[445].

Dieser Meinungsstreit entspricht weitgehend demjenigen im deutschen Recht, in dem der gesetzlich geregelte Wiederkauf eine geringere Bedeutung als in der italienischen Rechtsordnung hat[446].
Das Wiederkaufsrecht kann im italienischen Recht weiterhin auch durch den gesetzlich nicht geregelten sog. *"patto di retrovendita"* (oder auch *pactum de retrovendendo*) erreicht werden, durch den sich der Käufer verpflichtet, den erworbenen Gegenstand wieder an den Verkäufer zurückzuübereignen. Dieser Vertragstyp unterliegt keinen Publizitätsvorschriften, da er keine *erga omnes* Wirkung entfalte und somit keine schutzwürdigen Interessen Dritter verletzen könne[447]. Im Gegensatz zu dem gesetzlich geregelten Kauf mit Wiederkaufsrecht *(patto di riscatto)*, dem gem. Art. 1504 c.c. dingliche Wirkung zukommt, hat der *"patto di retrovendita"* lediglich schuldrechtlichen Charakter. Somit ist er Dritten gegenüber nicht einwendbar, sondern er gibt dem Verkäufer im Falle einer Verletzung der Vereinbarung lediglich einen Schadensersatzanspruch[448]. Auf das Rückkaufsabkommen sind die Vorschriften der Art. 1501- 1503 c.c. nicht anwendbar, da diese die dingliche Wirkung des Wiederkaufs voraussetzen. Jedoch wird das in Art. 1500 Abs. 2 c.c. festgesetzte Preiserhöhungsverbot auch auf das schuldrechtliche Rückkaufsabkommen für anwendbar gehalten, da es einem generellen Mißbrauch durch den Verkäufer vorbeugen soll[449]. Im Gegensatz zum *patto di riscatto*, welcher zur dinglichen Rückübertragung des Eigentums eine einseitige Willenserklärung voraussetzt, müssen die Parteien beim *patto di retrovendita*, dem wie bereits oben dargestellt keine dingliche Wirkung zukommt, einen weiteren Rückkaufvertrag zusätzlich abschließen, um das Eigentum zurückzuübertragen[450]. In Rechtsprechung und Literatur wird bei der Prüfung der rechtlichen Zulässigkeit der *vendita a scopo di garanzia* kein

---

[445] *Mirabelli,* Dei contratti, S. 117 ff.

[446] Vgl. zum Streitstand, *Larenz,* Schuldrecht II, 1, § 44 II. Die Rechtsprechung und ein Teil der Lehre konstruiert den Wiederkauf als einen sofort abgeschlossenen, aufschiebend bedingten Kauf. Die Bedingung, mit deren Eintritt das Wiederkaufsverhältnis wirksam wird, soll hierbei die Erklärung des Wiederkaufsberechtigten sein, daß er die Sache zurückkaufe. Vgl. BGH, 14.1.1972, BGHZ 58, 78; *Palandt - Putzo,* § 497 BGB, 1 c. *Larenz* hingegen sieht im Wiederkauf ein Gestaltungsrecht, nämlich das Recht, durch einseitige Erklärung ein Kaufverhältnis mit dem im voraus bestimmten Inhalt zustandezubringen.

[447] *Gazzoni,* Manuale di diritto privato, S. 995.

[448] *Cian / Trabucchi* - Zaccaria, Commentario, S. 1230.

[449] *Bianca,* Il divieto del patto commissorio, S. 269.

[450] Zum Unterschied zwischen *patto di riscatto* und *patto di retrovendita,* vgl. Cass. 16.5.1975, Nr. 1895, Giur it. 1976, I, 1589; auch abgedruckt in *Bin,* La vendita, III, S. 1035 ff.

Unterschied zwischen diesen beiden Möglichkeiten des Wiederkaufsrechts gemacht, so daß folgend beide Varianten zusammen abgehandelt werden können.

Im Zusammenhang mit dem gesetzlich geregelten Kauf mit Wiederkaufsrecht - sei es in der Form des *patto di riscatto* oder des *patto di retrovendita* - beschäftigt die Rechtsprechung häufig die Frage nach der Abgrenzung von zwei Konstellationen: Bei der einen erstreben die Parteien einen ernsthaften Eigentumsübergang auf den Erwerber, und bei der anderen vereinbaren die Parteien einen sog. verdeckten Sicherungskauf im Zusammenhang mit einer Darlehensgewährung. Bei dem verdeckten Sicherungskauf ist die Konstellation in der Regel folgende: Der Sicherungsgegenstand befindet sich ursprünglich im Eigentum des Verkäufers bzw. Darlehensnehmers. Der vom Darlehensgeber bzw. Käufer zu entrichtende Kaufpreis wird dem Sicherungsverkäufer als Darlehen zur Verfügung gestellt. Parallel dazu vereinbaren die Parteien zugunsten des Verkäufers ein Wiederkaufsrecht (*patto di riscatto* bzw. *patto di retrovendita)*, das dann nur in der für die Darlehensrückzahlung maßgeblichen Frist ausgeübt werden kann. Eine Variation hiervon ist diejenige, in der das Darlehen bereits vor Abschluß des Kaufvertrages bestand und sich die Parteien nachträglich entschließen, etwa aufgrund der offensichtlichen Verschlechterung der wirtschaftlichen Situation des Darlehensschuldners, einen Kauf mit Wiederkaufsrecht zur Sicherung zu vereinbaren. Die Rechtsprechung hat bei der rechtlichen Beurteilung des verdeckten Sicherungskaufs keine Unterscheidung dieser beiden Konstellationen vorgenommen. In der Literatur wird bei der Argumentation der Zulässigkeit des verdeckten Sicherungskaufs zwar auf die Unterscheidung dieser beiden Möglichkeiten eingegangen, jedoch wird das Ergebnis der rechtlichen Beurteilung davon ebenfalls nicht beeinflußt[451].

Bei dieser verdeckten Variante des Sicherungskaufs mit Rückkaufsrecht legen die Parteien in ihrer zusätzlich zum Kaufvertrag abgeschlossenen Sicherungsabrede (*pactum fiduciae*) fest, daß der Kauf in erster Linie nicht dem Güteraustausch dienen soll, sondern vielmehr dazu, dem Käufer eine Sicherheit für seine Forderung gegenüber dem Verkäufer zu verschaffen. Der Kaufpreis entspricht bei dem verdeckten Sicherungskauf mit Wiederkaufsrecht dabei meist dem Darlehensbetrag plus Zinsen und Kosten[452]. Der vereinbarte Kaufpreis liegt hierbei jedoch regelmäßig unter dem objektiven Wert des Sicherungsgegenstandes, so daß dadurch der in der Regel wirtschaftlich stärkere Darlehensgläubiger den Schuldner

[451] Vgl. *Oberto*, La vendita con patto di riscatto, S. 1134. Auf die einzelnen Auffassungen in der Literatur wird unten noch näher eingegangen.

[452] Vgl. die zusammenfassende Darstellung bei *Gazzoni,* Manuale di diritto privato, S. 998 f.

faktisch zu einem viel zu niedrig angesetzten Kaufpreis zwingen kann, da letzterer häufig auf die Gewährung des Darlehens angewiesen ist. Bezüglich dieses Sicherungskaufes ist wiederum zwischen zwei Konstellationen zu unterscheiden: Zum einen derjenigen, in der der Käufer und Darlehensgeber bei Vertragsabschluß das Eigentum an dem Sicherungsgegenstand unmittelbar erhalten soll, wobei dieser sich bei fristgerechter Tilgung der Darlehensschuld dazu verpflichtet, das Eigentum wieder auf den Darlehensnehmer zu übertragen. Für die Rückübertragung wäre dann also noch ein weiterer Kaufvertrag erforderlich. Die unmittelbare Eigentumsübertragung erfolgt hierbei unter der auflösenden Bedingung der Erfüllung der Zahlungsverpflichtung.
Zum anderen soll der Darlehensgeber erst dann das Eigentum an dem Sicherungsgegenstand erlangen, wenn der Darlehensnehmer seine Tilgungsverpflichtungen nicht fristgerecht erfüllt. Der Eigentumsübergang erfolgt hierbei also unter einer aufschiebenden Bedingung. Im folgenden soll nun die Entwicklung der Rechtsprechung zu diesen beiden Konstellationen des Sicherungskaufs mit Wiederkaufsrecht dargestellt werden.

b) Entwicklung der Rechtsprechung zum Kauf zu Sicherungszwecken (*vendita a scopo di garanzia*)

Wie bereits oben erwähnt, hat sich der Kassationshof in inzwischen gefestigter Rechtsprechung gegen die Wirksamkeit des Kaufs zu Sicherungszwecken, und zwar in all seinen oben aufgezeigten Erscheinungsformen, ausgesprochen. Also unabhängig davon, ob der Eigentumsübergang unmittelbar bei Vertragsabschluß oder erst aufschiebend bedingt bei Nichterfüllung der fristgerechten Darlehenstilgung erfolgen soll. Weiterhin sind die Fälle des verdeckten Sicherungskaufs mit Wiederkaufsrecht in der Form des *patto di riscatto* und des *patto di retrovendita* nach der neueren Rechtsprechung grundsätzlich unwirksam. Entscheidend für die Annahme der Nichtigkeit sei hierbei, ob der Kauf zu reinen Sicherungszwecken erfolge, oder ob die Parteien dem Verkäufer einen beständigen, also nicht nur provisorischen Kaufpreisanspruch und dem Käufer ein beständiges Eigentumsrecht verschaffen wollen.
Von den Fünfziger Jahren bis zu den Anfängen der Achtziger Jahre erachtete die Rechtsprechung durchgehend den Kauf zu Sicherungszwecken in denjenigen Fällen als wirksam, in denen das Eigentum unmittelbar auf den Darlehensgeber übergehen sollte[453]. Ferner wurde der Sicherungskauf dann als unwirksam ange-

---

[453]In den Entscheidungen wurde auf den Unterschied des treuhänderischen Verkaufs mit Wiederkaufsklausel und des verdeckten Verkaufs zu Darlehenszwecken abgestellt. Der entscheidende Umstand sei hierbei, daß bei ersterem das Eigentum wirksam und unverzüglich

sehen, wenn der Eigentumsübergang nicht unmittelbar, sondern aufschiebend bedingt durch die Nichterfüllung der fristgerechten Darlehenstilgung erfolgen sollte. In diesem Fall lag nach Auffassung dieser Rechtsprechung ein simuliertes Geschäft vor, welches nicht der für den Kaufvertrag typischen *causa* entspräche. Die Rechtsprechung ging also von einer Simulation aus. Die Parteien wollten nach dieser Ansicht in diesen Fällen in Wirklichkeit ein reines Sicherungsgeschäft abschließen und haben dabei das Geschäft formell unter dem Deckmantel des Kaufvertrages abgeschlossen. Dieses simulierte Geschäft entfaltet nach Art. 1414 Abs.1 c.c. keine Wirkung. Das dissimulierte Geschäft wurde dagegen als eine *fiducia cum creditore* eingestuft, welche gegen das in Art. 2744 c.c. sanktionierte Verbot der Verfallabrede verstößt[454].

Die Problematik, ob die Sicherungsübereignung gegen das Verbot der Verfallabrede nach § 1229 BGB verstoße, wird auch in Deutschland diskutiert[455]. Jedoch ist die Fragestellung hier eine andere. Danach wird durch die Vereinbarung einer sog. lex commissoria nicht die Sicherungsübereignung an sich in Frage gestellt. Vielmehr ist in diesem Fall problematisch, ob die Vertragsparteien im Sicherungsübereignungsvertrag nicht nur die Art und Weise der Verwertung der sicherungsübereigneten Gegenstände vereinbaren können, sondern darüber hinaus auch bestimmen können, daß die Verwertung ganz ausgeschlossen sein soll und das Sicherungsgut nach Fälligkeit der gesicherten Forderung gleichsam "an Erfüllungs statt" dem Sicherungseigentümer endgültig zufallen soll[456]. Es wird im deutschen Recht somit nicht die Wirksamkeit der Sicherungsübereignung als Rechtsgeschäft bezweifelt, sondern lediglich die Wirksamkeit der Verwertungsabrede in Frage gestellt[457].

---

auf den Gläubiger übertragen wird, während beim zweiten die Vertragsparteien die Abrede treffen, daß das Eigentum auf den Gläubiger nur dann übergehen soll, wenn der Schuldner seine Zahlungsverpflichtung nicht erfüllt. Vgl. Cass. 14.4.1953, Nr. 966, Foro it. 1953, I, 1627; Cass. 10.2.1961, Nr. 288, Foro it. 1963, I, 1155; Cass. 11.2.1969, Nr. 465, Giur. it. 1970, I, 582; Cass. 1.2.1974, Nr. 282, Giur. it. 1974, I, 1024; Cass. 6.3.1978, Nr. 1104, Arch. civ. 1978, 864.

[454]Art. 2744 c.c. lautet übersetzt wie folgt: Eine Abmachung, mit der vereinbart wird, daß bei Nichtbezahlung der Forderung zu einem bestimmten Zeitpunkt das Eigentum der mit der Hypothek belasteten oder als Pfand gegebenen Sache auf den Gläubiger übergeht, ist nichtig. Die Abmachung ist auch dann nichtig, wenn sie nach der Bestellung der Hypothek oder des Pfandes getroffen wird. Art. 2744 c.c. entspricht weitgehend § 1229 BGB, der jedoch nur das Pfandrecht und nicht auch die Hypothek ausdrücklich in das Verbot miteinbezieht.

[455]Vgl. zum Meinungsstand *Staudinger/Wiegand*, § 1229 BGB, Rn. 14 f. Gegen die Anwendung der lex commissoria auf die Sicherungsübereignung die noch überwiegende Meinung. Jedoch will eine im Vordringen befindliche Meinung § 1229 BGB auch auf die Sicherungsübereignung anwenden. *Soergel/Mühl*, § 1229, Rn.5; Gaul, AcP 168 (1968), S. 351 ff.; *Staudinger/Wiegand*, § 1229, Rn. 15.

[456]*Gaul*, AcP 168 (1968), S. 351, 380.

[457]*Gaul*, AcP 168 (1968), S. 380.

Das Verbot der Verfallabrede ist im italienischen Recht nach dem Wortlaut des Art. 2744 c.c. nur auf das Pfandrecht und die Hypothek anzuwenden[458]. Jedoch wurde die Norm bereits kurz nach Inkrafttreten auf die besonderen Vorzugsrechte (*privilegi speciali*) ausgedehnt und auf diese analog angewendet[459]. Schließlich dehnte man den Anwendungsbereich des Verfallverbotes auf die "autonomen", auch sog. atypischen Sicherheiten (*garanzie atipiche*), wie den Sicherungskauf mit Wiederkaufsrecht, aus, wenn der Eigentumsübergang aufschiebend bedingt vereinbart wurde[460]. Dies wurde mit dem vergleichbaren wirtschaftlichen Ergebnis und derselben juristischen Funktion des Sicherungskaufes mit der Hypothek oder dem Pfandrecht erklärt[461]. Der Regelungsgehalt des Art. 2744 c.c. erfasse danach genau die Fälle, in denen der Sicherungsgegenstand bei Nichterfüllung der fristgerechten Schuldentilgung automatisch in das Eigentum des Gläubigers fallen soll. Diese Verbindung von Nichterfüllung und Eigentumsübergang werde gerade von Art. 2744 c.c. sanktioniert[462]. Anders hingegen sah es die Rechtsprechung beim Sicherungskauf mit vereinbartem unmittelbarem Eigentumsübergang des Sicherungsgegenstandes. Dort könne die Vereinbarung, daß im Falle der ordnungsgemäßen Schuldentilgung das Eigentum wieder auf den Schuldner zurückfallen soll, keinen Einfluß auf die funktionell - juristische Qualifizierung des Rechtsgeschäftes haben. Das Rechtsgeschäft sei in diesem Fall ein wirksamer Kaufvertrag mit einer wirksamen *causa*, die in dem gewollten kaufrechtlichen Eigentumsübergang zu sehen ist. Hier greife der Schutzzweck des Art. 2744 c.c. nicht ein, da das Eigentum nicht als Folge der Nichterfüllung übergehe - und nur das sanktioniere dieses zwingende Vorschrift -, sondern das Eigentum gehe sofort bei Vertragsabschluß über und könne dann wieder ausgelöst werden.

---

[458]Vor Inkrafttreten des aktuellen Codice civile von 1942 war das Verbot der Verfallsabrede in Art. 1884 des c.c. von 1865 geregelt, der die Verfallsabrede nur für das Pfandrecht und nicht auch für die Hypothek sanktionierte. Vgl. *Anelli*, L'alienazione, S. 20.

[459]*Andrioli*, Foro it. 1942, I, 954, der darauf hinweist, daß das in Art. 2744 c.c. sanktionierte Verbot nicht von der vereinbarten Form der Sicherheit abhängen kann, sondern vielmehr von dem wirtschaftlich erstrebten Ergebnis. Diese These findet in der Literatur verbreitet Zustimmung. Vgl. *Bianca*, Il divieto del patto commissorio, S. 97; *Roppo*, La responsabilità, S. 434. Kritisch dazu: *Gazzoni*, Riv. dir. civ. 1990, II, 62, der dazu bemerkt, daß das Wiederkaufsrecht nicht allein wegen seiner eventuellen Sicherungsfunktion gegen Art. 2744 c.c. verstoßen könne, weil man ansonsten das Prolongationsgeschäft und das Effektenlombardgeschäft ebenfalls als unwirksam und gegen Art. 2744 c.c. verstoßend erachten müßte.

[460]Cass. 1.2.1974, Nr. 282, Giur. it. 1974, I, 1024, mit Anmerkung *De Giorgi*. Eingehend zum Meinungsstand: *Anelli*, L'alienazione in funzione di garanzia, S. 27 f.

[461]Cass. 1.2.1974, Nr. 282, Giur. it. 1974, I, 1024; *Pugliatti*, Riv. trim. proc. 1950, 317; *Bianca*, Il divieto del patto commissorio, S. 64; *Carnevali*, Patto commissorio, S. 501.

[462]*Bianca*, Il divieto del patto commissorio, S. 156; *Varrone*, Il trasferimento, 107, 175; *Barbiera*, Garanzia del credito e autonomia privata, S. 242. Zusammenfasend: *Anelli*, L'alienazione in funzione di garanzia, S. 29 f.

Die Rechtsprechung stellte somit auf ein strukturelles oder auch chronologisches Kriterium ab, indem sich die Wirksamkeit des Wiederkaufs nach dem Moment des Eigentumübergangs richtet, der von den Parteien bestimmt wurde. Begründet wurde dies vor allem mit dem Sinn und Zweck des Verbotes in Art. 2744 c.c. Dieser läge insbesondere im Schutz des in der Regel schwächeren Schuldners vor wucherischen Abreden mit dem Gläubiger. Es solle verhindert werden, daß der Schuldner in der Hoffnung, die Schuld vor Fälligkeit tilgen zu können, dem Gläubiger den Eigentumserwerb an der Sache ermöglicht, obwohl die Forderung einen geringeren Wert als die Sache selbst hat[463]. Im Falle einer unverzüglichen, mit Vertragsabschluß einsetzenden Eigentumsübertragung habe der Erwerber bzw. Gläubiger das Risiko des zufälligen Unterganges zu tragen, und zudem würden so von Anfang an klare Eigentumsverhältnisse geschaffen. Der Schuldner kenne insofern die Risiken und Konsequenzen. Dies sei nur dann nicht der Fall, wenn der Eigentumsübergang aufgeschoben ist. In der "klassischen", von Art. 2744 c.c. sanktionierten Verfallsabrede habe hingegen der Schuldner das Risiko des zufälligen Unterganges zu tragen. Aus diesen Gründen greife der Schutzzweck des Art. 2744 c.c. im Falle einer sofortigen Eigentumsübertragung nicht ein[464]. Weiterhin war nach dieser Ansicht auch eine analoge Anwendung von Art. 2744 c.c. bei der unverzüglichen Eigentumsübertragung nicht möglich, da dem die Regelung des Art. 14 disp. prel. c.c. entgegenstehe. Diese Vorschrift sieht ein Analogieverbot für Ausnahmeregelungen vor.

Die Gerichte erachteten zudem die Tatsache, daß die ihrer Auffassung nach wirksame *causa* von einem eigentlich unwirksamen Anlaß (*motivo*) des Sicherungszweckes begleitet wird, für die Wirksamkeit des Vertrages als unerheblich[465]. Diese Auffassung barg jedoch die Gefahr in sich, daß sich dadurch ein Sicherungsinstrument entwickeln konnte, das dem *numerus clausus* der dinglichen Sicherheiten widerspricht. Dies erkannte auch die Rechtsprechung und versuchte daraufhin, nicht alle Sicherungskäufe, die einen unmittelbaren Eigentumsübergang vorsahen, automatisch als wirksam anzusehen, nur weil sie nicht vom Verbot der Verfallsabrede erfaßt wurden. So wurde in mehreren Entscheidungen die Nichtigkeit des Sicherungskaufes derart konstruiert, indem der unter der auflösenden Bedingung der Tilgung des Darlehens vereinbarte Eigentumsübergang als ein Scheingeschäft (*simulazione*[466]) deklariert wurde. Die Rechtsprechung hatte dadurch die auflösende Bedingung als eine eigentlich aufschiebend gewollte

---

463 *Mühl*, Sicherungsübereignung, S. 56.

464 *Stolfi*, Foro it. 1928, I, 285 ff.; *Sesta*, Le garanzie atipiche, S. 107; *Pugliese*, Riv. dir. civ. 1955, I, 1067; *Carnevali*, Patto commissorio, S. 503.

465 *De Martini*, Giur. it. 1946, I, 331; *Greco-Cottino*, Della vendita, S. 334.

466 Das Scheingeschäft (*simulazione*) ist in Art. 1414 c.c. geregelt: "Ein Scheinvertrag erzeugt zwischen den Parteien keine Wirkung".

interpretiert, um so mit dem Instrument des Scheingeschäftes[467] der Entwicklung eines gesetzlich nicht vorgesehenen Sicherungsmittels einen Riegel vorzuschieben. Unter einem Scheingeschäft versteht die Rechtsprechung und die h.M. die Divergenz zwischen Willen und Erklärung, wobei dabei geprüft wird, ob die Parteien lediglich nach außen hin einen Kaufvertrag mit Wiederkaufsrecht schließen, wobei die Eigentumsübertragung sofort erfolgen soll. Im Innenverhältnis machen die Parteien jedoch die Eigentumsübertragung von der Nichterfüllung abhängig[468]. Die Abgrenzung des simulierten, nichtigen Sicherungskaufes zum erlaubten Kauf mit unmittelbarem Eigentumsübergang wurde anhand von Indizien des simulierten Charakters des Geschäftes vorgenommen. Ein wesentliches Indiz für eine Simulation war der wucherische Charakter des Vertrages. Dieser wurde insbesondere dann angenommen, wenn der Kaufpreis der Sache sehr viel geringer war als ihr objektiver Wert. Als Kriterium für die Simulation wurde auch die Tatsache gewertet, daß dem Darlehensschuldner der Besitz und die Nutzungsmöglichkeit der Sache belassen wurde, allerdings nur dann, wenn der Besitz nicht durch ein Nutzungsrecht, wie im Falle der Miete oder Leihe, gerechtfertigt ist. Diese Argumentation der Annahme einer Simulation für diesen Fall des Sicherungskaufes findet ihre Parallele in der deutschen Literatur Ende des letzten Jahrhunderts[469].
In der italienischen Literatur wurde dieser Abgrenzungsmechanismus jedoch weitgehend als ungeeignet erachtet, weil durch diese Indizienwertung durch die Rechtsprechung der Scheincharakter des Eigentumübergangs nur schwerlich nachzuweisen sei[470].

Der erste größere Bruch dieser über Jahrzehnte hinweg praktizierten Rechtsprechung vollzog sich im Urteil des Kassationshofes Nr. 3800 vom 3. Juni 1983[471]. In dieser Entscheidung wurde zum ersten Mal die Unterscheidung des aufschiebend bedingten und des unmittelbaren Eigentumsübergangs bei der rechtlichen Qualifizierung des Sicherungskaufes aufgegeben. Nach der Auffassung des Kassationshofes könne es keinen Unterschied machen, wann der Eigentumsübergang

---

Wollten die Parteien einen vom Scheinvertrag verschiedenen Vertrag abschließen, wirkt zwischen ihnen der verdeckte Vertrag, sofern dessen inhaltliche und formelle Erfordernisse gegeben sind.

[467] Das Scheingeschäft wird in diesem Zusammenhang auch oft als *negozio fittizio* bezeichnet. Vgl. *Anelli*, L'alienazione in funzione di garanzia, S. 31.

[468] Für die Annahme eines Scheingeschäfts: Cass. 12.11.1982, Nr. 6005; Cass. 26.1.1980, Nr. 642, Arch. civ. 1980, 681; Cass. 2.4.1979, Nr. 1868.

[469] So etwa *Kohler*, Mentalreservation und Simulation, Jher Jb, S. 91, 140. Vgl. dazu auch *Hromadka*, Die Entwicklung des Faustpfandprinzips, S. 155 ff.

[470] *Ferrara*, simulazione, S. 71 f.

[471] Cass. 3.6.1983, Nr. 3800, Giust. civ. 1983, I, 2053.

vereinbart wurde, sondern vielmehr sei entscheidend, welchen Zweck die Parteien bei Abschluß des Kaufvertrages verfolgen. Wird das Rechtsgeschäft von dem Ziel getragen, dem Käufer eine Darlehenssicherung einzuräumen, dann unterliege das Rechtsgeschäft den Grundsätzen der Simulation. Das simulierte Geschäft entfalte gem. Art. 1414 Abs.1 c.c. somit keine Wirkung, und das dissimulierte Geschäft verstoße gegen die zwingende Vorschrift des Art. 2744 c.c. Der Kassationshof dehnt dabei den Anwendungsbereich des Art. 2744 c.c. auf die fiduziarische Sicherungstreuhand aus und begründet dies mit der ratio der Verbotsvorschrift des Art. 2744 c.c. Steht der Zweck, ein Darlehen zu sichern, bei Vertragsabschluß im Vordergrund, dann greift danach der Schutzzweck des Art. 2744 c.c. auch bei unmittelbarem Eigentumsübergang des Sicherungsgegenstandes bei Vertragsabschluß ein[472]. Während in der vorangehenden Rechtsprechung die morphologische Struktur als Abgrenzungskriterium in den Mittelpunkt der Prüfung gestellt wurde, hob der Kassationshof in dieser Entscheidung auf den funktionellen, pragmatischen Aspekt des Sicherungskaufes mit Wiederkaufsrecht ab. Somit wurde der Anwendungsbereich des Art. 2744 c.c. teleologisch und funktionell auf den verfolgten Zweck der Parteien erweitert. Danach sei zwar seinem Wortlaut nach Art. 2744 c.c. nicht auf die Fälle der unmittelbaren Eigentumsübertragung anwendbar, doch sei der verfolgte Zweck der endgültigen Eigentumsübertragung des Sicherungsgegenstandes bei Nichterfüllung der fristgerechten Schuldentilgung doch vom funktionellen Verbotsgehalt des Art. 2744 erfaßt[473]. Diese Entscheidung, die in der Literatur weitgehend Zustimmung fand, wurde von der darauf folgenden Rechtsprechung nur teilweise angenommen[474]. Die verschiedenen Senate des Kassationshofes folgten nur eingeschränkt dieser Entscheidung und vertraten vereinzelt auch weiterhin die "alte" Rechtsprechung[475]. Aufgrund dieser uneinheitlichen Rechtsprechung mußten die Vereinigten Senate des Kassationshofes (*Sezioni Unite*) ein Grundsatzurteil fällen.

---

[472]Eingehend zu dieser Entscheidung *Anelli*, L'alienazione in funzione di garanzia, S. 36 ff.

[473]Mit dieser Entscheidung schließt sich die Rechtsprechung der bis dahin bereits vorherrschenden Meinung in der Literatur an. Vgl. *Bianca*, Il divieto del patto commissorio, S. 342; *Pugliatti*, Riv. trim. proc. 1950, 347; *Mancini*, Foro it. 1966, I, 1119.

[474]Bestätigend: Cass. 16.12.1983, Nr. 7271, Foro it. 1984, I, 462; Cass. 16.4.1987, Nr. 3784, Giur. it. 1988, I, 1231.

[475]So etwa Cass. 12.12.1986, Nr. 7385, Giust. civ. 1987, I, 545; Cass. 3.11.1984, Nr. 5569, Riv. it. leasing 1985, 469.

c) Die jüngere Rechtsprechung seit 1989 - Die Grundsatzentscheidungen der Vereinten Senate des Kassationshofs

aa) Überblick

Die *Sezioni Unite* fällten mit den beiden kurz aufeinanderfallenden Urteilen im April 1989 zwei Grundsatzentscheidungen zu der Beurteilung des Sicherungskaufes mit vereinbartem unmittelbarem Eigentumsübergang[476]. Die Vereinten Senate haben den Kauf zu Sicherungszwecken, unabhängig vom Zeitpunkt des Eigentumübergangs, für nichtig erklärt[477]. Im Gegensatz zu der Entscheidung vom 3. Juni 1983 stützte sich der Kassationshof in seiner Begründung jedoch nicht auf eine Verletzung des Verbotes der Verfallsabrede gem. Art. 2744 c.c. bzw. Simulation. Vielmehr wurde die Nichtigkeit des zu reinen Sicherungszwecken abgeschlossenen Kaufvertrages mit Wiederkaufsrecht dadurch begründet, daß eine solche Sicherungsabrede, auch wenn dabei das Eigentum unmittelbar bei Vertragsschluß übergehen soll und somit nicht direkt von dem Verfallverbot erfaßt werde, ein Mittel darstelle, die in Art. 2744 c.c. enthaltene, zwingende Vorschrift zu umgehen. Dies bringe als Konsequenz die Anwendung des Art. 1344 c.c. und somit die Nichtigkeit des Vertrages mit sich[478]. Es liege somit ein unerlaubter Rechtsgrund i. S. des Art. 1344 c.c. vor. Nach dieser Vorschrift ist ein Rechtsgrund als unerlaubt anzusehen, wenn der Vertrag das Mittel zur Umgehung der Anwendung einer zwingenden Vorschrift ist (*contratto in frode alla legge*).

Der Kassationshof weicht also damit von der vorhergehenden Rechtsprechung insofern ab, als er die Problemstellung von dem direkten Anwendungsbereich des Art. 2744 c.c. über die Simulation auf dessen Umgehung verlagert. Folgend soll

---

[476] Cass. Sez. Un. 3.4.1989, Nr. 1611, Foro it. 1989, I, 1427; Cass. Sez. Un. Nr. 21.4.1989, Nr. 1821, Foro it. 1990, I, 2205.

[477] Dieses Ergebnis wurde von den einzelnen Senaten des Kassationshofes und der übrigen Rechtsprechung bis heute übernommen und häufig bestätigt. Der Streit in der Rechtsprechung scheint somit durch die Grundsatzentscheidungen der Vereinten Senate ausgestanden. Vgl. Cass. 6. 7.1990, Nr. 7161, Corr. giur. 1990, 1137; Cass. 27.2.1991, Nr. 2126, Giur. it. 1992, I, 135; Cass. 27.9.1994, Nr. 7878, Contratti 1995, 271, ebenfalls in Notariato 1995, 255; Cass. 28.9.1994, Corr. giur. 1995, 24; Cass. 13.12.1994, Nr. 10648, Giust. civ. Mass. 1994, 1603; Cass. 4.3.1996, Nr. 1657, Contratti 1996, 442.

[478] In der Entscheidung Nr. 1611 vom 3. April 1989 führt der Kassationshof aus : "*la vendita con patto di riscatto o di retrovendita, stipulato tra il creditore ed il debitore, la quale risponda all'intento delle parti di costituire una garanzia, con l'attribuzione irrevocabile del bene al creditore solo nel caso di inadempienza del debitore è nulla, anche quando implichi un trasferimento effetivo della proprietà (con condizione risolutiva), atteso che, pur non integrando direttamente il patto commissorio previsto e vietato dall'art. 2744 c.c., configura mezzo per eludere tale norma imperativa e quindi esprime una causa illecita, che rende applicabile la sanzione dell 'art. 1344 c.c.*"

die neue Begründung der Vereinten Senate des Kassationshofes dargestellt werden.

Im ersten der beiden Urteile vom 3. April 1989 hat das Gericht die Funktion des Art. 2744 c.c. in den Vordergrund seiner Argumentation gestellt und kommt danach zur analogen Anwendung dieser Vorschrift. Nach Auffassung des Kassationshofs bestehe der Sinn dieser Vorschrift zum einen darin, den wirtschaftlich zumeist schwächeren Darlehensschuldner davor zu schützen, daß der Darlehensgläubiger seine überlegene Stellung in einer eventuellen wirtschaftlichen Krise des Schuldners zum Eigentumsübergang des Sicherungsgegenstandes ausnützt. Hierbei werde ermöglicht, daß der Schuldner für den Sicherungsgegenstand einen weitaus niedrigeren Preis als seinen objektiven Wert akzeptieren muß, um das benötigte Darlehen zu erhalten. Die zweite wesentliche Funktion dieser zwingenden Vorschrift liege in dem Schutz der *par condictio creditorum*. Durch einen sofortigen Eigentumsübergang würde der Sicherungsgegenstand dem Zugriff der Massegläubiger entzogen. Der Gerichtshof nimmt in seiner Entscheidung, im Gegensatz zu seiner früheren Argumentation, keine direkte Verletzung des Verbotes der Verfallsabrede i.S. des Art. 2744 c.c. mehr an. Vielmehr wird nach dieser Auffassung - im Wege einer funktionellen Interpretation - der Schutzzweck dieser zwingenden Vorschrift durch den versteckten Sicherungskauf mit Wiederkaufsrecht durch dessen Umgehung verletzt. Auf diese Argumentation der Gesetzesumgehung soll später näher eingegangen werden.

Weiterhin stellen die Vereinigten Senate in ihrer Begründung darauf ab, daß der Eigentumsübergang, auch wenn die Parteien diesen unmittelbar vereinbart hatten, sich nur als ein provisorischer darstelle. Dies wird mit dem Rückgabeanspruch des Darlehensnehmers nach Tilgung seiner Schulden begründet. Obwohl der Gerichtshof in seiner Argumentation eingesteht, daß dieser provisorische Charakter dem gesetzlich vorgesehenen Kauf mit Wiederkaufsrecht geradezu immanent sei, sieht er in dem verdeckten, zu reinen Sicherungszwecken abgeschlossenen Kaufvertrag mit Wiederkaufsrecht keine wirksame *causa* i. S. des Art. 1344 c.c. Die für den Kaufvertrag typische *causa*, nämlich die Austauschfunktion ("*funzione di scambio*"), werde durch das Ziel des Sicherungskaufes "denaturalisiert", indem der Sicherungszweck und nicht der Austausch im Vordergrund stehe. Das Rechtsgeschäft zu Sicherungszwecken sei danach isoliert für sich betrachtet nicht unwirksam, es übe jedoch eine unwirksame Funktion aus, indem es den Schutzbereich des Art. 2744 c.c. in unerlaubter Weise umgehe. In dieser

Umgehung des Verbotes des Art. 2744 c.c. liege die Unwirksamkeit der *causa* i. S. des Art. 1344 c.c[479].

bb) Die Gesetzesumgehung (*frode alla legge*) im Lichte der neueren Rechtsprechung - Bedeutung der *causa*

Vorab soll hier kurz das Institut der Gesetzesumgehung und dessen Anwendungsbereich erläutert werden. Die Gesetzesumgehung wird dadurch gekennzeichnet, daß ein von der Rechtsordnung verbotenes Ziel durch ein an sich gesehen wirksames Rechtsgeschäft, das über eine rechtlich wirksame *causa* i.S. des Art. 1343 c.c. verfügt, erreicht wird. Seine gesetzliche Verankerung findet dieses Institut in Art. 1344 c.c.[480]. Darin wird die Gesetzesumgehung auf die unerlaubten Rechtsgründe (*causa illecita*) zurückgeführt[481]. Das zentrale Problem bei der Anwendung der Gesetzesumgehung i.S. des Art. 1344 c.c. ist die Bestimmung der *causa* des zu beurteilenden Rechtsgeschäftes. Das Geschäft zur Gesetzesumgehung wird nämlich als ein Instrument angesehen, durch das die typische Funktion der konkreten *causa* des Vertrages denaturalisiert wird, indem von den Parteien durch ein an sich erlaubtes Mittel ein vom Gesetz nicht vorgesehenes Ergebnis erreicht werden soll[482]. Die Unwirksamkeit des Geschäftes ergibt sich also aus der Tatsache, daß die für den bestimmten Vertrag vorgesehene typische *causa* "deformiert" wird und somit die Konsequenz des Art. 1344 c.c. mit sich bringt. Vorab soll hier kurz zum besseren Verständnis die sehr komplexe Matererie der *causa* im italienischen Recht skizziert werden. Anders als im deutschen Recht tritt die *causa* in der italienischen Rechtsordnung als

---

[479]Cass. Sez. Un. 3.4.1989, Nr. 1611, Foro it. 1989, I, 1447: "*La vendita, in sé lecita e non puramente formale, costituisce un negozio mezzo, perché tende ad eludere il contenuto di una norma ed assume la figura di contratto in frode alla legge, con ogni relativa conseguenza.*"

[480]Art. 1344 c.c. lautet in deutscher Übersetzung wie folgt:
Vertrag zur Umgehung des Gesetzes
Als unerlaubt wird der Rechtsgrund desweiteren angesehen, wenn der Vertrag das Mittel zur Umgehung der Anwendung einer zwingenden Vorschrift (Art. 1418 Abs. 2 c.c.) bildet.

[481]Nach Einführung der Gesetzesumgehung durch den Gesetzgeber von 1942 in den Codice civile hat sich in der Literatur eine dogmatische Diskussion um die Bedeutung des Ausdruckes "*si reputa illecita*" (wird als unerlaubt angesehen) entfacht. Die h.M. ging dabei davon aus, daß der Gesetzgeber hierbei nur die Ausdehnung der unerlaubten Rechtsgründe auf die Gesetzesumgehung vornehmen wollte. So etwa *Scognamiglio*, Delle obligazioni, S. 174; *Betti*, negozio giuridico, XV, S. 388; *Ferrara*, causa illecita, S. 71; a.A. hingegen: *Carraro*, Il negozio, S. 59, der in der Terminologie "*si reputa illecita*" lediglich eine formelle Gleichstellung der Gesetzesumgehung mit den in Art. 1343 c.c. aufgeführten Gründen des unerlaubten Rechtsgrundes sieht.

[482]Vgl. *Azzaro*, Giust. civ. 1993, II, 112 m.w.N.

zusätzliches integratives Wirksamkeitsmoment neben die Einigung der Parteien gem. Art. 1325 Ziff. 2 c.c.

Während noch Mitte des letzten Jahrhunderts die subjektiven Vorstellungen der Parteien - in Anlehnung an den Codice civile von 1865, der die *causa* nach den individuellen Vertragszielen der Parteien bestimmte[483] - im Mittelpunkt standen, entwickelte sich Anfang dieses Jahrhunderts dessen Objektivierung. Es bildete sich mit Einführung des Codice civile von 1942 die Theorie der wirtschaftlich - sozialen Funktion der *causa* (*funzione economica - sociale*) heraus. Hiernach wurden die individuelle Nützlichkeit und das individuelle Ziel des Vertrages nicht für ausreichend erachtet, vielmehr müsse der Nutzen für die Allgemeinheit bei der Qualifizierung der *causa* im Vordergrund stehen[484]. Diese wirtschaftlich - soziale Komponente sieht von den individuellen Zielen und Vertragsanlässen der Parteien ab und stellt die typische Funktion eines jeden einzelnen Vertragstypus in den Vordergrund. Diese Abstrahierung der *causa* von den Parteivorstellungen soll auch eine Art Kontrollmechanismus der schutzwürdigen Interessen der atypischen Verträge i.S. des Art. 1322 Abs. 2 c.c. darstellen[485]. Diese Theorie wird auf Grund der Typisierung der *causa* für jede einzelne Art von Rechtsgeschäft allgemein als *teoria della causa tipica* bzw. *-funzione tipica* bezeichnet.
Diese Theorie ist von großen Teilen der Literatur zunehmend kritisiert worden, da sie den Nutzen für die Allgemeinheit zu sehr in den Vordergrund stelle und zudem eine solche funktionalisierende Betrachtungsweise gerade bei den atypischen Verträgen nicht funktioniere, da man ansonsten alle atypischen Verträge auf einen gesetzlich geregelten Vertragstyp zurückführen müsse[486]. In Anlehnung an die deutsche Rechtsordnung haben sich in der Literatur einige Stimmen gefunden, die zwischen einer *causa* des Verpflichtungsgeschäftes und einer *causa* des Zuwendungsgeschäftes unterscheiden. Das Bedürfnis der Anerkennung von Zuwendungsgeschäften, die sich grundsätzlich nur in Rechtssystemen, die dem Abstrak-

---

[483] Vgl. *Azzaro*, Giust. civ. 1993, II, 122.

[484] *Betti*, negozio giuridico, S. 183. Auch die Rechtsprechung hat sich bis heute dieser Theorie angeschlossen. Sie beruft sich dabei hauptsächlich auf die Gesetzesmaterialien zum Codice civile (*Relazione al codice civile*), in denen ausdrücklich die *causa* in ihrer "*funzione economico-sociale*" als Medium zwischen der Vertragsautonomie und der sozialen Rechtsordnung definiert wird. Vgl. *Bianca*, Il contratto, S. 427 mit Hinweis auf Cass. 11.8.1980, Nr. 4921: "*La causa del contratto consiste nello scopo tipico che le parti si propongono di conseguire e costituisce la ragione ultima della loro determinazione volitiva: essa si consreta nella funzione economico - sociale del negozio ed ha una propria configurazione giuridica rispetto ai motivi soggetivi delle parti, i quali ad essi non equivalgono, anche se comuni ai contraenti*".

[485] *Bianca*, Il contratto, S. 423.

[486] *Bianca*, Il contratto, S. 425; *Gorla*, Il contratto, S. 199.

tionsprinzip folgen, entwickelt haben, ergebe sich insbesondere bei einseitig verpflichtenden Verträgen und der Abtretung. Diese Verträge gäben im Gegensatz zu den zweiseitigen Verträgen nicht den Zweck der Zuwendung an, vielmehr befinde sich dieser in außerhalb des Vertragsverhältnisses liegenden Umständen[487]. Eine gewichtige Auffassung in der Literatur vertritt hingegen die Theorie der *causa concreta*, der sich zeitweise auch die Rechtsprechung angeschlossen hatte[488]. Danach wurde die *causa* nach dem konkreten Vertragsziel der Parteien festgelegt.

Alle diese verschiedenen Tendenzen konnten sich im Laufe der Zeit jedoch nicht durchsetzen. Die Rechtsprechung hat sich inzwischen, nachdem sie zwischendurch ihre klare Linie der Verfechtung der Theorie der "*funzione economico - sociale*" aufgegeben hatte und teilweise eine Unterscheidung zwischen der *causa tipica* und der *causa effettiva*[489] bzw. *causa concreta*[490] vornahm, zu der *causa tipica* - die durch die *funzione economico-sociale* konkretisiert wird - bekannt. Dies führt im Zusammenhang mit dem Vertrag zur Umgehung des Gesetzes dazu, daß die Rechtsprechung diesen dann animmt - und somit die Ungültigkeit der *causa* i.S. des Art. 1344 c.c. apostrophiert -, wenn die von den Parteien vereinbarte *causa* von der für die jeweiligen Vertragsart typischen *causa* abweicht. Diese Betrachtungsweise erfolgt jedoch abstrakt, also losgelöst von den Zielen und Anlässen der Parteien, die zum Vertragsschluß führten. Im Falle des Kaufvertrages mit Wiederkaufsrecht, dessen typischer Zweck im Austausch des Eigentums gegen Kaufpreis liegt, wobei dem Verkäufer die Möglichkeit des Eigentumsrückerwerbes offengehalten werden soll, sieht die Rechtsprechung in ihrer jüngsten Tendenz bei der zusätzlichen Vereinbarung einer Sicherungsabrede hinsichtlich eines Darlehens abstrakt zwar eine wirksame *causa* i.S. des Art. 1343 c.c. als gegeben, jedoch greife hier die Unwirksamkeit der *causa* nach Art. 1344 c.c. ein. Der zu reinen Sicherungszwecken vereinbarte Kauf mit Wiederkaufsrecht stelle danach seiner Zielsetzung nach ein Geschäft zur Umgehung der zwingenden Vorschrift des Art. 2744 c.c. dar. Nicht das dafür verwendete Medium, der Kauf mit Wiederkaufsrecht - welches nach der abstrahierten Theorie der *causa tipica* in seiner *funzione economico - sociale* als wirksam angesehen

---

[487] *Mengoni*, Gli aquisti, S. 199; *Giorganni*, Causa, S. 565 ff.; *Portale*, Riv. d. società, 1970, 913, 932.

[488] So etwa *Bianca*, Il contratto, S. 425: "*Abbandonando il riferimento alla causa tipica, quale astratta funzione del negozio, occorre piuttosto riconoscere nella causa la ragione concreta del contratto*". Ebenso *Di Majo*, Obbligazioni e contratti, S. 209; *Ferri*, Lezioni, S. 196; *Roppo*, Foro it. 1971, I, 2377; *Bessone*, Adempimento, S. 207.

[489] So etwa Cass. 7.7.1981, Nr. 4414, Giust. civ. 1982, I, 2418; Cass. 29.1.1983, Nr. 826.

[490] Cass. 11.1.1973, Nr. 63, Foro it. 1973, I, 1085. Diese Konkretisierung der *causa tipica* basiert auf der von der Literatur entwickelten Theorie der *causa concreta*. Vgl. *Bianca*, Il contratto, S. 425 f. m.w.N.

werden könne -, sondern die damit bezweckte Zielsetzung führe dabei zur Nichtigkeit der Vereinbarung. Eine fraudulöse Absicht der Parteien muß hierbei nach der neuesten Rechtsprechung nicht mehr gesondert festgestellt und nachgewiesen werden. In ihren Grundsatzurteilen vom April 1989 gehen die Vereinten Senate nicht mehr auf die Trennung der subjektiven und objektiven Voraussetzungen des Geschäftes zur Umgehung des Gesetzes ein[491]. Vielmehr wird der fraudulöse Charakter inzident aus der Tatsache entnommen, daß die Parteien durch ihre Sicherungsvereinbarung ein vom Gesetzgeber vorgesehenes Verbot, nämlich das der Verfallsabrede i.S. des Art. 2744 c.c., umgehen wollten.
Im Ergebnis läßt sich die aktuelle Tendenz der Rechtsprechung nach den Urteilen vom April 1989 der Vereinten Senate des Kassationshofes wie folgt zusammenfassen:

1. Der Kauf zu Sicherungszwecken mit Wiederkaufsrecht (*vendita a scopo di garanzia con patto di riscatto*) ist wegen Verstoßes gegen Art. 1344 c.c. nichtig, wenn die Parteien den Kaufvertrag hauptsächlich zu dem Zweck abschließen, ein Darlehen zu sichern, da in diesem Fall das gesetzliche Verbot der Verfallsabrede nach Art. 2744 c.c. umgangen wird (*negozio in frode alla legge*).

2. Es liegt in diesem Fall kein direkter Verstoß gegen das Verbot der Verfallsabrede (*divieto del patto commissorio*) gem. Art. 2744 c.c. vor.

3. Der Rechtsgrund (*causa*) des Sicherungskaufs ist an sich gesehen nicht unwirksam, da nach der abstrakten Betrachtungsweise der Theorie der "*funzione economico - sociale*" hier der Kaufvertrag, isoliert betrachtet, der typischen *causa* des Kaufvertrags entspricht. Jedoch verfolgen die Parteien in diesem Fall ein unerlaubtes Ziel, welches mit dem Verbot der Verfallsabrede im unvereinbaren Kontrast steht. Die Unwirksamkeit der *causa* ergebe sich daher aus der Gesetzesumgehung und bringe die Konsequenz des Art. 1344 c.c. mit sich.

---

[491] Der Kassationshof erachtete es bis zu den Anfängen der 80er Jahre grundsätzlich für ausreichend, wenn objektiv die Voraussetzungen der Gesetzesumgehung i.S. des Art. 1344 c.c. vorlagen. So wurde es in einem Fall mit Ausländerbeteiligung für unerheblich erachtet, daß nach ausländischem Recht einer Vertragspartei das umgangene Geschäft nicht verboten war und dementsprechend der Ausländer keine fraudulente Absicht hatte. Es sei vielmehr ausreichend, wenn objektiv eine zwingende Verbotsordnung durch das vereinbarte Geschäft umgangen wird. Vgl. Cass. 17.7.1881, Nr. 4414, Giust. civ. 1982, I, 2418. In mehreren daraufolgenden Entscheidungen revidierte der Kassationshof diese Auffassung und forderte nunmehr zusätzlich zu den objektiven Kriterien der Gesetzesumgehung das Vorliegen der subjektiven fraudulenten Absicht beider Vertragsparteien. Cass. 29.1.1983, Nr. 826; Cass. 18.2.1983, Nr. 1244. Vgl. die zusammenfassende Entwicklung der Rechtsprechung zum *negozio in frode alla legge* bei *Azzaro*, Giust. civ. 1993, 113 ff.

4. Im Ergebnis ist der Kauf zu Sicherungszwecken somit wegen Umgehung des Art. 2744 c.c. i.V. mit 1344 c.c. nichtig, wenn die Parteien einen Darlehenssicherungszweck bei Abschluß des Geschäftes verfolgt haben. Dieser Zweck ist anhand von Indizien, insbesondere dem Mißverhältnis zwischen dem Wert des Sicherungsgegenstandes und der gesicherten Forderung oder der fehlenden Besitzübertragung, festzustellen.

cc) Kritik der Literatur an der Rechtsprechung

Diese neue Tendenz der Rechtsprechung wurde in der Literatur unterschiedlich aufgenommen. Zum großen Teil wurden die Entscheidung Nr. 3800 vom Juni 1983 und die Grundsatzentscheidungen der Vereinten Senate des Kassationshofes von 1989 vom Ergebnis her begrüßt. Die von der Literatur seit langer Zeit kritisierte Differenzierung der Rechtsprechung zwischen dem Sicherungskauf mit unmittelbarem Eigentumsübergang (mit auflösender Bedingung) und dem Eigentumsübergang mit aufschiebender Bedingung wurde seit dem Urteil Nr. 3800 von 1983 aufgegeben. Dies wurde in der Literatur als längst überfällig angesehen[492]. Die chronologische Differenzierung nach dem Zeitpunkt des Eigentumsübergangs sei nicht gerechtfertigt, da es keinen Unterschied mache, ob sich der Eigentumsübergang des Sicherungsgegenstandes bereits im Zeitpunkt des Vertragsschlusses oder erst bei Nichterfüllung vollziehen soll. Diese Differenzierung sei für die Beurteilung, ob dieses Geschäft gegen das Verbot der Verfallsabrede verstößt, irrelevant. Zum einen werde die *par condictio creditorum* auch dann verletzt, wenn das Eigentum sofort auf den Sicherungskäufer und Darlehensgeber übergeht[493]. Gerade dann könne der Gläubiger den Zugriff auf den Sicherungsgegenstand beanspruchen, da er bereits formell Eigentümer geworden ist[494]. Zum anderen sei der Gläubiger bei unmittelbarem Eigentumsübergang aufgrund der Sicherungsabrede dazu verpflichtet, die Sache bei Erfüllung der Schuld zurückzuübertragen. Das Eigentum sei solange noch als nicht gefestigt anzusehen, bis die Nichterfüllung der Darlehensrückzahlung durch den Schuldner feststeht. Erst in diesem Zeitpunkt falle die Verpflichtung des Gläubigers, das Eigentum an dem Sicherungsgegenstand auf den Schuldner zurückzuübertragen weg und der provisorische Eigentumsübergang konsolidiere sich zu einem endgültigen[495].

---

[492] *Realmonte*, Foro it. 1989, I, 1428.
[493] So vor allem *Bianca*, La vendita, S. 610 f.; ebenso *Pugliatti*, Riv. trim. proc. 1950, 314.
[494] *Bianca*, La vendita, S. 611.
[495] *Bianca*, La vendita, S. 610.

Zusammenfassend läßt sich festhalten, daß die Aufgabe dieser Differenzierung durch die Rechtsprechung im Ergebnis von der h.M. in der Literatur befürwortet wurde. Die neue Rechtsprechung wird jedoch in ihrer dogmatischen Konstruktion, indem sie die Nichtigkeit des Sicherungskaufes über das Geschäft zur Umgehung des Gesetzes (Art. 1344 c.c.) annimmt, stark kritisiert. Folgend sollen hier kurz die in der Literatur vertretenen verschiedenen Auffassungen zum Sicherungskauf mit Wiederkaufsrecht dargestellt werden.

Ein Teil der Literatur vertrat bereits vor den Entscheidungen der Vereinten Senate des Kassationshofes dessen dort vertretene Ansicht der Gesetzesumgehung (Art. 1344 c.c.) der Verbotsnorm des Art. 2744 c.c.[496] Der überwiegende Teil in der Literatur nimmt hingegen bei diesem Geschäft eine Simulation an[497]. Danach wird dann von der Nichtigkeit des dissimulierten Geschäftes (Darlehenssicherung) ausgegangen, wenn die Parteien nur zum Schein den Vertragstyp des Kaufes mit Wiederkaufsrecht gewählt haben, in Wirklichkeit jedoch keinen Kauf, sondern eine Sicherung eines zwischen den Parteien bereits vorher bestehenden oder gleichzeitig eingegangenen Darlehensverhältnisses erreichen wollen. Das simulierte Geschäft ist dann gem. Art. 1414 Abs.1 c.c. unwirksam und das dissimulierte Geschäft wegen eines direkten Verstoßes gegen die Verbotsvorschrift des Art. 2744 c.c. nichtig[498]. Jedoch wird auch bei dieser Auffassung zwischen einer direkten Verletzung des Art. 2744 c.c.[499] und einer analogen Anwendung[500], die durch eine extensive Auslegung erreicht werden soll, unterschieden. Weiterhin wird in der Lehre vertreten, daß der Sicherungskauf ein atypisches Rechtsgeschäft (*negozio atipico*) sei, welches nicht dem Schutz der Rechtsordnung unterfalle[501]. Schließlich ist nach einer neueren Auffassung der verdeckte Sicherungskauf mit Wiederkaufsrecht wegen Verstoßes gegen Art. 1343 c.c. nichtig[502].

---

[496]So etwa *Pugliese*, Giur. compl. Cass. civ. 1945, I, 161; *Mancini*, Foro it. 1961, I, 1156; *Carraro*, Il negozio, S. 232; *Fragali*, Del mutuo, S. 242; *Gitti*, Riv. trim. dir. proc. civ. 1993, 457 ff.;

[497]*Oberto*, La vendita con patto di riscatto, S. 1136.

[498]*Oberto*, La vendita con patto di riscatto, S. 1136, der sich hierbei der Argumentation des Kassationshofes vom Urteil Nr. 3800 vom 3.6.1983, Giust. civ. 1983, I, 2953 anschließt.

[499]So eine jüngere Entwicklung in der Lehre: Vgl. *Bianca*, patto commissorio, S. 63; *Luminoso*, La vendita, S. 233; *Palermo*, Funzione illecita, S. 30 ff.

[500]*Carresi*, Riv. trim dir. proc. civ. 1947, 346; *Pugliatti*, Riv. trim proc. 1950, 298; *De Nictolis*, Riv. dir. civ. 1991, II, 457 ff.

[501]So *Sesta*, Le garanzie atipiche, S. 65.

[502]*Roppo*, Nuova, giur. civ. 1985, I, 103 f.; *Vigli*, Nuova giur. civ. 1988, I, 141 f.

Zusammenfassend läßt sich festhalten, daß die Lehre geschlossen zur Unwirksamkeit eines treuhänderischen Sicherungskaufes kommt. Die Wege dahin mögen verschieden sein, jedoch sind die zugrundeliegenden Gedanken meist sehr ähnlich. Als gemeinsamer Nenner hat sich hierbei das Verbot der Verfallsabrede i.S. des Art. 2744 c.c. herausgeschält. Die Lehre hat die neuere Rechtsprechung nach den Entscheidungen der Vereinten Senate des Kassationshofes von 1989 zwar vom Ergebnis her zum großen Teil begrüßt, jedoch überwiegend die mangelnde Auseinandersetzung mit dem grundsätzlichen Verhältnis zwischen den Veräußerungsformen zu Sicherungszwecken und dem Verbot der Verfallsabrede kritisiert[503]. Somit wurde bedauert, daß der Kassationshof hier eine Gelegenheit verpaßt hat, die Grenzen der Parteiautonomie im Bereich der atypischen Sicherheiten zu umreißen[504]. Durch diese Unsicherheit der Reichweite der sanktionierten atypischen Sicherheiten erfahre die in Art. 1322 c.c. verankerte Vertragsautonomie eine Einschränkung, wodurch man auch Gefahr laufe, die von der Rechtsordnung tolerierten legitimen Rechtsgeschäfte zu bestrafen[505].

4. Das *sale and lease-back*[506]

a) Einführung

In der italienischen Handelspraxis hat sich als Finanzierungsmöglichkeit für Unternehmen das sog. *sale and lease-back* inzwischen etabliert. Dies scheint sich, neben dem gewerblichen Vorzugsrecht gem. Art. 46 t.u., in der Kreditpraxis als kautelarisches Finanzierungsinstrument einen festen Platz verschafft zu haben[507]. Jedoch stößt das *sale and lease-back* in der Rechtsprechung - in der Funktion als Sicherungsmittel - schnell an seine Grenzen. Im Gegensatz zu der deutschen Praxis, in der sich mit der Sicherungsübereignung ein publizitäts- und besitzloses Mobiliarsicherungsinstrument etabliert hat und daher das *sale and lease-back* als reines Sicherungsinstrument nur einen begrenzten Anwendungsbereich findet,

---

[503]So *Anelli*, L'alienazione in funzione di garanzia, S. 44.

[504]So insbesondere *Mariconda*, Foro it. 1989, I, 1427.

[505]*Anelli*, L'alienazione in funzione di garanzia, S. 46.

[506]In der italienischen juristischen Terminologie wird meistens der englische Begriff des "*sale and lease-back*" verwendet. Nur gelegentlich wird noch zusätzlich der italienische Begriff des "*vendita con locazione (finanziaria) di ritorno*" angeführt. So etwa Trib. Verona, 15.12.1988, Foro it. 1989, I, 1251; Trib. Vicenca 12.7.1988, ebenda.

[507]So auch *Fanan*, Lease-back, S. 779 f., die jedoch das *sale and lease-back* als einziges in der italienischen Rechtsordnung vorhandenes Sicherungsmittel sieht, welches dem Unternehmer sofort eine Finanzierung ermöglicht, ohne dabei den Besitz an den Sicherungsgegenständen aufzugeben. Sie übersieht hierbei jedoch, daß diese Funktion gerade auch durch Art. 46 t.u. erfüllt wird, der ein besitzloses Vorzugsrecht für Unternehmen vorsieht.

scheint sich in Italien gerade der Sicherungscharakter des *sale und lease-back* als mögliches besitzloses Sicherungsinstrument anzubieten. Folgend soll die Zulässigkeit des *sale and lease-back* als reines Sicherungsinstrument in der italienischen Rechtsprechung und Lehre untersucht werden.

b) Struktur - Abgrenzung zum Finanzierungsleasing

Zunächst soll hier kurz das *sale and lease-back* dargestellt werden. Das *sale and lease-back* ist als Finanzierungsform in den Vereinigten Staaten bereits in den 40er Jahren entwickelt worden. In Italien hingegen ist dieses Instrument erst Mitte der 70er Jahre in Erscheinung getreten[508]. Um die Konstruktion des *sale and lease-back* besser einordnen zu können, soll hier zum Vergleich das gewöhnliche Finanzierungsleasing (*leasing finanziario*) vorangestellt werden.

Das *sale and lease-back* unterscheidet sich gegenüber dem üblichen Finanzierungsleasing, das in Italien wie in Deutschland keine ausführliche gesetzliche Regelung erfahren hat[509], in mehreren Punkten. Dem Finanzierungsleasing liegt in

---

[508] Vertragsgegenstand war bei dem ersten bekanntgewordenen *sale and lease-back* ein Supermarkt, der für die Zeit von 20 Jahren zurückgeleast werden konnte. Als Leasinggesellschaft fungierte hierbei die "Deutsche Anlagen Leasing". Vgl. *Fanan*, Lease-back, S. 780.

[509] In Italien wurde zunächst mit dem "progetto Schlesinger", das jedoch nicht realisiert wurde, in Art. 14 *bis* eine Regelung des Leasing vorgesehen: "*Le norme della presente legge si applicano quando la locazione finanziaria è pattuita in ordine ad un bene che il concedente acquista o fa costruire dallo stesso concessionario*". Vgl. *Fanan*, Lease - back, S. 781 f. Schließlich wurde durch das Gesetz Nr. 183 vom 2.5.1976 (Disciplina dell'intervento straordinario nel Mezzogiorno per il quinquennio 1976 -1980) in dessen Art. 17 eine Legaldefinition des Finanzierungsleasing geregelt: "*Per operazioni di locazione finanziaria si intendono le operazioni di locazione di beni mobili od immobili, acquistati o fatti costruire dal locatore su scelta ed indicazione del conduttore, che ne assume tutti i rischi, e con facoltà di quest'ultimo di divenire proprietario dei beni locati al termine della locazione, dietro versamento di un prezzo prestabilito*". Diese Formulierung wurde daraufhin auch von den Handelskammern und dem Kassationshof weitgehend übernommen. Dieser definiert das Finanzierungsleasing als "*contratto atipico avente ad oggetto il trasferimento della disponibilità di un bene per un periodo di tempo determinato, dietro il corrispettivo di un canone periodico fissato in relazione al recupero del prezzo del bene ed al conseguimento di un utile adeguatoe e tendente ad esaurire le sue finalità produttive e finanziarie nell'ambito di quel periodo di tempo, la cui scadenza è caratterizzata dal quasi totale venir meno dell'utilità economica della cosa utilizzata*". Vgl. Cass. 6.5.1983, Nr. 3023, Giur. it. 1987, I, 243. In Deutschland hingegen wurde das leasing nur auf fiskalischer Ebene durch verschiedene Leasingerlasse der Finanzverwaltung geregelt. So insbesondere durch den Vollamortisationserlass vom 19.4.1971 (abgedruckt in BB 1981, 506 ff.) und den Teilamortisationserlass vom 22.12.1975 (abgedruckt in BB 1976, 72 ff.). Darin wird das Leasing für die ertragssteuerliche Einordnung definiert. Vgl. dazu *Graf von Westphalen*, Der Leasingvertrag, S. 6 f., 626 ff.

der Regel folgender Sachverhalt zu Grunde: Nachdem der Leasingnehmer mit dem von ihm ausgesuchten Lieferanten alle kommerziellen und technischen Fragestellungen des abzuschließenden Geschäftes geklärt hat, steigt entweder der Leasinggeber in die bereits getätigte Bestellung zwischen Leasingnehmer und Lieferant ein, oder der vom Leasingnehmer eingeschaltete Leasinggeber bestellt unmittelbar beim Lieferanten das vom Leasingnehmer bestellte Leasinggut, welches dann direkt vom Lieferanten an den Leasingnehmer ausgeliefert wird. Bestätigt der Leasingnehmer dem Leasinggeber die Übernahme der Leasingware, so zahlt der Leasinggeber den geschuldeten Kaufpreis an den Lieferanten. Von diesem klassischen Schema des Finanzierungsleasings weicht das *sale and lease-back* erheblich ab. Bei diesem Vertragstyp ist anfänglicher Eigentümer des Leasingguts nämlich der Leasingnehmer, der dann im Rahmen des *sale and lease-back* das Leasinggut an einen Leasinggeber veräußert. Dieser überläßt wiederum dem Leasingnehmer den Besitz und Gebrauch an dem Leasinggut.

Der wichtigste Unterschied zum gewöhnlichen Finanzierungsleasing ist somit das Vorliegen eines Zweiparteienverhältnisses anstatt der charakteristischen Dreiecksbeziehung des Finanzierungsleasings. Der Unternehmer, der das Leasinggut der Leasinggesellschaft verkauft, ist beim *sale and lease-back* also kein dritter Lieferant, sondern der Leasinggeber selbst, der sich dadurch die Nutzungsmöglichkeit an den Gegenständen erhält[510]. Wie beim Finanzierungsleasing setzt sich das Rechtsgeschäft beim *sale and lease-back* aus zwei Verträgen zusammen. Zum einen aus dem Kaufvertrag und zum anderen aus einem Leasingvertrag. Die rechtliche Qualifizierung verändert sich insofern nicht gegenüber dem gewöhnlichen Finanzierungsleasing[511]. Das rechtlich besondere an der *sale and lease-back* Konstruktion ist vielmehr das Vorliegen des Zweipersonenverhältnisses. Dieses wird an sich von der herrschenden Meinung für den Leasingvertrag grundsätzlich als zulässig erachtet[512]. Zwar hat der Kassationshof in einem Urteil über die Zulässigkeit des Finanzierungsleasings das Vorliegen eines Dreiecksverhältnisses als unverzichtbare Zulässigkeitsvoraussetzung angesehen[513], jedoch wurde dies im Hinblick auf das notwendige Auseinanderfallen der Parteien des Lieferanten

---

[510] *De Nova*, Leasing, S. 485.

[511] *Luminoso*, I contratti, S. 421.

[512] Das Dreieckecksverhältnis wird nach der h.M. danach als kein unverzichtbares Kriterium des Leasing angesehen. Erforderlich sei vielmehr lediglich eine subjektive Trennung zwischen dem Eigentümer/Verkäufer des Gegenstandes und dem Käufer/Leasinggeber. Das Übereintreffen von Verkäufer und Benutzer der Sache sei hingegen unschädlich. Es muß jedoch das Treugut von der Leasing-Gesellschaft gerade dazu erworben werden, um es in Leasing zu geben. Vgl. *Luminoso*, I contratti, S. 42; *De Nova*, Nuovi contratti, S. 233; *Munari*, Il leasing finanziario nella teoria dei crediti e dei titoli di credito, S. 263; *Caselli*, Contratto e impresa 1985, 217.

[513] Cass., 6.5.1986, Nr. 3023, Giur. it. 1987, I, 243.

und der Leasing-Gesellschaft festgelegt. Beim *sale and lease-back* hingegen vermischen sich der Benutzer des Leasingguts und der Lieferant in einer Partei. Dieses Zusammenfallen wurde vom Kassationshof nach der h.M. nicht für unwirksam erklärt[514]. Vielmehr sollte durch das Kriterium der Dreiseitigkeit (*trilateralità*) verhindert werden, daß die Leasing - Gesellschaft einen Gegenstand in Leasing gibt, an dem sie bereits Eigentum innehat. Es sollen also der Lieferant und die Leasing-Gesellschaft nicht identisch sein.

Zusammenfassend läßt sich festhalten, daß nach allgemeiner Auffassung sich das *sale and lease-back* aus zwei getrennten Verträgen zusammensetzt: dem Kaufvertrag und dem Leasingvertrag. Der Leasingvertrag ist regelmäßig durch das Vorliegen von haftungszuweisenden Klauseln, wie etwa der Haftungsübernahme des Leasingnehmers bezüglich aller Schäden an dem Leasinggegenstand oder den Haftungsausschluß des Leasinggebers bezüglich eventueller Sachmängel, charakterisiert[515].

c) Wirksamkeit - Anwendungsbereich des Art. 2744 c.c.

Die Struktur, die das *sale and lease-back* Vertragsgebilde bestimmt, die Möglichkeit der Finanzierung durch Verkauf eines unternehmenseigenen Gegenstandes, der dann zurückgeleast wird, um so die Nutzungsmöglichkeit an dem Gegenstand zu erhalten, haben Zweifel an der Wirksamkeit dieses Vertragstypus aufkommen lassen. Die Parallele zu den Fällen des Kaufs mit Wiederkaufsrecht zu Sicherungszwecken hat die Frage aufgeworfen, ob das *sale and lease-back* nicht ebenfalls unter das Verbot der Verfallsabrede gem. Art. 2744 c.c. fallen könnte. Die Konstellation ist beim *sale and lease-back* ähnlich wie beim verdeckten Sicherungskauf. Der Verkäufer veräußert den "Sicherungsgegenstand" an den "Sicherungsnehmer", die Leasing-Gesellschaft, und erhält dafür den Kaufpreis als Finanzierung. Gleichzeitig kann der Sicherungsgeber weiterhin über den Gegenstand verfügen. Gerade die materielle Dispositionsbefugnis wurde von der Rechtsprechung in den Fällen des verdeckten Sicherungskaufes als Indiz für eine Gesetzesumgehung des Art. 2744 c.c. angesehen. Der Leasingnehmer erhält, wiederum wie beim verdeckten Sicherungskauf, am Ende der Mietdauer die Option, die Sache wieder zurückzuerlangen. Diese weitgehenden strukturellen Gemeinsamkeiten der *vendita* (*con patto di riscatto*) *a scopo di garanzia* und dem *sale and lease-back* finden ihren Niederschlag in der mittlerweile zum großen Teil übereinstimmenden Beurteilung der beiden Vertragsformen in der Recht-

---

[514]*Fanan*, Lease-back, S. 786; *De Nova*, Leasing, S. 485.
[515]*Luminoso*, I contratti, S. 421.

sprechung und Literatur. Bezüglich der Zulässigkeit des *sale and lease-back* konzentriert sich die Frage somit ebenfalls auf das Problem, ob dieser Vertragstyp unter das Verbot des Art. 2744 c.c. fällt.
Eine Meinung in der Literatur geht bei der Qualifizierung des *sale and lease-back* davon aus, daß dieser Vertragstyp eine verdeckte Darlehenssicherung darstelle, wobei dem Kaufvertrag ein reiner Sicherungscharakter zukomme. Der Kaufvertrag sei zudem mit der Erfüllung als auflösend bedingt anzusehen[516]. Eine andere Auffassung geht hingegen von der vollen Wirksamkeit des *sale and lease-back* zu Sicherungszwecken aus[517]. Danach habe diese Vertragskonstellation keine funktionellen Gemeinsamkeiten mit dem von der Rechtsprechung sanktionierten Kauf zu Sicherungszwecken. Vielmehr handele es sich um ein reinen Kaufvertrag, der keinerlei Bedingung unterliege. Dieser Kaufvertrag diene als Grundlage für den damit verbundenen Leasingvertrag, der an sich gesehen ein gewöhnlicher Leasingvertrag sei. Die Option des Rückkaufrechts entspreche nicht dem *patto di riscatto* oder dem *patto di retrovendita* in Verbindung mit dem Kauf zu Sicherungszwecken, da die Rückkaufsoption dem Leasingvertrag inhärent sei. Weiterhin sei das für den Sicherungscharakter der *vendita a scopo di garanzia* typische vorvertragliche Darlehensverhältnis bei der *sale and lease-back* Konstellation gerade nicht gegeben[518].
Diese Ansicht wurde jedoch in der Literatur stark kritisiert, da sie von Voraussetzungen ausgehe, die von der Rechtsprechung und der h.M. in der Literatur für den sanktionierten Sicherungszweck nicht verlangt werden[519].

Die Rechtsprechung ging noch bis zur "Wende" des Kassationshofes zum auflösend bedingten Kauf mit Wiederkaufsrecht durch das Urteil Nr. 3800 vom 3.6.1983 weitgehend von der Wirksamkeit des *sale and lease - back* zu Sicherungszwecken aus. Da die vorangehende Rechtsprechung nur den aufschiebend bedingten Sicherungskauf dem Verbot der Verfallsabrede gem. Art. 2744 c.c.

---

[516] *Cesaro*, Riv. notar. 1986, 790; *Simone*, Foro it. 1989, I, 1251; *Monticelli*, Il leasing, S. 173 ff.

[517] *De Nova*, Leasing, S. 486; *ders.*, Riv. it. leasing 1987, 518.

[518] *De Nova*, Leasing, S. 486.

[519] So kritisiert insbesondere *Luminoso*, I contratti, S. 423, daß *De Nova* eine allzu generalisierende abstrakte Betrachtungsweise des Vertragskomplexes des *sale und lease-back* vornehme. Desweiteren sei ein dem Kaufvertrag vorausgehendes Darlehensverhältnis nicht erforderlich für den Sicherungscharakter des Geschäftes. Vielmehr könne die zu sichernde Forderung auch gleichzeitig entstehen. Zudem sei die Tatsache, daß der Kauf keinerlei Bedingung, weder einer aufschiebenden noch auflösenden unterliege, kein geeignetes Abgrenzungsmerkmal zur verbotenen *vendita a scopo di garanzia*, da diese auch mit anderen Möglichkeiten der Wiedererlangung des Sicherungsgegenstandes sanktioniert werde, wie dem *patto di riscatto* oder dem *patto di retrovendita.*

unterwarf und bei dem *sale und lease-back* das Eigentum direkt bei Vertragsschluß übergehen soll, sah sie keinen Grund, das *sale and lease-back* als unwirksam zu erachten[520]. Nach der Richtungsänderung des Kassationshofes orientierten sich die Gerichte hingegen zum großen Teil an dessen neuer Rechtsprechung zum verdeckten Sicherungskauf[521]. Das *sale und lease-back* wurde danach aus drei Gründen für unzulässig gehalten: Zum einen widerspräche das *sale and lease-back* dem ***numerus clausus*** der dinglichen Sicherheiten. Desweiteren stehe dieses Instrument im Gegensatz zu dem in Art. 2744 c.c. verankerten Gläubigerschutz. Schließlich verletze das Vertragsgebilde den dem Privatrecht immanenten Grundsatz des vertraglichen Gleichgewichtes (*principio di tutela dell'equilibrio contrattuale*)[522]. Die Nichtigkeit des *sale and lease-back* könne jedoch dadurch verhindert werden, daß die Parteien einen sog. "*patto marciano*" bzw. eine "*clausola marciana*" in den Vertrag einfügen. Diese salvatorische Klausel soll das eventuelle Ungleichgewicht der synallagmatischen Verpflichtungen des *sale and lease-back* gegebenenfalls auffangen. Es soll damit eine eventuelle Werterhöhung des Leasinggutes ausgeglichen werden, indem sich der Leasinggeber am Ende der Mietzeit verplichtet, den Differenzbetrag der Wertsteigerung zu bezahlen, um das Eigentum an dem Leasinggegenstand zu erlangen[523]. Dem Schutzzweck des Art. 2744 c.c. könne dadurch Rechnung getragen werden.

---

[520]Für die Wirksamkeit des *sale and lease-back* aus diesen Gründen Trib. Milano, 3.5.1983, Riv. not. 1984, 601.

[521]Mit dieser Argumentation zur Nichtigkeit des *sale and lease-back* gelangend: Trib. Milano, 19.6.1986, Riv. it. leasing 1986, 786; Trib. Verona, 15.12.1988, Foro it. 1989, 1251; Trib. Vicenca, 12.7.1988, ebenda. Das Trib. Milano hat hingegen in anderen Urteilen weiterhin die Wirksamkeit des *sale and lease - back* erklärt: Vgl. Trib. Milano, 13.6.1985, Riv. it. leasing 1986, 172; Trib. Milano, 3.3.1988, Riv. it. leasing 1988, 445.

[522]Die Verletzung des Gleichgewichtsgrundsatzes, der als Ausfluß des Grundsatzes der Vertragsgerechtigkeit zu sehen ist, wird damit begründet, daß bei Nichterfüllung der Zahlungsverpflichtung des Leasingnehmers der Leasinggeber definitiv das Eigentum an dem Leasinggut erwirbt und zudem den Anspruch bezüglich aller nicht erfüllter Leasingraten und den Verzugszinsen behält. Zusammenfassend: *Fanan*, Lease-back, S. 796 f., nach der in diesen Entscheidungen der unteren Gerichte das *sale and lease-back* nicht als "*in fraudem legi*", sondern gar "*contra legem*" qualifiziert werde.

[523]So Trib. Monza, Foro it. 1989, I, 1271: "*Può considerarsi idonea a ristabilire l'equilibrio sinallagmatico tra le prestazioni del contratto di lease - back la clausola del medesimo la quale, sul modello del c.d. "patto marciano" preveda, al termine del rapporto, la stima del bene oggetto di garanzia al fine di confermarne il traspasso, se il valore del bene sia equiparabile al valore del credito inadempiuto, ovvero di quantificare il maggior costo che dovrebbe sopportare il creditore per ottenere l'aquisizione del bene pagando un prezzo aggiuntivo al debitore*".

Die inzwischen herrschende Meinung vertritt eine vermittelnde Auffassung[524]. Danach muß zwischen dem "regulären" und dem "anormalen", also dem irregulären, *sale and lease-back* unterschieden werden. Der Kassationshof hat sich mit dem ersten Urteil zum *sale and lease-back* Nr. 10805 vom 16. 10. 1995 dieser in der Literatur bereits weit verbreiteten Meinung angeschlossen[525] und diese Auffassung mit Urteil vom 19.7.1997[526] bestätigt. Die offensichtlich unter dem Einfluß der neueren Rechtsprechung des Kassationshofes (seit den Urteilen der Vereinten Senate vom April 1989) stehende Entscheidung differenziert bei der Beurteilung der Wirksamkeit des *sale and lease-back* dementsprechend nach den Intentionen der Vertragsparteien beim Abschluß des Vertrages. Grundsätzlich geht der Kassationshof von der Wirksamkeit dieses Rechtsgeschäftes aus.

Das *sale and lease-back* stelle danach ein zulässiges atypisches Rechtsgeschäft (*modello negoziale atipico lecito*) dar, insoweit die Absicht der Vertragsparteien dahin geht, dem Leasingnehmer durch die Liquidierung eines unternehmenseigenen Gegenstandes eine Finanzierungsmöglichkeit zu geben. In diesem Fall realisieren die Vertragsparteien einen wirksamen "Rück - Leasing - Vertrag" ("*leasing di ritorno*"), der keine verdeckte Darlehenssicherung darstelle und somit nicht zu Sicherungszwecken (*a scopo di garanzia*), sondern vielmehr zu "Leasing - Zwecken" (*"a scopo di leasing"*) diene[527]. Auf der anderen Seite könne man dann beim *sale and lease-back* von einem unerlaubten verdeckten Sicherungsinstrument ausgehen, wenn die Intentionen der Parteien offensichtlich dahin gehen, dem Leasinggeber zur Darlehenssicherung eine dingliche Sicherung einzuräumen. Diese Absicht sei anhand von Indizien nachzuweisen. In diesem Fall sei das Rechtsgeschäft wegen Umgehung (*frode*) des Verbotes der Verfallsabrede gem. Art. 2744 c.c. nichtig[528].

Es muß somit zur Feststellung der Zulässigkeit des *sale and lease-back* in jedem einzelnen Fall überprüft werden, ob die Parteien einen reinen Sicherungszweck mit dem Geschäft verfolgen. Dieser wird insbesondere dann angenommen, wenn sich zwischen dem objektiven Wert des Leasinggutes und der Höhe der Leasing-

---

[524]So etwa *Luminoso*, I contratti, S. 423 f.; *Testini*, Notariato 1995, 581 f.

[525]Cass. 16.10.1995, Nr. 10805, Corr. giur. 1995, 1360, mit Anmerkung *Carbone*; ebenfalls in Contratti 1996, 220, mit Anmerkung *De Meo* und in Rassegna tributaria 1996, 417, mit Anmerkung *Luminoso*.

[526]Cass. 19.7.1997, Nr. 6663, Giust. civ. 1997, 328.

[527]So Cass. 16.10.1995, Nr. 10805, Corr. giur. 1995, 1363.

[528]Diese Auffassung des Kassationhofes, die zwischen dem *lease-back* "*puro*" und "*anomalo*" unterscheidet, wurde teilweise bereits vorher von den unteren Gerichten vertreten. So etwa. Trib. Alba, 6.5.1995, Notariato 1995, 581, mit Anmerkung *Testini*; Trib. Milano, 26.1.1995, Gius. 1995, 640; Trib. Venezia, 12.11.1994, Nuova giur. civ. comm. 1995, I, 904. Vgl. ausführlich dazu *Anelli*, L'alienazione in funzione di garanzia, S. 465 ff.

ratenzahlungen eine Disproportion ergibt, denn nur dann greife der Schutzzweck des *patto commissorio* gem. Art. 2744 c.c[529].

Grundsätzlich wird dieser Vertragskomplex jedoch von dem Kassationshof als voll wirksam angesehen, wenn er einen dem Leasingvertrag immanten gewöhnlichen Finanzierungszweck verfolgt. Das *sale and lease -back* findet somit in dem Moment seine Schranken, in dem die Vertragsparteien einen Sicherungszweck und nicht einen reinen Finanzierungszweck verfolgen. Dadurch bewahrt die Rechtsprechung den Grundsatz des *numerus clausus* der dinglichen Sicherheiten und bestätigt somit die restriktive Tendenz gegenüber den atypischen und insbesondere besitzlosen Mobiliarsicherheiten.

Eine weitere praktische Erschwerung erleidet das *sale and lease-back* durch dessen fiskalische Beurteilung. Nach der SECIT[530], einer Finanzaufsichtsbehörde, handelt es sich beim *sale and lease-back* um eine verdeckte Darlehenssicherung unter dem Deckmantel eines doppelten Geschäftes, nämlich eines Kaufvertrages auf der einen und eines Leasingvertrages auf der anderen Seite. Durch diese Kombination soll eine Darlehenssicherung simuliert werden. Die Parteien würden diese Vertragsform nur deshalb wählen, um dadurch unerlaubte steuerliche Vorteile zu ziehen[531]. Diese fiskalische Einordnung der Finanzbehörden dürfte den Anwendungsbereich des *sale and lease-back* gehörig einschränken und zudem einen unternehmerischen Unsicherheitsfaktor schaffen, welcher diesem Instrument, auch in seiner von der Rechtsprechung nicht beanstandeten Finanzierungsfunktion, die wirtschaftliche Praktikabilität nimmt.

---

[529] So auch *Campobasso*, Diritto commerciale, III, S. 148.

[530] Bei der SECIT (Comitato di coordinamento del Servizio centrale degli Ispettori Tributari) handelt es sich um einen Steuerkoordinierungsausschuß, der für die Überwachung der Steuerzahlung zusätzlich zum Finanzamt eingesetzt wird.

[531] Diese Auffassung der SECIT wurde in der Literatur und von der Steuerkommission (*Commissione tributaria*) überwiegend kritisiert. Die SECIT überziehe danach ihre Kompetenzen, indem sie über zivilrechtliche Vertragsqualifizierung in Abweichung zu der zivilrechtlichen Rechtsprechung und der h.M. in der Literatur eine zivilrechtliche Einordnung des *sale and lease-back* vornimmt. So etwa *Gallo*, Riv. it. leasing 1989, 33 ff. Die *Commissione Tributaria* (Comm. trib., I grado Roma, sez. XVIII, 8.5.1991, Riv. dir. trib. 1992, 171) führte dazu aus: "*La riqualificatione giuridica di un contratto non è consentita nè dalle norme civilistiche nè da quelle tributarie*". Vgl. dazu ausführlich *Fanan*, Lease-back, 799 ff.

VIII. Die Vorzugsrechte (*I privilegi*)

1. Historische Entwicklung und Struktur

Das Vorzugsrecht (*privilegio),* welches vorwiegend in den romanischen Rechtskreisen[532] zu finden ist und dem deutschen Recht nicht bekannt ist, gibt dem dadurch gesicherten Gläubiger das Recht, sich aus dem Vermögen des Schuldners bevorzugt zu befriedigen. Die italienischen Vorzugsrechte werden im heutigen Codice civile nicht ausdrücklich definiert. Eine ausdrückliche Definition befand sich hingegen noch im Codice civile von 1865. Danach wurde in Art. 1952 das *privilegio* als ein Recht definiert, welches das Gesetz hinsichtlich des Rechtsgrundes *(causa)* gewährt[533]. Seinen historischen Ursprung findet dieses Sicherungsinstrument im französischen Code civil, dessen Art. 2095 das Vorzugsrecht als ein Recht qualifizierte, welches dem Gläubiger eine Position verleiht, vor den anderen Gläubigern befriedigt zu werden, auch vor den Hypothekargläubigern. Dieses Prinzip hat auch im heutigen Codice civile seine Geltung behalten. Art. 2745 c.c. bestimmt, daß ein Vorzugsrecht durch das Gesetz unter Berücksichtigung des Rechtsgrundes der Forderung zuerkannt wird. Neben diesem gesetzlich entstehenden Vorzugsrecht hat der Gesetzgeber auch die vertragliche Vereinbarung eines Vorzugsrechtes in bestimmten Fällen ermöglicht (Art. 2745 S. 2 c.c.).

Die Vorzugsrechte sind gem. Art. 2741 Abs.2 c.c., neben dem Pfandrecht und der Hypothek, der gesetzliche Fall der vorzugsweisen Befriedigung in der Zwangsvollstreckung wie auch im Konkurs (Art 54. l. fall.)[534]. Funktional übernehmen die gesetzlich entstehenden Vorzugsrechte des italienischen Rechts sowohl die Rolle der deutschen Konkursvorrechte als auch die der gesetzlichen Pfandrechte im deutschen Recht. Die vertraglichen Vorzugsrechte waren vom Gesetzgeber ursprünglich nur für wenige Ausnahmefälle vorgesehen[535]. Von diesem System der gesetzlichen Vorzugsrechte ist der Gesetzgeber im Laufe dieses Jahrhunderts

---

[532]Zu den Vorzugsrechten (*privilegios*) in Spanien, vgl. *Hundertmark*, Besitzlose Mobiliarsicherheiten und Insolvenzverfahren nach spanischem Recht, S. 47 ff. Im französischen Recht sind die Vorzugsrechte *(privilèges)* in den Art. 2101 Code civil, im neuen portugiesischen Código civil in Artt. 734 ff. geregelt.

[533]*"il privilegio è un diritto di prelazione che la legge accorda in riguardo alla causa del credito"*

[534]Hierbei kann der Inhaber gewisser spezialprivilegierter Forderungen - wie ein Pfandgläubiger - auch nach Konkurseröffnung im Wege der Einzelzwangsvollstreckung vorgehen (Art. 63 l.fall.).

[535]So etwa das vertragliche Vorzugsrecht in Art. 2766 Abs. 3 c.c. zur Sicherung von landwirtschaftlichen Krediten. Diese Vorschrift ist nunmehr durch das einheitliche Bankgesetz (t.u.) aufgehoben worden. Vgl. dazu unten, S. 190 ff.

zunehmend abgewichen, indem er in beinahe unzähligen spezialgesetzlichen Eingriffen verschiedene vertragliche Vorzugsrechte einführte.

Die vertraglichen Vorzugsrechte waren vor Inkrafttreten des neuen einheitlichen Bankgesetzes (t.u.) in einer Vielzahl von Gesetzen zu finden. Diese Gesetze waren oftmals das Ergebnis von momentanen wirtschaftlichen Bedürfnissen. Sie entstanden teilweise auf Drängen von diversen wirtschaftlichen Lobbies, oft nur zur Befriedigung von einzelnen Unternehmen oder Unternehmensgruppen[536]. Die Konsequenz hieraus war ein fragmentarisches und nicht auf einheitliche Grundprinzipien zurückführbares System von besonderen vertraglichen Vorzugsrechten. Jedes einzelne Vorzugsrecht wurde in einem Spezialgesetz festgelegt und hinsichtlich der verschiedenen wirtschaftlichen Bereiche ausgestaltet. So wurden Vorzugsrechte für das ganze oder Teile des Anlagevermögens eines Unternehmens vorgesehen, wobei teilweise das Vorzugsrecht sich auch auf Immobilien erstrecken konnte[537] oder auf Teile des Umlaufvermögens, wie die Lagerbestände oder Rohstoffe[538]. Uneinheitlich war auch die Rangfolge der Vorzugsrechte beim Zusammentreffen mit anderen Sicherheiten, die ein Recht auf vorzugsweise Befriedigung gewähren. Teilweise war eine Regelung entsprechend den allgemeinen Vorschriften des Codice civile, teilweise eine erheblich davon abweichende getroffen worden[539].

2. Rechtsnatur

Die Vorzugsrechte sind nach allgemeiner Auffassung Teil des materiellen Rechts und nicht prozessualer Natur, soweit sie sich auf die *par condicio creditorum* auswirken, also das Recht der Gläubiger, gleichmäßig aus den Gütern des Schuldners befriedigt zu werden (Art. 2741 Abs. 2 c.c.). Bei den Vorzugsrechten unterscheidet man zwischen den allgemeinen *(privilegio generale)* und den besonderen *(privilegio speciale)*. Gem. Art. 2746 c.c. erstrecken sich erstere auf alle beweglichen Sachen des Schuldners, letztere auf bestimmte bewegliche oder unbewegliche Sachen.

---

[536] *Ciccarello*, Privilegio, S. 113 ff.

[537] Art. 3 des d.l.c.p.s.vom 1.10.1947, Nr.1075. Vgl. hierzu *Tucci*, Banca, impresa e società 1993, 303 ff.

[538] So z.B. Art. 5 des Gesetzes vom 16.4.1954, Nr.135.

[539] So wich das in dem d.l.c.p.s., Nr.1075 von 1947 geregelte Vorzugsrecht von Art. 2745 c.c. ab, indem das Vorzugsrecht zum Nachteil eines danach eingetragenen Pfandgläubigers ausgeübt werden konnte. Vgl. hierzu *Del Vecchio*, I privilegi, S. 528.

Das allgemeine Vorzugsrecht (Artt. 2751 ff. c.c.) dient hauptsächlich der Sicherung von Forderungen, die aus sozialen Gesichtspunkten heraus sichergestellt werden sollen. Hierbei wird dem Gläubiger auf grundsätzlich alle Güter des Schuldners eine bevorzugte Stellung in der Zwangsvollstreckung gewährt[540] (vgl. Art. 2751 Ziff. 1-7 c.c.: Forderungen wegen Bestattungs- und Krankheitkosten, Unterhaltsbeiträge, Lohnansprüche). Das besondere Vorzugsrecht hingegen erstreckt sich nur auf bestimmte bewegliche (Artt. 2751 ff. c.c.) und unbewegliche (Artt. 2770 ff. c.c.) Sachen, die in einer besonderen Beziehung zu der gesicherten Forderung stehen. So erhält z.B. der Werkunternehmer (Art. 2756 c.c.), der Vermieter, der Verpächter (Art. 2764 c.c.) und der Gastwirt (Art. 2760 c.c.) ein solches Vorzugsrecht. Im deutschen Recht hat der Gesetzgeber in diesen Fällen das Entstehen eines gesetzlichen Pfandrechtes vorgesehen[541].

Bei den allgemeinen Vorzugsrechten wurde bereits durch die Formulierung der Überschrift der Artt. 2755 ff. c.c., wo von einem allgemeinen Vorzugsrecht an beweglichen Sachen (*"Dei privilegi generale sui mobili"*) die Rede ist, deutlich gemacht, daß die Rechtsnatur hier eine andere als bei den besonderen ist. Bei diesen spricht man in der Überschrift der Artt. 2755 ff. c.c. von den Vorzugsrechten an *bestimmten* beweglichen Sachen (*"Dei privilegi sopra determinati mobili")*. Die Bezugnahme auf die bestimmten beweglichen Sachen stellt klar, daß hier die vorzugsweise Befriedigung keine allgemeine Wirkung i.S. des Art. 2740 c.c. entfaltet und der Schuldner danach nicht für die Erfüllung der Verbindlichkeiten mit all seinem gegenwärtigen und künftigen Vermögen haftet. Hier wird vielmehr eine spezielle, auf die einzelnen Gegenstände bezogene Haftung vorgesehen.

Das besondere Vorzugsrecht wird als echtes dingliches Sicherungsrecht *("vero diritto reale di garanzia"[542])* angesehen, welches die mit dem Vorzugsrecht belastete bewegliche oder unbewegliche Sache zugunsten des Gläubigers bindet[543]. Hierbei wird das besondere Vorzugsrecht jedoch als Sicherungsrecht "sui generis" eingeordnet. Grund für diese Sonderstellung ist die Abweichung von dem den dinglichen Sicherungsrechten immanenten Prioritätsgrundsatz "prior tempore,

[540] *Del Vecchio,* I privilegi, S. 23.

[541] Vgl. die gesetzlichen Pfandrechte des Werkunternehmers (§ 647 BGB), des Vermieters (§ 559 BGB), des Verpächters (§ 592 BGB), des Gastwirtes (§ 704 BGB) und weiterhin des Kommissionärs (§ 397 HGB), des Spediteurs (§ 410 HGB), des Lagerhalters (§ 421 HGB) und des Frachtführers (§ 440 HGB).

[542] Dies wurde in der Rechtsprechung mehrfach bestätigt; vgl. Cass. 10.10.1967, Nr. 2387, Giust. civ. 1967, I, 1947; Foro it. 1968, I, 845.

[543] *Del Vecchio,* I privilegi, S. 24.

potior iure". So ist in Art. 2748 Abs.1 c.c. bestimmt, daß das besondere Vorzugsrecht an beweglichen Sachen nicht zum Nachteil eines Pfandgläubigers ausgeübt werden kann, selbst wenn das Pfandrecht nach dem Vorzugsrecht entstanden ist. Nach Art. 2748 Abs. 2. c.c. gehen Gläubiger eines besonderen Vorzugsrechtes an unbeweglichen Sachen den Hypothekargläubigern jedoch vor.
Dem allgemeinen Vorzugsrecht kommt hingegen keine dingliche Wirkung zu. Dies wird vor allem in Art. 2747 Abs.1 c.c. deutlich. Danach kann das allgemeine Vorzugsrecht nicht zum Nachteil von Rechten ausgeübt werden, die Dritten an beweglichen Sachen zustehen. Also selbst, wenn das Vorzugsrecht vor einem Pfandrecht oder einer Hypothek eingetragen worden ist, kommt es bei der Verwertung nicht zum Zuge.

3. Vorzugsrecht an Maschinen (Art. 2762 c.c.)

Ein im Rahmen dieser Untersuchung nennenswertes spezielles Vorzugsrecht enthält Art. 2762 c.c. Darin hat der Gesetzgeber ein gesetzlich entstehendes Waren- und Darlehenssicherungsmittel zur Verfügung gestellt. Abs. 1 dieser Vorschrift gibt dem Verkäufer von Maschinen von Gesetzes wegen - also ohne daß es einer besonderen diesbezüglichen Parteivereinbarung bedarf - ein besonderes Vorzugsrecht. Für die Drittwirksamkeit des Vorzugsrechts an Maschinen ist jedoch die Eintragung in ein Register bei dem Landgericht erforderlich, in dessen Bezirk die Maschine aufgestellt ist (Art. 2762 Abs. 2 c.c.)[544]. Interessanter als die Warenkreditsicherungsfunktion ist für diese Arbeit die in Art. 2762 Abs. 4 c.c. vorgesehene Möglichkeit zur Darlehenssicherung. Danach steht einer speziell hierfür vorgesehenen Bank ein Vorzugsrecht zur Sicherung der finanzierten Maschinenanschaffung zu. Für die Drittwirksamkeit dieses Vorzugsrechtes ist zusätzlich zur Registereintragung i.S. des Abs. 2 auch noch erforderlich, daß eine Urkunde ausgestellt wird, die zum Beweis der Kreditgewährung genaue Angaben bezüglich der Finanzierung und des Sicherungsgegenstandes enthält. Trifft das Vorzugsrecht der finanzierenden Bank mit dem des Maschinenverkäufers zusammen, so gilt gem. Art. 2762 Abs. 5 das Prioritätsprinzip. Für finanzierte fabrikneue Maschinen mit einem Wert über 500.000 Lire sieht ein Spezialgesetz von 1965[545] bezüglich des Vorzugsrechts einige Besonderheiten vor. So steht das Vorzugsrecht nicht nur einer hierfür speziell zugelassenen Bank zu, sondern vielmehr kann sich jedes finanzierende Kreditinstitut darauf berufen (Art. 6 l.

---

[544] Das eingetragene Maschinenprivileg berechtigt in der Zwangsvollstreckung zur bevorzugten Befriedigung in der Zwangsvollstreckung (Artt. 2741, 2776 Nr. 11 c.c., Art. 510 Abs. 2 c.p.c.) und auch im Konkurs des Schuldners (Art. 54 l. fall.).

[545] Gesetz Nr. 1323 vom 28.11.1965, abgedruckt in Gazz. Uff. Nr. 311 vom 14.12.1965.

311/65). Jedoch werden für die Drittwirksamkeit erhöhte Publizititätsanforderungen gestellt. Der Kaufvertrag bedarf nach Art. 2 Abs. 1 l. 311/65 der öffentlichen Beurkundung oder Beglaubigung. Zudem ist für die Drittwirksamkeit zusätzlich zu der Registereintragung (Art. 3 Abs. 4 l. 311/65) erforderlich, daß an der gesicherten Maschine gut sichtbar ein Schild mit den genauen Angaben über die Maschine und das zuständige Registergericht angebracht wird (Art. 1 l. 311/65).

Bei diesem spezialgesetzlichen Vorzugsrecht handelt es sich - im Gegensatz zu Art. 2762 c.c. - um ein vertragliches Sicherungsrecht. Es erfordert eine vertragliche Abmachung bezüglich der Bestellung des Vorzugsrechts, die schriftlich dem Kaufvertrag der Maschine beigefügt werden muß (Art. 3 l. 311/65). Im Ergebnis stellt dieses Vorzugsrecht an Maschinen ein besitzloses vertragliches Sicherungsmittel für die finanzierende Bank dar, das jedoch strengen und recht aufwendigen Publizitätsvorschriften unterworfen wird. Dieses spezialgesetzliche Vorzugsrecht des Gesetzes Nr. 311 vom 28.11.1965 wurde nicht durch das neue einheitliche Bankgesetz (t.u.) abgelöst[546].

4. Neuregelung der gewerblichenVorzugsrechte durch Art. 46 des einheitlichen Bankgesetzes (*testo unico delle leggi in materia bancaria e creditizia*)

a) Einführung

Die besonderen rechtsgeschäftlichen Vorzugsrechte waren vor deren Neuregelung durch das einheitliche Bankgesetz sehr fragmentarisch in vielen Einzelgesetzen geregelt. Hierbei unterschieden sich vor allem die Entstehungsvoraussetzungen sowie die Wirkung der verschiedenen besonderen Vorzugsrechte von Fall zu Fall. Um diesem Mißstand abzuhelfen, wurde Art. 46 t.u. eingeführt. Gleichzeitig hat der Gesetzgeber die vorangehenden spezialgesetzlichen Vorzugsrechte abgelöst. Die Ersetzung der bisherigen vertraglichen Vorzugsrechte ergibt sich zum einen aus der Aufzählung der abgeschafften Gesetze gem. Art. 161 Abs. 1 und 2 t.u. und zum anderen aus Abs. 4 derselben Norm, wonach jede mit den Vorschriften des *testo unico* unvereinbare Rechtsnorm außer Kraft tritt[547]. Somit ist davon auszugehen, daß Art. 46 t.u. vollständig und abschließend die vertraglichen Vorzugsrechte im Bereich der Mobiliarsicherheiten regelt[548].

---

[546]Dies ergibt sich aus der Aufführung der abgeschafften Vorschriften i.S. des Art. 161 Abs. 1 t.u., in der dieses Gesetz nicht aufgeführt ist. Es handelt sich zudem auch nicht um eine mit dem t.u. unvereinbare Regelung (Art. 161 Abs. 3 t.u.).

[547]Art. 161 Abs. 4 lautet: *È abrogata ogni altra disposizione incompatibile con il presente decreto legislativo.*

[548]So *Bonfatti*, Giur. comm. 1994, I, 1049: "*Si deve ritenere che l'art 46 t.u. esaurisca la disciplina dei privilegi a favore di operazioni di credito mobliare*". Hierzu muß jedoch ange-

Um einen besseren Eindruck der Reichweite und Bedeutung des neuen vertraglichen Vorzugsrechtes des Art. 46 t.u. zu bekommen, sollen hier kurz die wichtigsten vertraglichen Vorzugsrechte, die bis zum Inkrafttreten des neuen einheitlichen Bankgesetzes Geltung hatten, aufgezeigt werden. Eines der in der Praxis bedeutendsten durch das neue Bankgesetz abgelösten Vorzugsrechte dürfte dasjenige des Gesetzes vom 6.7.1991, Nr. 175 hinsichtlich der Regelung von Bodenkrediten (*credito fondiario*), Baukrediten (*credito edilizio*) und Krediten für öffentliche Arbeiten (*credito alle opere pubbliche*) gewesen sein[549]. Hierbei handelte es sich um vertragliche Vorzugsrechte, welche zur Finanzierung von öffentlichen Arbeiten an private Unternehmen vergeben wurden. Als Sicherungsgegenstände konnten dabei die errichteten Werke selbst sowie bereits existierende und künftige, noch zu erstellende Betriebsanlagen eingesetzt werden. Desweiteren wurde eine Reihe von industriellen[550], gewerblichen[551] und handwerklichen[552] Vorzugsrechten durch Art. 46 t.u. verdrängt. Somit läßt sich festhalten, daß durch Art. 46 t.u. nicht nur die Mobiliar-, sondern teilweise auch Immobiliarvorzugsrechte abgelöst werden.
Aufgrund der dargestellten Uneinheitlichkeit und den wirtschaftlichen Bedürfnissen nach einem gewerblichen flexibleren Sicherungsrecht hat der Gesetzgeber des neuen Bankgesetzes mit Art. 46 t.u. eine besitzlose gewerbliche Mobiliarsicherheit eingeführt, durch die eine klare einheitliche Regelung bezüglich der Vorzugsrechte entstanden ist.

Nachfolgend soll untersucht werden, ob der italienische Gesetzgeber durch die Einführung des Art. 46 t.u. dem gewerblichen Kreditverkehr eine vertragliche Sicherungsmöglichkeit zur Verfügung gestellt hat, die die von der italienischen Rechtsprechung verhinderten Verlängerungs- bzw- Erweiterungsformen und die verweigerte Anerkennung jeglicher Formen der Sicherungsübereignung im Bereich der Geldkreditsicherheiten wirkungsvoll ersetzen kann.

---

merkt werden, daß das Gesetz Nr. 311 vom 28.11.1965 bezüglich des Vorzugsrechts an fabrikneuen Maschinen über 500.000 Lire nicht durch die Neuregelung verdrängt wird.

[549] *Tucci*, Banca, impresa, società 1993, 311.

[550] Etwa Art. 3 d.l.c.p.s. vom 1.10.1947, Nr. 1075 hinsichtlich der Finanzierung von Rekonstruktionsarbeiten.

[551] Vgl. Art. 2 des Gesetzes Nr. 1016/1960 und Art. 4 des Gesetzes Nr. 517/1975.

[552] Art. 40 des Gesetzes Nr.949/1952.

b) Struktur und Gegenstand des Vorzugsrechts gem. Art. 46 t.u.

In Art. 46 t.u. wurde ein Vorzugsrecht zur Gewährung von mittel- und langfristigen Krediten durch Kreditinstitute an Unternehmen geregelt. Durch diese Neuregelung der Vorzugsrechte wurde die uneinheitliche Reglementierung der verschiedenen besonderen Vorzugsrechte durch eine homogene Strukturierung in Art. 46 t.u. ersetzt[553].

Die Einführung eines vertraglichen besitzlosen Mobiliarsicherungsrechtes wurde in der Literatur als längst überfällige Maßnahme, die den Bedürfnissen des modernen Kreditverkehrs gerecht wird, begrüßt[554].

---

[553]Übersetzung von Art. 46 t.u.:

Finanzierung von Unternehmen: Begründung von Vorzugsrechten

1. Die Gewährung von lang- und mittelfristigen Finanzierungen von Banken an Unternehmen kann durch ein besonderes Vorzugsrecht an nicht in öffentlichen Registern eingetragenen beweglichen Sachengesichert werden. Das Vorzugsrecht kann bestellt werden für:

a) Betriebsanlagen, gegenwärtige und zukünftige Werke, Konzessionen und Produktionsgüter, die auf jeden Fall für den Unternehmensbetrieb bestimmt sind;

b) Rohstoffe, Produkte in der Verarbeitung, Lagervorräte, Endprodukte, Früchte, Zuchttiere, Handelsgüter;

c) Gegenstände, die auf jeden Fall durch die gewährte Finanzierung erworben wurden;

d) Forderungen, auch zukünftige, die aus dem Verkauf der in den voranstehenden Buchstaben aufgeführten Gegenstände stammen.

2. Das Vorzugsrecht muß sich, unter Nichtigkeitsandrohung, aus einem Schriftstück ergeben. In dem Schriftstück müssen diejenigen Gegenstände und Forderungen genauestens beschrieben werden, für die das Vorzugsrecht bestellt wird, die Gläubiger-Bank, der Schuldner und derjenige, der das Vorzugsrecht gewährt hat, die Höhe und die Bedingungen der Finanzierung sowie die Geldsumme, für die das Vorzugsrecht bestellt wird.

3. Die Einwendbarkeit des Vorzugsrechts an Gegenständen gegenüber Dritten setzt die Eintragung des Schriftstückes, aus dem sich das Vorzugsrecht ergibt, in das in Art. 1524 des codice civile bezeichnete Register voraus. Die Bestellung des Vorzugsrechts wird durch Veröffentlichung in dem Amtsanzeiger (F.A.L.) bekannt gemacht. Aus der Bekanntmachung müssen alle genauen Daten der erfolgten Eintragung hervorgehen. Die Eintragung und die Veröffentlichung müssen vor den zuständigen Behörden des Ortes, an dem das finanzierte Unternehmen seinen Sitz hat, erfolgen.

4. Das in dem vorliegenden Artikel vorgesehene Vorzugsrecht erhält den in Art. 2777, letzter Abschnitt des codice civile vorgesehenen Rang und beeinträchtigt nicht die anderen Vorzugsrechte von gleichem Rang, die ein sicheres, früheres Datum aufweisen.

5. Unberührt der Regelungen des Art. 1153 des codice civile kann das Vorzugsrecht auch gegenüber Dritten geltend gemacht werden, die bezüglich des gleichen Gegenstandes ein Recht nach der in Abs. 3 vorgesehenen Eintragung erworben haben. Für den Fall, daß es nicht möglich sein sollte, das Vorzugsrecht gegenüber dem Dritterwerber geltend zu machen, geht das Vorzugsrecht auf den Erlös über.

[554]Vgl. *Presti*, Banca, borsa, tit. cred. 1995, I, 603 f., der den Verfassern des *testo unico* keinen Vorwurf bezüglich einer exzessiven Umstrukturierung der Vorzugsrechte macht, sondern die Vereinheitlichung als rechtlich möglich und darüberhinaus sogar als notwendig einstuft: "*in questa prospettiva -configurando il privilegio speciale, finalmente, come un istituto gene-*

Um einen ersten Überblick über die Vorschrift zu bekommen, soll hier vorab kurz der Regelungsgehalt des Vorzugsrechts in Art. 46 t.u. zusammengefaßt werden[555]. Das Vorzugsrecht kann für jede Art von Finanzierung bestellt werden, von jeder Art von Kreditinstitut[556], für jede Art von Unternehmen (privatwirtschaftliche, landwirtschaftliche oder auch öffentliche), solange es sich um einen mittel- oder langfristigen Kredit handelt (Mindest-Laufzeit 18 Monate)[557].

Das Vorzugsrecht kann sich nur auf die in Abs. 1 aufgeführten Gegenstände erstrecken. Hierbei handelt es sich um bereits existierende und zukünftige Anlagen und Werke und Produktionsmittel, die für den Unternehmensbetrieb bestimmt sind. Weiterhin können Rohstoffe, Produkte in der Verarbeitung, Lagervorräte, Endprodukte, Früchte, Zuchttiere, Handelsgüter und jede durch den gewährten Kredit erworbene Sache Gegenstand des Vorzugsrechtes sein. Schließlich kann es sich auch auf zukünftige und gegenwärtige Forderungen erstrecken, die sich aus dem Verkauf der oben erwähnten Güter ergeben.

Als Formerfordernis muß sich das Vorzugsrecht unter Nichtigkeitsandrohung aus einer Urkunde ergeben. Hierbei wird unter Bezugnahme auf Art. 1524 c.c. angenommen, daß es sich dabei um eine öffentliche Urkunde sowie eine private beglaubigte Urkunde handeln kann[558]. In der Urkunde müssen die vom Vorzugsrecht erfaßten Gegenstände und Forderungen genau beschrieben werden. Weiterhin müssen die an der Sicherung Beteiligten (Bank, Schuldner und ein eventueller Dritter), die Höhe und die Bedingungen des Kredites, sowie die Höhe der Summe, für die das Vorzugsrecht bestellt wird, aufgeführt werden.

Das Vorzugsrecht des Art. 46 t.u. kann nicht nur vom Schuldner selbst, sondern auch von einem Dritten für diesen bestellt werden. Hierbei handelt es sich um

---

rale e unitario che si sostanzia in una garanzia convenzionale non possessoria su beni mobili e crediti- i redattori del t.u. meritano certamente un plauso per aver ricondotto a l'unità l'isituto, spazzando via perentoriamente l'irrazionale particolarismo precedente". Ebenso *Minervini*, Giur, Comm. 1993, I, 832, für den die Neuregelung auf einem höchstmöglichen Niveau bezüglich des Schutzes der Banken realisiert wurde.

[555] Vgl. die Zusammenfassung bei *Presti*, Banca, borsa, tit. cred. 1995, I, 606 ff.

[556] Solange es die von der Aufsichtsbehörde für mittel- und langfristige Bankgeschäfte (*autorità di vigilanza per l'operatività a medio e lungo termine*) vorgeschriebenen Erfordernisse erfüllt. Vgl. *Presti*, Banca, borsa, tit, cred. 1995, I, 606.

[557] Die Mindestdauer von 18 Monaten ergibt sich aus dem Rundschreiben (*circolare*) der zuständigen Aufsichtsbehörde, abgedruckt in Banca, borsa, tit. cred. 1994, I, 402.

[558] *Bonfatti*, Giur. Comm. 1994, I, 1052; a.A. *Roberti*, Finanziamenti alle imprese: costituzione di privilegi, Vortrag auf dem Kongreß der ITA "La nuova disciplina dei crediti speciali" vom 11. Mai 1994 in Mailand.

eine absolute Neuheit im italienischen Recht, da es nach der bisherigen Rechtslage ganz herrschende Meinung war, daß sich das Vorzugsrecht nur auf die Gegenstände des Schuldners selbst beziehen durfte[559].

Für die Einwendbarkeit gegenüber Drittgläubigern ist die Eintragung in das in Art. 1524 c.c.[560] bezeichnete Register erforderlich. In dieses Register werden auch die Eigentumsvorbehalte eingetragen. Weiterhin ist die Veröffentlichung der Sicherheitenbestellung in dem Amtsmitteilungsblatt (F.A.L.) vorgeschrieben. Beide Veröffentlichungen werden im Bezirk des Sitzes des Unternehmens in das Register des zuständigen Landgerichts vorgenommen.

Der Rang des Vorzugsrechts ergibt sich aus Art. 2777 Abs. 3 c.c. Hiernach stehen die Vorzugsrechte, die nach den Sondergesetzen Vorrang vor jeder anderen Forderung haben, immer dem Vorzugsrecht über die Verfahrenskosten und den in Art. 2751-bis c.c. bezeichneten Vorzugsrechten[561] im Rang nach. Andere Rechte auf vorzugsweise Befriedigung, die dem Vorzugsrecht dem Range nach gleichstehen, werden von diesem nicht beeinträchtigt, wenn sie ein sicheres Datum vor Eintragung des Vorzugsrechtes aufweisen.

Das Vorzugsrecht begründet ein Verfolgungsrecht gegenüber denjenigen, die nach der konstitutiven Eintragung ein Recht an dem gesicherten Gegenstand erlangt haben. Wird die mit dem Vorzugsrecht behaftete Sache von dem Schuldner an einen gutgläubigen Dritten verkauft, so kann der Gläubiger des Vorzugsrechts sich nicht mehr aus der Sache befriedigen, wenn der Dritte den Besitz daran erlangt hat. Art. 1153 c.c. bestimmt nämlich, daß der gutgläubige Besitzer das Eigentum frei von Rechten erwirbt, die anderen an der Sache zustehen, wenn diese sich nicht aus dem Rechtstitel ergeben. In diesem Fall steht dem Gläubiger ein schuldrechtlicher Ersatzanspruch gegen den Schuldner auf den Erlös der Veräußerung zu[562].

---

[559]Vgl. hierzu *Tucci*, I privilegi, S. 489.

[560]Hiernach kann der Eigentumsvorbehalt auch dem Dritterwerber entgegengehalten werden, sofern der Eigentumsvorbehalt in ein eigenes Register eingetragen wird, daß in der Kanzlei des Landgerichts geführt wird, in dessen Bezirk die Maschine aufgestellt ist.

[561]Bei den in Art. 2751-*bis* c.c. genannten Vorzugsrechten spricht man von den sog. "*superprivilegi*". Hierbei handelt es sich um die Vorzugsrechte von Forderungen auf Entlohnung und Provisionen, Forderungen der Selbstbebauer, der Genossenschaften oder genossenschaftlichen Körperschaften und der Handwerksunternehmen. So z.B. das gesetzliche Vorzugsrecht bezüglich der Hypothekensteuer gem. Art. 9 des d.p.r. 635/1972.

[562]*Presti*, Banca, borsa, tit. cred. 1995, I, 608.

c) Sicherungsgegenstand

aa) Überblick

Auf den ersten Blick erscheint die Regelung bezüglich der möglichen Sicherungsgegenstände des Art. 46 t.u. unproblematisch. So bestimmt Art. 46 Abs. 1 S. 1 t.u., daß Gegenstand des Vorzugsrechtes bewegliche Sachen sind, die nicht in einem öffentlichen Register eingetragen sind. Jedoch wird durch die in Abs.1 S. 2 aufgeführten Sicherungsgegenstände deutlich, daß der in Abs.1 S. 1 aufgestellte Grundsatz sowohl Einschränkungen als auch Erweiterungen erfährt. So schränken einerseits litt. a), b) und c), wonach das Vorzugsrecht nicht bezüglich aller beweglichen Sachen bestellt werden kann, sondern nur bezüglich der dort aufgeführten, den oben genannten Grundsatz insoweit ein. Diesbezüglich hat die Banca d'Italia zudem klargestellt, daß es sich bei der Aufzählung der Sicherungsgegenstände in den o.g. Buchstaben um eine abschließende handelt und eine entsprechende Anwendung auf dort nicht aufgeführte Sicherungsgegenstände ausgeschlossen ist[563]. Andererseits erfährt der in S. 1 aufgestellte Grundsatz in lit. d) eine Erweiterung, indem das Vorzugsrecht auch an gegenwärtigen und künftigen Forderungen, die sich aus dem Verkauf der mit dem Vorzugsrecht belasteten Güter bzw. Waren ergeben, bestellt werden kann. Weiterhin läßt sich festhalten, daß sich das Vorzugsrecht gem. Art. 46 t.u. weder auf bewegliche oder unbewegliche Sachen bezieht, die in einem öffentlichen Register eingetragen sind, noch auf gewerbliche Patentrechte. Hierbei will der Gesetzgeber die bestehende Regelung unangetastet lassen, wonach für die eingetragenen Mobilien sowie Immobilien weiterhin die Hypothekvorschriften und für die Patentrechte die Vorschriften des Patentgesetzes[564] Anwendung finden.

Im folgenden soll nunmehr auf die einzelnen Sicherungsgegenstände der Buchstaben a) bis d) näher eingegangen werden.

---

[563] Banca d' Italia, Chiarimenti sul testo unico (d. leg. 385/1993), Nr. 43296 vom 18.2.1994, Anmerkung 17, *" l' elencazione contenuta nell Art. 46 co. 1 del t.u., come traspare dalla relazione illustrativa, ha natura tassativa. Essa sembra coprire tutti i beni mobili che di fatto ineriscono l'impresa e sono suscettibili di formare oggetto di privilegio"*; a.A.: *Janarelli*, Dir. giur. agr. 1994, 204, der eine restriktive Auslegung der Buchstaben a), b) und c) des Art. 46 Abs. 1 S. 2 ablehnt, da man ansonsten der Vielfalt der verschiedenen wirtschaftlichen Bereiche, in denen das Vorzugsrecht Anwendung finden kann, nicht genügend Rechnung trage.

[564] Gesetz vom 19.6.1939, Nr. 1127 - Testo delle disposizioni legislative in materia di brevetti per invenzioni industriali, welches mehrfach, letztmals am 29.12.1992 modifiziert wurde.

bb) Sicherung durch Anlagevermögen - Art 46 Abs.1 lit.a) t.u.

Lit. a) des Art. 46 Abs.1 S.2 t.u. umfaßt bereits vorhandene und zukünftige Betriebsanlagen und Produktionseinrichtungen, die dem Produktionsprozeß des Unternehmens dienen. Hierbei handelt es sich um das Anlagevermögen des Unternehmens, welches für den Produktionsprozeß in der Regel unentbehrlich ist und somit für das gesetzliche Pfandrecht gem. Artt. 2786 ff. c.c. durch den damit verbundenen Besitzverlust ungeeignet ist.
In die Möglichkeit, das Anlagevermögen - das oftmals den Großteil des gesamten Betriebsvermögens ausmacht - zu Sicherungszwecken einzusetzen, ohne daran den unmittelbaren Besitz zu verlieren, dürfte eine der bedeutendsten Änderungen gegenüber der bisherigen Rechtslage liegen. Der Unternehmer wird dadurch nicht mehr gezwungen, den Besitz an einem Teil seiner Produktionsanlagen aufzugeben, sondern behält vielmehr die Möglichkeit, mittel- und langfristige Kredite durch eine weiterhin uneingeschränkte Produktionskapazität fristgemäß zu tilgen.

cc) Sicherung durch Umlaufvermögen - Art. 46. Abs.1 lit.b) t.u.

Art. 46 Abs. 1 S. 2 lit. b) t.u. hingegen bezieht sich auf das Umlaufvermögen. Hiernach kann sich das Vorzugsrecht auf Rohstoffe, zu verarbeitende Produkte, Lagervorräte, Endprodukte, Früchte, Viehbestand und sonstige Handelsgüter erstrecken. Hierbei scheinen sich einige rechtliche Probleme aufzutun, wenn man sich vor Augen hält, daß die Beschaffenheit der in lit. b) genannten Güter naturgemäß eine dynamische ist, da diese zur Verarbeitung bzw. zum Weiterverkauf bestimmt sind. Diese Güter erscheinen für das in Art. 46 t.u. vorgesehene Vorzugsrecht eher ungeeignet, da dies ausschließlich zur Finanzierung von mittel- und langfristigen Krediten bestellt werden kann. Dieser Konflikt könnte nur dadurch gelöst werden, indem sich das Vorzugsrecht vereinbarungsgemäß auch auf das Surrogat erstrecken könnte. Im deutschen Recht wird diese Problematik bezüglich des Eigentumsvorbehalts und der Sicherungsübereignung durch die verschiedenen Erweiterungsformen gelöst. Diese Verlängerungsmöglichkeiten sind in lit. b) des Art. 46 Abs.1 S. 2 ausdrücklich jedoch nicht vorgesehen. Betrachtet man den Wortlaut des lit. b), so läßt dieser - im Gegensatz zu den litt. a) und d), wonach das Vorzugsrecht auch bezüglich noch nicht existenter Betriebsanlagen bzw. noch nicht fälliger Forderungen bestellt werden kann - eine Einbeziehung für zukünftig entstehende Waren i.S. des lit. b) nicht zu. Daraus könnte man schließen, daß der Gesetzgeber dadurch die Möglichkeit von vertraglichen Verlängerungsvereinbarungen bezüglich der zu verarbeitenden Waren ausschließen wollte. Andererseits erscheint es befremdlich, gerade für die Waren und Güter, die zur Verarbeitung und zum Verkauf bestimmt sind, keine Erweiterungsformen zuzulassen. Diese Sicherheiten können und sollen dem Gesicherten nicht so lange unverändert erhalten bleiben, bis die gesicherte Forderung getilgt ist.

Im deutschen Recht ergibt sich sowohl bei der Sicherungsübereignung als auch beim Eigentumsvorbehalt im Falle der Verarbeitung bzw. Weiterveräußerung der Sicherungsgegenstände die Möglichkeit, daß sich der gesicherte Kreditgeber rechtsgeschäftlich des Surrogats, das der Kreditnehmer an Stelle der ursprünglichen Sicherheit erlangt, bemächtigt. Dieses Surrogat kann dann eine durch Verarbeitung der Rohstoffe bzw. Waren neu entstandene Sache sein. Dies wird in der deutschen Rechtsordnung durch die sog. Verarbeitungsklausel bewerkstelligt[565]. Diese verlängert das Sicherungsrecht am Rohstoff in das Fertigfabrikat. Der Vorbehaltslieferant bzw. die Bank erhalten dann dieses Fertigfabrikat als neue Sicherheit im Austausch gegen ihre ursprüngliche Sicherheit[566].
Im italienischen Recht konnten sich entsprechende Erweiterungsformen in der Rechtsprechung nie durchsetzen. Zwar wurden bezüglich des Pfandrechts von der Bankpraxis verschiedene vertragliche Klauseln für im Produktionsprozeß befindliche Güter eingeführt, jedoch wurden diese Verarbeitungsklauseln von der Rechtsprechung grundsätzlich nur dann als wirksam angesehen, wenn dem Besitzverlusterfordernis des Sicherungsgebers Rechnung getragen wird.

Eine Verlängerung des Sicherungsrechtes in das verarbeitete Produkt hat der italienische Gesetzgeber einzig durch das bereits oben dargestellte sog. "Schinkenpfandrecht" (*legge sulla costituzione di pegno sui prosciutti a denominazione d'origine tutelata*) vorgesehen, wonach von der in Art. 2786 c.c. für das Pfandrecht vorgesehenen Besitzübergabe abgewichen wird. Dort folgt das Pfandrecht dem Produkt in allen Phasen der Verarbeitung bis zur Fertigstellung des Schinkens. In diesem Zusammenhang muß auch Art. 7 489/86 über die zentralisierte Verwaltung der Wertpapiere durch die "Monte Titoli S.p.a." genannt werden, der ein besitzloses Pfandrecht an Wertpapieren und eine Verlängerungsform des

---

[565] *Serick*, Deutsche Mobiliarsicherheiten, S. 35 f.

[566] Hierbei ergibt sich im deutschen Recht das Problem, daß durch die Verarbeitung des Sicherungsgegenstandes der Sicherungsnehmer das Eigentum nach § 950 BGB verliert (im italienischen Recht sieht Art. 940 c.c. (*specificazione*) einen dem § 950 BGB entsprechenden Eigentumsübergang durch Verarbeitung vor). Jedoch wird diese Hürde von der herrschenden Auffassung dadurch überwunden, daß der Sicherungseigentümer (bzw. Vorbehaltslieferant beim Eigentumsvorbehalt) so angesehen wird, als ob er die neu entstandene Sache gem. § 950 BGB i.V. mit der Verarbeitungsklausel neu erwerbe. Vgl. *Serick*, Deutsche Mobiliarsicherheiten, S. 49 ff.; *ders.*, Eigentumsvorbehalt und Sicherungsübertragung, Bd. IV, S. 115 ff.

Pfandrechts vorsieht[567]. Eine solche Verlängerungsmöglichkeit hat der Gesetzgeber für Art. 46 t.u. ausdrücklich nicht vorgesehen. Jedoch läßt bereits die Tatsache, daß der Gesetzgeber sich zur Sicherung von lang- und mittelfristigen Krediten des Instruments des Vorzugsrechts bedient hat, darauf schließen, daß eine flexiblere, nicht an die strengen Pfandrechtsvorschriften gebundene Mobiliarsicherheit entstehen sollte. Einen weiteren Anhaltspunkt für die Möglichkeit der Vereinbarung einer dinglich wirksamen Ersetzung der Sicherungsgegenstände läßt sich aus Art. 46 Abs. 5 S. 3 t.u. entnehmen. Dieser bestimmt für den Fall, daß das Vorzugsrecht nicht gegen einen Erwerber geltend gemacht werden kann, daß sich das Vorzugsrecht auf den durch den Verkauf des Sicherungsgegenstandes erzielten Erlös erstreckt[568]. Hierdurch erstreckt sich das Vorzugsrecht auf das Surrogat des Sicherungsgegenstandes: eine Form von dinglicher Surrogation, wie sie der deutsche Gesetzgeber in § 1247 S. 2 BGB für das Pfandrecht vorgesehen hat. Der Codice civile sieht hingegen für das Pfandrecht eine solche Surrogation auf den Veräußerungserlös der Pfandsache nicht vor. Dies kann ebenfalls ein Indiz dafür sein, daß das vorliegende Vorzugsrecht nicht den strengen Pfandrechtsvorschriften unterworfen werden sollte.

Ein Großteil der Literatur sieht es weiterhin als unabdingbar an, daß Art. 46 t.u. eine teleologische Auslegung erfordert, so daß sich das Vorzugsrecht auch auf die Endprodukte des verarbeiteten Sicherungsgegenstandes und auch auf die dieses nachträglich ersetzenden Gegenstände erstreckt[569]. Dies wird vor allem mit dem Sinn und Zweck der Vorschrift begründet. Dieser liege vorwiegend darin, dem produzierenden Unternehmer, der außer seinen unentbehrlichen Produktionsmaschinen und dem Warenlager kaum über Sicherungsvermögen verfügt, eine Finanzierungsmöglichkeit für lang- und mittelfristige Kredite zu ermöglichen. Durch Art. 46 Abs. 1 lit. b) t.u. solle gerade diesen Unternehmern die Möglichkeit gegeben werden, eine mittel- bzw. langfristige Finanzierung sichern zu können, indem die im Produktionsprozeß befindlichen Waren und Rohstoffe als Sicherungsgut eingesetzt werden können. Jedoch ist dem Produzenten nur wenig gedient, wenn er langfristig die Materialien und Rohstoffe nicht in den Verarbeitungsprozeß miteinbeziehen kann, da ihm diese nicht zur Verfügung stehen. So

---

[567]Ausführlich zu dem Pfandrecht an Wertpapieren in der Sammelverwahrung der Monte titoli S.p.A. oben, S. 119 ff.

[568]Art. 46 Abs. 5 S. 3 lautet: *"Nell'ipotesi in cui non sia possibile far valere il privilegio nei confronti del terzo aquirente, il privilegio si trasferisce sul corrispettivo."*

[569]*M. Rescigno*, Finanziamenti; *Roberti*, Finanziamenti alle imprese: costituzione di privilegi. Beides unveröffentlichte Vorträge, die auf dem von der ITA vom 4. bis 6. Oktober 1995 in Mailand veranstalteten Kongreß gehalten wurden zu dem Thema: La nuova disciplina delle operazioni di credito a medio e lungo termine.

erscheint es verwunderlich, daß die Associazione Bancaria Italiana (A.B.I.) in einem an alle der A.B.I. angeschlossenen Banken gerichteten Rundschreiben ausdrücklich vorgegeben hat, daß die Ausdehnung des Vorzugsrechtes auf erst künftig in den Besitz des Schuldners gelangende Waren ausgeschlossen sein soll und weiterhin eine Ersetzung der Sicherungsgegenstände nicht möglich ist[570]. Der Sicherungsgeber soll sich danach verpflichten, innerhalb einer zu vereinbarenden Frist alle Waren und Gegenstände anzugeben, die er mit dem Vorzugsrecht belasten will, unter Ausschluß einer Ersetzung oder Ergänzung dieser abschließenden Aufzählung der Sicherungsgegenstände. Die A.B.I. hat durch diese Klausel einen starken Protektionismus bezüglich der Banken bewirkt. Eine Verlängerungsform wird bei Verwendung der vorgegebenen Klausel danach ausgeschlossen. Ein offensichtliches Mißtrauen, welches den Sinn und Zweck der in Art. 46 t.u. getroffenen Regelung weitgehend aushöhlt.

dd) Sicherung durch künftig in den Sicherungsverbund eintretende Sachen - Art. 46 Abs.1 lit.c) t.u.

Nach lit. c) des Art. 46 Abs.1 kann das Vorzugsrecht auch auf Güter bestellt werden, die sich noch nicht im materiellen Besitz des Schuldners befinden, sondern vielmehr erst durch die Finanzierung erworben werden sollen.
Hierdurch wird der Unterschied zu den in den Buchstaben a) und b) erwähnten Gütern deutlich. Während diese dem Betrieb bereits dienen, kommen die in Buchstabe c) aufgeführten erst noch in das Vermögen des Kreditnehmers und zwar durch die Finanzierung der Bank. Dadurch wird eine bis zur Einführung dieser Vorschrift bestehende Lücke gefüllt. Einzig das Maschinenvorzugsrecht des Art. 2762 c.c. ermöglicht es dem Schuldner, der Bank die von ihr finanzierte Maschine als Sicherungsgegenstand einzusetzen. Dem Kreditnehmer wird durch Art. 46 lit.c) t.u. ermöglicht, durch die Finanzierung überhaupt in Besitz der Güter zu gelangen, um diese dann als Sicherheit einzusetzen.

---

[570]Rundschreiben der A.B.I. vom 29. September 1994, Nr. 8214, welches in den Anweisungen zu Art. 46 Abs.1 Buchstabe b) folgende Klausel zur Verwendung für die finanzierenden Banken vorsieht: "*Il costituente si impegna comunque a perfezionare con la banca ed entro ... giorni dall' eventuale richiesta della stessa, gli atti aggiuntivi di costituzione di privilegio necessari alla banca stessa per vincolare, a tutela del presente finanziamento quella parte dei beni da acquisire in garanzia che, al momento, non è possibile inserire nel presente contratto ovvero per reintregrare la garanzia costituita a favore della banca in consequenza di eventuali sostituzioni, nel corso del finanziamento, di beni indicati nell'elenco medesimo*".

Bei diesen durch die Finanzierung erworbenen Gütern stellt sich die Frage, ob damit nur diejenigen Güter gemeint sind, die in lit. a) und b) aufgeführt sind, oder hingegen alle Arten von Gütern und Waren, auch wenn sie mit dem Betrieb und der Produktion des Unternehmens nichts zu tun haben, solange sie nur mit dem gewährten Kredit erworben wurden.

Für die zweite Lösung spricht der in lit. c) verwendete Wortlaut "*comunque*"[571] (jedenfalls) bezüglich der Verwendung der Finanzierungsmittel. Diese wörtliche Auslegung widerspricht jedoch zum einen der *ratio* der Vorschrift, und zum anderen wird durch die Verwendung des Begriffs "*comunque*" nicht auf die Art von Gütern Bezug genommen, sondern vielmehr darauf, daß die Güter auf jeden Fall mit dem gegenständlichen Kredit erworben werden müssen.

Für die erste Lösung spricht dagegen, daß der Sinn und Zweck der vorliegenden Vorschrift eindeutig in der Gewährung einer besitzlosen vertraglichen Mobiliarsicherheit liegt, um dem Unternehmer den unabkömmlichen Besitz an den Produktionsanlagen und den Rohstoffen zu erhalten. Dieser *ratio* würde hingegen nicht entsprochen, würde man die Finanzierung auch von nicht dem Unternehmen dienenden Waren und Gütern und sonstigen unternehmensfremden Gegenständen durch lit. c) zulassen.

Dies erscheint auch konsequent, wenn man sich die Voraussetzungen der Bestellung des Vorzugsrechtes gem. Art. 46 t.u. betrachtet. Zum einen die negative Voraussetzung, wonach das Vorzugsrecht nur bezüglich nicht in öffentlichen Registern eingetragene Gegenstände bestellt werden kann. Zum anderen jedoch auch in positiver Hinsicht, indem die Sicherungsgegenstände der Ausübung des Unternehmens dienen müssen.
Art. 46 t.u. soll in dieser Hinsicht eine der Lücken füllen, die von den vertraglichen Sicherungsrechten, wie dem Pfandrecht oder der Hypothek, hinterlassen werden. Diese Lücken resultieren vor allem aus der Ungeeignetheit dieser Sicherungsmittel für die meisten dem Unternehmer zur Verfügung stehenden potentiellen Vermögenswerte.
Bezüglich der beweglichen Sachen ist das Pfandrecht wegen des zwingenden Besitzverlustes für den Schuldner nicht praktikabel. Die Hypothek ist ebenfalls oft nicht geeignet, da diese nur für das oftmals nicht vorhandene oder bereits belastete unbewegliche Vermögen oder für die beweglichen, eintragungsfähigen Gegenstände bestellt werden kann. Hier soll Art. 46 t.u. Abhilfe schaffen, indem

---

[571] *Presti*, Banca, borsa, tit. cred. 1995, I, 615.

der Unternehmer die Möglichkeit erhält, seine für den Produktionsprozeß erforderlichen Produktionsanlagen und zu verarbeitenden Rohstoffe und Waren als Sicherungsgegenstände einzusetzen, was ihm durch die übrigen gesetzlichen dinglichen Sicherungsmittel verwehrt wäre. Würde man unter die Art. 46 lit. c) t.u. gefaßten Gegenstände auch unternehmensfremde Gegenstände fassen, die nicht der Ausübung des Betriebes und dessen Produktion dienen, so würde dies den Intentionen des Gesetzgebers widersprechen und die im Codice civile geregelten dinglichen Sicherungsmittel aushöhlen[572].

Geht man also davon aus, daß als Sicherungsgegenstände i.S. des Art. 46 Abs.1 lit. c) t.u. nur die bereits in lit. a) und b) abschließend aufgeführten in Betracht kommen, so besteht für die Bank jedoch die Gefahr, daß sie ihr Vorzugsrecht an dem von dem Sicherungsgeber durch die Finanzierung erworbenen Gegenstand gar nicht erst erlangt, wenn es ein nicht dem Betrieb dienender Gegenstand wäre. Die Bank müßte hier vertragliche Vorsichtsmaßnahmen treffen, um diesem Risiko vorzubeugen[573].

Auf der Grundlage dieses Ergebnisses wird weiterhin angenommen, daß die in Art. 46 Abs. 2 t.u. ausdrücklich erwähnte Möglichkeit, die Sicherungsgegenstände eines Dritten miteinzubeziehen, restriktiv ausgelegt werden müsse. Dies gebiete wiederum die ratio der Vorschrift, wonach dem Sicherungsgeber eine besitzlose Mobiliarsicherheit zur Verfügung gestellt werden soll, um ihm die Möglichkeit des vollen Einsatzes seiner unverzichtbaren Produktionsanlagen und Rohstoffe zu belassen. Aus diesem Grund würde eine Einbeziehung von nicht der Produktion des Unternehmens dienenden Anlagen und Waren dem Sinn und Zweck dieser Vorschrift widersprechen. Somit komme die Vergabe der Sicherungsgegenstände durch einen Dritten nur dann in Betracht, wenn dieser auch der Eigentümer von Unternehmensgegenständen ist, die als Sicherung i. S. des Art. 46 t.u. eingebracht werden sollen. Hierbei kämen etwa Sicherungsgegenstände in Betracht, an denen der Leasinggeber oder der Vorbehaltsverkäufer das Eigentum behalten haben und die der Ausübung des Betriebes dienen[574].

Die A.B.I. hat in ihrem Mustervorschlag diesbezüglich bereits Vorsorge getroffen und eine Klausel eingefügt, wonach der Finanzierungsvertrag i. S. des Art. 1456 c.c. aufgehoben werden kann, wenn die Finanzierung vollständig oder zumindest teilweise dem Finanzierungszweck zuwider verwendet wird[575].

---

[572] So auch *Presti*, Banca, borsa, tit. cred. 1995, I, 616. Ebenso *Bonfatti*, Giur. comm 1994, I, 1050 f.

[573] Auf diese Gefahr weist *Presti*, Banca, borsa, tit. cred. 1995, I, 616, Fn. 67, ausdrücklich hin. Ebenso *Veneziano*, Le garanzie mobiliari non possessorie, S. 94.

[574] *Presti*, Banca, borsa, tit. cred. 1995, I, 616.

[575] Vgl. den Mustervordruck der A.B.I. zu den Auflösungsgründen in Anlage 1: "*Determina la risoluzione di diritto del presente contratto ai sensi dell' art. 1456 c.c. ognuna delle*

ee) Sicherung durch Forderungen - Art. 46 Abs.1 lit. d) t.u.

Schließlich kann gem. lit. d) des Art. 46 Abs. 1 t.u. das Vorzugsrecht an Forderungen, auch künftige, bestellt werden, die aus dem Verkauf der in den vorausgehenden Buchstaben aufgeführten Gegenstände resultieren. Hierdurch ermöglicht der Gesetzgeber den Parteien eine vertragliche Verlängerungsform, indem sich das Vorzugsrecht auf die durch die Veräußerung des Sicherungsgegenstandes entstandene Forderung erstrecken kann.
Fraglich ist hierbei jedoch, ob es sich bei den Forderungen i.d.S. auch um vom Verkauf der Sicherungsgegenstände unabhängige Forderungen handeln kann, also Forderungen, die auch schon vor der Bestellung des Sicherungsrechtes enstanden sind, oder ob sich das Vorzugsrecht nur auf Forderungen erstrecken kann, die aus dem Verkauf eines bereits mit einem Vorzugsrecht belasteten Gegenstandes herrühren.
Der Mustervorschlag der A.B.I. geht hierbei von der ersten Möglichkeit aus. Danach kann sich das Vorzugsrecht auch auf diejenigen Forderungen erstrecken, die im Zeitpunkt des Abschlusses des Sicherungsvertrages bereits entstanden sind und somit nicht aus dem Erlös von bereits mit dem Vorzugsrecht beschwerten Gegenständen herrühren. Ausreichend ist danach, daß die Forderungen aus dem Verkauf von in den litt. a) bis c) des Art. 46 Abs. 1 t.u. aufgeführten Gütern stammen. Diese Lösung steht auch im Einklang mit dem Wortlaut des lit. d), der zu einer Beschränkung keinen Anhaltspunkt gibt, sondern nur von Gütern spricht, die in den litt. a) bis c) aufgezählt sind, unabhängig davon, ob diese bereits mit einem Vorzugsrecht belastet sind oder nicht.
In der Literatur wird von *Presti* hingegen die zweite Lösung bevorzugt, wonach das Vorzugsrecht sich nur auf Forderungen erstrecken kann, die aus dem Verkauf von Sicherungsgegenständen resultieren[576]. Die Regelung in lit. d) stellt nach dieser Meinung eine Surrogation des Sicherungsrechtes dar, indem sich das Vorzugsrecht von dem Sicherungsgegenstand auf dessen Erlös überträgt. Allerdings sieht auch er den Wortlaut als Argument für eine weite Auslegung an. Die Bezeichnung "auch für zukünftige Forderungen" ("*crediti, anche futuri*") hätte sonst kaum einen Sinn, höchstens man verstünde unter den zukünftigen Forderungen auch sekundäre Forderungen, wie etwa Schadensersatzforderungen, die aus der Nichterfüllung der Käuferverpflichtungen resultieren. Denn ist das Vorzugsrecht

---

seguenti ipotesi:
-destinazione totale o parziale del finanziamento a scopo diverso, se esplicitamente previsto, da quello indicato nel contratto stesso".

[576] *Presti*, Banca, borsa, tit. cred. 1995, I, 617.

einmal eingetragen, kann es dem Dritterwerber gegenüber geltend gemacht werden.
Wenn andererseits ein Dritterwerber durch die Inbesitznahme gutgläubig das Eigentum an dem gesicherten Gegenstand nach Art. 1153 c.c. erwerben würden so wäre eine vertragliche Abbedingung von Art. 1153 c.c. entbehrlich, da sich das Vorzugsrecht bereits gesetzlich gem. Art. 46 Abs. 5 t.u. automatisch auch auf den Erlös des Verkaufes erstreckt. Somit läßt sich die Formulierung "*crediti, anche futuri*" sinnvollerweise nur so interpretieren, daß damit alle Forderungen gemeint sind, auch die bei Bestellung des Vorzugsrechtes bereits entstandenen, auf die sich die Sicherung normalerweise nicht erstrecken konnte. Ansonsten hätte diese Regelung kaum einen praktischen Anwendungsbereich[577].

d) Publizität

Die für das Vorzugsrecht in Art. 46 Abs. 3 t.u. vorgesehenen Publizitätsvoraussetzungen erscheinen gegenüber den bisherigen für die Vorzugsrechte geltenden Vorschriften vereinfacht[578].
Die bis dahin vorgeschriebene komplizierte Eintragung in das Immobilienregister bei der zuständigen Registerbehörde (*uffici registri immobiliari*) wurde durch die Neuregelung in Art. 46 Abs. 3 t.u. abgeschafft. Nunmehr ist, entsprechend der für den Eigentumsvorbehalt vorgesehenen Regelung gem. Art. 1524 c.c., eine Eintragung in das dort vorgesehene Register erforderlich und zudem lediglich die Veröffentlichung in dem Amtsanzeiger (F.A.L.), in dessen Amtsgerichtsbezirk das sicherungsgebende Unternehmen seinen Hauptsitz hat. Auch dies stellt eine Vereinfachung gegenüber der bis dahin geltenden Regelung dar, denn vorher mußte die Veröffentlichung auch in all denjenigen Gerichtsbezirken erfolgen, in denen sich ein Sicherungsgegenstand befand.
Die Systematik der Publizität vollzieht sich bei dem Vorzugsrecht gem. Art. 46 t.u. grundsätzlich in zwei Schritten: Der erste Schritt besteht in der in Art. 1524 Abs. 2 c.c. vorgesehenen Eintragung in das dort aufgeführte Amtsgerichtsregister[579]. Der zweite besteht in der Veröffentlichung der Vorzugsrechtsbestellung in der FAL. Die fehlende Veröffentlichung in dem amtlichen Veröffentlichungsblatt dürfte jedoch keine weiteren nachteiligen Konsequenzen für die Wirksamkeit

---

[577] *Presti*, Banca, borsa, tit. cred. 1995, I, 617.

[578] Vgl. die bisherigen Publizitätsvoraussetzungen für die Vorzugsrechte, geregelt in Art. 3 d.l.c.p.S. 1075/1947.

[579] Bezüglich der Formvorschriften hinsichtlich der Eintragung vgl. Art. 255 des Durchführungsgesetzes zum codice civile (*Disposizioni per l'attuazione del codice civile e disposizioni transitorie*), der auf die Vorschriften der Artt. 2659, 2664, 2673, 2677, 2680 c.c. verweist.

inter partes des Vorzugsrechtes mit sich bringen. Der Wortlaut des Art. 46 t.u. läßt keinen Zweifel, daß die dort vorgesehenen Publizitätserfordernisse rein deklaratorischer Natur sind[580]. So wird in Art. 46 Abs. 3 nicht der für die konstitutive Eintragung typischerweise verwendete Begriff "*iscrizione*" benutzt, sondern "*trascrizione*", der üblicherweise auf eine deklaratorische Eintragung hinweist[581]. Hierbei stellt sich die Frage, ob das wirksam entstandene Vorzugsrecht, welches durch die fehlende Eintragung in das Amtsgerichtsregister oder die fehlende Veröffentlichung in der FAL keine Drittwirksamkeit erlangt hat, für den Sicherungsgeber von Nutzen sein kann, da weder das Absonderungsrecht noch das Verfolgungsrecht geltend gemacht werden können.
Hierzu wird vertreten, daß diesbezüglich diejenigen Hypothekenvorschriften, die auch vor der konstitutiven Eintragung der Hypothek von Rechtsprechung und Literatur für anwendbar gehalten werden, für das Vorzugsrecht des Art. 46 t.u. entsprechende Anwendung finden[582]. Somit könnte in Anwendung einer Doppelanalogie dem Gläubiger z.B. die Möglichkeit eingeräumt werden, den Schuldner bei von ihm verschuldeter Verringerung der geleisteten Sicherheit zur sofortigen Leistung zu zwingen, auch wenn die Leistung noch nicht fällig ist (Art. 1186 c.c.). Weiterhin könnte der Gläubiger bei Verschlechterung oder Untergang des Sicherungsgegenstandes vom Schuldner verlangen, daß dieser ihm eine Ersatzsicherheit an anderen Gütern bestellt (Art. 2743 c.c.). Art. 2813 c.c., welcher ebenfalls analog für das Vorzugsrecht für anwendbar gehalten wird, räumt dem Gläubiger bei Verschlechterung des Sicherungsgegenstandes das Recht ein, die notwendigen Sicherungsmaßnahmen zur Vermeidung der Beeinträchtigung vom Schuldner zu verlangen.

e) Drittwirksamkeit

Die Einwendbarkeit des Vorzugsrechts ist in Art. 46 Abs. 3 t.u. geregelt. Hierbei ist für eine Drittwirksamkeit erforderlich, daß eine Eintragung in das in Art. 1524 c.c. erwähnte Register erfolgt, das in der Kanzlei des Landgerichts geführt wird,

---

[580]Im Gegensatz zu den Publizitätsvorschriften der Hypothek, die konstitutiver Natur sind, vgl. Art. 2809 Abs. 1 c.c.
Analog jedoch zu den diesbezüglichen Vorschriften des US-amerikanischen Uniform Commercial Code, wo zwischen "*attachment*" (Anhaftung), die von der zwischen den Parteien vereinbarten Sicherungsabrede ("*security agreement*") abhängt, und der sog. "*perfection*" (Perfektionierung) unterschieden wird. Die Einwendbarkeit gegenüber Dritten wird erst durch die Perfektionierung realisiert, die jedoch für die Wirksamkeit der Sicherung nicht erheblich, sondern rein deklatorischer Natur ist.

[581]*Presti*, Banca, borsa, tit. cred. 1995, I, 618.

[582]*Tucci*, I privilegi, S. 495.

in dessen Bezirk sich die zu sichernden Gegenstände befinden. Bei der Betrachtung der Drittwirksamkeit des Vorzugsrechts gem. Art. 46 t.u. sollen hier kurz die Einwendungen des Codice civile gem. Artt. 2747 und 2748 c.c.[583] dargestellt werden, um den Regelungsgehalt der neuen Vorschrift besser zu verstehen. Art. 2747 Abs.1 c.c. bestimmt, daß das allgemeine Vorzugsrecht nicht zum Nachteil von Rechten ausgeübt werden kann, die Dritten an beweglichen Sachen zustehen. Hingegen kann das besondere Vorzugsrecht an beweglichen Sachen gem. Art. 2747 Abs. 2 c.c. zum Nachteil jener Rechte ausgeübt werden, die Dritte nach dem Entstehen des Vorzugsrechts erworben haben. Jedoch bestimmt Art. 2748 Abs. 1 c.c., daß gegenüber Pfandgläubigern das besondere Vorzugsrecht diesen gegenüber nicht ausgeübt werden kann. Dagegen gehen Gläubiger eines besonderen Vorzugsrechtes an unbeweglichen Sachen den Hypothekargläubigern stets vor (Art. 2748 Abs. 2 c.c.).

Der Unterschied zwischen der neuen Regelung des Art. 46 t.u. und der Vorschrift bezüglich des allgemeinen Vorzugsrechts in Art. 2747 Abs.1 c.c. ist eindeutig. Durch die letztgenannte Regelung soll verhindert werden , daß das gesamte bewegliche Vermögen des Schuldners durch das allgemeine Vorzugsrecht aus dem Rechtsverkehr gezogen wird[584]. Bei Art. 46 t.u. handelt es sich hingegen um ein besonderes Vorzugsrecht, dessen Einwendbarkeit gegenüber Dritten sich nach dessen Publizität richtet. Somit erscheint die Rechtsfolge des Art. 46 Abs. 5 t.u. gerechtfertigt, wonach die Gläubiger des Vorzugsrechtes gegenüber jedem Dritten, der ein Recht an derselben Sache nach der Eintragung erworben hat - die Fälle des gutgläubigen Erwerbes ausgenommen -, den Vorzug bei der Verwertung bekommen. Ebenso klar erscheint der Unterschied zwischen der Regelung der Einwendbarkeit des Art. 2747 Abs. 2 c.c. und derjenigen des Art. 46 t.u. Die Regelung des Codice civile bestimmt, daß - sofern das Gesetz nichts anderes vorsieht - das besondere Vorzugsrecht an beweglichen Sachen auch zum Nachteil jener Rechte ausgeübt werden kann, die Dritte nach dem Entstehen des Vorzugsrechts an derselben Sache erworben haben. Ausnahmen hiervon bilden gem. Art. 2748 Abs.1 c.c. die Pfandgläubiger, zu deren Nachteil auch das besondere Vorzugsrecht nicht ausgeübt werden kann. An diesem Punkt hat nun der Gesetzgeber in Art. 46 Abs. 5 t.u. eine dem Codice civile abweichende Regelung getroffen. Danach kann das Vorzugsrecht nach Art. 46 t.u. gegenüber all denjenigen Gläubigern, die erst nach dessen Eintragung ein Recht an den Gegenständen des Vorzugsrechts erworben haben, geltend gemacht werden.

Die entscheidende Rolle spielt in diesem Fall die externe Publizität. Hierdurch wird von dem in Art. 2748 c.c. festgelegten Grundsatz abgewichen, wonach das

---

[583]Eingehend zu den Vorzugsrechten des codice civile, *Tucci*, I privilegi, S. 491 ff.

[584]*Tucci*, Banca, impresa, società 1993, 324.

besondere Vorzugsrecht grundsätzlich nicht gegenüber einem Pfandrechtsgläubiger geltend gemacht werden kann. Vielmehr hat sich das Vorzugsrecht des Art. 46 t.u. durch dessen Abs. 5 die Hypothekenvorschriften gem. Artt. 2808, 2852 c.c. zu eigen gemacht[585].

Bemerkenswert ist hierbei, daß das besondere Vorzugsrecht nicht gegenüber gutgläubigen Erwerbern gem. Art. 1153 c.c.[586] geltend gemacht werden kann[587]. Der gutgläubige Besitzer geht also stets dem Gläubiger des Vorzugsrechts vor. Wie bereits oben erwähnt, entscheidet die Eintragung des Vorzugsrechtes und somit die externe Publizität über die Geltendmachung bei einer Kollision mit anderen Sicherungsrechten.
Das Vorzugsrecht kann grundsätzlich nicht gegenüber zeitlich vorher eingetragenen Sicherungsrechten geltend gemacht werden und geht den nach Eintragung entstandenen stets vor. Dieser Prioritätsgrundsatz gilt uneingeschränkt für den Fall, daß es sich bei der mit dem Vorzugsrecht kollidierenden Sicherheit um einen Eigentumsvorbehalt i. S. des Art. 1523 c.c. handelt. Hierbei wirkt der Publizitätsmechanismus des Art. 1524 Abs. 2 c.c., der direkt für den Eigentumsvorbehalt Gültigkeit hat[588] und über Art. 46 Abs. 3 t.u. auch für das dort geregelte Vorzugsrecht gilt. Somit sind diese beiden Sicherungsrechte in dasselbe Register beim selben Landgericht einzutragen. Ein Kollissionsproblem wird somit praktisch ausgeschlossen.

Einer differenzierten Betrachtungsweise bedarf es jedoch bei einem Zusammentreffen des Vorzugsrechts gem. Art. 46 t.u. mit einem speziellen Sicherungsrecht an Rohstoffen oder Waren, wie z.B. dem "Schinkenpfandrecht" (*pegno sui prosciutti a denominazione di origine tutelata*). Art. 3 dieses Gesetzes sieht vor, daß das Pfandrecht außer durch die von Art. 2786 c.c. vorgesehenen Voraussetzungen auch durch das Anbringen einer Siegels auf dem Pfandrechtsgegenstand wirksam

---

[585] *Tucci*, I privilegi, S. 504.

[586] Art. 1153 c.c. lautet übersetzt wie folgt:
Wirkungen des Besitzerwerbes
Derjenige, dem bewegliche Sachen durch jemand veräußert werden, der nicht Eigentümer ist, erwirbt das Eigentum mittels Besitzerlangung, sofern er zum Zeitpunkt der Übergabe gutgläubig ist (Art. 1147 c.c.) und ein für die Übertragung geeigneter Rechtstitel vorliegt (Artt. 769, 1470, 1552 c.c.).
Das Eigentum wird frei von Rechten erworben, die anderen an der Sache zustehen, wenn diese sich nicht aus dem Rechtstitel ergeben und der gute Glaube des Erwerbers vorliegt.
Auf die gleiche Art werden der Fruchtgenuß und das Pfandrecht erworben.

[587] *Capriglione - Tucci*, testo unico, Art. 46, Nr. 3.

[588] Art. 1524 Abs. 2 gilt für den Kauf unter Eigentumsvorbehalt nur bei Maschinen mit einem Preis von mehr als dreißigtausend Lire, was wohl stets der Fall sein dürfte.

begründet werden kann. Dieses Pfandrecht ist somit durch die fehlende Besitzübertragung des Sicherungsgegenstandes an den Sicherungsnehmer gekennzeichnet[589]. In diesem Fall wird angenommen, daß sich das Vorzugsrecht stets gegenüber dem ohne Besitzübertragung begründeten Pfandrecht durchsetzt, auch wenn dieses bereits vorher wirksam begründet wurde. Hier kommt der sicherungsnehmenden Bank die Publizität des Art. 46 Abs. 3 t.u. i.V. mit Art. 1524 c.c. zugute. Der hiermit kollidierende Sicherungsnehmer kann sich dabei auch nicht auf die Gutglaubensvorschriften des Art. 1153 c.c. berufen, da es hierfür an der erforderlichen Besitzübertragung fehlt[590].

Ein weiterer Konflikt kann zwischen dem Vorzugsrecht gem. Art. 46 Abs.1 Buchstabe d), wonach das Vorzugsrecht auch für bestehende und zukünftige Forderungen bestellt werden kann, und der gewerblichen, im Gesetz vom 21.2.1991, Nr. 52[591] geregelten Forderungsabtretung von Unternehmen entstehen. Diese Kollission kann jedoch unproblematisch durch Art. 5 des oben genannten Gesetzes über die gewerbliche Forderungsabtretung gelöst werden. Nach Art. 5 Abs.1 dieser Vorschrift, welche die Einwendbarkeit der Forderungsabtretung regelt, kann die Abtretung all denjenigen Drittgläubigern entgegengehalten werden, die nicht einen vor der Abtretung liegenden Erwerbstitel der Forderung nachweisen können. Voraussetzung für die Einwendbarkeit der gewerblichen Forderungsabtretung ist jedoch, daß der Zessionar das vereinbarte Entgelt der Forderungsabtretung ganz oder zumindest teilweise bezahlt hat und die Zahlung in einem Schriftstück mit sicherem Datum festgehalten wird. Somit kann das Vorzugsrecht des Art. 46 t.u., welches die Publizitätsvorschriften des Abs. 3 erfüllt hat, stets dem Zessionar, der die Forderung erworben hat, entgegengehalten werden[592].

f) Rang des Vorzugsrechts

Nach Art. 46 Abs. 4 t.u. nimmt das Vorzugsrecht den in Art. 2777 Abs. 3 c.c. vorgesehenen Rang ein. Danach steht das Vorzugsrecht, welches nach den Sondergesetzen Vorrang vor jeder anderen Forderung hat, dem Vorzugsrecht für die Verfahrenskosten und den in Art. 2751 bis c.c. bezeichneten Vorzugsrechten im

---

[589] Vgl. zu den Publizitätsvoraussetzungen des "Schinkenpfandrechts" eingehend oben, S. 116 ff.

[590] *Capriglione - Tucci*, testo unico, Art. 46, Nr. 4.

[591] Abgedruckt in *Di Majo*, Codice Civile, unter Art. 1260 c.c., S. 357 ff.

[592] *Capriglione - Tucci*, testo unico, Art. 46, Nr.4.

Rang stets nach[593]. In dieser Regelung wird ein großer Schwachpunkt des Vorzugsrechts gem. Art. 46. t.u. gesehen. Die in Art. 2751 bis c.c. aufgeführten sog. "*super-privilegi*" führen in der Praxis oftmals dazu, daß die gesamte Vermögensmasse dem Zugriff der Gläubiger entzogen wird[594]. Aus diesem Grund wird hier dem Gesetzgeber des t.u. vorgeworfen, eine Gelegenheit verpaßt zu haben, durch eine für die durch Art. 46 t.u. gesicherte Bank vorteilhaftere prozessuale Regelung die bestehenden Schwächen und Unsicherheiten der besonderen Vorzugsrechte zu beseitigen[595].

g) Entstehungsvoraussetzungen

Die Entstehungsvoraussetzungen des Vorzugsrechts ergeben sich aus Art. 46 Abs. 2. Danach muß sich das Vorzugsrecht aus einem Schriftstück ergeben, in dem die Sicherungsgegenstände genau beschrieben werden müssen. Weiterhin müssen die an der Kreditvergabe beteiligten Parteien und die Höhe des Kredits angegeben werden. Wird nur eine dieser Voraussetzungen nicht erfüllt, droht dem Vorzugsrecht die Nichtigkeit.

Daß der Gesetzgeber hier bei der Angabe der Sicherungsgegenstände die Formulierung "*esattamente discritti*" (genau beschrieben) verwendet hat, läßt darauf schließen , daß er keine Globalsicherheit zulassen wollte. Er verwendet hier gegenüber dem Pfandrecht, bei dem er eine ausreichende Bezeichnung ("*sufficiente indicazione*" , Art. 2787 Abs.3 c.c.), oder der Hypothek, bei der er eine spezielle Bezeichnung ("*speciale indicazione*", Art. 2809 Abs.1 c.c.) des Sicherungsgegenstandes verlangt, eine engere Formulierung. Es kann jedoch davon ausgegangen werden, daß die Rechtsprechung hierbei die Angabe einer bestimmten Warenkategorie, wie etwa den Lagerbestand an bestimmten vertretbaren Sachen, in Anlehnung an die vorhergehende Rechtsprechung bezüglich der spezialgesetzlichen vertraglichen Vorzugsrechte, als ausreichend bestimmt erachtet[596]. Die A.B.I. hat in ihren Formularen diesbezüglich vorgesehen, daß die Beschreibung der in Art. 46 Abs.1 lit. b) aufgeführten Gegenstände mittels Angabe des genauen

---

[593]Bei den in Art. 2751 bis c.c. aufgezählten allgemeinen Vorzugsrechten, den sog. "*super-privilegi*", handelt es sich um solche bezüglich Forderungen von Arbeitnehmern auf geschuldete Entlohnung und Entschädigungen wegen der Beendigung des Arbeitsverhältnisses, um Forderungen der Freiberufler der letzten zwei Jahre, weiterhin um die Forderungen auf Provisionen aus einem Agenturverhältnis und schließlich um Forderungen der Selbstbebauer, Handwerksunternehmer und landwirtschaftlichen Genossenschaften.

[594]*Presti*, Banca, borsa, tit. cred. 1995, I, 624.

[595]*Presti* , Banca, borsa, tit. cred. 1995, I, 624, spricht hier von einer "*occasione perduta*".

[596]Vgl. die Rechtsprechung zu dem besonderen Vorzugsrecht an Lagerbeständen,(Gesetz Nr. 135 von 1954), wonach eine genaue und spezifische Aufzählung aller einzelnen Lagerposten nicht für erforderlich erachtet wurde; so App. Catania, 20.5.1966, Dir. fall.1966, II, 658.

Aufbewahrungsortes der gesicherten Güterart zu erfolgen hat[597]. Hiermit wird zwar noch kein dem deutschen Recht entsprechender Raumsicherungsvertrag zugelassen, da dem Sicherungsgeber dabei auch gestattet wird, die in einem bestimmten Lagerraum befindlichen Bestände zu verarbeiten und weiterzuverkaufen[598]. Jedoch wird der Bestimmheitsgrundsatz durch die Gestattung der Bezeichnung eines in einem bestimmten Lagerort aufbewahrten *genus* von Gütern insoweit aufgelockert, als eine aufwendige und teilweise technisch nicht mögliche Aufzählung aller einzelner Sicherungsgegenstände nicht erforderlich ist. Durch diese bisherige Rechtsprechung, die durch das Rundschreiben der A.B.I. Bestätigung findet, wird eine eingeschränkte Form einer Globalsicherheit anerkannt. Es bleibt jedoch abzuwarten, ob die Gerichte bezüglich des Vorzugsrechtes des Art. 46 t.u. an der bisherigen Rechtsprechung angesichts des restriktiven Wortlauts hinsichtlich der Bestimmtheit der Sicherungsgegenstände festhalten werden.

h) Zwangsvollstreckung und Konkurs

In der Zwangsvollstreckung steht der durch Art. 46 t.u. gesicherten Bank nicht die Möglichkeit zu, den Sicherungsgegenstand zu verkaufen (Artt. 2796 f. c.c.), bzw. die Zuweisung an der Sache an Zahlungs statt (Art. 2798 c.c.) zu verlangen, wenn diese vorher nicht gepfändet wurde. Eine solche Möglichkeit ohne vorangehende Pfändung steht gem. Art. 502 Abs.1 c.p.c. nur den Pfandrechts- und den Hypothekargläubigern zu.

Fällt der Schuldner in Konkurs, hat die nach Art. 46 t.u. gesicherte Bank auch nicht die in Art. 53 l. fall. vorgesehene Verwertungsmöglichkeit[599], da diese nur von den durch Pfandrecht und den besonderen Vorzugsrechten der Artt. 2756 und 2761 c.c. gesicherten Gläubigern in Anspruch genommen werden kann.
Hier wirkt sich die oben angesprochene gesetzgeberische Untätigkeit hinsichtlich der Verwertung des durch Art. 46 t.u. gesicherten Gegenstandes aus.
Sowohl in der Einzelzwangsvollstreckung als auch im Konkurs steht der durch Art. 46 t.u. gesicherten Bank kein rascher Verwertungsmechanismus zur Verfügung. Gerade in der Zwangsvollstreckung bzw. im Konkurs zeigt sich jedoch die praktische Brauchbarkeit eines Sicherungsmittels. Nachdem es sich bei dem

---

[597] Nach *Presti* , Banca, borsa, tit. cred. 1995, I, 619, ist es diesbezüglich nicht ausreichend, wenn die Formulierung der Güterbeschreibung sich auf alle bestehenden Lagerbestände bezieht ("*tutte le scorte comunque esistenti*").

[598] Vgl. dazu eingehend *Serick*, Neue Rechtsentwicklungen, S.76.

[599] Nach Art. 53 l. fall. können die Pfandrechts- und die dort aufgezählten Vorzugsgläubiger die Sicherungsgegenstände auch während des Konkurses verwerten, wenn ihre bevorrechtigten Forderungen vorher zur Konkurstabelle zugelassen worden sind.

Vorzugsrecht des Art. 46 t.u. um ein vertragliches handelt, stellt sich im Konkursfall des Schuldners die Frage nach dem für die Konkursanfechtung maßgeblichen Zeitpunkt i. S. des Art. 67 Abs. 2 l. fall. Im Falle einer kongruenten Sicherung (*garanzia contestuale*), wenn die Sicherung also gleichzeitig mit dem Kredit gewährt wurde, ist das Vorzugsrecht, wenn es mindestens ein Jahr vor Konkurseröffnung entstanden ist, nicht mehr anfechtbar. Der Zeitpunkt der maßgeblichen Gewährung des Vorzugsrechts ist hier nicht die deklaratorische Registereintragung (*trascrizione*), sondern vielmehr die konstitutive Begründung des Vorzugsrechts durch den Sicherungsvertrag i.S. des Art. 46 Abs. 2 t.u. Eine nachträgliche Eintragung in das Register ändert nichts an der Kongruenz (*contestualità*) des Vorzugsrechts, da die *trascrizione* nur für die Drittwirksamkeit und nicht für das wirksame Zustandekommen des Vorzugsrechtsvertrages maßgeblich ist. Somit bleibt ein nachträglich eingetragenes Vorzugsrecht *contestuale* i.S. des Art. 67 l. fall und kann somit nur angefochten werden, wenn das Vorzugsrecht innerhalb des letzten Jahres vor Konkurseröffnung gewährt wurde und der Konkursverwalter der anderen Partei die Kenntnis der Insolvenz des Schuldners gem. Art. 67 Abs. 2 l. fall. nachweist. Der Zeitpunkt der Registereintragung ist für das Vorzugsrecht im Konkurs jedoch insoweit von Bedeutung, als er vor Konkurseröffnung liegen muß, da das Vorzugsrecht ansonsten im Konkurs den anderen Gläubigern gegenüber nicht geltend gemacht werden kann (Art. 45 l. fall)[600]. Hiernach können die ohne die für die Drittwirksamkeit erforderlichen Formerfordernisse vorgenommenen Rechtshandlungen nicht den Konkursgläubigern gegenüber geltend gemacht werden, falls eine Eintragung nicht vor Konkurseröffnung erfolgt ist.

i) Wertung

Als vorläufiges Ergebnis kann hier festgehalten werden, daß der Gesetzgeber mit der Einführung des Vorzugsrechts nach Art. 46 t.u. einen lange geforderten Schritt in Richtung einer besitzlosen Mobiliarkreditsicherheit in der italienischen Kreditpraxis getan hat.

Er hat dadurch der zersplitterten Einzelfall(not)gesetzgebung der bis dahin geltenden besonderen gewerblichen Vorzugsrechte ein Ende bereitet und ein einheitliches und übersichtliches vertragliches Sicherungsinstrument an beweglichen Sachen zur Verfügung gestellt. Inhaltlich erfüllt Art. 46 t.u. den in der italienischen Unternehmerschaft lang ersehnten Wunsch nach einer besitzlosen Mobiliarsicherheit, die dem kreditbedürftigen Unternehmer nicht die Produktionsgrund-

[600] *Presti*, Banca, borsa, tit. cred. 1995, I, 622.

lage entzieht. Hierbei hat der Produzent insbesondere die Möglichkeit, einen Kredit auch mit den durch die Finanzierung erworbenen Gütern zu sichern, was bis dahin rechtstechnisch nur für die Anschaffung von Maschinen möglich war[601]. Ebenfalls gibt Art. 46 t.u. dem - mit oftmals nicht ausreichendem Umlauf- und Anlagevermögen ausgestatteten - Unternehmer die Möglichkeit, den Kredit mit Waren und Produktionsmaschinen eines Dritten zu sichern.
Im Kollisionsfall mit einem Pfandrecht erhält das Vorzugsrecht des Art. 46 t.u., in Abweichung von Art. 2748 c.c. bezüglich der sonstigen Vorzugsrechte, den Vorrang, wenn es vorher wirksam eingetragen wurde. Es gilt hier das Prioritätsprinzip. Damit erhält das Vorzugsrecht im Kollisionsfall eine gewichtigere Rolle. Jedoch hat der Gesetzgeber die Gutglaubensvorschriften des Art. 1153 c.c. in Art. 46 Abs. 5 t.u. unberührt gelassen. Somit kann sich das Vorzugsrecht trotz der strengen externen Publizitätsvorschriften bei nachweislicher Gutgläubigkeit des Dritterwerbers diesem gegenüber nicht durchsetzen.
Aus wohl sozialpolitischen Gesichtspunkten hat sich der Gesetzgeber des t.u. nicht dazu durchringen können, dem Vorzugsrecht des Art. 46 t.u. den Vorrang vor den sog. *super-privilegi* des Art. 2751 *bis* c.c. einzuräumen. Dies bedeutet einen erheblichen Wertigkeitsverlust des Vorzugsrechts nach Art. 46 t.u., da die in Art. 2751 *bis* c.c. aufgeführten Forderungen oftmals nahezu das ganze Schuldnervermögen verbrauchen. Ein weiteres "Handicap" des Art. 46 t.u. liegt sicherlich in der mangelnden Verwertungsmöglichkeit der Sicherungsgegenstände nach Konkurseröffnung. Dieses Recht bleibt weiterhin ausschließlich den Pfandrechts- und Hypothekargläubigern gem. Art 53 l. fall. vorbehalten. Hierdurch wird deutlich, daß der Gesetzgeber mit Art. 46 t.u. keine den klassischen Sicherungsmitteln gleichrangige Sicherungsmöglichkeit zur Verfügung stellen wollte. Durch die Wahl des Vorzugsrechts als Sicherungsmittel hat der Gesetzgeber den beteiligten Parteien zwar ein flexibleres Instrument ohne notwendigen Besitzverlust bereit gestellt, jedoch wollte er offensichtlich das Pfandrecht dadurch nicht vollständig in seiner praktischen Bedeutung zurückdrängen.

Erwähnenswert an der neuen Regelung erscheint weiterhin die gesetzlich angeordnete dingliche Surrogation des Vorzugsrechts auf den Erlös des veräußerten Sicherungsgegenstandes. Dadurch wird der Verlust des Vorzugsrechtes im Falle eines gutgläubigen Erwerbes durch einen Dritten für die Bank zu keinem erheblichen finanziellen Risiko. Eine Einschränkung der Funktionalität erfährt das Vorzugsrecht durch die restriktiven Vorgaben der A.B.I. In den für die Banken verbindlichen Rundschreiben (*circolari*) lassen sie zum einen keine Ausdehnung

---

[601] Vgl. oben zum Vorzugsrecht an Maschinen, S. 188 ff.

des Vorzugsrechts auf nicht in Art. 46 t.u. aufgeführte Güter zu, und zum anderen unterbindet die A.B.I. eine Verlängerung des Vorzugsrechts auf künftige Waren und Rohstoffe i.S. des Art. 46 Abs. 1 lit. b). Hierdurch versperrt die A.B.I. eine vertragliche Verlängerungsform, die dem Unternehmer einen flexibleren Einsatz seiner Produktionsgüter ermöglichen würde. Gerade hier hätte ein Schritt in Richtung einer sog. *garanzia rotativa,* einer Sicherheit mit wechselndem Warenbestand, getan werden können, nachdem ein besitzloses Pfandrecht mit Verlängerungsmöglichkeit bisher in der Rechtsprechung nur in einem sehr begrenzten Rahmen Anerkennung gefunden hat. Dadurch wird dem rechtspolitischen Sinn der Vorschrift nicht entsprochen und der wirtschaftlichen Brauchbarkeit dieses Sicherungsinstruments ein Großteil seiner Effektivität genommen.

E. Zusammenfassende rechtsvergleichende Analyse

Nachdem die verschiedenen Geldkreditsicherheiten an Mobilien in Deutschland und Italien gegenübergestellt wurden, gilt es nun, die Erkenntnisse dieser sektoralen Gegenüberstellung auszuwerten. Die sektorale und funktionelle Gegenüberstellung der einzelnen Sicherungsinstrumente in den beiden Rechtsordnungen hat sich als sinnvoll und auch notwendig erwiesen. Die funktionelle Aufgabe, die Kreditsicherung durch Mobilien, wird rechtstechnisch in den beiden dargestellten Rechtsordnungen mit weitgehend verschiedenen Instrumentarien erfüllt. Zwar steht in beiden Rechtssystemen gemeinsam das von den Gesetzgebern zur Mobiliarsicherung von Krediten gleichermaßen vorgesehene Faustpfandrecht zur Verfügung, jedoch kommt diesem Instrument vor allem in der deutschen Rechtsordnung nur noch ein äußerst begrenzter Anwendungsbereich zu. Das Schattendasein des Pfandrechts als Mobiliarkreditsicherheit beruht in Deutschland auf dem Siegeszug der Sicherungsübereignung. Das Bedürfnis, eine besitzlose praktische Mobiliarkreditsicherheit zu erhalten, war in Deutschland auf Grund der rapide fortschreitenden Industrialisierung Anfang des 19. Jahrhunderts und insbesondere auf Grund zweier verlorener Weltkriege im 20. Jahrhundert besonders groß. Das daraus resultierende große Bedürfnis an Fremdkapital ist zwar eine mögliche Erklärung der rasanten Entwicklung und Anerkennung der besitzlosen Sicherungsübereignung, jedoch erklärt dies nicht abschließend die unterschiedlichen Entwicklungen der Mobiliarsicherheiten in Italien und Deutschland. Hat doch Italien - insbesondere im Norden - eine ähnliche Geschichte der raschen Industrialisierung hinter sich, und auch die beiden Weltkriege gingen nicht spurlos an der italienischen Wirtschaft vorbei. Der vorgegebene zivilrechtliche Rahmen und die bestehende Rechtstradition bestimmen insofern die Grenzen des rechtlich Möglichen. Genau diesen gesetzgeberischen und rechtstraditionellen Rahmen galt es in der vorliegenden Untersuchung zu bestimmen, um die verschiedenen Entwicklungen der Mobiliarkreditsicherheiten zu erklären.

In diesem Zusammenhang hat sich insbesondere die anfangs aufgestellte These bestätigt, die den verschiedenen Formen des Eigentumsübergangs in den beiden Rechtsordnungen - Abstraktionsprinzip zum einen, Konsensualprinzip zum anderen - eine maßgebliche Rolle in der unterschiedlichen Entwicklung der Mobiliarkreditsicherheiten zuschrieb.

Das Fehlen einer besitz- und publizitätslosen Mobiliarsicherheit in Form einer Sicherungsübereignung hat in der italienischen Rechtsordnung deutliche Spuren hinterlassen. So hat sich der italienische Gesetzgeber im Laufe dieses Jahrhunderts nicht gescheut, durch unzählige spezialgesetzliche Eingriffe den verschiedenen Kreditsicherungsbedürfnissen einzelner Wirtschaftszweige nachzukommen. Jedoch wurden dadurch immer nur wenigen, politisch einflußreichen Wirtschaftsbereichen - meist in Form von speziellen Vorzugsrechten - für den jeweiligen Sektor begrenzte Sicherungsinstrumente zur Verfügung gestellt. Im Ergebnis entstand so ein unüberschaubares System von spezialgesetzlichen Mobiliarkreditsicherheiten.

Bevor die einzelnen Instrumente zusammenfassend verglichen werden, soll hier nochmals kurz an den Ausgangspunkt der Untersuchung zurückgekehrt werden. Dort wurde als Ziel der rechtsvergleichenden Darstellung die Transparenz der italienischen dinglichen Mobiliarkreditsicherheiten definiert. Damit verbunden wurde die Frage aufgeworfen, ob sich durch die gesetzgeberischen Eingriffe, die sich auf offensichtlich verschiedenen Ebenen - zum einen auf der insolvenz- und zum anderen auf der materiellrechtlichen - abspielten, eine Annäherung im Lichte einer europäischen Rechtsvereinheitlichung im Bereich der Mobiliarkreditsicherheiten ergeben hat.

I. Besitzgebundene Geldkreditsicherheiten

Als besitzgebundene Geldkreditsicherheit an Mobilien hat sich einzig das in beiden Rechtssystemen gleichermaßen bekannte Faustpfand herausgestellt. Es gleicht sich in der Bestellung, indem es jeweils auf einem dualistischen Tatbestand beruht: zum einen die Einigung und zum anderen die Besitzübergabe, wobei wiederum gleichermaßen die Betonung dabei auf dem Besitzentzug des Schuldners liegt. Eine Auflockerung des Besitzverlusterfordernisses ist im italienischen

wie im deutschen Recht nur durch die warenersetzende Übergabe von handelsrechtlichen Traditionspapieren, die Möglichkeit des qualifizierten mittelbaren wie auch unmittelbaren Mitbesitzes sowie die *brevi manu traditio* vorgesehen. Weitere Übergabesurrogate, insbesondere die Vereinbarung eines Besitzkonstitutes lehnen beide Rechtsordnungen strikt ab. Ebenfalls übereinstimmend ist das Pfandrecht streng akzessorisch an die zu sichernde Forderung geknüpft.
Unterschiede gibt es bei der Verpfändung von Sachgesamtheiten. Zwar scheint hier auf den ersten Blick das italienische Recht eine solche Verpfändung zu ermöglichen (Art. 2784 Abs. 2 c.c.), jedoch wird einer solchen Abrede keine Drittwirksamkeit zuerkannt. Eine dingliche Wirkung wird durch den Bestimmheitsgrundsatz verhindert. Im deutschen Recht steht das Spezialitätsprinzip zwar grundsätzlich auch der Verpfändung einer Sachgesamtheit entgegen, jedoch behilft man sich dort mit der Vereinbarung eines Sammelbegriffs, unter dem die Sachgesamtheit drittwirksam verpfändet werden kann. Zudem ermöglicht diese Verpfändung unter einem Sammelnamen bei entsprechender Vereinbarung einen Wechsel im Bestand der Sachgesamtheit. Durch eine antizipierte Einigung und die Einhaltung durch Besitzerfordernisse (§§ 1205 f. BGB) wird so eine Verpfändung von Warenlagern mit wechselndem Bestand ermöglicht. Diese Möglichkeit ist in Deutschland jedoch kaum von Relevanz, weil die Sicherungsübereignung wegen der nicht erforderlichen Besitzübergabe eher den Interessen der Sicherungsparteien entspricht.

Eine solche vertragliche Verlängerung kann im italienischen Recht nicht drittwirksam vereinbart werden. Zwar kommt einer Verpfändung eines Warenlagers mit wechselndem Bestand *inter partes* Wirkung zu, jedoch kann in den Fällen, in denen nicht die konstitutiven Drittwirksamkeitsvoraussetzungen des Art. 2786 Abs. 3 c.c. erfüllt sind, das Pfandrecht einem Dritten nicht entgegengehalten werden. Nur wenn die neu hinzutretenden Pfandgegenstände mit in einem mit sicherem Datum versehenen Schriftstück ausreichend bezeichnet sind, kommt eine Geltendmachung der vorzugsweisen Befriedigung in Betracht.
Dies ist insbesondere bei der Verpfändung durch die Allgemeinen Geschäftsbedingungen der Banken von Bedeutung. Beim sog. *pegno omnibus* verhindern die zwingenden Publizitätsvorgaben des Art. 2787 Abs. 3 c.c. eine Wirkung *erga omnes*. Eine mögliche Konstruktion über eine antizipierte Einigung bezüglich der neu in den Pfandverband eintretenden Pfandsachen ist im italienischen Recht auf Grund der strengen Publizitätsvoraussetzungen nicht ausreichend, um dem Pfandrecht dingliche Wirkung zu verleihen. Eine drittwirksame Verlängerung von Anfang an kommt lediglich im Bereich der im Besitz der Bank befindlichen Wertpapiere in Betracht. Der sog. *pegno rotativo* ermöglicht nach der Entschei-

dung des Kassationshofes Nr. 5264 vom 28.5.1998 für Wertpapiere durch eine Verlängerungsabrede (*patto di rotatività*) die Ersetzung der Pfandsachen, ohne daß dabei ein neues Pfandrecht begründet wird. Jedoch wird auch hier an den strengen Voraussetzungen des Art. 2786 Abs. 3 c.c. festgehalten.

Im Ergebnis läßt sich festhalten, daß das gesetzlich vorgesehene Pfandrecht in beiden Rechtsordnungen streng am Dogma des Faustpfandes festhält und Besitzkonstitute nicht zuläßt.

II. Besitzlose Geldkreditsicherheiten

Im Bereich der besitzlosen Geldkreditsicherheiten an Mobilien hat das deutsche Recht, abgesehen von den hier außer Betracht gelassenen Registerpfandrechten, einzig die gesetzlich nicht geregelte Sicherungsübereignung hervorgebracht. Dem stehen im italienischen Recht gleich vier verschiedene gesetzlich geregelte Arten von Sicherungsinstrumenten gegenüber: die besitzlosen Pfandrechte (*pegno sui prosciutti*, *pegno* Monte titoli S.p.A.), die Mobiliarhypothek (insbesondere Kraftfahrzeughypothek) und die besitzlosen vertraglichen Vorzugsrechte (Art. 46 t.u., Art. 2762 c.c.). Eine der deutschen Sicherungsübereignung entsprechende fiduziarische Form einer Eigentumsübertragung zu Sicherungszwecken hat in der italienischen Rechtsordnung keine Anerkennung gefunden.

Die Gründe für die unterschiedliche Entwicklung einer Vollrechtsübertragung zu Sicherungszwecken, die ursprünglich quasi zeitgleich in der Form des Sicherungskaufes in beiden Rechtsordnungen ihren Ausgang genommen hat, können wie folgt zusamengefaßt werden:

Während im deutschen Recht die Kritik an einer Eigentumsübertragung zu Sicherungszwecken anfänglich in die gleiche Richtung wie in Italien zielte (Simulation[602], Scheingeschäft[603] und Gesetzesumgehung[604]) und binnen relativ kurzer Zeit entkräftet wurde, hat man man diese dogmatische Hürden in Italien nie vollständig überwinden können.

Die Gründe hierfür sind verschiedener Natur. Zwar haben die Treuhandgeschäfte in der italienischen Rechtsordnung inzwischen Eingang gefunden, jedoch ging

---

[602]So zunächst das RG, 9.10.1880, RGZ 2, 168, 171.
[603]Vgl. RG, DJZ 1902, 485.
[604]Vgl dazu *Hromadka*, Die Entwicklung des Faustpfandprinzips, S. 146; *Kohler*, Mentalreservation und Simulation, Jher Jb. 16 (1878), 140 ff.

damit keine Anerkennung einer Sicherungsübereignung einher. Sobald bei einem treuhänderischen Geschäft der Sicherungscharakter im Vordergrund steht, wie bei der sog. *fiducia cum creditore*, wird den Treuhandgeschäften die Wirksamkeit versagt. Alle Versuche der italienischen Kreditpraxis, den Sicherungscharakter der Treuhandgeschäfte über die Konstruktion vom verdeckten Sicherungskauf bis zum *sale and lease-back* zu verschleiern, sind von der Rechtsprechung letztendlich "aufgedeckt" worden. Der in Art. 1322 c.c. verankerten Vertragsautonomie wurden so stets ihre Grenzen aufgezeigt.
Als dogmatisch unüberwindbare Hürden haben sich insbesondere zwei Aspekte herausgebildet: Zum einen die rechtliche Schwierigkeit, eine *causa fiduciae* für die Sicherungsübertragung zu konzipieren und zum anderen die extensive Ausweitung des Verfallverbotes nach Art. 2744 c.c. auf alle Arten von atypischen Verträgen, denen das Eigentum als Sicherungsmedium dient.

Die unterschiedliche Entwicklung der Sicherungsübereignung in Deutschland und Italien ist weiterhin auf die unterschiedliche dogmatische Struktur beim Eigentumsübergang zurückzuführen[605]. Der wesentliche Unterschied zwischen dem italienischen und deutschen Recht besteht darin, daß man in der italienischen Rechtsordnung vom Konsensualprinzip ausgeht und nicht wie in Deutschland dem Abstraktionprinzip folgt[606]. Eine der Sicherungsübereignung immanente Vollrechtsübertragung, bei der der Treunehmer im Innenverhältnis von der Sicherungsabrede in der Rechtsausübung beschränkt wird, ist für die Konzipierung der Sicherungsübereignung jedoch von grundlegender Bedeutung. Durch das Prinzip, daß die Rechtsübertragung unabhängig vom Grundgeschäft erfolgt, kommt der Sicherungsübereignung folgende Bedeutung zu: Die Sicherungsabrede ist einerseits Rechtsgrund für die Rechtsübertragung, gibt aber andererseits auch den Leistungszweck - Kreditsicherung - an. Aufgrund des Abstraktionsprinzips nimmt die Rechtsübertragung diesen Zweck nicht in sich auf, sondern bleibt neutral. Die Sicherungsabrede hat lediglich obligatorischen Charakter, indem sie den Sicherungsnehmer verpflichtet, nur insofern über das Recht zu verfügen, als es dem Zweck der Kreditsicherung entspricht. Das Abstraktionsprinzip ermöglicht es, daß eine Vollrechtsübertragung stattfindet, der Treunehmer aber im Innenverhältnis durch die Sicherungsabrede in der Rechtsausübung beschränkt wird. Die Sicherungsabrede bildet zugleich den Rechtsgrund für die Rechtsübertragung. Hierin befindet sich zugleich eines der Probleme für die Konstruktion der Sicherungsübereignung im italienischen Recht. Dort sieht Art. 1325 Ziff. 2 c.c. vor,

[605] Ausführlich zu den verschiedenen Prinzipien des Eigentumsübergangs, S. 18 ff.
[606] Zum Konsensualprinzip: *Gambaro*, Il diritto di proprietà, S. 680 ff.; *Sacco*, Il contratto, S. 626 ff.

daß für das wirksame Zustandekommen eines Vertrages neben der Einigung der Parteien auch ein wirksamer Rechtsgrund (*causa*) erforderlich ist. Somit muß auch das treuhänderische Geschäft eine wirksame *causa* enthalten, die *causa fiduciae*. Eine solche abstrakte *causa fiduciae*, die dazu geeignet wäre, den Eigentumsübergang zu Sicherungszwecken zu rechtfertigen, konnte sich jedoch nicht durchsetzen. Zwar wird die *causa* weiterhin in den Fällen des verdeckten Sicherungskaufes nach der neuesten Rechtsprechung als wirksam angesehen, jedoch greift dann stets das Instrument der Gesetzesumgehung i.S. des 1344 c.c. ein, das dort wie ein Fallbeil auf den verdeckten Sicherungskauf wartet. In der italienischen Bankenpraxis hat sich - im Gegensatz zur deutschen - auf Grund dieser Probleme eine Form von Sicherungsübereignung nie als ein zum Pfandrecht alternatives Mobiliarsicherungsinstrument etablieren können, auch wenn zeitweise die Rechtsprechung von der Zulässigkeit des verdeckten Sicherungskaufes bei unmittelbarem Eigentumsübergang ausging.

Als zweites großes dogmatisches Hindernis tritt das Verbot des Verfallpfandes nach Art. 2744 c.c. hervor. Anders als im deutschen Recht, in dem die Verfallsabrede bei der Sicherungsübereignung nicht das dingliche Rechtsgeschäft, sondern nur die spezifische Verwertungsabrede berührt, wonach das Sicherungsgut nach Fälligkeit dem Sicherungseigentümer endgültig zufallen soll, führt in Italien die Vorschrift des Art. 2744 c.c. zur Unwirksamkeit des gesamten dinglichen Rechtsgeschäfts. Diese zwingende Vorschrift scheint von der Rechtsprechung immer dann angewendet zu werden, wenn ein gesetzlich nicht geregeltes Rechtsgeschäft in den Verdacht gerät, eine reine Sicherungsfunktion zu erfüllen. Diese Tendenz wird auch durch die engen Grenzen bestätigt, die die Rechtsprechung dem *sale and lease-back* auferlegt hat. Sobald anhand von Indizien den Parteien eine Sicherungs- und nicht nur Finanzierungsabsicht nachgewiesen werden kann, wird auch dem *sale and lease-back* mit der gleichen Argumentation wie beim verdeckten Sicherungskauf die Wirksamkeit abgesprochen.

Es läßt sich somit abschließend festhalten, daß die italienische Rechtsordnung keine Eigentumsübertragung zu Sicherungszwecken zuläßt. Zwar wird inzwischen das Treuhandgeschäft in Italien allgemein anerkannt und für zulässig erachtet, jedoch gilt dies nur für die Verwaltungstreuhand, die sog. *fiducia cum amico*. Der Sicherungstreuhand, der *fiducia cum creditore*, wird hingegen jegliche Wirksamkeit versagt. Eine Richtungswende dieser Tendenz scheint in der italienischen Rechtsprechung diesbezüglich nicht in Sicht zu sein.

Die funktionelle Aufgabe einer besitzlosen Mobiliarsicherheit wird in der italienischen Rechtsordnung hingegen von den besitzlosen Pfandrechten, der Mobiliarhypothek und den vertraglichen besitzlosen Vorzugsrechten übernommen. Der große Unterschied zu der Sicherungsübereignung besteht vor allem in zwei Punkten. Zum einen unterliegen diese besitzlosen italienischen Sicherungsinstrumente einer strengen Registerpublizität und zum anderen sind diese Sicherheiten nur bestimmten Arten von Sicherungsgegenständen zugänglich. So steht das Vorzugsrecht an Maschinen gem. Art. 2762 c.c. nur der finanzierenden Bank an der finanzierten Maschine des Schuldners zu. Die Mobiliarhypothek i.S. des Art. 2810 Abs. 2 c.c. sichert, abgesehen von Flugzeugen und Schiffen, im Bereich der beweglichen Gegenstände nur Kraftfahrzeuge. Mit Einführung des Art. 46 t.u. hat der italienische Gesetzgeber dem Unternehmer erstmals ein Sicherungsinstrument mit größerem Anwendungsbereich zur Verfügung gestellt.
Diese Vorschrift wurde mit dem Ziel eingeführt, die uneinheitliche Gesetzgebung im Bereich der Vorzugsrechte zu beseitigen. Weiterhin sollte dadurch den Forderungen der privaten Wirtschaft nachgekommen werden, ein besitzloses und flexibles Mobiliarsicherungsinstrument einzuführen.

Es gilt nunmehr zum einen, die anfangs aufgeworfene Frage der funktionellen Äquivalenz dieses besitzlosen Mobiliarsicherungsinstrumentes mit der Sicherungsübereignung zu verifizieren und zum anderen, die Frage einer möglichen Annäherung an das deutsche Recht zu klären.

Vom dogmatischen Standpunkt kann man hier eine Annäherung an das deutsche Recht nicht erkennen. Die gewählte Form des Vorzugsrechts stellt weder eine Vollrechtsübertragung noch ein besitzloses Pfandrecht dar. Jedoch soll das Vorzugsrecht nach Art. 46 t.u. funktionell genau diese Aufgaben übernehmen. Für die Bestätigung einer funktionellen Äquivalenz sollen hier noch einmal kurz die Optimalbedingungen einer besitzlosen Geldkreditsicherheit an Mobilien vor Augen geführt werden. Diese wurden anfangs wie folgt definiert: Der Sachbesitz verbleibt beim Schuldner, es bestehen keine erschwerenden Publizitätserfordernisse und Verfügungs- bzw. Verarbeitungsbefugnisse, und flexible Verwertungsmöglichkeiten sind möglich.
Für die Sicherungsübereignung kann man festhalten, daß sie all diese Kriterien in sich vereint. Das Vorzugsrecht des Art. 46 t.u. erfüllt hingegen nur eines dieser vier essentiellen Kriterien einer Geldkreditsicherheit an Mobilien; der Sachbesitz am Sicherungsgut verbleibt beim Schuldner. Alle anderen Kriterien werden gar nicht bzw. nur ansatzweise verwirklicht. Die Publizitätsvorschriften des Art. 46 t.u. reihen sich hierbei in die Tradition der strengen Registerpublizitätsvorausset-

zungen der italienischen dinglichen Sicherungsrechte ein. So ist zusätzlich zur Registereintragung auch noch die Veröffentlichung in dem amtlichen Anzeiger (FAL) erforderlich.

Weiterhin vermindert die nicht vorgesehene Verarbeitungsmöglichkeit die Praktikabilität des Sicherungsinstrumentes, insbesondere für den produzierenden Unternehmer. Jedoch ist gerade diese Art von Güter dazu bestimmt, verkauft oder verarbeitet zu werden. Eine solche Dynamisierung wird explizit durch die A.B.I. untersagt. Daß dies auch den Intentionen des Gesetzgebers entspricht, erscheint warscheinlich, obwohl der Wortlaut diesbezüglich keine sichere Auskunft gibt. Jedoch wird ein Übergang des Sicherungsrechtes im Wege einer dinglichen Surrogation bezüglich des verarbeiteten Produktes im italienischen wie im deutschen Recht durch Parteivereinbarung grundsätzlich nicht zugelassen. Die Nichtanerkennung einer gesetzlich nicht vorgesehenen automatischen dinglichen Surrogation ist für die Vereinbarung der Verarbeitung einer Sicherheit von erheblicher Bedeutung. Nur in einem Rechtssystem, das eine Eigentumsübertragung zu Sicherungszwecken erlaubt, erscheint im Ergebnis eine drittwirksame Verarbeitungsklausel und eine Vereinbarung mit wechselndem Warenbestand möglich. Da die italienische wie die deutsche Rechtsordnung, eine Analogie zu den gesetzlich ausdrücklich vorgeschriebenen Fällen der dinglichen Surrogation ablehnt, kann der Sicherungsgläubiger seine Sicherheit nur originär an der neu entstandenen Sache erhalten. Bei den italienischen eintragungspflichtigen Vorzugsrechten entsteht bei der Verarbeitung immer das Bedürfnis, den Gegenstand, der neu hergestellt wurde, unter den zum Teil konstitutiven Eintragungsvoraussetzungen neu zu begründen. Die Sicherungsübertragung kann sich nach deutschem Recht dagegen durch eine antizipierte Vereinbarung, daß alle zu verarbeitenden Sachen für den Sicherungsgeber verarbeitet werden sollen, drittwirksam auf das Surrogat erstrecken. Diese rein rechtsgeschäftliche Verlängerung erfordert keinerlei andere publizitäre Entstehungsvoraussetzungen. Zwar werden im deutschen Recht die Vorschriften über den originären Eigentumserwerb von der h.M.[607] als nicht abdingbar angesehen, jedoch behilft man sich mit der Konstruktion der fingierten Verarbeitung durch den Sicherungsgeber[608]. Zwar erscheint eine solche Konstruktion in Italien ebenfalls möglich, jedoch müßten für eine wirksame Erstreckung des dinglichen Sicherungsrechtes die erforderlichen Publizitätsvoraussetzungen ein ums andere Mal erneut erfüllt werden. Das Problem liegt bei dem ein-

---

[607]Vgl. BGH, 15.6.1989, BB 1989, 1996; BGH, 4.10.1990, NJW 1991, 427 f.; *Serick*, Eigentumsvorbehalt und Sicherungsübertragung, Bd. V, S. 416 ff.; 435 ff.; *ders*, Neue Rechtsentwicklungen, S. 108.

[608]Vgl. ausführlich dazu *Serick*, Neue Rechtsentwicklungen, S. 106 ff.

tragungspflichtigen Vorzugsrecht an zu verarbeitenden Sachen auch darin, daß die zu verarbeitenden Gegenstände erst noch individualisiert werden müssen. Eine ausreichende Individualisierung der zu verarbeitenden Güter vor deren Verarbeitung dürfte zudem auch deshalb ausgeschlossen sein, weil sich der Gegenstand in der Regel so verändert, daß sich dessen Registrierung nicht mehr auf den urprünglichen Gegenstand beziehen könnte. Etwas anderes könnte nur dann gelten, wenn es sich bei den Gegenständen um Sachgesamtheiten handelt. Jedoch sind Sachgesamtheiten unter einem Sammelbegriff nicht der Registereintragung zugänglich. Dadurch wird im Ergebnis eine Sicherung durch ein Warenlager mit wechselndem Bestand mit dem Vorzugsrecht gem. Art. 46 t.u. praktisch unmöglich. Zwar können gem. Art. 46 t.u. auch zukünftig in den Betrieb gelangende Sicherungsgegenstände bereits als Sicherungsgegenstand dienen, jedoch nur solche, die durch die Finanzierung erworben werden. Eine Sicherung mit wechselndem Warenbestand wird diese Möglichkeit nicht begünstigen, da der Erwerb der neu in ein Warenlager hinzutretenden Waren oder Rohstoffe nicht stets durch die Finanzierung der Bank gedeckt ist und zudem diese neu in den Sicherungsverbund eintretenden Güter auch jeweils einzeln in das vorgeschriebene Register im Moment des Eintretens eingetragen werden müßten.

Schließlich wird das Erfordernis einer schnellen Verwertungsmöglichkeit, wie sie etwa die Sicherungsübereignung[609] zur Verfügung stellt, durch Art. 46 t.u. nicht hinreichend berücksichtigt. Die sicherungsgebende Bank kann weder die Zuweisung noch den Verkauf des Sicherungsgutes verlangen, ohne daß vorher die Pfändung des Sicherungsgutes eingeleitet wurde. Erst dann kann die Sicherheit verwertet werden. Das Vorzugsrecht erleidet hier klar einen Nachteil gegenüber dem Pfandrecht und der Hypothek, denen das sofortige Verwertungsrecht auch in der Einzelzwangsvollstreckung und im Konkurs zusteht.

---

[609]Die Verwertungsmöglichkeit wird bei der Sicherungsübereignung regelmäßig in der Sicherungsabrede durch AGB festgelegt. Normalerweise behält sich dort die sicherungsnehmende Bank das Recht vor, die Sicherheit ohne gerichtliches Verfahren unter Rücksichtnahme auf den Sicherungsgeber an einem geeigneten Ort bei Nichterfüllung zu verwerten. Eine vorherige Androhung ist hierbei i.d.R. nicht erforderlich. Die vorherige Herausgabe des sich normalerweise im Besitz des Schuldners befindlichen Sicherungsgutes wird ebenfalls, wie die genaue Art der Verwertung, in der Sicherungsabrede vereinbart. Vgl. hierzu *Weber*, Kreditsicherheiten, S. 127 ff. In der Insolvenz wird nach der neuen Insolvenzordnung jedoch der Sicherungsnehmer seiner Verwertungsbefugnis entledigt. Diese geht mit Eröffnungsantrag auf den Insolvenzverwalter über (§ 166 InsO), der jedoch dazu angehalten wird, den Sicherungsgegenstand unverzüglich nach dem Berichtstermin zu verwerten (§ 156 InsO). Vgl. *Gottwald/Adolphsen*, Insolvenzordnung, S. 827 ff., 835.

Im Ergebnis läßt sich bezüglich des Vorzugsrechts gem. Art. 46 t.u. festhalten, daß es dem Unternehmer eine globale Sicherungsmöglichkeit an nahezu dem gesamten beweglichen Sicherungsvermögen schafft, ohne jedoch das hierbei essentielle Problem einer flexiblen Mobiliarsicherheit mit wechselndem Warenbestand zu lösen. Eine der Sicherungsübereignung entsprechende Ersetzung und Verarbeitung des Umlaufvermögens wird durch Art. 46 t.u. nicht ermöglicht. Als nicht überwindbare Barriere stehen die Publizitätsvoraussetzungen letztendlich einer sog. *rotatività* im Wege, da sie nicht mit dem wechselnden Bestand eines Warenlagers in Einklang gebracht werden können.

III. Publizität

Nach der Untersuchung der beiden Rechtsordnungen im Bereich der Geldkreditsicherheiten an Mobilien läßt sich vorab festhalten, daß sich eine Annäherung hinsichtlich der Publizitätsvoraussetzungen durch die jeweiligen Reformen nicht ergeben hat. Während die Sicherungsübereignung auch nach der Insolvenzrechtsreform nach wie vor als heimliche, also völlig publizitätslose Mobiliarkreditsicherheit zur Verfügung steht, reiht sich das besitzlose dingliche Vorzugsrecht des Art. 46 t.u. in die Tradition der strengen italienischen Registerpublizität ein.

Nachdem nunmehr der niederländische Gesetzgeber die bis dahin im niederländischen Recht anerkannte heimliche Sicherungsübereignung durch ein eintragungspflichtiges Registerpfandrecht ersetzt hat und die italienische Rechtsprechung inzwischen wohl endgültig der Anerkennung einer Eigentumsübertragung zu Sicherungszwecken den Weg abgeschnitten hat, ist in Europa einzig die deutsche Sicherungsübereignung als publizitätslose Mobiliarkreditsicherheit übrig geblieben. Mit der Durchführung der Insolvenzrechtsreform scheint eine baldige Änderung der Publizitätsanforderungen der Sicherungsübereignung in weite Ferne gerückt zu sein. Trotz der jahrzehntelangen Kritik und "vielversprechender" Verbesserungs- und Reformvorschläge konnte sich der Gesetzgeber letztendlich nicht dazu durchringen, die Sicherungsübereignung ihrer Publizitätslosigkeit zu berauben.

Angesichts dieser Feststellungen gilt es nunmehr, den Wert und die Funktion der Publizität im Bereich der Mobiliarkreditsicherheiten zu bestimmen. Die Publizität, die Offenkundigkeit, gilt neben der Absolutheit und der Bestimmtheit als einer der wichtigsten Grundsätze des Sachenrechts. Rechte, die gegen jedermann wirken, müßten auch jedermann erkennbar sein[610]. Nach den Motiven des deutschen Gesetzgebers des BGB solle die Publizität das dem Rechtsverhältnis entsprechende tatsächliche Verhältnis äußerlich hervortreten lassen[611]. Dieser Grundsatz wurde für das Pfandrecht noch gesteigert. Rechtsprechung und Lehre versicherten, daß eine Übergabe durch Besitzkonstitut ausgeschlossen sei. Die Pfandsachen müßten aus dem sichtbaren Vermögen des Schuldners verschwinden[612].

Betrachtet man das Medium Sachbesitz als alleiniges Publizitätskriterium, muß man eingestehen, daß diese urspünglich von den Gesetzgebern in Italien und Deutschland vorgesehene Publizitätsfunktion anhand des Faustpfandes eigentlich nicht die vorgesehene Funktion erfüllt. Der Sachbesitz sagt im Geschäftsverkehr nichts über die tatsächlichen Vermögens- und Eigentumsverhältnisse des Schuldners aus. Ein volles Warenlager oder ein ansehnlicher Maschinenpark lassen keine Rückschlüsse auf die Bonität des Schuldners zu. Die bloße Innehabung einer Sache kann und wird in der Kreditpraxis - angesichts der besitzlosen Sicherungsrechte, der Möglichkeit von Leihe, Miete, Leasing, Kommission etc. - in keiner Weise als geeignete Kreditgrundlage akzeptiert. Der Besitz dient hierbei eher zu Beweiszwecken. Der Besitz erlaubt ohne weiteres den Nachweis, daß genau *diese* konkrete Sache verpfändet wurde. Im italienischen Recht wird die Beweisfunktion noch evidenter. Die Eintragung des Pfandrechts in ein Schriftstück mit sicherem Datum dient in nicht der Offenlegung der Rechtsverhältnisse, sondern lediglich dem Beweis der Pfandrechtsbestellung an der konkreten Sache zu einem bestimmten Zeitpunkt.

Die Publizität des Pfandrechtes wird also nicht als Selbstzweck angesehen, denn gerade bei der Kreditvergabe herrscht Einigkeit, daß diese eher von der Diskretion lebt als von uneingeschränkter Öffentlichkeit[613]. Vielmehr sollen ungesicherte Drittgläubiger davor gewarnt werden, dem Schuldner angesichts in seinem Besitz verbliebenen Sachvermögens Kredit zu gewähren. Diese Funktion der Publizität ist in Deutschland jedoch mit der Anerkennung der heimlichen besitzlosen Sicherungsübereignung obsolet geworden. Jeglicher Drittgläubigerschutz wurde durch die Möglichkeit, den Sachbesitz am gesamten beweglichen Vermögen unter Vermeidung jeglicher Publizitätsakte zu behalten, praktisch über den Haufen geworfen. Ein Schutz des Drittgläubigers beschränkt sich danach ausschließlich auf den Gutglaubenserwerb. Der Pfandgläubiger sieht sich hingegen der Gefahr des Verlustes seines Sicherungsrechtes ausgesetzt. Da der unmittelbare Besitz

---

[610] *Hromadka*, JuS 1980, 90.
[611] Mot. III, S. 801.
[612] *Hromadka*, Jus 1980, 90.
[613] So schon *Lehmann*, Kreditsicherung, S. 15.

des Sicherungsgebers die Eigentumsvermutung begründet, besteht die Gefahr des Untergangs seines Rechts durch gutgläubigen Erwerb eines Dritten. Bei Zweifel über die Gutgläubigkeit des Dritterwerbers trifft den Sicherungsnehmer zudem die Darlegungs- und Beweislast. Ein Hauptzweck einer Kreditsicherheit, die schnelle Verwertungsmöglichkeit, wird dadurch unzureichend erfüllt.

Betrachtet man das italienische Recht, stellt man fest, daß die Registerpublizität der besitzlosen Mobiliarkreditsicherheiten hier einen effektiveren Drittgläubigerschutz gewährt.

So kann aus den öffentlich zugänglichen Registern, die in der Regel bei den Landgerichten am Sitz des Sicherungsgebers geführt werden, der Umfang der mit Sicherheiten belasteten Gegenstände ersehen werden. Zudem erfolgt etwa bei dem Vorzugsrecht gem. Art. 46 t.u. noch eine Veröffentlichung der Sicherheitenbestellung im Amtsanzeiger (Art. 46 Abs. 3 t.u.), eine gesteigerte Form externer Publiziät. Drittgläubiger werden so zum einen gewarnt und über die Bonität des Schuldners informiert, und zum anderen entscheidet die Registereintragung über den Rang des Sicherungsrechtes.

Die Publizität erfüllt im italienischen Recht eine Wirksamkeits- und Prioritätsfunktion. Jedoch wird auch im italienischen Recht der gutgläubige Erwerb (Art. 1153 c.c.) stets über die positive Publizität gestellt (Art. 46 Abs. 5 t.u.). Der Prioritätsgrundsatz wird dadurch nicht konsequent eingehalten, so daß der gutgläubige Erwerber trotz Eintragung der Sicherheit in ein öffentliches Register lastenfreies Eigentum an der Sache erwerben kann.

Im Ergebnis läßt sich festhalten, daß im Bereich der besitzlosen Geldkreditsicherheiten an Mobilien das italienische Recht durch seine Registerpublizität einen besseren Drittgläubigerschutz vermittelt. Als Kehrseite der Registerpublizität muß hier jedoch die mangelnde Flexibilität der Sicherheit betrachtet werden. Die am Bestimmtheitsgrundsatz orientierte konstitutive Eintragungspflicht eines jeden einzelnen Sicherungsgegenstandes verhindert einen wechselnden Warenbestand und auch eine Verarbeitung des Sicherungsgutes. Lediglich im Bereich der Wertpapiere, die sich ohnehin im Besitz der Bank befinden, wurde durch die jüngeren Entscheidungen des Kassationshofes vom 28.5.1998 und vom 27.09.1999 eine drittwirksame Ersetzung der sich im Pfandverbund befindlichen Wertpapiere anerkannt. Der *pegno rotativo* bleibt jedoch durch die weiterhin einzuhaltenden Publizitätsvoraussetzungen (Besitzübergabe, ausreichende Bezeichnung der Pfandsache in Schriftstück mit sicherem Datum) auf die in Besitz und Verwaltung des Kreditgebers befindlichen Gegenstände beschränkt. Ein Pfandrecht mit wechselndem Warenbestand erscheint angesichts dieser Erfordernisse für den produzierenden oder veräußernden Unternehmer für dessen potentielles Sicherungsvermögen, wie etwa Vorräte, Fertigwaren, Maschinen, auch nach den jüngeren Urteilen des Kassationshofes nicht möglich zu sein.

Da auch Art. 46 t.u. keine Sicherung durch eine Sachgesamtheit vorsieht und auch keine dem Raumsicherungs- bzw. Markierungsvertrag im Rahmen der deutschen Sicherungsübereignung entsprechende Möglichkeit zuläßt, wird dem flexiblen Einsatz dieses besitzlosen Sicherungsinstrumentes durch die Publizität ein Großteil seiner Wirkung und praktischen Effektivität genommen.

IV. Ergebnis

1.Einzelergebnisse

Im Bereich der Mobiliarkreditsicherheiten ist auf europäischer bzw. Internationaler Ebene eine Vereinheitlichung und Harmonisierung noch nicht realisiert worden. Jedoch sind mehrere Initativen in diese Richtung ergriffen worden. Insbesondere das Modellgesetz der Bank für Wiederaufbau und Entwicklung hat einen Beitrag zu Vereinheitlichung im Bereich der Mobiliarsicherheiten geleistet, indem es bereits einigen ehemaligen Ostblockstaaten als Vorbild diente. Auch die im Entwurf vorliegende UNIDROIT-Konvention könnte eine solche Vorbildfunktion übernehmen, insbesondere durch das darin vorgesehene *on-line* Datensystem, welches eine globale Einsicht ermöglicht.

2. Nach Abschaffung der Sicherungsübereignung in den Niederlanden ist die deutsche Rechtsordnung nunmehr die einzige in Europa, welche eine besitzlose, heimliche Sicherungsübereignung anerkennt.

3. Der Eigentumsübergang an beweglichen Sachen vollzieht sich in Deutschland und Italien nach zwei grundsätzlich verschiedenen Prinzipien. Während das italienische Recht dem Konsensualprinzip folgt, wonach bei bestimmten Vertragstypen das Eigentum im Zeitpunkt der vertraglichen Einigung herbeigeführt wird, geht das Eigentum in Deutschland an beweglichen Sachen nach dem Trennungs- und Abstraktionsprinzip durch Einigung und Übergabe über.

4. In der deutschen Rechtsordnung hat sich die Sicherungsübereignung im Laufe des letzten Jahrhunderts gegenüber dem unpratikablen besitzgebundenen Faustpfand durchgesetzt. Die Zweifel, daß der Wirksamkeit der Sicherungsübereignung das Scheingeschäft oder die Simulation entgegenstehen könnten, wurden von der Rechtsprechung überwunden.

5. Die Gestaltungsfreiheit bei der Sicherungsübereignung wird durch die Sittenwidrigkeitsprüfung der Rechtsprechung und den Bestimmtheitsgrundsatz eingeschränkt. Jedoch wird durch die Anerkennung von sog. Raumsicherungs- bzw. Markierungsverträgen den Parteien eine flexible Möglichkeit gegeben, dem Sicherungsschuldner den notwendigen Produktions- bzw. Veräußerungsprozeß des Sicherungsgutes weiterhin zu ermöglichen.

6. Die durch die großzügige Anerkennung von Erweiterungsformen bedingte Vorwegverteilung der Sicherungsmasse führte zu verstärkter Kritik an der Publizitätslosigkeit der Sicherungsübereignung, insbesondere angesichts der hohen Abweisungen der Konkurseröffnungen mangels Masse. Die materiellrechtlichen Vorschläge, die eine externe Publizität für die Sicherungsübereignung vorsahen, konnten sich nicht durchsetzen.

7. Nach fünfzehnjähriger gesetzgeberischer Arbeit ist am 1.1.1999 die Insolvenzrechtsordnung in Kraft getreten. Diese läßt jedoch die Mobiliarsicherungsrechte in ihrer materiellen Substanz unberührt. Der Sicherungsgläubiger kann im Insolvenzfall nach der neuen Rechtslage das Sicherungsgut nicht mehr selbst verwerten. Weiterhin treffen ihn erschwerende Anfechtungstatbestände und eine Kostenbeteiligung an der Verwertung durch den Insolvenzverwalter.

8. Als dingliche Sicherungsrechte gelten im italienischen Recht das Pfandrecht (*pegno*), die Hypothek (*ipoteca*) und das besondere Vorzugsrecht (*privilegio speciale*).

9. Das Pfandrecht hat in Italien immer noch eine gewichtige Bedeutung im Kreditsicherungsverkehr. Das Pfandrecht beruht, wie im deutschen Recht, auf dem dualistischen Tatbestand (Einigung und Übergabe) und ist streng akzessorisch. Es läßt keine drittwirksame Verpfändung von Sachgesamtheiten zu. Das Pfandrecht unterliegt in Italien strengen Publizitätsvoraussetzungen. Das Recht auf vorzugsweise Befriedigung kann nur geltend gemacht werden, wenn sich das Pfandrecht aus einer mit sicherem Datum versehenen beglaubigten Urkunde ergibt. Den Banken wird jedoch die Beglaubigung des Schriftstückes erlassen.

10. Der italienische Gesetzgeber hat in Art. 1851 c.c. ein "unregelmäßiges" Pfandrecht (*pegno irregolare*) vorgesehen. Die Vereinbarung des *pegno irregolare* führt nach h.M. zum Eigentumsübergang an den Sicherungsgegenständen. Die Abgrenzung zum gewöhnlichen Pfandrecht erfolgt nach der Einteilung in vertretbare und nicht vertretbare Sachen, wobei nur erstere durch das *pegno irregolare* gesichert werden können. Trotz Erlangung des Eigentums sind die Pfandgläubiger des *pegno irregolare* nur zur vorzugsweisen Befriedigung und nicht zur Aussonderung berechtigt.

11. Die sich in verschiedenen Bankverträgen befindlichen Erweiterungs- (*clausola omnibus*) entfalten gegenüber Dritten keine Wirksamkeit. Das Erfordernis der ausreichenden Bezeichnung (*sufficiente indicazione*) der Pfandgegenstände (Art. 2787 Abs. 3 c.c.) verhindern eine drittwirksame Anerkennung des sog. *pegno omnibus*.

Mit der Entscheidung vom 28.5.1998 erkennt der Kassationshof erstmals die Figur des *pegno rotativo* grundsätzlich an. Das Pfandrecht wird danach durch die Ersetzung der Pfandgegenstände nicht mehr als neu begründetes - was sich insbesondere auf dessen Anfechtbarkeitsfristen im Konkurs auswirkt -, sondern als ein einheitliches Rechtsgeschäft angesehen. Eine Wirksamkeit des *pegno rotativo* bzw. *pegno omnibus* ist ohne die konstitutive Publizitätsvoraussetzung des Art. 2787 Abs.3 c.c. weiterhin nur zwischen den Parteien gegeben, aber nicht gegenüber Dritten.

12. Die Mißbrauchskontrolle in den Artt. 1469-bis ff. c.c. führt m.E. auch zwischen den Parteien zu einer Unwirksamkeit des *pegno omnibus* in der kombinierten Erweiterungs- und Verlängerungsform.

13. Die italienische Rechtsprechung anerkennt keine drittwirksamen sonstigen Verlängerungs- oder Verarbeitungsklauseln. Lediglich im Bereich der Schinkenproduktion hat der italienische Gesetzgeber eine Verlängerungsmöglichkeit des Pfandrechts vorgesehen.

14. Abweichend zu dem gewöhnlichen, im Codice civile geregelten Pfandrecht, ist eine materielle Übergabe des Pfandgegenstandes bei im System der Monte titoli S.p.A. eingebrachten Wertpapiere nicht erforderlich. Das Pfandrecht an in der Sammelverwahrung eingebrachten Titel wird anstatt Übergabe und Schriftstück mit sicherem Datum durch Verbuchung der Wertpapiere in ein Register (*registro dei vincoli*) bestellt. Eine Ersetzung der sich im Sytem der Monte titoli S.p.A.

befindlichen verpfändeten Wertpapiere wird dadurch ermöglicht, indem sich das Pfandrecht an dem durch die Einbringung der Titel begründeten Miteigentumsanteil fortsetzt. Es entsteht durch die Ersetzung kein neues Pfandrecht.

15. Im italienischen Recht kann die Hypothek auch für bestimmte registrierungspflichtige Mobilien bestellt werden. Eine analoge Anwendung der Mobiliarhypothek auf nicht in Art. 2810 Abs. 2 c.c. vorgesehene Sachen wird von der Rechtsprechung kategorisch ausgeschlossen. Die Kraftfahrzeughypothek wurde vom BGH in dem sog. "Ferrari-Fall" auf Grund ihrer sachenrechtlich vergleichbaren Prägung (besitzloses Pfandrecht) der Sicherungsübereignung gleichgestellt.

16. Die italienische Rechtsordnung anerkennt zwar das Treuhandgeschäft (*negozio fiduciario*) in der Form der uneigennützigen Treuhand (sog. *fiducia cum amico*), versagt jedoch der Sicherungstreuhand (sog. *fiducia cum creditore*) in ihrer reinen, unverdeckten Form die Wirksamkeit, weil sie gegen das Verbot der Verfallabrede gem. Art. 2744 c.c. verstoße.

17. Die Praxis entwickelte zur Umgehung des Verbots der Verfallpfandabrede den "verdeckten" Kauf zu Sicherungszwecken (*vendita a scopo di garanzia*). Die Rechtsprechung hat diesen Sicherungskauf von den 50er bis Anfang der 80er Jahre dann für wirksam erachtet, wenn das Eigentum unmittelbar auf den Darlehensgeber übergehen sollte. Ein aufschiebend bedingter Eigentumsübergang stellte danach jedoch gem. Art. 1414 c.c. ein Scheingeschäft (*simulazione*) dar.

18. Mit Urteil Nr. 3800 vom 3.6.1983 hat der Kassationshof erstmals von der Unterscheidung zwischen einem aufschiebend bedingten und einem unmittelbaren Eigentumsübergang Abstand genommen und den verdeckten Sicherungskauf grundsätzlich in den Anwendungsbereich des Verbots der Verfallpfandabrede gem. Art. 2744 c.c. miteinbezogen.

19. Durch die uneinheitliche Rechtspechung zum verdeckten Sicherungskauf wurden die Vereinten Senate auf den Plan gerufen. Diese haben durch zwei Grundsatzentscheidungen im April 1989 die Rechtslage geklärt. Danach stellt der verdeckte Sicherungskauf ein Geschäft zur Umgehung der Anwendung einer zwingenden Rechtsnorm, nämlich Art. 2744 c.c., dar (*contratto in frode alla legge*) und sei deshalb gem. Art. 1344 c.c. nichtig. Ein für den Eigentumsübergang erforderlicher Rechtsgrund *(causa)* könne nicht angenommen werden, da nach der abstrakten Betrachtungsweise der Theorie der *funzione economico-so-*

ciale die Absicht, durch den Kaufvertrag ein Darlehen zu sichern, eine unzulässige Gesetzesumgehung darstelle.
Der Möglichkeit einer Anerkennung einer Form von Sicherungsübereignung in der italienischen Rechtsordnung wurde somit vorerst der Weg abgeschnitten.

20. Das *sale and lease-back* ist nach der italienischen Rechtsprechung nur dann wirksam, wenn es eine Finanzierungszweck verfolgt. Steht jedoch der Sicherungscharakter bei dem Vertragsgebilde im Vordergrund, wird das *sale and lease-back*, entsprechend der Rechtsprechung zum verdeckten Sicherungskauf seit 1989, gem. Art. 1344 c.c. wegen Gesetzesumgehung als nichtig angesehen.

21. Der italienische Gesetzgeber hat mit dem am 1.1.1994 in Kraft getretenen einheitlichen Bankgesetz (*Testo unico*) in Art. 46 ein besitzloses Sicherungsrecht an Mobilien in Form eines Vorzugsrechts (*privilegio*) eingeführt. Dieses Vorzugsrecht ermöglicht dem Sicherungsnehmer die Beibehaltung der meist unentbehrlichen Produktionsgüter und -anlagen. Durch Anweisung der A.B.I. an die einzelnen Banken soll jedoch eine Sicherung mit wechselndem Warenbestand (*garanzia rotativa*) nicht ermöglicht werden.

22. Die unterschiedliche Entwicklung der Sicherungsübereignung in den beiden untersuchten Rechtsordnungen lassen sich wie folgt zusammenfassen:
a) Während das Abstraktionsprinzip eine Vollrechtsübertragung ermöglicht bei der der Sicherungsnehmer im Innenverhältnis wirksam in der Rechtsausübung beschränkt werden kann, läßt dies das Konsensualprinzip hingegen nicht zu. Eine *causa fiduciae* wurde von der italienischen Rechtsprechung nicht anerkannt.
b) Das Verfallpfandverbot führt im italienischen Recht zur Unwirksamkeit des gesamten dinglichen Rechtsgeschäftes, während im deutschen Recht nur die Verwertungsabrede betroffen wird.

23. Die funktionelle Aufgabe der Sicherungsübereignung übernehmen in der italienischen Rechtsordnung die besitzlosen, spezialgesetzlichen Pfandrechte, die Mobiliarhypothek und die besitzlosen Vorzugsrechte. Trotz Einführung von Art. 46 t.u. kann eine funktionelle Äquivalenz der besitzlosen Geldkreditsicherheiten an Mobilien jedoch nicht bestätigt werden. Insbesondere die strengen Publizitätsvoraussetzungen und die fehlende Verarbeitungs- bzw. Veräußerungsmöglichkeiten verhindern eine der Sicherungsübereignung entsprechende flexible Ausgestaltung des Sicherungsverhältnisses. Eine Sicherung mit wechselndem Warenbestand (*garanzia rotativa*) ist, abgesehen von dem auf Wertpapiere beschränkten sog. *pegno rotativo,* nach italienischem Recht nicht möglich.

2. Gesamtergebnis und Ausblick

Abschließend läßt sich zu den beiden hier gegenübergestellten Systemen der Geldkreditsicherheiten an Mobilien festhalten, daß eine strukturelle und funktionelle Äquivalenz lediglich im Bereich der besitzgebundenen Sicherheiten vorherrscht. Im Bereich der besitzlosen Mobiliarsicherheiten sind die dogmatischen Unterschiede der beiden Rechtsordnungen in diesem Bereich zu groß, um im Ergebnis eine funktionelle Äquivalenz zu erreichen. Die deutsche Sicherungsübereignung ermöglicht eine individuelle Ausgestaltung der Sicherungsmöglichkeiten. In Italien hingegen fehlt es den besitzlosen Vorzugsrechten auch nach Einführung von Art. 46 t.u. an Flexibilität.

Die Gesetzesreformen in Italien und Deutschland, Insolvenzrechtsordnung auf der einen und *Testo unico* auf der anderen Seite, warfen die Frage auf, ob dadurch eine rechtliche Annäherung der beiden Rechtsordnungen im Rahmen der Mobiliarkreditsicherheiten erreicht werden konnte.

Der deutsche Gesetzgeber hat im Endeffekt nach jahrzehntelangen, anfänglich auch materiellrechtlichen Reformbestrebungen die stark kritisierten besitzlosen Sicherungsrechte an Mobilien in ihrer materiellen Substanz unberührt gelassen. Lediglich in der Insolvenz nehmen sie an den für alle Absonderungsberechtigten geltenden Veränderungen teil.

Der italienische Gesetzgeber hat zwar durch die Einführung von Art. 46 t.u. der Kreditpraxis ein besitzloses Mobiliarsicherungsinstrument zur Verfügung gestellt, jedoch unterliegt dieses den traditionellen strengen Publizitätsvorschriften. Eine Sicherung mit wechselndem Warenbestand wird nicht ermöglicht.

Eine Annäherung im Lichte eines europäischen Kreditsicherungsrechts kann somit durch die gesetzgeberischen Eingriffe in Italien und Deutschland nur insoweit bestätigt werden, als durch die Einführung von Art. 46 t.u. die italienische Rechtsordnung nunmehr ein besitzloses Mobiliarkreditsicherungsrecht kennt, welches dem Sicherungsschuldner den Besitz an den Produktionsessentialia beläßt. Zwar kann der Sicherungsnehmer in Italien jetzt auch seinen Waren- und Produktionsgüterbestand als Sicherungsgut ohne Besitzverlust einsetzen, jedoch wird gerade bei den zu verarbeitenden oder zu veräußernden Gütern dem Unternehmer nicht die Möglichkeit gegeben, einen wechselnden Warenbestand, entsprechend den deutschen Raumsicherungs- oder Markierungsverträgen, zu vereinbaren.

Es drängt sich somit der bereits vielfach verbreitete Ruf nach einer europäischen oder internationalen Einheitsmobiliarsicherheit auf, da eine Harmonisierung in diesem Bereich noch in weiter Ferne liegt. Zu unterschiedlich erscheinen die verschiedenen Rechtstraditionen und Gläubigerordnungen, wie insbesondere an den beiden hier untersuchten Rechtsordnungen deutlich wird. es würde sich daher anbieten, den nationalen europäischen Rechtsordnungen ein einheitliches Sicherungsinstrument für den grenzüberschreitenden Verkehr zur Verfügung zu stellen. Als Vorbild könnten die von UNIDROIT oder der Bank für Wiederaufbau und Entwicklung entwickelten Konventionen bzw. Modellgesetze oder auch Art. 9 des US-amerikanischen UCC dienen.

Literaturverzeichnis

Im Text werden die Publikationen unter Nennung des Autors und des Periodikums bzw. des im Literaturverzeichnis hervorgehobenen Stichwortes zitiert. Soweit nichts anderes vermerkt ist, bezieht sich das Zitat auf die jeweils letzte der hier genannten Auflagen.

Adams, Michael: *Ökonomische Analyse* der Sicherungsrechte. Ein Beitrag zur Reform der Mobiliarsicherheiten, Königstein/Taunus 1980.

Airoldi, Antonio: Pegno di titoli conferiti alla Monte titoli, Dir. banc. e merc. fin. 1987, I, 367 ff.

Alpa, Guido: Le clausole abusive nei contratti dei consumatori, commento alla direttiva 93/13/CEE, Corr. Giur. 1993, 639 ff.

Anelli, Franco: L'alienazione in funzione di garanzia, Milano 1996.

Angeloni, Vittorio: Natura del pegno costituito a garanzia di operazioni di banca e di obbligazioni cambiarie, Scritti giuridici, Milano 1956.

Apice, Umberto: Pegno rotativo - opponibilità e revocabilità, Impresa c.i.1996, 25 f.

Azzaro, Andrea Maria: Divieto del patto commissorio e lease back, Giust. civ. 1992, I, 90 ff.

Baum, Harald: Von der Freiheit des Reformgesetzgebers - Verfassungskonforme Behandlung der publizitätslosen Mobiliarsicherheiten im Diskussionsentwurf einer Insolvenzordnung, KTS 1989, 553 ff.

Baur, Fritz: Lehrbuch des *Sachenrechts*. Fortgeführt von Jürgen F. Baur und Rolf Stürner, 16. Aufl., München 1992.

Bessau, Bernd-Rüdiger: Zur Anerkennung heimlicher Sicherheiten an beweglichen Sachen und Forderungen im Konkurs, Göttingen 1983.

Bessone, Mario: Adempimento e rischio contrattuale, Milano 1969.

Betti, Emilio: Teoria generale del *negozio giuridico*, Torino 1960.

Bianca, C. Massimo: Diritto civile, Bd. III, *Il contratto*, 2. Aufl., Milano 2000.

ders.: Il divieto del *patto commissorio*, Milano 1957.

ders.: *La vendita* e la permuta, Torino 1993.

Bigliazzi Geri, Lina / Breccia, Umberto / Busnelli, Francesco D. / Natoli, Ugo: Diritto civile. Bd. II, Obbligazioni e contratti, Torino 1988.

Bin, Marino: La vendita. La formazione del contratto. Oggetto ed effetti in generale, in: I grandi orientamnenti della giurisprudenza civile e commerciale, hrsg. von Francesco Galgano, Padova 1994.

Bollweg, Hans-Georg / Kreuzer, Karl F.: Entwürfe einer UNIDROIT/ICAO-Konvention über Internationale Sicherungsrechte an beweglicher Ausrüstung und eines Protokolls über Luftfahrtausrüstung, ZIP 2000, 1361 ff.

Bonfatti, Sido: La disciplina dei crediti speciali nel testo unico delle leggi in materia bancaria e creditizia, Giur. comm 1994, I, 1010 ff.

Bonomi, Andrea: Der *Eigentumsvorbehalt* in Österreich und Italien unter Berücksichtigung anderer europäischer Rechtssysteme. Eine rechtsvergleichende und kollisionsrechtliche Untersuchung, Berlin 1993.

Bozza Giuseppe / Schiavon, Giovanni: L'accertamento dei crediti nel fallimento e le cause di prelazione, Mailand 1992.

Bülow, Peter: Recht der *Kreditsicherheiten*: bewegliche Sachen und Rechte, Personen, 4. Aufl., Heidelberg 1997.

Bussoletti, Mario: Garanzie bancarie, in: Digesto delle discipline Privatistiche, Sezione commerciale, Bd. IV, S. 377 ff., Torino 1991.

Campobasso, Gian Franco: Diritto commerciale, Bd.II, Diritto delle società, 2. Aufl., Torino 1992.

ders.: *Diritto commerciale, Bd. III*, Contratti, Titoli di credito, Procedure concorsuali, Torino 1997.

Canaris, Claus-Wilhelm: Bankvertragsrecht, in: HGB Großkommentar III, 3. Teil, 4. Aufl., Berlin, New York 1988.

Canepa, Anna / Morello, Umberto: Il negozio fiduciario, in: Giurisprudenza sistematica di diritto civile e commerciale. I contratti in generale. I requisiti del contratto, Bd. III, hrsg. von Guido Alpa und Mario Bessone, Torino 1992.

Capriglione - (Bearbeiter): Commentario al *testo unico* delle leggi in materia bancaria e creditizia, Padova 1994.

Cariota - Ferrara, Luigi: Azione sociali e negozio fiduciario, Giur. it. 1937, I, 657.

ders.: I negozi fiduciari, Padova 1933.

Carnevali, Ugo: Patto commissorio, in: Enciclopedia del diritto, Bd. XXXII, S. 499 ff., Milano 1982.

Carraro, Luigi: Il mandato ad alienare, Padova 1947.

ders.: *Il negozio* in frode alla legge, Padova 1944.

Carresi, Franco: Brevi note sul contratto di mutuo, Riv. trim dir. proc. civ. 1947, 331 ff.

Carriero, Giuseppe: La nuova disciplina dei privilegi nel finanziamento dell'impresa, Foro it. 1994, 231 ff.

Cesaro, Giovanni: Lease-back e patto commissorio, Riv. notar. 1986, 790 ff.

Chinè, Giuseppe: Pegno irregolare e art. 53 della legge fallimentare, Giur. it. 1994, II, 1, 1075 ff.

Chironi, Gian Pietro: Trattato dei privilegi, delle ipoteche e del pegno, Milano, Torino, Roma 1917.

Cian, Giorgio: Il nuovo capo XIV-bis (titolo II, libro IV) del codice civile, sulla disciplina dei contratti con i consumatori, Studium Iuris 1996, 411 ff.

ders.: Europäisches Privatrecht aus italienischer Sicht: Die Umsetzung der EG-Richtlinie 93/13 über Verbraucherverträge in das italienische Recht: Jahrbuch für Italienisches Recht 10 (1997), S. 55 ff.

Cian/Trabbuchi - (Bearbeiter): *Commentario* breve al Codice Civile, 5. Aufl., Padova 1997.

Ciccarello, Sebastiano: Privilegio del credito e uguaglianza dei creditori, Milano 1983.

ders.:Pegno, in: Enciclopedia del diritto, Bd. XXXII, S. 682 ff., Milano 1982.

Coing, Helmut: Probleme der Anerkennung besitzloser Mobiliarpfandrechte im Raum der EWG, in: ZfRV 1967, S. 65 ff.

Colombo, Giovanni F.: Problemi risolti ed irrisolti nella giurisprudenza sul pegno, Banche e Banchieri 1989, 103 ff.

ders.: Pegno bancario: Le clausole di estensione, la prova della data, Banca, borsa, tit. cred. 1982, I, 199ff.

Cuming, Ronald C.: *International regulation* of aspects of security interests in mobile equipment, UNIDROIT-Studies LXXII-Doc.1.

Dageförde, Carsten: Das besitzlose Mobiliarpfandrecht nach dem Modellgesetz für Sicherungsgeschäfte der Europäischen Bank für Wiederaufbau und Entwicklung (EBRD Model Law on Secured Transactions), ZEup 1998, 686 ff.

Dalmartello, Arturo: Il pegno irregolare, Banca, borsa, tit. cred. 1950, I, 239.

ders.: Ancora sul pegno irregolare, Banca, borsa, tit. cred. 1954, II, 301 ff.

De Martini, Angelo: Il concetto del negozio fiduciario e la vendita a scopo di garanzia, Giur. it. 1946, I, 321 ff.

De Nictolis, Rosanna: Divieto del patto commissorio, alienazione in garanzia e sale and lease-back, Riv. dir. civ. 1991, II, 535 ff.

De Nova, Giorgio: Le clausole vessatorie, Milano 1996.

ders.:Leasing, in: Digesto delle discipline privatistiche, sezione civile, Bd. X, S. 462 ff., Torino 1993.

ders.:Il "lease-back", Riv. it. leasing 1987, 517 ff.

Del Vecchio, Francesco: I privilegi nella legislazione civile fallimentare e speciale, Milano 1994.

Doehring, Carl: Die deutsche Insolvenzstatistik als Erkenntnisquelle für Reformbedürftigkeit des Konkurs- und Vergleichsrechts - Betrachtungen zu den Ergebnissen von 1976, KTS 1977, 146 ff.

Dorndorf, Eberhard / Frank, Jürgen: Reform des Rechts der Mobiliarsicherheiten unter besonderer Berücksichtigung der ökonomischen Analyse der Sicherungsrechte, ZIP 1985, 65 ff.

Drobnig Ulrich: International Payments = UNCITRAL Yearbook VIII (1977), 171 ff.

ders.: in: Kreuzer (Hrsg.), Abschied vom Wertpapier? *Dokumentlose Wertbewegungen* im Effekten-, Gütertransport- und Zahlungsverkehr, S. 19 ff.

ders.: Empfehlen sich gesetzliche Maßnahmen zur *Reform der Mobiliarsicherheiten*? Gutachten F zum 51. Deutschen Juristentag, München 1976.

ders.:Die Verwertung der Mobiliarsicherheiten in einigen Ländern der Europäischen Union, RabelsZ 60 (1996), 40 ff.

ders.:Eigentumsvorbehalt bei Importlieferungen nach Deutschland, RabelsZ 38 (1974), 468 ff.

ders.: Die Kreditsicherheiten im Vorschlag der Insolvenzrechtskommission, ZGR 1986, 252 ff.

ders.: Typen besitzloser Sicherungsrechte an Mobilien, ZfRV 1972, 130 - 140.

Drukarczyk, Jochen: Unternehmen und *Insolvenz*: Zur effizienten Gestaltung des Kreditsicherungs- und Insolvenzrechts (unter Mitbearbeitung von Reinhard Ruger und Josef Duttle), Wiesbaden 1987.

ders.: Mobiliargesicherte Gläubiger - Verfahrensbeitrag im Insolvenzverfahren und Kreditkonditionen, WM 1992, 1136 ff.

Dusi, Bartolemeo: Sulla costituzione di pegno, Riv. dir.comm. 1909, 9 ff.

Duttle, Josef: Ökonomische Analyse dinglicher Sicherheiten - Die Reform der Mobiliarsicherheiten und Probleme ihrer Behandlung in insolvenzrechtlichen Verfahren, Krefeld 1986.

Fanan, Lavinia: Lease-back, in: I contratti del commercio, dell' industria e dell mercato finanziario, Bd. III, hrsg. von Francesco Galgano, S. 779 ff., Torino 1995.

Ferrara, sen., Francesco: Della *simulazione* dei negozi giuridici, 5. Aufl., Roma 1922.

ders.:La *causa illecita*, in: Sritti per Chironi, Bd. I, S. 119 ff.,Torino 1915.

Ferrara, jun., Francesco: L'ipoteca mobiliare, Roma 1932.

ders.: Nuovo digesto italiano, Bd. I, Voce "Autoveicoli", S. 1179 ff, Torino 1937.

Ferri, Luigi: Lezioni sul contratto, 2. Aufl., Bologna 1982.

Fontana, Antonio: Pegno senza spossessamento: Ancora qualche riflessione sulla legge 24 luglio 1985, N. 401, Riv. dir. priv. 1991, 60 ff.
Forchielli, Giuseppe: I *contratti* reali, Milano 1952.
Foschini, Marcello: Sull' intestazione fiduciaria dei titoli azionari, Banca,borsa, tit.cred. 1962, I, 19 ff.
Fragali, Michele: Del mutuo, in: Commentario del codice civile, hrsg. von Scialoja und Branca, 2. Aufl., Bologna, Roma 1974.

Gabrielli, Enrico: I negozi costitutivi e *garanzie reali*, Padova 1996.
ders.:Garanzia "rotativa", vincoli su titoli di stato e disciplina del pegno, Riv. dir. civ. 1992, II, 267 ff.
ders.:Il pegno "anomalo", Padova 1990.
ders.:I negozi costitutivi di garanzie reali, Banca, borsa, tit. cred. 1996, I, 149 ff.
ders.: Sulle *garanzie rotative*, Napoli 1998.
Galgano, Francesco: Diritto Privato, 8. Aufl., Padova 1994.
ders.:Il *negozio giuridico*, in: Trattato di diritto civile e commerciale, Bd. III, 1. Halbband, hrsg. von Antonio Cicu und Francesco Messineo, Milano 1988.
ders.: Diritto civile e commerciale, 2. Aufl., Bd. II, Padova 1993.
Gambaro, Antonio: Il diritto di proprietà, in: Trattato di diritto civile e commerciale, Bd. VIII, 2. Halbband, hrsg. von Antonio Cicu und Francesco Messineo, Milano 1995.
Gazzoni, Francesco: Manuale di *diritto privato*, 6. Aufl., Napoli 1996.
Ghia, Lucio: Il pegno bancario, Dir. fall. 1992, I, 180 ff.
Gilmore, Grant: Security Interests in Personal Property, vol. I, Boston 1965.
Giorgianni, Michele: Causa, in: Enciclopedia del diritto, Band VI, Milano 1960.
Gitti, Gregorio: Divieto del patto commissorio, frode alla legge, "sale and lease-back", Riv. trim. dir. proc. civ. 1993, 457 ff.
Göbel, Jürgen: Übersicherung und Freigabeklauseln in vorformulierten Kreditsicherungsverträgen, Berlin 1993.
Gorla, Gino: Le garanzie reali dell' obbligazione, Riv. dir. comm. 1975, II, 559 ff.
ders.:*Del pegno* - Delle ipoteche, in: Commentario del Codice Civile, V, hrsg. von Scialoja und Branca, Bologna, Roma 1992.
ders.: Il contratto. Problemi fondamentali trattati con il metodo comparativo e casisitico, Bd. I. Lineamenti generali, Milano 1958.
Gottwald/Adolphsen, Die Rechtsstellung dinglich gesicherter Gläubiger in der Insolvenzordnung, in: Kölner Schrift zur Insolvenzordnung: Das neue Insolvenzrecht in der Praxis. Arbeitskreis für Insolvenz und Schiedsgerichtswesen e.V. Köln, Herne 1997.

Grassetti, Cesare, Del negozio fiduciario e della sua ammissibilità nel nostro ordinamento giuridico, Riv. dir. comm. 1936, 345ff.

Gravenhorst, Wulf: Mobiliarsicherheiten für Darlehens- und Warenkredite in den sechs Ländern der Europäischen Gemeinschaft, Frankfurt a.M. 1972.

Greco, Paolo / Cottino, Gastone: Della vendita, in: Commentario del Codice Civile, hrsg. von Scialoja und Branca, Bd. VI, Bologna, Roma.

Hadding, Walther / Schneider, Uwe H. (Hrsg.): Recht der Kreditsicherheiten in den Vereinigten Staaten von Amerika, Teil I: Kreditsicherheiten an beweglichen Sachen nach Art. 9 UCC, bearbeitet von *Heinz J. Dielmann,* Berlin 1983.

Hartwieg, Oskar: Die Publizität von Mobiliarsicherheiten im deutschen, US-amerikanischen und japanischen Recht, ZIP 1994, 96 ff.

Hromadka, Wolfgang: Sicherungsübereignung und Publizität, JuS 1980, 989 ff.

ders.:Die Entwicklung des Faustpfandprinzips im 18. und 19. Jahrhundert (Forschungen zur neueren Privatrechtsgeschichte), Band 17, Köln, Wien 1971.

Hundertmark, Stephanie: Besitzlose *Mobiliarsicherheiten* und Insolvenzverfahren nach spanischem Recht, Berlin 1996.

Huth, Vera: Kreditsicherungsrecht im Lichte der neuen Insolvenzordnung, Frankfurt am Main 2000.

Inzitari,Bruno: Verbraucherkredit und das neue italienische Bankrecht, in: Jahrbuch für Italienisches Recht 8 (1995), S. 3 ff.

Janarelli, Antonio: Il credito agrario e peschereccio nel testo unico della legge bancaria, Dir. giur. agr. 1994, 197 ff.

Jauernig, Othmar: Bürgerliches Gesetzbuch, 8. Aufl., München 1997.

Jayme, Erik: Zur Inhaltskontrolle der fideiussione omnibus nach der alten Rechtslage, in: Jahrbuch für Italienisches Recht 3 (1990), S. 135 ff.

ders.: Konsensualprinzip und obligatorischer Kaufvertrag im Zivilrecht, in: Festschrift für Otto Mühl, Stuttgart, Berlin, Köln, Mainz 1981.

Kaufhold, Sylvia: Internationales und europäisches Mobiliarsicherungsrecht, Würzburg 1999.

Kieninger, Eva Maria: Mobiliarsicherheiten im Europäischen Binnenmarkt: Zum Einfluß der Warenverkehrsfreiheit auf das nationale und internationale Privatrecht, München 1993.

Kilger, Joachim: Empfehlen sich gesetzliche Maßnahmen zur *Reform* der Mobiliarsicherheiten? (Referat zum 51. Deutschen Juristentag in Stuttgart 1976), München 1976.

Kindler, Peter: Einführung in das italienische Recht: Verfassungsrecht, Privatrecht und internationales Privatrecht, München 1993.
Kohler, Josef: Studien über die Mentalreservation und Simulation, Jher.Jb. 16 (1878), 91ff.
Kranzusch, Peter / Günterberg, Brigitte: Erste Auswirkungen der Insolvenzrechtsreform 1999 auf mittelständische Unternehmen - Eine Feldstudie; IfM Materialien Nr. 150, Bonn 2001.

Lambsdorff, Otto Graf von: Wirtschaftliche Aspekte einer Insolvenzrechtsreform, ZIP 1987, 809 ff.
Landfermann, Hans Georg: Die Rechtsstellung der dinglich gesicherten Gläubiger im künftigen Insolvenzverfahren, KTS 1987, 381 ff.
Larenz, Karl: Lehrbuch des *Schuldrechts*, Band II, Halbband 1, Besonderer Teil, 13. Aufl., München 1986.
Lehmann, Heinrich: Reform der *Kreditsicherung* an Fahrnis und Forderungen. Denkschrift (nebst Gesetzesvorschlag) auf Grund der Beratungen des Ausschusses für Personen-, Vereins- und Schuldrecht der Akademie für deutsches Recht, Stuttgart 1937.
Lener, Angelo: La dematerializzazione dei titoli azionari e il sistema Monte Titoli, Foro it. 1996, I, 166 ff.
Lipari, Nicolò: Il negozio fiduciario, 2. Aufl., Milano 1971.
Liuzzi, Annalisa: Dematerializzazione dei titoli e garanzia senza spossessamento nel sistema Monte titoli, Riv. crit. Dir. priv. 1992, 45 ff.
Lo Cascio, Giovanni: Codice del fallimento, Milano 1993.
Lordi, Luigi: Pegno commerciale, in: Nuovo digesto italiano, Bd. IX, S. 640 ff., Torino 1939.
Lovisatti, Silvia: Osservazioni in tema di limiti del pegno rotativo, tra "valori originari" e "beni originari"; Banca, borsa, tit. cred. 2002, I, 695 ff.
Luminoso, Angelo: I contratti tipici e atipici, in: Trattato di diritto privato, I, hrsg. von Iudica und Zatti, Milano 1995.
ders.: La vendita con riscatto - Artt. 1500 - 1509, in: Il Codice Civile - Commentario, hrsg. von Piero Schlesinger, Milano 1987.

Maffei-Alberti, Alberto: Commentario breve alla legge fallimentare, Padova 1981.
Mancini, Tommaso: In tema di negozio fiduciario, Foro it. 1960, 1838 ff.
*ders.:*Compravendita sottoposta a condizione sospensiva e patto commissorio, Foro it. 1961, I, 1156 ff.
ders.: Vendità con patto di riscatto e nullità ex art. 2744, Foro it. 1966, I, 1119.

Mariconda, Vincenzo: Fideiussione omnibus e principio di buona fede, Foro it. 1989, I, 2763.

Martorano, Federico: Cauzione e pegno irregolare, Riv. dir. comm. 1960, I, 94 ff.

Melsheimer, Klaus: Sicherungsübereignung oder Registerpfandrecht: Eine politologische über den Kampf von Interessengruppen um die Reform des Kreditsicherungsrechts, Köln 1967.

Mengoni,Luigi: Gli acquisti a non domino, 3. Aufl., Milano 1975.

Merkel, Helmut: Die neuen Allgemeinen Geschäftsbedingungen der Banken, WM 1993, 725 ff.

Messineo, Francesco: Costituzione di pegno, mediante compossesso tra creditore pignoratizio e datore e suoi effetti, Banca, borsa, tit. cred. 1949, I, 305 ff.

Minervini, Gustavo: Sistema Monte Titoli e pegno di titoli di credito, Banca, borsa, tit. cred. 1990, I, 145 ff.

ders.: Dal decreto 481/92 al testo unico in materia bancaria e creditizia, Giur. Comm. 1993, I, 825 ff.

Mirabelli, Giuseppe: La locazione, in: Trattato di diritto civile, hrsg. von F. Vasalli, Milano 1972.

ders.: Dei contratti in generale, in: Commentario del Codice Civile, IV, tomo 2, 2.Aufl., Torino 1966.

Molle, Giacomo: *I contratti bancari*, in: Trattato di diritto civile e commerciale, hrsg. von Cicu und Messineo, Bd. XXXV, 1. Halbband, Milano 1981.

Montel, Alberto: In tema di costituzione di pegno mediante compossesso fra creditore pignoratizio e datore, Banca, borsa, tit. cred. 1951, I, 285 ff.

Monticelli, Salvatore: Il *leasing*, in: Giurisprudenza sistematica di diritto civile e commerciale. I contratti in generale - I contratti atipici, Bd. II, hrsg. von Guido Alpa und Mario Bessone, Torino 1992.

Mori, Giuseppe: Appunti sul deposito cauzionale, Foro it. 1939, I, 364 ff.

Mühl, Dorothee, Sicherungsübereignung, Sicherungsabtretung und Eigentumsvorbehalt im italienischen Recht. Eine rechtsvergleichende Untersuchung, Berlin 1980.

MünchKomm (-Bearbeiter): Münchener Kommentar zum Bürgerlichen Gesetzbuch Band VII: Einführungsgesetz zum bürgerlichen Gesetzbuche, Internationales Privatrecht, mit Nachtragsband, hrsg. von Kurt Rebmann und Franz-Jürgen Säcker, Redaktion Hans Jürgen Sonnenberger, 2. Aufl, München 1990.

Müller, Klaus: *Sachenrecht*, 3. Aufl., Köln, Berlin, Bonn, München 1993.

Munari, Alessandro: Il *leasing finanziario* nella teoria dei crediti e dei titoli di credito, Milano 1989.

Napoleoni, Valerio: Pegno bancario di titolo do credito, modificazione dell'oggetto del pegno e revocatoria fallimentare, Il fallimento 1993, 762 ff.
Noto, Antonio: Il credito speciale della nuova legge bancaria, Il risparmio 1993, 1119 ff.

Obermüller, Manfred: Auswirkungen der Insolvenzrechtsreform auf Kreditgeschäft und Kreditsicherheiten, Teil 1, WM 1994, 1829 ff., Teil 2, WM 1994, 1869 ff.
Oberto, Giacomo: La vendita con *patto di riscatto*, in: I grandi orientamenti della giurisprudenza civile e commerciale, Bd. 25-II, hrsg. von Marino Bin, S. 1033 ff., Padova 1995.

Pajardi, Piero: Codice del *fallimento*, Milano 1991.
ders.: Radici ed ideologie del fallimento, Milano 1992.
Palandt, Otto (-Bearbeiter): Bürgerliches Gesetzbuch, 56. neubearb. Aufl., München 1997.
Palermo, Gianfranco: Funzione illecita e *autonomia privata*, Milano 1970.
Panahy, Dara A.: Prospective UNIDROIT Convention on International Interests in Mobile Equipment as applied to Space Assets, International Business Lawyer, 2001, 505 ff.
Partesotti, Giulio: Profili cartolari del sistema Monte titoli, Banca, borsa, tit. cred. 1987, I, 612 ff.
Patroni Griffi, Antonio: Le clausole abusive nei contratti conclusi con i consumatori (direttiva 93/13/CEE, Rass. dir. civ. 1995, 346 ff.
Perassi, Marino: In tema di pegno omnibus, Giur. it. 1988, I, 487 ff.
Picardi, Nicola: Codice di *procedura civile*, Milano 1994.
Piepoli, Gaetano: Garanzie sulle merci e spossessamento, Napoli 1980.
Pilgram, Thomas: Ökonomische Analyse der bundesdeutschen Insolvenzeordnung, Frankfurt am Main 1999.
Piscitello, Paolo: Le garanzie bancarie flottanti, Torino 1999.
ders.: Costituzione in pegno di beni dell'impresa e spossessamento, Banca, borsa, tit. cred, 2001, II, 155 ff.
Portale, Giuseppe B.: Osservazioni sul contratto col terzo detentore del pegno, Riv. trim. dir. proc. civ. 1962, 877 ff.
ders.: Principio consensualistico e conferimento di beni in proprietà, Riv. soc. 1970, 913 ff.
ders. / Dolmetta, Aldo A.: Neueste Entwicklungen im Bankrecht, in: Jahrbuch für Italienisches Recht 5 (1993), S.3 ff.
Porzio, Mario: L'anticipazione bancaria, Napoli 1964.

Pratis, Carlo M.: Della *tutela* dei diritti. Del pegno, in: Commentario del Codice civile, Band VI, Torino 1982.
Presti, Gaetano: Il privilegio per i finanziamenti bancari a medio e lungo termine in favore delle imprese, Banca, borsa, tit. cred. 1995, I, 594 ff.
Protettì, Ettore: Il *pegno* nella giurisprudenza, in: Raccolta sistematica di giurisprudenza commentata, hrsg. von Mario Rotondi, Padova 1970.
Provinciali, Renzo: Trattato di diritto fallimentare, II, Milano
Prütting, Hans: Deckungsgrenze und Freigabeklauseln im Kreditsicherungsrecht, in: FS für Hans Friedhelm Gaul, Bielefeld 1997.
Pugliatti, Salvatore: Fiducia e rappresentanza indiretta, Riv. it. sc. giur. 1948, II, 182 ff.
ders.: La trascrizione, in: Trattato di diritto civile e commerciale, Bd. XIV, 2. Halbband, hrsg. von Antonio Cicu und Francesco Messineo, Milano 1989.
*ders.:*Precisazioni in tema di vendita a scopo di garanzia, Riv. trim proc. 1950, 298 ff.
Pugliese, Giovanni: Nullità del patto commissorio e vendita con patto do riscatto, Giur. compl. Cass. civ. 1945, I, 156 ff.
*ders.:*Intorno alla validità della vendita a scopo di garanzia, Riv. dir. civ. 1955, I, 1064 ff.

Ravazzoni, Alberto: La fideiussione generale, Banca, borsa, tit. cred. 1980, I, 257 ff.
Realmonte, Francesco: Stipulazioni commissorie, vendita con patto di riscatto e distribuzione dei rischi, Foro it. 1989, I, 1440 ff.
*ders.:*Il *pegno*, in: Trattato di diritto privato,Bd. XIX, hrsg. von Pietro Rescigno, S. 629 - 672, Torino 1985.
*ders.:*L'oggetto del pegno: problemi vecchi e nuovi, Banca, borsa, tit. cred. 1993, I, 10 ff.
ders.: Condizioni generali di contratto e norme uniforme bancarie, in: Le operazioni bancarie, Band I, hrsg. von Giuseppe B. Portale, Milano 1978.
Regelsberger, Ferdinand: Zwei Beiträge zur Lehre von der Cession, AcP 63 (1880), 157 ff.
Reich, Norbert: Die *Sicherungsübereignung*, Bad Homburg 1970.
Reimann, Matthias / Ackmann, Hans-Peter: Einführung in das US-amerikanische Recht, München 1997.
Rescigno, Pietro: Condizione, in: Enciclopedia del diritto, Band VIII, Milano 1961.

Rescigno, Matteo: Finanziamenti alle imprese: costituzione di privilegi, unveröffentlichter Vortrag der Tagung der ITA (Mailand 4.-6. Oktober 1994), La nuova disciplina delle operazioni di credito a medio e lungo termine.

Rizzo, Vito: Le clausole "abusive": realtà e prospettiva. La direttiva CEE del 5 aprile 1993, Rass. dir. civ. 1993, 590 ff.

Roppo, Enzo: La *responsabilità* patrimoniale del debitore, in: Trattato di diritto privato, Bd. XIX, Torino 1985.

ders.: Anmerkung zu Cass. Nr. 3800/1983, Nuova giur. civ. 1985, I, 103 f.

ders.: Causa tipica, motivo rilevante, contratto illecito, Foro it. 1971, I, 2378.

Rottnauer, Achim E.: Die *Mobiliarkreditsicherheiten* unter besonderer Berücksichtigung der besitzlosen Pfandrechte im deutschen und englischen Recht. Eine rechtsvergleichende Untersuchung vor dem Hintergrund der geplanten Insolvenzrechtsreform, Berlin 1992.

Rubino, Domenico: La *responsabilità patrimoniale.* Il pegno, in: Trattato di diritto civile, hrsg. von Vassalli, Torino 1952.

ders.: L'ipoteca, in: Trattato di diritto civile e commerciale, Antonio Cicu und Francesco Messineo, Bd. XIX, Milano 1956.

Rückert, Birgit: Wertpapiersammelverwahrung im italienischen Recht, Berlin 1996.

Sacco, Rodolfo: Il *contratto*, in: Trattato di diritto civile italiano, Bd. VI, hrsg. von F. Vassalli, Torino 1975.

ders. / De Nova, Giorgio: Il *contratto*, in: Trattato di diritto civile, hrsg. von Rodolfo Sacco, 2. Aufl., Torino 1993.

Salanitro, Niccolò: Conto corrente bancario, Diritto della banca e del mercato finanziario 1988, 407 ff.

Sandkühler, Gerd: Bankrecht - Ein Leitfaden für Ausbildung und Praxis, 2. Aufl., Köln, Berlin, Bonn, München 1993.

Satta, Salvatore: Diritto fallimentare, 3. Aufl., Padova 1996.

Savigny, Friedrich Karl von: System des heutigen römischen Rechts, Bd. III, IV, V, Berlin 1848.

Schäfer, Achim: Italienisches Bankrecht im Umbruch, in: Jahrbuch für Italienisches Recht 7 (1994), S. 181 ff.

Schroeder, Klaus-Peter: Grundprobleme der Vermögensübernahme nach § 419 BGB, JuS 1991, 793 ff.

Scognamiglio, Renato: Delle *obbligazioni*, Art. 1321-1371, in: Commentario del codice civile, hrsg. von Scialoja/Branca, Bologna, Roma 1970.

Seif, Ulrike: Der *Bestandschutz* besitzloser Mobiliarsicherheiten im deutschen und englischen Recht, Tübingen 1997.

Semiani Bignardi, Francesco: La *ritenzione* nell'esecuzione individuale e nel fallimento, Padova 1960.

Serick, Rolf: Eigentumsvorbehalt und Sicherungsübertragung. Bd. I. Der einfache Eigentumsvorbehalt. Heidelberg 1963.

ders.:Eigentumsvorbehalt und Sicherungsübertragung. Bd. II. Die einfache Sicherungsübertragung - Erster Teil. Heidelberg 1965.

ders.: *Eigentumsvorbehalt und Sicherungsübertragung. Bd. V.* Verlängerungs- und Erweiterungsformen; Dritter Teil: Sonstiges. Heidelberg 1982.

ders.: *Eigentumsvorbehalt und Sicherungsübertragung. Bd.VI*: Verlängerungs- und Erweiterungsformen des Eigentumsvorbehalts und der Sicherungsübertragung; Dritter Teil: Sonstiges; Insolvenzrecht (Vergleich): Insolvenzrechtsreform. Heidelberg 1986.

ders.: Die Mobiliarsicherheiten im Referentenentwurf zur Insolvenzrechtsreform - Vorbehaltseigentum als Absonderungsrecht zwecks massemehrender Umverteilung, BB 1990, 861 -866.

ders.: *Deutsche Mobiliarsicherheiten*, Aufriß und Grundgedanken. Vorlesungen und Vorträge an japanischen Universitäten sowie für Praktiker in Tokio, Heidelberg 1988.

ders.: Eigentumsvorbehalt und Sicherungsübertragung. *Neue Rechtsentwicklungen*, 2. Aufl., Heidelberg 1993.

ders.: *Mobiliarsicherheiten und Insolvenzrechtsreform.* Eine Auseinandersetzung mit den Berichten der Kommission für Insolvenzrecht, in: Beiträge zum Insolvenzrecht, hrsg. von Manfred Balz, Bruno M. Kübler, Franz Merz, Wolfram Timm, Bd. 5, Köln 1987.

ders.: Mobiliarsicherheiten im Diskussionsentwurf zur Reform des Insolvenzrechts - Möglichkeiten zur Enteignung von Vorbehaltslieferanten zum Nulltarif, ZIP 1989, 409 ff.

Sesta, Michele: Le *garanzie atipiche.* Vendita, cessione del credito, mandato a scopo di garanzia. Contratto autonomo di garanzia, in: I grandi orientamenti della giurisprudenza civile e commerciale, hrsg. von Francesco Galgano, Padova 1988.

Shihata, Ibrahim: The European Bank for Reconstruction and Development - A Comparative Analysis of the Constituent Agreement, London, Dordrecht, Boston 1990.

Simone, Roberto: "Lease back": cronaca di una morte annunciata, Foro it. 1989, I, 1251 ff.

Simonetto, Ernesto: I *contratti di credito*, Padova 1960.

Sirena, Pietro: La nuova disciplina delle clausole vessatorie nei contratti bancari di credito al consumo, Banca, borsa, tit. cred. 1997, 354 ff.

Smid, Stefan: Gleichbehandlung der Gläubiger und Wiedereinstellung eines funktionsfähigen Insolvenzrechts als Aufgaben der Insolvenzrechtsreform - Bemerkungen zum Regierungsentwurf einer heutigen InsO, BB 1992, 501 - 513.

Soergel, Hans Theodor / (Bearbeiter): Bürgerliches Gesetzbuch mit Einführungsgesetz und Nebengesetzen - Kommentar, Bd. VI - Sachenrecht (§§ 854-1296). Begründet von Hans Theodor Soergel. Hrsg. von Wolfgang Siebert. 12. Aufl., Stuttgart, Berlin, Köln, Mainz 1990.

Spellenberg, Ulrich: Sicherheit im Grundstücksverkehr - *Publicité foncière*, Grundbuch und Torrens-Systeme, in: FS für Werner Lorenz, Tübingen 1991, S. 779 ff.

Stanford, Martin: Completion of a First Draft of Unidroit's Planned Future Convention on International Interests in Mobile Equipment, Uniform Law Review 1996-2, 274 ff.

Staudinger, Julius von / (Bearbeiter): Kommentar zum Bürgerlichen Gesetzbuch mit Einführungsgesetz und Nebengesetzen. Drittes Buch - Sachenrecht (§§ 1204-1296), Redaktor: Wolfgang Wiegand. 13. Aufl., Berlin 1997.

Sugishita, Tochiro: Der *Eigentumsvorbehalt* im japanischen Recht, Heidelberg 1988.

Trimarchi, Vincenzo Michele: Negozio fiduciario, in: Enciclopedia del diritto, Bd. XXVIII, S. 32 ff.

Torrente, Andrea: Pegno irregolare ed interessi, Giur. cass. civ. 1944, 242.

Tucci, Giuseppe: I privilegi, in: Trattato di diritto privato, S. 449-628, hrsg. von Pietro Rescigno, Torino 1985.

ders.: Le norme per l'esercizio di particolari operazioni di credito: la nuova disciplina dei privilegi nel finanziamento alle imprese, Banca, impresa e società 1993, 303 ff.

ders.: Garanzie sui crediti dell'impresa e *tutela* dei finanziamenti, Milano 1974.

ders.: Voce *Ipoteca mobiliare*, in: Enc. Giur. Bd. XIV, hrsg. von Treccani, Roma 1989.

Uda, Giovanni Maria: Le *clausole vessatorie* nei contratti con i consumatori. Commentario agli articoli 1469-bis - 1469-sexies del Codice Civile, 1. Halbband, hrsg. von Guido Alpa und Salvatore Patti, Milano 1997.

Uhlenbruck, Wilhelm: Zum Diskussionsentwurf eines Gesetzes zur Reform des Insolvenzrechts, ZRP 1988, 471 - 475.

ders.: Grundzüge des Entwurfs einer neuen Insolvenzordnung - Diskussions-Entwurf eines Jahrhundert- Gesetzes oder wirtschaftspolitische Utopie?, BB 1989, 433 - 441.

ders.: Zum Regierungsentwurf einer Insolvenzordnung und dem Entwurf eines Einführungsgestzes, KTS 1992, 499 - 520.
Ulmer, Peter / Brandner, Hans Erich / Hensen, Hans-Diether: AGB - Gesetz, Kommentar zum Gesetz zur Regelung des Rechts der Allgemeinen Geschäftsbedingungen, 8. Aufl., Köln 1997.

Varrone, Claudio: Il *trasferimento* della proprietà a scopo di garanzia, Napoli 1968.
Veneziano, Anna: Le garanzie mobiliari non possessorie, Milano 2000.
Viale, Mirella: Le *garanzie bancarie*, in: Trattato di diritto commerciale e di diritto pubblico dell'economia, Bd. XVIII, hrsg. von Francesco Galgano, Padova 1994.
Vigli, Cristiana: Anmerkung zu Cass. Civ. vom 16.4.1987, Nr. 3784, Nuova giur. civ. 1988, I, 141 f.
Vivante, Cesare: Trattato di diritto commerciale, Bd. IV, Le obbligazioni, 2. Aufl., Milano, Roma, Firenze 1905.

Walter, Thomas: Die formularvertragliche *Kreditbürgschaft* mit Globalschutzerklärung im italienischen Recht. Eine rechtsvergleichende Untersuchung, Berlin 1993.
Weber, Hansjoerg: Kreditsicherheiten, 5. Aufl., München 1997.
Wessels, Bob: Pfandrecht nach Niederländischem Recht, ZEuP 1996, 425 ff.
Westphalen, Friedrich Graf von: Der Leasingvertrag, Finanzierungsleasing, Hersteller-Leasing, Operating-Leasing unter besonderer Berücksichtigung des AGB Gesetzes, Köln 1979.
*ders.:*Die Banken - AGB in Rechtsprechung und Literatur - eine Übersicht, WM 1984, 2 - 18.
Wilhelm, Jan: Sachenrecht, Berlin, New York 1993.
Wilmowsky, Peter von: Europäisches Kreditsicherungsrecht: Sachenrecht und Insolvenzrecht unter dem EG-Vertrag, Tübingen 1996.
Wimmer, Klaus: Frankfurter Kommentar zur Insolvenzordnung, Neuwied-Kriftel 1999.

Anhang

CONVENTION
ON INTERNATIONAL INTERESTS IN MOBILE EQUIPMENT

THE STATES PARTIES TO THIS CONVENTION,

AWARE of the need to acquire and use mobile equipment of high value or particular economic significance and to facilitate the financing of the acquisition and use of such equipment in an efficient manner,

RECOGNISING the advantages of asset-based financing and leasing for this purpose and desiring to facilitate these types of transaction by establishing clear rules to govern them,

MINDFUL of the need to ensure that interests in such equipment are recognised and protected universally,

DESIRING to provide broad and mutual economic benefits for all interested parties,

BELIEVING that such rules must reflect the principles underlying asset-based financing and leasing and promote the autonomy of the parties necessary in these transactions,

CONSCIOUS of the need to establish a legal framework for international interests in such equipment and for that purpose to create an international registration system for their protection,

TAKING INTO CONSIDERATION the objectives and principles enunciated in existing Conventions relating to such equipment,

HAVE AGREED upon the following provisions:

Chapter I

Sphere of application and general provisions

Article 1 - Definitions

In this Convention, except where the context otherwise requires, the following terms are employed with the meanings set out below:

(a) "agreement" means a security agreement, a title reservation agreement or a leasing agreement;

(b) "assignment" means a contract which, whether by way of security or otherwise, confers on the assignee associated rights with or without a transfer of the related international interest;

(c) "associated rights" means all rights to payment or other performance by a debtor under an agreement which are secured by or associated with the object;

(d) "commencement of the insolvency proceedings" means the time at which the insolvency proceedings are deemed to commence under the applicable insolvency law;

(e) "conditional buyer" means a buyer under a title reservation agreement;

(f) "conditional seller" means a seller under a title reservation agreement;

(g) "contract of sale" means a contract for the sale of an object by a seller to a buyer which is not an agreement as defined in (a) above;

(h) "court" means a court of law or an administrative or arbitral tribunal established by a Contracting State;

(i) "creditor" means a chargee under a security agreement, a conditional seller under a title reservation agreement or a lessor under a leasing agreement;

(j) "debtor" means a chargor under a security agreement, a conditional buyer under a title reservation agreement, a lessee under a leasing agreement or a person whose interest in an object is burdened by a registrable non-consensual right or interest;

(k) "insolvency administrator" means a person authorised to administer the reorganisation or liquidation, including one authorised on an interim basis, and includes a debtor in possession if permitted by the applicable insolvency law;

(l) "insolvency proceedings" means bankruptcy, liquidation or other collective judicial or administrative proceedings, including interim proceedings, in which the assets and affairs of the debtor are subject to control or supervision by a court for the purposes of reorganisation or liquidation;

(m) "interested persons" means:

(i) the debtor;

(ii) any person who, for the purpose of assuring performance of any of the obligations in favour of the creditor, gives or issues a suretyship or demand guarantee or a standby letter of credit or any other form of credit insurance;

(iii) any other person having rights in or over the object;

(n) "internal transaction" means a transaction of a type listed in Article 2(2)(a) to (c) where the centre of the main interests of all parties to such transaction is situated, and the relevant object located (as specified in the Protocol), in the same Contracting State at the time of the conclusion of the contract and where the interest created by the transaction has been registered in a national registry in that Contracting State which has made a declaration under Article 50(1);

(o) "international interest" means an interest held by a creditor to which Article 2 applies;

(p) "International Registry" means the international registration facilities established for the purposes of this Convention or the Protocol;

(q) "leasing agreement" means an agreement by which one person (the lessor) grants a right to possession or control of an object (with or without an option to purchase) to another person (the lessee) in return for a rental or other payment;

(r) "national interest" means an interest held by a creditor in an object and created by an internal transaction covered by a declaration under Article 50(1);

(s) "non-consensual right or interest" means a right or interest conferred under the law of a Contracting State which has made a declaration under Article 39 to secure the performance of an obligation, including an obligation to a State, State entity or an intergovernmental or private organisation;

(t) "notice of a national interest" means notice registered or to be registered in the International Registry that a national interest has been created;

(u) "object" means an object of a category to which Article 2 applies;

(v) "pre-existing right or interest" means a right or interest of any kind in or over an object created or arising before the effective date of this Convention as defined by Article 60(2)(a);

(w) "proceeds" means money or non-money proceeds of an object arising from the total or partial loss or physical destruction of the object or its total or partial confiscation, condemnation or requisition;

(x) "prospective assignment" means an assignment that is intended to be made in the future,
upon the occurrence of a stated event, whether or not the occurrence of the event is certain;

(y) "prospective international interest" means an interest that is intended to be created or
provided for in an object as an international interest in the future, upon the occurrence of
a stated event (which may include the debtor's acquisition of an interest in the object),
whether or not the occurrence of the event is certain;

(z) "prospective sale" means a sale which is intended to be made in the future, upon the
occurrence of a stated event, whether or not the occurrence of the event is certain;

(aa) "Protocol" means, in respect of any category of object and associated rights to which this
Convention applies, the Protocol in respect of that category of object and associated rights;

(bb) "registered" means registered in the International Registry pursuant to Chapter V;

(cc) "registered interest" means an international interest, a registrable non-consensual right or
interest or a national interest specified in a notice of a national interest registered pursuant
to Chapter V;

(dd) "registrable non-consensual right or interest" means a non-consensual right or interest
registrable pursuant to a declaration deposited under Article 40;

(ee) "Registrar" means, in respect of the Protocol, the person or body designated by that
Protocol or appointed under Article 17(2)(b);

(ff) "regulations" means regulations made or approved by the Supervisory Authority pursuant
to the Protocol;

(gg) "sale" means a transfer of ownership of an object pursuant to a contract of sale;

(hh) "secured obligation" means an obligation secured by a security interest;

(ii) "security agreement" means an agreement by which a chargor grants or agrees to grant to a chargee an interest (including an ownership interest) in or over an object to secure the performance of any existing or future obligation of the chargor or a third person;

(jj) "security interest" means an interest created by a security agreement;

(kk) "Supervisory Authority" means, in respect of the Protocol, the Supervisory Authority referred to in Article 17(1);

(ll) "title reservation agreement" means an agreement for the sale of an object on terms that ownership does not pass until fulfilment of the condition or conditions stated in the agreement;

(mm) "unregistered interest" means a consensual interest or non-consensual right or interest (other than an interest to which Article 39 applies) which has not been registered, whether or not it is registrable under this Convention; and

(nn) "writing" means a record of information (including information communicated by teletransmission) which is in tangible or other form and is capable of being reproduced in tangible form on a subsequent occasion and which indicates by reasonable means a person's approval of the record.

Article 2 - The international interest

1. This Convention provides for the constitution and effects of an international interest in certain categories of mobile equipment and associated rights.

2. For the purposes of this Convention, an international interest in mobile equipment is an interest, constituted under Article 7, in a uniquely identifiable object of a category of such objects listed in paragraph 3 and designated in the Protocol:

(a) granted by the chargor under a security agreement;

(b) vested in a person who is the conditional seller under a title reservation agreement; or

(c) vested in a person who is the lessor under a leasing agreement.

An interest falling within sub-paragraph (a) does not also fall within sub-paragraph (b) or (c).

3. The categories referred to in the preceding paragraphs are:

(a) airframes, aircraft engines and helicopters;

(b) railway rolling stock; and

(c) space assets.

4. The applicable law determines whether an interest to which paragraph 2 applies falls within sub-paragraph (a), (b) or (c) of that paragraph.

5. An international interest in an object extends to proceeds of that object.

Article 3 - Sphere of application

1. This Convention applies when, at the time of the conclusion of the agreement creating or providing for the international interest, the debtor is situated in a Contracting State.

2. The fact that the creditor is situated in a non-Contracting State does not affect the applicability of this Convention.

Article 4 - Where debtor is situated

1. For the purposes of Article 3(1), the debtor is situated in any Contracting State:

(a) under the law of which it is incorporated or formed;

(b) where it has its registered office or statutory seat;

(c) where it has its centre of administration; or

(d) where it has its place of business.

2. A reference in sub-paragraph (d) of the preceding paragraph to the debtor's place of business
shall, if it has more than one place of business, mean its principal place of business or, if it has no place of business, its habitual residence.

Article 5 - Interpretation and applicable law

1. In the interpretation of this Convention, regard is to be had to its purposes as set forth in the
preamble, to its international character and to the need to promote uniformity and predictability in its application.

2. Questions concerning matters governed by this Convention which are not expressly settled in it are to be settled in conformity with the general principles on which it is based or, in the absence of such principles, in conformity with the applicable law.

3. References to the applicable law are to the domestic rules of the law applicable by virtue of the rules of private international law of the forum State.

4. Where a State comprises several territorial units, each of which has its own rules of law in respect of the matter to be decided, and where there is no indication of the relevant territorial unit, the law of that State decides which is the territorial unit whose rules shall govern. In the absence of any such rule, the law

of the territorial unit with which the case is most closely connected shall apply.

Article 6 - Relationship between
the Convention and the Protocol

1. This Convention and the Protocol shall be read and interpreted together as a single instrument.

2. To the extent of any inconsistency between this Convention and the Protocol, the Protocol shall prevail.

Chapter II

Constitution of an international interest

Article 7 - Formal requirements

An interest is constituted as an international interest under this Convention where the agreement creating or providing for the interest:

(a) is in writing;

(b) relates to an object of which the chargor, conditional seller or lessor has power to dispose;

(c) enables the object to be identified in conformity with the Protocol; and

(d) in the case of a security agreement, enables the secured obligations to be determined, but without the need to state a sum or maximum sum secured.

Chapter III

Default remedies

Article 8 - Remedies of chargee

1. In the event of default as provided in Article 11, the chargee may, to the extent that the chargor has at any time so agreed and subject to any declaration that may be made by a Contracting State under Article 54, exercise any one or more of the following remedies:

(a) take possession or control of any object charged to it;

(b) sell or grant a lease of any such object;

(c) collect or receive any income or profits arising from the management or use of any such object.

2. The chargee may alternatively apply for a court order authorising or directing any of the acts referred to in the preceding paragraph.

3. Any remedy set out in sub-paragraph (a), (b) or (c) of paragraph 1 or by Article 13 shall be exercised in a commercially reasonable manner. A remedy shall be deemed to be exercised in a commercially reasonable manner where it is exercised in conformity with a provision of the security agreement except where such a provision is manifestly unreasonable.

4. A chargee proposing to sell or grant a lease of an object under paragraph 1 shall give reasonable prior notice in writing of the proposed sale or lease to:

(a) interested persons specified in Article 1(m)(i) and (ii); and

(b) interested persons specified in Article 1(m)(iii) who have given notice of their rights to the chargee within a reasonable time prior to the sale or lease.

5. Any sum collected or received by the chargee as a result of exercise of any of the remedies set out in paragraph 1 or 2 shall be applied towards discharge of the amount of the secured obligations.

6. Where the sums collected or received by the chargee as a result of the exercise of any remedy set out in paragraph 1 or 2 exceed the amount secured by the security interest and any reasonable costs incurred in the exercise of any such remedy, then unless otherwise ordered by the court the chargee shall distribute the surplus among holders of subsequently ranking interests which

have been registered or of which the chargee has been given notice, in order of priority, and pay any remaining balance to the chargor.

Article 9 - Vesting of object in satisfaction; redemption

1. At any time after default as provided in Article 11, the chargee and all the interested persons may agree that ownership of (or any other interest of the chargor in) any object covered by the security interest shall vest in the chargee in or towards satisfaction of the secured obligations.

2. The court may on the application of the chargee order that ownership of (or any other interest of the chargor in) any object covered by the security interest shall vest in the chargee in or towards satisfaction of the secured obligations.

3. The court shall grant an application under the preceding paragraph only if the amount of the secured obligations to be satisfied by such vesting is commensurate with the value of the object after taking account of any payment to be made by the chargee to any of the interested persons.

4. At any time after default as provided in Article 11 and before sale of the charged object or the making of an order under paragraph 2, the chargor or any interested person may discharge the security interest by paying in full the amount secured, subject to any lease granted by the chargee under Article 8(1)(b) or ordered under Article 8(2). Where, after such default, the payment of the amount secured is made in full by an interested person other than the debtor, that person is subrogated to the rights of the chargee.

5. Ownership or any other interest of the chargor passing on a sale under Article 8(1)(b) or passing under paragraph 1 or 2 of this Article is free from any other interest over which the chargee's security interest has priority under the provisions of Article 29.

Article 10 - Remedies of conditional seller or lessor

In the event of default under a title reservation agreement or under a leasing agreement as provided in Article 11, the conditional seller or the lessor, as the case may be, may:

(a) subject to any declaration that may be made by a Contracting State under Article 54,

terminate the agreement and take possession or control of any object to which the agreement relates; or

(b) apply for a court order authorising or directing either of these acts.

Article 11 - Meaning of default

1. The debtor and the creditor may at any time agree in writing as to the events that constitute a default or otherwise give rise to the rights and remedies specified in Articles 8 to 10 and 13.

2. Where the debtor and the creditor have not so agreed, "default" for the purposes of Articles 8 to 10 and 13 means a default which substantially deprives the creditor of what it is entitled to expect under the agreement.

Article 12 - Additional remedies

Any additional remedies permitted by the applicable law, including any remedies agreed upon by the parties, may be exercised to the extent that they are not inconsistent with the mandatory provisions of this Chapter as set out in Article 15.

Article 13 - Relief pending final determination

1. Subject to any declaration that it may make under Article 55, a Contracting State shall ensure that a creditor who adduces evidence of default by the debtor may, pending final determination of its claim and to the extent that the debtor has at any time so agreed, obtain from a court speedy relief in the form of such one or more of the following orders as the creditor requests:

(a) preservation of the object and its value;

(b) possession, control or custody of the object;

(c) immobilisation of the object; and

(d) lease or, except where covered by sub-paragraphs (a) to (c), management of the object and the income therefrom.

2. In making any order under the preceding paragraph, the court may impose such terms as it considers necessary to protect the interested persons in the event that the creditor:

(a) in implementing any order granting such relief, fails to perform any of its obligations to the debtor under this Convention or the Protocol; or

(b) fails to establish its claim, wholly or in part, on the final determination of that claim.

3. Before making any order under paragraph 1, the court may require notice of the request to be given to any of the interested persons.

4. Nothing in this Article affects the application of Article 8(3) or limits the availability of forms of interim relief other than those set out in paragraph 1.

Article 14 - Procedural requirements

Subject to Article 54(2), any remedy provided by this Chapter shall be exercised in conformity with the procedure prescribed by the law of the place where the remedy is to be exercised.

Article 15 - Derogation

In their relations with each other, any two or more of the parties referred to in this Chapter may at any time, by agreement in writing, derogate from or vary the effect of any of the preceding provisions of this Chapter except Articles 8(3) to (6), 9(3) and (4), 13(2) and 14.

Chapter IV

The international registration system

Article 16 - The International Registry

1. An International Registry shall be established for registrations of:

(a) international interests, prospective international interests and registrable non-consensual
rights and interests;

(b) assignments and prospective assignments of international interests;

(c) acquisitions of international interests by legal or contractual subrogations under the
applicable law;

(d) notices of national interests; and

(e) subordinations of interests referred to in any of the preceding sub-paragraphs.

2. Different international registries may be established for different categories of object and
associated rights.

3. For the purposes of this Chapter and Chapter V, the term "registration" includes, where
appropriate, an amendment, extension or discharge of a registration.

Article 17 - The Supervisory Authority and the Registrar

1. There shall be a Supervisory Authority as provided by the Protocol.

2. The Supervisory Authority shall:

(a) establish or provide for the establishment of the International Registry;

(b) except as otherwise provided by the Protocol, appoint and dismiss the Registrar;

(c) ensure that any rights required for the continued effective operation of the International

Registry in the event of a change of Registrar will vest in or be assignable to the new Registrar;

(d) after consultation with the Contracting States, make or approve and ensure the publication of regulations pursuant to the Protocol dealing with the operation of the International Registry;

(e) establish administrative procedures through which complaints concerning the operation of the International Registry can be made to the Supervisory Authority;

(f) supervise the Registrar and the operation of the International Registry;

(g) at the request of the Registrar, provide such guidance to the Registrar as the Supervisory Authority thinks fit;

(h) set and periodically review the structure of fees to be charged for the services and facilities of the International Registry;

(i) do all things necessary to ensure that an efficient notice-based electronic registration system exists to implement the objectives of this Convention and the Protocol; and

(j) report periodically to Contracting States concerning the discharge of its obligations under this Convention and the Protocol.

3. The Supervisory Authority may enter into any agreement requisite for the performance of its functions, including any agreement referred to in Article 27(3).

4. The Supervisory Authority shall own all proprietary rights in the data bases and archives of the International Registry.

5. The Registrar shall ensure the efficient operation of the International Registry and perform the functions assigned to it by this Convention, the Protocol and the regulations.

Chapter V

Other matters relating to registration

Article 18 - Registration requirements

1. The Protocol and regulations shall specify the requirements, including the criteria for the identification of the object:

(a) for effecting a registration (which shall include provision for prior electronic transmission of any consent from any person whose consent is required under Article 20);

(b) for making searches and issuing search certificates, and, subject thereto;

(c) for ensuring the confidentiality of information and documents of the International Registry other than information and documents relating to a registration.

2. The Registrar shall not be under a duty to enquire whether a consent to registration under Article 20 has in fact been given or is valid.

3. Where an interest registered as a prospective international interest becomes an international interest, no further registration shall be required provided that the registration information is sufficient for a registration of an international interest.

4. The Registrar shall arrange for registrations to be entered into the International Registry data base and made searchable in chronological order of receipt, and the file shall record the date and time of receipt.

5. The Protocol may provide that a Contracting State may designate an entity or entities in its territory as the entry point or entry points through which the information required for registration shall or may be transmitted to the International Registry. A Contracting State making such a designation may specify the requirements, if any, to be satisfied before such information is transmitted to the International Registry.

Article 19 - Validity and time of registration

1. A registration shall be valid only if made in conformity with Article 20.

2. A registration, if valid, shall be complete upon entry of the required information into the
International Registry data base so as to be searchable.

3. A registration shall be searchable for the purposes of the preceding paragraph at the time when:

(a) the International Registry has assigned to it a sequentially ordered file number; and

(b) the registration information, including the file number, is stored in durable form and may be accessed at the International Registry before the international interest was constituted as provided by Article 7.

5. The preceding paragraph applies with necessary modifications to the registration of a prospective assignment of an international interest.

6. A registration shall be searchable in the International Registry data base according to the criteria prescribed by the Protocol.

Article 20 - Consent to registration

1. An international interest, a prospective international interest or an assignment or prospective
assignment of an international interest may be registered, and any such registration amended or extended prior to its expiry, by either party with the consent in writing of the other.

2. The subordination of an international interest to another international interest may be registered by or with the consent in writing at any time of the person whose interest has been subordinated.

3. A registration may be discharged by or with the consent in writing of the party in whose favour it was made.

4. The acquisition of an international interest by legal or contractual subrogation may be registered by the subrogee.

5. A registrable non-consensual right or interest may be registered by the holder thereof.

6. A notice of a national interest may be registered by the holder thereof.

Article 21 - Duration of registration

Registration of an international interest remains effective until discharged or until expiry of the period specified in the registration.

Article 22 - Searches

1. Any person may, in the manner prescribed by the Protocol and regulations, make or request a
search of the International Registry by electronic means concerning interests or prospective international interests registered therein.

2. Upon receipt of a request therefor, the Registrar, in the manner prescribed by the Protocol and
regulations, shall issue a registry search certificate by electronic means with respect to any object:

(a) stating all registered information relating thereto, together with a statement indicating the
date and time of registration of such information; or

(b) stating that there is no information in the International Registry relating thereto.

3. A search certificate issued under the preceding paragraph shall indicate that the creditor named in the registration information has acquired or intends to acquire an international interest in the object but shall not indicate whether what is registered is an international interest or a prospective international interest, even if this is ascertainable from the relevant registration information.

Article 23 - List of declarations and
declared non-consensual rights or interests

The Registrar shall maintain a list of declarations, withdrawals of declaration and of the categories of non-consensual right or interest communicated to the

Registrar by the Depositary as having been declared by Contracting States in conformity with Articles 39 and 40 and the date of each such declaration or withdrawal of declaration. Such list shall be recorded and searchable in the name of the declaring State and shall be made available as provided in the Protocol and regulations to any person requesting it.

Article 24 - Evidentiary value of certificates

A document in the form prescribed by the regulations which purports to be a certificate issued by the International Registry is prima facie proof:

(a) that it has been so issued; and

(b) of the facts recited in it, including the date and time of a registration.

Article 25 - Discharge of registration

1. Where the obligations secured by a registered security interest or the obligations giving rise to a registered non-consensual right or interest have been discharged, or where the conditions of transfer of title under a registered title reservation agreement have been fulfilled, the holder of such interest shall, without undue delay, procure the discharge of the registration after written demand by the debtor delivered to or received at its address stated in the registration.

2. Where a prospective international interest or a prospective assignment of an international interest has been registered, the intending creditor or intending assignee shall, without undue delay, procure the discharge of the registration after written demand by the intending debtor or assignor which is delivered to or received at its address stated in the registration before the intending creditor or assignee has given value or incurred a commitment to give value.

3. Where the obligations secured by a national interest specified in a registered notice of a national interest have been discharged, the holder of such interest shall, without undue delay, procure the discharge of the registration after written demand by the debtor delivered to or received at its address stated in the registration.

4. Where a registration ought not to have been made or is incorrect, the person in whose favour the registration was made shall, without undue delay,

procure its discharge or amendment after written demand by the debtor delivered to or received at its address stated in the registration.

Article 26 - Access to the
international registration facilities

No person shall be denied access to the registration and search facilities of the International Registry on any ground other than its failure to comply with the procedures prescribed by this Chapter.

Chapter VI

Privileges and immunities of
the Supervisory Authority and the Registrar

Article 27 - Legal personality; immunity

1. The Supervisory Authority shall have international legal personality where not already possessing such personality.

2. The Supervisory Authority and its officers and employees shall enjoy such immunity from legal or administrative process as is specified in the Protocol.

3. (a) The Supervisory Authority shall enjoy exemption from taxes and such other privileges as
may be provided by agreement with the host State.

(b) For the purposes of this paragraph, "host State" means the State in which the Supervisory
Authority is situated.

4. The assets, documents, data bases and archives of the International Registry shall be inviolable and immune from seizure or other legal or administrative process.

5. For the purposes of any claim against the Registrar under Article 28(1) or Article 44, the claimant shall be entitled to access to such information and documents as are necessary to enable the claimant to pursue its claim.

6. The Supervisory Authority may waive the inviolability and immunity conferred by paragraph 4.

Chapter VII

Liability of the Registrar

Article 28 - Liability and financial assurances

1. The Registrar shall be liable for compensatory damages for loss suffered by a person directly
resulting from an error or omission of the Registrar and its officers and employees or from a malfunction of the international registration system except where the malfunction is caused by an event of an inevitable and irresistible nature, which could not be prevented by using the best practices in current use in the field of electronic registry design and operation, including those related to back-up and systems security and networking.

2. The Registrar shall not be liable under the preceding paragraph for factual inaccuracy of
registration information received by the Registrar or transmitted by the Registrar in the form in which it received that information nor for acts or circumstances for which the Registrar and its officers and employees are not responsible and arising prior to receipt of registration information at the International Registry.

3. Compensation under paragraph 1 may be reduced to the extent that the person who suffered the damage caused or contributed to that damage.

4. The Registrar shall procure insurance or a financial guarantee covering the liability referred to
in this Article to the extent determined by the Supervisory Authority, in accordance with the Protocol.

Chapter VIII

Effects of an international interest as against third parties

Article 29 - Priority of competing interests

1. A registered interest has priority over any other interest subsequently registered and over an unregistered interest.

2. The priority of the first-mentioned interest under the preceding paragraph applies:

(a) even if the first-mentioned interest was acquired or registered with actual knowledge of the other interest; and

(b) even as regards value given by the holder of the first-mentioned interest with such knowledge.

3. The buyer of an object acquires its interest in it:

(a) subject to an interest registered at the time of its acquisition of that interest; and

(b) free from an unregistered interest even if it has actual knowledge of such an interest.

4. The conditional buyer or lessee acquires its interest in or right over that object:

(a) subject to an interest registered prior to the registration of the international interest held by its conditional seller or lessor; and

(b) free from an interest not so registered at that time even if it has actual knowledge of that interest.

5. The priority of competing interests or rights under this Article may be varied by agreement between the holders of those interests, but an assignee of a subordinated interest is not bound by an agreement to subordinate that interest unless at the time of the assignment a subordination had been registered relating to that agreement.

6. Any priority given by this Article to an interest in an object extends to proceeds.

7. This Convention:

(a) does not affect the rights of a person in an item, other than an object, held prior to its
installation on an object if under the applicable law those rights continue to exist after the
installation; and

(b) does not prevent the creation of rights in an item, other than an object, which has previously been installed on an object where under the applicable law those rights are created.

Article 30 - Effects of insolvency

1. In insolvency proceedings against the debtor an international interest is effective if prior to the commencement of the insolvency proceedings that interest was registered in conformity with this Convention.

2. Nothing in this Article impairs the effectiveness of an international interest in the insolvency
proceedings where that interest is effective under the applicable law.

3. Nothing in this Article affects:

(a) any rules of law applicable in insolvency proceedings relating to the avoidance of a
transaction as a preference or a transfer in fraud of creditors; or

(b) any rules of procedure relating to the enforcement of rights to property which is under the
control or supervision of the insolvency administrator.

Chapter IX

Assignments of associated rights and international interests; rights of subrogation

Article 31 - Effects of assignment

1. Except as otherwise agreed by the parties, an assignment of associated rights made in conformity with Article 32 also transfers to the assignee:

(a) the related international interest; and

(b) all the interests and priorities of the assignor under this Convention.

2. Nothing in this Convention prevents a partial assignment of the assignor's associated rights. In the case of such a partial assignment the assignor and assignee may agree as to their respective rights concerning the related international interest assigned under the preceding paragraph but not so as adversely to affect the debtor without its consent.

3. Subject to paragraph 4, the applicable law shall determine the defences and rights of set-off available to the debtor against the assignee.

4. The debtor may at any time by agreement in writing waive all or any of the defences and rights of set-off referred to in the preceding paragraph other than defences arising from fraudulent acts on the part of the assignee.

5. In the case of an assignment by way of security, the assigned associated rights revest in the assignor, to the extent that they are still subsisting, when the obligations secured by the assignment have been discharged.

Article 32 - Formal requirements of assignment

1. An assignment of associated rights transfers the related international interest only if it:

(a) is in writing;

(b) enables the associated rights to be identified under the contract from which they arise; and

(c) in the case of an assignment by way of security, enables the obligations secured by the assignment to be determined in accordance with the Protocol but without the need to state a sum or maximum sum secured.

2. An assignment of an international interest created or provided for by a security agreement is not valid unless some or all related associated rights also are assigned.

3. This Convention does not apply to an assignment of associated rights which is not effective to
transfer the related international interest.

Article 33 - Debtor's duty to assignee

1. To the extent that associated rights and the related international interest have been transferred in accordance with Articles 31 and 32, the debtor in relation to those rights and that interest is bound by the assignment and has a duty to make payment or give other performance to the assignee, if but only if:

(a) the debtor has been given notice of the assignment in writing by or with the authority of the assignor; and

(b) the notice identifies the associated rights.

2. Irrespective of any other ground on which payment or performance by the debtor discharges the latter from liability, payment or performance shall be effective for this purpose if made in accordance with the preceding paragraph.

3. Nothing in this Article shall affect the priority of competing assignments.

Article 34 - Default remedies in respect of assignment
by way of security

In the event of default by the assignor under the assignment of associated rights and the related
international interest made by way of security, Articles 8, 9 and 11 to 14 apply in the relations between the assignor and the assignee (and, in relation to associated rights, apply in so far as those provisions are capable of application to intangible property) as if references:

(a) to the secured obligation and the security interest were references to the obligation secured
by the assignment of the associated rights and the related international interest and the
security interest created by that assignment;

(b) to the chargee or creditor and chargor or debtor were references to the assignee and
assignor;

(c) to the holder of the international interest were references to the assignee; and

(d) to the object were references to the assigned associated rights and the related international
interest.

Article 35 - Priority of competing assignments

1. Where there are competing assignments of associated rights and at least one of the assignments includes the related international interest and is registered, the provisions of Article 29 apply as if the references to a registered interest were references to an assignment of the associated rights and the related registered interest and as if references to a registered or unregistered interest were references to a registered or unregistered assignment.

2. Article 30 applies to an assignment of associated rights as if the references to an international
interest were references to an assignment of the associated rights and the related international interest.

Article 36 - Assignee's priority with respect to associated rights

1. The assignee of associated rights and the related international interest whose assignment has been registered only has priority under Article 35(1) over another assignee of the associated rights:

(a) if the contract under which the associated rights arise states that they are secured by or
associated with the object; and

(b) to the extent that the associated rights are related to an object.

2. For the purposes of sub-paragraph (b) of the preceding paragraph, associated rights are related to an object only to the extent that they consist of rights to payment or performance that relate to:

(a) a sum advanced and utilised for the purchase of the object;

(b) a sum advanced and utilised for the purchase of another object in which the assignor held
another international interest if the assignor transferred that interest to the assignee and the
assignment has been registered;

(c) the price payable for the object;

(d) the rentals payable in respect of the object; or

(e) other obligations arising from a transaction referred to in any of the preceding sub-
paragraphs.

3. In all other cases, the priority of the competing assignments of the associated rights shall be
determined by the applicable law.

Article 37 - Effects of assignor's insolvency

The provisions of Article 30 apply to insolvency proceedings against the assignor as if references to the debtor were references to the assignor.

Article 38 - Subrogation

1. Subject to paragraph 2, nothing in this Convention affects the acquisition of associated rights and the related international interest by legal or contractual subrogation under the applicable law.

2. The priority between any interest within the preceding paragraph and a competing interest may be varied by agreement in writing between the holders of the respective interests but an assignee of a subordinated interest is not bound by an agreement to subordinate that interest unless at the time of the assignment a subordination had been registered relating to that agreement.

Chapter X

Rights or interests subject to declarations by Contracting States

Article 39 - Rights having priority without registration

1. A Contracting State may at any time, in a declaration deposited with the Depositary of the Protocol declare, generally or specifically:

(a) those categories of non-consensual right or interest (other than a right or interest to which Article 40 applies) which under that State's law have priority over an interest in an object equivalent to that of the holder of a registered international interest and which shall have priority over a registered international interest, whether in or outside insolvency proceedings; and

(b) that nothing in this Convention shall affect the right of a State or State entity, intergovernmental organisation or other private provider of public services to arrest or detain an object under the laws of that State for payment of amounts owed to such entity, organisation or provider directly relating to those services in respect of that object or another object.

2. A declaration made under the preceding paragraph may be expressed to cover categories that are created after the deposit of that declaration.

3. A non-consensual right or interest has priority over an international interest if and only if the former is of a category covered by a declaration deposited prior to the registration of the international interest.

4. Notwithstanding the preceding paragraph, a Contracting State may, at the time of ratification, acceptance, approval of, or accession to the Protocol, declare that a right or interest of a category covered by a declaration made under sub-paragraph (a) of paragraph 1 shall have priority over an international interest registered prior to the date of such ratification, acceptance, approval or accession.

Article 40 - Registrable non-consensual rights or interests

A Contracting State may at any time in a declaration deposited with the Depositary of the Protocol list the categories of non-consensual right or interest which shall be registrable under this Convention as regards any category of object as if the right or interest were an international interest and shall be regulated accordingly. Such a declaration may be modified from time to time.

Chapter XI

Application of the Convention to sales

Article 41 - Sale and prospective sale

This Convention shall apply to the sale or prospective sale of an object as provided for in the Protocol with any modifications therein.

Chapter XII

Jurisdiction

Article 42 - Choice of forum

1. Subject to Articles 43 and 44, the courts of a Contracting State chosen by the parties to a
transaction have jurisdiction in respect of any claim brought under this Convention, whether or not thechosen forum has a connection with the parties or the transaction. Such jurisdiction shall be exclusive unless otherwise agreed between the parties.

2. Any such agreement shall be in writing or otherwise concluded in accordance with the formal
requirements of the law of the chosen forum.

Article 43 - Jurisdiction under Article 13

1. The courts of a Contracting State chosen by the parties and the courts of the Contracting State on the territory of which the object is situated have jurisdiction to grant relief under Article 13(1)(a), (b), (c) and Article 13(4) in respect of that object.

2. Jurisdiction to grant relief under Article 13(1)(d) or other interim relief by virtue of Article 13(4) may be exercised either:

(a) by the courts chosen by the parties; or

(b) by the courts of a Contracting State on the territory of which the debtor is situated, being relief which, by the terms of the order granting it, is enforceable only in the territory of that Contracting State.

3. A court has jurisdiction under the preceding paragraphs even if the final determination of the claim referred to in Article 13(1) will or may take place in a court of another Contracting State or by arbitration.

Article 44 - Jurisdiction to make orders against the Registrar

1. The courts of the place in which the Registrar has its centre of administration shall have exclusive jurisdiction to award damages or make orders against the Registrar.

2. Where a person fails to respond to a demand made under Article 25 and that person has ceased to exist or cannot be found for the purpose of enabling an order to be made against it requiring it to procure discharge of the registration, the courts referred to in the preceding paragraph shall have exclusive jurisdiction, on the application of the debtor or intending debtor, to make an order directed to the Registrar requiring the Registrar to discharge the registration.

3. Where a person fails to comply with an order of a court having jurisdiction under this Convention or, in the case of a national interest, an order of a court of competent jurisdiction requiring that person to procure the amendment or discharge of a registration, the courts referred to in paragraph 1 may direct the Registrar to take such steps as will give effect to that order.

4. Except as otherwise provided by the preceding paragraphs, no court may make orders or give judgments or rulings against or purporting to bind the Registrar.

Article 45 - Jurisdiction in respect of insolvency proceedings

The provisions of this Chapter are not applicable to insolvency proceedings.

Chapter XIII

Relationship with other Conventions

Article 45 bis - Relationship with the United Nations Convention on the Assignment of Receivables in International Trade

This Convention shall prevail over the United Nations Convention on the Assignment of Receivables in International Trade, opened for signature in New York on 12 December 2001, as it relates to the assignment of receivables which are associated rights related to international interests in aircraft objects, railway rolling stock and space assets.

Article 46 - Relationship with the UNIDROIT Convention on International Financial Leasing

The Protocol may determine the relationship between this Convention and the UNIDROIT Convention on International Financial Leasing, signed at Ottawa on 28 May 1988.

Chapter XIV

Final provisions

Article 47 - Signature, ratification, acceptance, approval or accession

1. This Convention shall be open for signature in Cape Town on 16 November 2001 by States participating in the Diplomatic Conference to Adopt a Mobile Equipment Convention and an Aircraft Protocol held at Cape Town from 29 October to 16 November 2001. After 16 November 2001, the Convention shall be open to all States for signature at the Headquarters of the International Institute for the Unification of Private Law (UNIDROIT) in Rome until it enters into force in accordance with Article 49.

2. This Convention shall be subject to ratification, acceptance or approval by States which have signed it.

3. Any State which does not sign this Convention may accede to it at any time.

4. Ratification, acceptance, approval or accession is effected by the deposit of a formal instrument to that effect with the Depositary.

Article 48 - Regional Economic Integration Organisations

1. A Regional Economic Integration Organisation which is constituted by sovereign States and has competence over certain matters governed by this Convention may similarly sign, accept, approve or accede to this Convention. The Regional Economic Integration Organisation shall in that case have the rights and obligations of a Contracting State, to the extent that that Organisation has competence over matters governed by this Convention. Where the number of Contracting States is relevant in this Convention, the Regional Economic Integration Organisation shall not count as a Contracting State in addition to its Member States which are Contracting States.

2. The Regional Economic Integration Organisation shall, at the time of signature, acceptance,
approval or accession, make a declaration to the Depositary specifying the matters governed by this
Convention in respect of which competence has been transferred to that Organisation by its Member States. The Regional Economic Integration Organisation shall promptly notify the Depositary of any changes to the distribution of competence, including new transfers of competence, specified in the declaration under this paragraph.

3. Any reference to a "Contracting State" or "Contracting States" or "State Party" or "States Parties" in this Convention applies equally to a Regional Economic Integration Organisation where the context so requires.

Article 49 - Entry into force

1. This Convention enters into force on the first day of the month following the expiration of three months after the date of the deposit of the third instrument of ratification, acceptance, approval or accession but only as regards a category of objects to which a Protocol applies:

(a) as from the time of entry into force of that Protocol;

(b) subject to the terms of that Protocol; and

(c) as between States Parties to this Convention and that Protocol.

2. For other States this Convention enters into force on the first day of the month following the
expiration of three months after the date of the deposit of their instrument of ratification, acceptance, approval or accession but only as regards a category of objects to which a Protocol applies and subject, in relation to such Protocol, to the requirements of sub-paragraphs (a), (b) and (c) of the preceding paragraph.

Article 50 - Internal transactions

1. A Contracting State may, at the time of ratification, acceptance, approval of, or accession to the Protocol, declare that this Convention shall not apply to a transaction which is an internal transaction in relation to that State with regard to all types of objects or some of them.

2. Notwithstanding the preceding paragraph, the provisions of Articles 8(4), 9(1), 16, Chapter V, Article 29, and any provisions of this Convention relating to registered interests shall apply to an internal transaction.

3. Where notice of a national interest has been registered in the International Registry, the priority of the holder of that interest under Article 29 shall not be affected by the fact that such interest has become vested in another person by assignment or subrogation under the applicable law.

Article 51 - Future Protocols

1. The Depositary may create working groups, in co-operation with such relevant non-governmental organisations as the Depositary considers appropriate, to assess the feasibility of extending the application of this Convention, through one or more Protocols, to objects of any category of high-value mobile equipment, other than a category referred to in Article 2(3), each member of which is uniquely identifiable, and associated rights relating to such objects.

2. The Depositary shall communicate the text of any preliminary draft Protocol relating to a category of objects prepared by such a working group to all States Parties to this Convention, all member States of the Depositary, member States of the United Nations which are not members of the Depositary

and the relevant intergovernmental organisations, and shall invite such States and organisations to participate in intergovernmental negotiations for the completion of a draft Protocol on the basis of such a preliminary draft Protocol.

3. The Depositary shall also communicate the text of any preliminary draft Protocol prepared by
such a working group to such relevant non-governmental organisations as the Depositary considers
appropriate. Such non-governmental organisations shall be invited promptly to submit comments on the text of the preliminary draft Protocol to the Depositary and to participate as observers in the preparation of a draft Protocol.

4. When the competent bodies of the Depositary adjudge such a draft Protocol ripe for adoption, the Depositary shall convene a diplomatic conference for its adoption.

5. Once such a Protocol has been adopted, subject to paragraph 6, this Convention shall apply to the category of objects covered thereby.

6. Article 45 bis of this Convention applies to such a Protocol only if specifically provided for in that Protocol.

Article 52 - Territorial units

1. If a Contracting State has territorial units in which different systems of law are applicable in
relation to the matters dealt with in this Convention, it may, at the time of ratification, acceptance,
approval or accession, declare that this Convention is to extend to all its territorial units or only to one or more of them and may modify its declaration by submitting another declaration at any time.

2. Any such declaration shall state expressly the territorial units to which this Convention applies.

3. If a Contracting State has not made any declaration under paragraph 1, this Convention shall apply to all territorial units of that State.

4. Where a Contracting State extends this Convention to one or more of its territorial units,

declarations permitted under this Convention may be made in respect of each such territorial unit, and the declarations made in respect of one territorial unit may be different from those made in respect of another territorial unit.

5. If by virtue of a declaration under paragraph 1, this Convention extends to one or more territorial units of a Contracting State:

(a) the debtor is considered to be situated in a Contracting State only if it is incorporated or formed under a law in force in a territorial unit to which this Convention applies or if it has its registered office or statutory seat, centre of administration, place of business or habitual residence in a territorial unit to which this Convention applies;

(b) any reference to the location of the object in a Contracting State refers to the location of the object in a territorial unit to which this Convention applies; and

(c) any reference to the administrative authorities in that Contracting State shall be construed as referring to the administrative authorities having jurisdiction in a territorial unit to which this Convention applies.

Article 53 - Determination of courts

A Contracting State may, at the time of ratification, acceptance, approval of, or accession to the Protocol, declare the relevant "court" or "courts" for the purposes of Article 1 and Chapter XII of this Convention.

Article 54 - Declarations regarding remedies

1. A Contracting State may, at the time of ratification, acceptance, approval of, or accession to the Protocol, declare that while the charged object is situated within, or controlled from its territory the chargee shall not grant a lease of the object in that territory.

2. A Contracting State shall, at the time of ratification, acceptance, approval of, or accession to the Protocol, declare whether or not any remedy available to the creditor under any provision of this Convention which is not there expressed to require application to the court may be exercised only with leave of the court.

Article 55 - Declarations regarding relief

pending final determination

A Contracting State may, at the time of ratification, acceptance, approval of, or accession to the Protocol, declare that it will not apply the provisions of Article 13 or Article 43, or both, wholly or in part. The declaration shall specify under which conditions the relevant Article will be applied, in case it will be applied partly, or otherwise which other forms of interim relief will be applied.

Article 56 - Reservations and declarations

1. No reservations may be made to this Convention but declarations authorised by Articles 39, 40, 50, 52, 53, 54, 55, 57, 58 and 60 may be made in accordance with these provisions.

2. Any declaration or subsequent declaration or any withdrawal of a declaration made under this
Convention shall be notified in writing to the Depositary.

Article 57 - Subsequent declarations

1. A State Party may make a subsequent declaration, other than a declaration authorised under
Article 60, at any time after the date on which this Convention has entered into force for it, by notifying the Depositary to that effect.

2. Any such subsequent declaration shall take effect on the first day of the month following the
expiration of six months after the date of receipt of the notification by the Depositary. Where a longer period for that declaration to take effect is specified in the notification, it shall take effect upon the expiration of such longer period after receipt of the notification by the Depositary.

3. Notwithstanding the previous paragraphs, this Convention shall continue to apply, as if no such subsequent declarations had been made, in respect of all rights and interests arising prior to the effective date of any such subsequent declaration.

Article 58 - Withdrawal of declarations

1. Any State Party having made a declaration under this Convention, other than a declaration
authorised under Article 60, may withdraw it at any time by notifying the Depositary. Such withdrawal is to take effect on the first day of the month following the expiration of six months after the date of receipt of the notification by the Depositary.

2. Notwithstanding the previous paragraph, this Convention shall continue to apply, as if no such withdrawal of declaration had been made, in respect of all rights and interests arising prior to the effective date of any such withdrawal.

Article 59 - Denunciations

1. Any State Party may denounce this Convention by notification in writing to the Depositary.

2. Any such denunciation shall take effect on the first day of the month following the expiration of twelve months after the date on which notification is received by the Depositary.

3. Notwithstanding the previous paragraphs, this Convention shall continue to apply, as if no such denunciation had been made, in respect of all rights and interests arising prior to the effective date of any such denunciation.

Article 60 - Transitional provisions

1. Unless otherwise declared by a Contracting State at any time, the Convention does not apply to a pre-existing right or interest, which retains the priority it enjoyed under the applicable law before the effective date of this Convention.

2. For the purposes of Article 1(v) and of determining priority under this Convention:

(a) "effective date of this Convention" means in relation to a debtor the time when this
Convention enters into force or the time when the State in which the debtor is situated
becomes a Contracting State, whichever is the later; and

(b) the debtor is situated in a State where it has its centre of administration or, if it has no entre
of administration, its place of business or, if it has more than one place of business, its
principal place of business or, if it has no place of business, its habitual residence.

3. A Contracting State may in its declaration under paragraph 1 specify a date, not earlier than three years after the date on which the declaration becomes effective, when this Convention and the Protocol will become applicable, for the purpose of determining priority, including the protection of any existing priority, to pre-existing rights or interests arising under an agreement made at a time when the debtor was situated in a State referred to in sub-paragraph (b) of the preceding paragraph but only to the extent and in the manner specified in its declaration.

Article 61 - Review Conferences, amendments and related matters

1. The Depositary shall prepare reports yearly or at such other time as the circumstances may require for the States Parties as to the manner in which the international regimen established in this Convention has operated in practice. In preparing such reports, the Depositary shall take into account the reports of the Supervisory Authority concerning the functioning of the international registration system.

2. At the request of not less than twenty-five per cent of the States Parties, Review Conferences of States Parties shall be convened from time to time by the Depositary, in consultation with the Supervisory Authority, to consider:

(a) the practical operation of this Convention and its effectiveness in facilitating the asset-based financing and leasing of the objects covered by its terms;

(b) the judicial interpretation given to, and the application made of the terms of this Convention and the regulations;

(c) the functioning of the international registration system, the performance of the Registrar and its oversight by the Supervisory Authority, taking into account the reports of the Supervisory Authority; and

(d) whether any modifications to this Convention or the arrangements relating to the

International Registry are desirable.

3. Subject to paragraph 4, any amendment to this Convention shall be approved by at least a two-thirds majority of States Parties participating in the Conference referred to in the preceding paragraph and shall then enter into force in respect of States which have ratified, accepted or approved such amendment when ratified, accepted, or approved by three States in accordance with the provisions of Article 49 relating to its entry into force.

4. Where the proposed amendment to this Convention is intended to apply to more than one category of equipment, such amendment shall also be approved by at least a two-thirds majority of States Parties to each Protocol that are participating in the Conference referred to in paragraph 2.

Article 62 - Depositary and its functions

1. Instruments of ratification, acceptance, approval or accession shall be deposited with the
International Institute for the Unification of Private Law (UNIDROIT), which is hereby designated the Depositary.

2. The Depositary shall:

(a) inform all Contracting States of:

(i) each new signature or deposit of an instrument of ratification, acceptance, approval or
accession, together with the date thereof;

(ii) the date of entry into force of this Convention;

(iii) each declaration made in accordance with this Convention, together with the date
thereof;

(iv) the withdrawal or amendment of any declaration, together with the date thereof; and

(v) the notification of any denunciation of this Convention together with the date thereof
and the date on which it takes effect;

(b) transmit certified true copies of this Convention to all Contracting States;

(c) provide the Supervisory Authority and the Registrar with a copy of each instrument of
ratification, acceptance, approval or accession, together with the date of deposit thereof,
of each declaration or withdrawal or amendment of a declaration and of each notification
of denunciation, together with the date of notification thereof, so that the information
contained therein is easily and fully available; and

(d) perform such other functions customary for depositaries.

IN WITNESS WHEREOF the undersigned Plenipotentiaries, having been duly authorised, have signed this Convention.

DONE at Cape Town, this sixteenth day of November, two thousand and one, in a single original in the English, Arabic, Chinese, French, Russian and Spanish languages, all texts being equally authentic, such authenticity to take effect upon verification by the Joint Secretariat of the Conference under the authority of the President of the Conference within ninety days hereof as to the conformity of the texts with one another.

FSC
www.fsc.org
MIX
Papier | Fördert gute Waldnutzung
FSC® C083411

Kolibri 360 GmbH
Ferdinand-Jühlke-Straße 7
99095 Erfurt, Deutschland
produktsicherheit@kolibri360.de

Druck:
CPI Druckdienstleistungen GmbH
im Auftrag der
Kolibri 360 GmbH
Ferdinand-Jühlke-Str. 7
99095 Erfurt